P

EUGEN DREWERMANN

Gedanken des Friedens, nicht des Leidens

*Predigten über den
Propheten Jeremia*

Herausgegeben von Bernd Marz

Pendo
Zürich München

INHALT

Vorwort

Wer den Propheten Jeremia religiös verbindlich auslegt, rührt an die Rituale aller Religion, rührt an das Rechtsverständnis aller menschlichen Gemeinschaft, rührt an die Spielregeln von Machtgewinn und Machterhalt; er rührt auf, weil er menschlich anrührt. Er schildert einen Mann, der scheiterte in allem, was er tat und sagte, und der doch groß war gerade darin, daß er jenseits von Erfolgskalkül und Überlebensvorteil einzig der Wahrheit Wort und Wirklichkeit verleihen wollte.

Das »Christentum«, das »Neue Testament« verdankt sich wesentlich der Vision dieses Mannes: ein Neuer Bund, geschrieben in das Herz der Menschen, ohne Vermittlungsdienst von Priestern, Theologen und Thorajuristen; unmittelbar und frei ein jeder Mensch unter den Augen Gottes, gegründet im Vertrauen und entronnen der Angstsicherung durch Massenbildung, Macht und Militär; ein Neuanfang nach dem Zusammenbruch von allem Äußeren und Äußerlichen in Tradition, Institution und Instruktion; ein Endgültiges an Erfahrung nach dem unvermeidlichen Ende aller vorläufigen »Lösungen« ... Kühner gehofft als er, der Katastrophenkünder Jeremia, hat vor und nach ihm kein Prophet in Israel, die Person Jesu ausgenommen.

Der Mann aus Nazaret ist überhaupt nur zu verstehen auf dem Hintergrund der Botschaft dieses Großen, wenn nicht Größten der Propheten, so wie er selbst mit seiner Leidenschaft, mit seiner Liebe und mit seinem Leid das Leben dieses Mannes neu vergegenwärtigte.

Was irgend sich im Raum des neuen »Königs«, für den Jesus nominell den »Christen« gilt, als »Kirche« und als »neuer Bund« begründen möchte, muß sich an der Vision des Jeremia und an dessen Verkörperung in der Person des Mannes aus Nazaret messen lassen. Vor allem für die Kirche Roms gilt das. Mit einer Milliarde Menschen vertritt sie nicht allein den größten Teil »organisierter Gläubigkeit« im »Christentum«; die ganze Art, mit der sie im Anspruch der Stellvertreterschaft Christi, ja, Gottes auf Erden rund ein Sechstel der Menschheit zu Beginn des 21. Jahrhunderts auf ihre Dogmen, auf ihre Riten und auf die Anerkennung ihres monarchistischen Kirchenstaates festzulegen sucht, kann bei einer ernsthaften

Lektüre des Propheten Jeremia nur immer wieder, Stelle für Stelle, den schärfsten Protest auf sich ziehen, gründet doch, was hier »katholisch« heißt, sich geradewegs auf just die Inhalte, die Jeremia lebenslänglich attackierte: die Heilsgewißheit einer gottgegründeten Gemeinde, den Priesterdienst als wesentliches Element der Religion, das Traditionsprinzip als eine göttliche Beistands- und Bestandsgarantie, die ebenso drastische wie dreiste Verstaatlichung des Religiösen unter dem Verwaltungsmonopol von Fürstenmacht und Hierarchenwillkür, und nicht zuletzt den Kult der Himmelskönigin – diesen nicht enden wollenden Infantilismus der Angst in der Seele verschüchterter, durch autoritäre Außenlenkung versklavter »Gläubiger« ...

Alle Texte in diesem Buch sind Tonbandabschriften von Predigten, die im Verlauf von mehr als 25 Jahren zu Jeremia-Texten entstanden sind; bereits die ältesten von ihnen zeigen den Widerspruch, mit dem die Botschaft dieses Mannes jede Form eines verfaßten Sonntagsgottesdienstes sprengen muß; doch die »Gemeinde«, in deren Mitte schließlich die meisten dieser Auslegungen zwischen 1997–1998 dann entstanden sind, ging selbst hervor aus jener Abwehrhaltung, mit der die katholische Kirche sich nach wie vor gegen die zentralen Inhalte der Botschaft des Jeremia abzuriegeln versucht. Ohne diesen Propheten gäbe es diese »Gemeinde« nicht, und ohne diese Gemeinde gäbe es diese Predigten zu Jeremia nicht. Während einer katholischen »Meßfeier« ist es nach wie vor unmöglich, einen Propheten wie Jeremia auszulegen; und solange das so ist, wird man sich entscheiden müssen zwischen dem »Lügengriffel der Schreiber« und der Wahrheit dieses Mannes. Die »Gedanken des Friedens, nicht des Leids« (Jer 29,11), die Jeremia vermitteln wollte, können offenbar erst verstanden werden, wenn alles dahinfällt, was von außen einmal Sicherheit verhieß.

Paderborn, 31. Dezember 1999

Sage nicht: Ich bin zu jung

Beim Blättern im Buch der Bibel werden Sie finden, daß nächst dem Buch des Propheten Jesaja der Prophet Jeremia kommt. »Jesaja« aber, so wissen wir, ist ein Buch, gesammelt aus drei verschiedenen Epochen der Geschichte Israels. Wir sind angelangt am Ende des 8. Jahrhunderts bei dem Propheten, der den Namen Jesaja wirklich trägt. Literarisch rekonstruieren läßt sich ein *zweiter Jesaja*, vom Kapitel 40 und den folgenden an, aus den Tagen in und nach dem babylonischen Exil, und ein *dritter Jesaja*, beginnend mit Kapitel 56, aus der Zeit des Wiederaufbaus Jerusalems. Genau dazwischen aber, in der Zeit zwischen dem Untergang des Nordreichs und dem Untergang Jerusalems, steht die Gestalt, die ein eigenes biblisches Buch trägt und die zu den uns persönlich vertrautesten Gestalten der Bibel insgesamt zählt: der Prophet Jeremia. Um von Jesaja zu ihm zu kommen, müssen wir einen Zeitsprung von etwa einem dreiviertel Jahrhundert machen. Um 650 wird dieser Mann geboren; doch die Zeit, in die er hineingerät, entwickelt sich zu der aufregendsten der ganzen Bibel. Die Frage nach Gott wird in den Tagen des Jeremia und durch die Botschaft des Jeremia vollkommen neu und so leidenschaftlich wie nie zuvor gestellt werden, und seine Frage bleibt: Was ist eines Menschen Existenz, wenn ein ganzes Volk in seinem Bestand aufs Spiel gesetzt wird durch eigenes Handeln oder durch göttliche Fügung, wie man glauben soll? Der Mann, der den Untergang der Heiligen Stadt mit seinem Glauben verwandelt in einen Neuanfang, *Jeremia*, wird uns lehren, was es heißt zu leben kraft einer nahezu absurden Hoffnung im Angesicht aller Enttäuschung, vermöge einer Zuversicht, die sich von Menschen her nicht begründen läßt, sondern einzig von Gott her Grund und Richtung findet.

Text: Jer 1, 1–19
Die Worte Jeremias, des Sohnes Hilkias, eines der Priester, die zu
Anathoth im Lande Benjamin wohnten, an den das Wort des Herrn
erging in den Tagen Josias, des Sohnes Amons, des Königs von
Juda, im dreizehnten Jahre seiner Regierung: und es erging [an ihn
auch noch] in den Tagen Jojakims, des Sohnes Josias, des Königs

von Juda, bis zum Schluß des elften Jahres Zedekias, des Sohnes Josias, des Königs von Juda, bis Jerusalem in die Verbannung zog im fünften Monat.

Und es erging an mich das Wort des Herrn: Noch ehe ich dich bildete im Mutterleibe, habe ich dich erwählt; ehe du aus dem Schoße hervorgingst, habe ich dich geweiht: zum Propheten für die Völker habe ich dich bestimmt. Da sprach ich: Ach, Herr, mein Gott, ich verstehe ja nicht zu reden; ich bin noch zu jung. Aber der Herr antwortete mir: Sage nicht: »Ich bin noch zu jung«, sondern zu allen, zu denen ich dich sende, wirst du gehen, und alles, was ich dir gebiete, wirst du reden. Fürchte dich nicht vor ihnen; denn ich bin mit dir, dich zu erretten, spricht der Herr. Und der Herr streckte seine Hand aus und berührte meinen Mund. Und er sprach zu mir: Damit lege ich meine Worte in deinen Mund. Siehe, ich setze dich heute über die Völker und über die Königreiche, auszureißen und niederzureißen, zu verderben und zu zerstören, zu pflanzen und aufzubauen.

Und es erging an mich das Wort des Herrn: Jeremia, was siehst du? Ich sprach: Einen Mandelzweig sehe ich. Da sprach der Herr zu mir: Du hast recht gesehen; denn ich wache über meinem Worte, es zu vollstrecken. Und das Wort des Herrn erging an mich zum zweiten Male: Was siehst du? Ich sprach: Ich sehe einen siedenden Kessel; er erscheint von Norden her. Da sprach der Herr zu mir: Von Norden her kommt siedend das Unheil über alle Bewohner des Landes. Denn siehe, ich rufe alle Königreiche von Norden, spricht der Herr; und sie werden kommen und ein jedes seinen Thron am Eingang der Tore Jerusalems aufstellen und wider alle seine Mauern ringsum und wider alle Städte Judas. Dann werde ich über sie [d. h. die Judäer] mein Urteil sprechen wegen all ihrer Bosheit, daß sie mich verlassen und anderen Göttern geopfert und die Machwerke ihrer Hände angebetet haben. Du aber gürte deine Lenden, mache dich auf und rede zu ihnen alles, was ich dir gebiete. Erschrick nicht vor ihnen, daß ich dich nicht vor ihnen erschrecken mache! Ich selbst, ich mache dich heute zur festen Burg, zur eisernen Säule und zur ehernen Mauer wider das ganze Land, wider die Könige Judas und seine Fürsten, wider seine Priester und wider das Volk des Landes. Sie werden wider dich streiten, dich aber nicht überwältigen; denn ich bin mit dir, spricht der Herr, dich zu erretten.

Wer die Bibel aufschlägt, findet immer beides zugleich: ein Geschichtsbuch und ein Religionsbuch. *Wir,* in unseren Tagen, haben beides getrennt; für uns ist eine solche Einheit von Geschichte und Frömmigkeit fast unvorstellbar geworden. Schon für unsere Kinder in den Schulen haben wir Stunden zur Beschäftigung *mit der Geschichte* eingerichtet; darin sollen sie nicht nur den Gang der Ereignisse kennenlernen, sondern vor allem sollen sie ideologiekritisch, wenn sie von Gott hören, darin das Widerspiel fremder Meinungen, abhängig vom Geist der jeweiligen Zeit, erkennen. Eine solche Schulung kann nur richtig sein. Wie mißbrauchbar war doch das Religiöse zu allen Zeiten für die Begründung der Macht, für die Ausbeutung von Menschen von seiten der für sakrosankt erklärten Herrschaft von Kaisern und Päpsten! Wie oft wurde im Namen Gottes der gute Wille und der gute Glaube des Volkes zynisch und brutal zum Kriegeführen, zum Ketzerjagen, zum Rechtbehalten um jeden Preis in die falsche Richtung gelenkt! Schon im antiken Griechenland meinte man, die Beschäftigung mit der Geschichte biete den Gegenwärtigen die Chance, aus den Fehlern der Vergangenheit für die Zukunft zu lernen. Vor allem aber könnte sie uns helfen, Menschen unter den Begrenztheiten ihrer jeweiligen Situation verstehen zu lernen: Was eigentlich blieb ihnen in ihrer Lage zu tun? Wie konnten sie das, was sie in bester Absicht als Verantwortung definierten, tatsächlich wahrnehmen? Wie wurden ihre kühnsten Pläne, ihre oft hehrsten Versuche verheert und durchkreuzt von niedrigen Machenschaften, wie oft das Beste in den Staub gezogen! Wie oft obsiegte die Gemeinheit! Wie viele Wechselfälle, Zufälle, Unberechenbarkeiten und Unwägbarkeiten liegen auf dem Wege jedes Menschenlebens – *so* der oft erschütternde Unterricht der Geschichte!

Und daneben nun das Fach Religion. Es doziert unter Kirchenaufsicht eine im Grunde in sich immer schon feststehende Lehre, abgeleitet aus der ein für allemal ergangenen Offenbarung Gottes. Geschichte scheint da reserviert zugunsten der ideologischen Selbstbegründung der religiösen Institutionen. Doch auch von diesen hören wir das nämliche, das stets allzu Menschliche; wir hören vom Mißbrauch der Macht im Namen der Staatsreligion des Römischen Reiches von 381 n. Chr. an, wir hören von der Ausrottung der Heiden im Heiligen Römischen Reich von Karl »dem Großen« an, wir hören von der Machtgier und dem Luxus der Päpste in den Tagen der Reformation, und so geht es durch die Jahrhunderte. Doch zwischen »Geschichte« und »Religion« steht das alles nebeneinander, getrennt zwischen realer Erfahrung und Glauben, das eine das andere kaum berührend, geschweige denn wechselseitig sich kritisch befruchtend, spannungsreich deutend, kreativ anregend. Die Religion als Ideologie verändert nicht die Wirklichkeit, sie ist ein Teil derselben, nur als Überbau getrennt davon.

Die Bibel ist an keiner Stelle derart bis zum Schizophrenen aufgespalten. Sie möchte, daß wir Gott erspüren, ertasten, erlauschen auch und gerade in den Klageschreien leidender Menschen, in den Gebetsanrufen Unterdrückter und Notleidender, freilich auch in den Hymnen der Glücklichen und Gerechten, – in all dem Auf und Ab eines zitternden menschlichen Herzens. In unseren Tagen getrauen wir uns ein Ähnliches im Grunde nur noch zu tun im Umgang mit einzelnen Menschen: Wie redet Gott in ihrer Biographie? Wo anders als in dem fast intimen Raum eines einzelnen Lebens würden wir irgend noch zu sprechen wagen mit den Worten der Bibel von Erwählung, von Gnade, von Gericht oder Umkehr? Wie sind diese uns aus dem Religionsunterricht geläufigen Worte noch zu verwenden auch nur zum Verständnis unseres eigenen Daseins?

Fragen dieser Art scheinen uns durchaus modern, aber sie stellten sich auf dem Boden der Bibel selber zum erstenmal, und zwar in einer Dringlichkeit wie niemals zuvor, in der Gestalt eben des Propheten Jeremia. Es konnte anders nicht sein. Wir sagten gerade: Er wurde geboren in die Mitte des siebten vorchristlichen Jahrhunderts hinein. Schlüge man eine Zeitung des alten Orients aus jenen Tagen damals auf, so kreisten ihre Nachrichten, wie in unseren Tagen um die Militär- und Wirtschaftsmacht USA, ganz gewiß um das Monopol aller Herrschaft über die Länder der damals bekannten Welt in Gestalt der Assyrer im Zweistromland. Unter Tiglat-Pileser III. (745–727) hatte die Militärmaschinerie Assurs den gesamten Nahen Osten aufgerollt wie einen Teppich und gnadenlos, bis zum Zerbrechen jeglichen Widerstands, sich unterworfen. Aber irgendwann werden die Sieger ihrer Triumphe müde. König Assurbanipal (669–627) regiert in Ninive, ein Mann, der nicht länger mehr das Schwert führen möchte, eher die Flöte, nicht länger den Speer, viel lieber den Schreibergriffel. Er richtet Bibliotheken ein, er versteht sich als Kunstmäzen; Kriege, wenn nötig, läßt er führen durch seine Generäle. Wir verdanken Assurbanipal und seiner wiederausgegrabenen Bibliothek in Ninive fast all unser Wissen über das alte Zweistromland, rückwärts bis in die Tage sogar der Sumerer hinein – zweitausend Jahre gespeicherter Überlieferung. So groß wie ein König, der Kunst und Wissenschaft, ja, sogar einen Hauch von Menschlichkeit in sich aufnimmt, Assurbanipal auf dem Throne Assurs auch gewesen sein mag, die furchtbare Lektion der Geschichte ist, daß sie die Weichheit des Gemüts als Schwäche auslegt. Assur ist bedroht gerade in den Tagen Assurbanipals, der scheinbar zu wenig dagegen unternimmt. Indogermanische Skythen bedrohen ihn von Norden her, von Süden her die Meder, die Spannung zu den Babyloniern im eigenen Machtbereich Mesopotamien wächst. Zwiespältig und wankelmütig verhält sich derweilen die Nicht-mehr-Großmacht Ägypten, die Assurs Herrschaft soeben abschütteln konnte.

Dazwischen hin und her geworfen wird der kleine Staat Juda. Er ist zu diesen Tagen so etwas wie eine Provinz der Assyrer. In Juda herrscht König Manasse (699–643). Fast 55 Jahre lang, mehr als ein halbes Jahrhundert, fügt sich dieser in politischem Sinn weise König dem Diktat der Assyrer. Er gehorcht ihren Weisungen prompt und aufs Wort. Das erspart ihm weiteres quälendes Leid für sein eigenes Volk. Es schafft ihm den nötigen Freiraum, die Stadtmauern Jerusalems zu verstärken, es verleiht seinem Volk in begrenztem Umfang sogar im Schatten des Stillhaltens ein eigenes Wertgefühl, es erlaubt einen Zustand der Prosperität im Lande, freilich um den Preis, daß man den König von Assur *und seinen Gott* wie kultisch verehrt, daß man assyrische Religiosität auch am Tempel von Jerusalem zuläßt und daß das Volk seiner uralten Neigung frönt, allerlei Riten aus Kanaan aufzunehmen, welche die Fruchtbarkeit des Landes zu gewähren versprechen. In religiöser Hinsicht scheint vieles im argen zu liegen, aber was will man erwarten von einer Zeit der Unterwerfung, außer daß sie sich enkulturiert, politisch akklimatisiert, wirtschaftlich assoziiert, kurz, daß sie Kompromisse schließt und dabei sich selbst in gewisser Weise kompromittiert?

Es ist im Jahre 641, daß der junge König Josia im Alter von acht Jahren den Thron von Jerusalem besteigt. Eine ganze Weile lang läuft die Geschichte in den vorgezeichneten Bahnen. Aber um Assur geht die Krise weiter. 625 setzt sich in Babel Nabopolassar auf den Thron, und die Spannung zwischen Assyrern und Babyloniern dehnt sich bis zum Zerreißpunkt. 612 dann ist es soweit: Ninive wird von den Babyloniern erobert, das neubabylonische Reich beginnt zu wachsen; ein Versuch der Assyrer unter Assurballit im Jahre 609, von außen her das verlorene Terrain noch einmal zurückzugewinnen, veranlaßt den ägyptischen Pharao Necho (610–595) zu einem Kriegszug: Seine Überlegungen gehen dahin, daß ein schwaches Assur, wenn es denn doch wieder die Zügel in Mesopotamien in die Hand bekäme, am Ende immer noch besser wäre als ein starkes neubabylonisches Reich. Also liegt es im Interesse der Ägypter, die scheinbar verlorene Waage der Assyrer noch einmal zu heben. Ägypten, ansonsten nie befreundet mit den Assyrern, zeigt sich in dieser Lage plötzlich als Verbündeter seiner alten Gegner. Doch natürlich *nicht umsonst*. Es erhebt Anspruch auf Gebiete, die bis weit in den ehemaligen Machtbereich Assyriens hineinragen. Judäa allemal gehört mit dazu. Das wiederum bringt Josia dazu, sich Necho entgegenzustellen. Er wird in dem Unternehmen getötet bei Megiddo. Und sein Sterben ist sinnlos. Den Niedergang Assurs können die Ägypter ohnedies nicht aufhalten.

Aber die Frage bleibt: wer beherrscht fortan den Orient?

Die Babylonier lassen sich einen Einspruch der Ägypter in ihrem Interessengebiet nicht länger mehr bieten. Es ist im Jahre 605, daß der babylonische Kronprinz und schlachtenkundige General Nebukadnezzar bei Karkemisch den ägyptischen Pharao Necho in seinem Stützpunkt stellt und die Armee der Ägypter vernichtend schlägt. Damit ist im Grunde das weitere Schicksal auch von Judäa besiegelt. Alles, was später bei der Interpretation von Geschichte als Warnung und Verheißung des Propheten Jeremia eine Rolle spielen wird, ist spätestens in diesem Jahre 605 vorweg entschieden. In diesem Jahre 605 wird Nebukadnezzar selber König, und er wird es bleiben bis 562 – ein halbes Menschenleben lang. Er nimmt die Zügel fest in die Hand, er läßt sie nicht schleifen wie Assurbanipal vor ihm. Von jetzt an ist der Orient babylonisch, *neu*babylonisch.

Dieses Faktum wird endgültig klar, als man im Jahre 601 noch einmal unter Jojakim daran denkt, die syrischen Kleinstaaten zu einem Aufstand gegen die Babylonier zu bewegen; Jojakim, der 609, nach dem Tode des Josia, auf den Thron gekommen war, glaubt, gestützt auf die Ägypter, sich der Widerstandsbewegung gegen die Babylonier anschließen zu sollen. Die Lektion, die ihm erteilt wird, ist grausam. 597 wird Jerusalem erobert, der Tempel geplündert, die Weihegegenstände nach Babylon geführt, die Oberschicht zu einem großen Teil deportiert. Sitzt diese Lektion, oder sitzt sie nicht? König Jojakim selber, gerade erst achtzehn Jahre alt, wird in die Gefangenschaft nach Babel verbracht. Aber nun, im Jahre 597, kommt Zidkija, der Onkel Jojakims, auf den Thron von Jerusalem, und er hat nach wie vor offene Ohren für die nationalistisch gesinnten Kreise. Und wie denn auch nicht? Es ist eines judäischen Königs Pflicht, die Unabhängigkeit des Staates wiederherzustellen und in irgendeiner Weise Widerstand gegen die Unterdrückung zu wagen. So geht es hin bis zum Jahre 588. Da sind es wieder die Ägypter, die das Zünglein an der Waage spielen wollen. Pharao Hofra verspricht Unterstützung und Hilfe gegen die Babylonier, und ihnen schließt sich Zidkija an. Doch was er erleben wird, ist eine letzte furchtbare Lektion: Die Ägypter werden mit ihrem Expeditionskorps zurückgeworfen, und dann konzentriert sich Nebukadnezzar auf das kleine Jerusalem, das strategisch allerdings so günstig liegt, daß man es anderthalb Jahre lang belagern muß. Belagern – das heißt, die Bevölkerung zu quälen bis zur vollständigen Auszehrung durch Hunger und Durst. So war die Kriegsführung in jenen Tagen, so kennen wir sie aus Bosnien immer noch in unseren Tagen. Im August 586 endlich fällt Jerusalem, und jetzt kommt es gnadenlos: Abtransport der Bevölkerung, zurückgelassen nur ein paar Bauern und Winzer; der Tempel, die Stadt in Schutt und Asche gelegt ... So macht man Geschichte, indem die Sieger ihre Fußspuren in den Staub niedergetretener Städte und Völker drücken. Zidkija selbst wird geblendet, seine Söhne getötet. Furchtbar ist der Triumph der Siegreichen. Wehe den Besiegten – Vae victis! werden die Römer ein halbes Jahrtausend später sagen. Immer ist das so gewesen, und immer noch ist es so. Nebukadnezzar, klug, wie er ist, setzt in Mizpa als seinen Vasallen Gedalja ein. Der soll so etwas wie einen babylonisch kontrollierten Wiederaufbau ermöglichen; doch wird er von einer ehrgeizigen Offiziersclique hinterrücks als Kollaborateur ermordet; die Reste der Jerusalemer Bevölkerung fliehen nach Ägypten und zwangsweise mit ihnen der Prophet Jeremia. Dort verliert sich sein Schicksal.

So also *war* sein Schicksal, geschildert in wenigen Worten aus dem *Geschichtsunterricht*. Doch was bedeutete dieser Mann und sein Wort *religiös*?

Beginnen wir *davon* zu sprechen, so müssen wir einer Begebenheit unter König Josia gedenken. Im Jahre 622 war es, da fand man das Deuteronomische Geschichts- und Gesetzeswerk, und man ließ es verlesen vor den Ohren des ganzen Volkes; Josia selbst war es, der entsprechend den Weisungen dieses Buches in tiefer Betroffenheit den Versuch unternahm, den Staat zu reformieren, den Kult in Jerusalem zu zentralisieren und die Götzenverehrung zu eliminieren. Er schwenkt damit ganz und gar auf die Linie ein, die Jeremia selber sechs Jahre zuvor, seit seiner Berufung im Jahre 627, formuliert hatte. Von dieser seiner Berufung nun redet *das erste Kapitel*.

Wer ist Jeremia? Wie steht es um seine Berufung? – Er ist, so hören wir, ein Priestersohn aus Anatot und entstammt einem ehrwürdigen Geschlecht: Sohn des Hilkija wird er genannt. Es ist durchaus möglich, daß das Priesterhaus des Ebiatar (2 Sam 17,15) in den Tagen des Königs David in langer Tradition hinauslief auf diesen Hilkija in Anatot. Die kleine Anmerkung: »Sohn des Hilkija aus Anatot« gibt uns zu verstehen, daß Jeremia an diesem winzigen Ort, sieben Kilometer etwa im Nordosten von Jerusalem, dicht in der Nähe des Jerusalemer Tempels also, all seine Erfahrungen, Einsichten und Visionen gewonnen haben dürfte.

Oft haft man gemeint, daß gerade dieser Prophet genial darin gewesen sei, gewissermaßen voraussetzungslos als ein schöpferisches Genie alles von vorn zu beginnen, unabhängig vom Kult, unabhängig vom Tempel, der reine Gegner der Priesterschaft dort; in Wirklichkeit zeigt sich die Gestalt dieses Mannes sehr viel spannungsreicher, dialektischer, mühsamer, leidvoller, in gewissem Sinne um ebensoviel kleiner wie großartiger.

Denken müssen wir, daß Jeremia als Kind in die Frömmigkeit des Kults seines und des Volkes Gottes *Jahwe* wie selbstverständlich hineingewachsen ist und daß er all die Gebetsformen, all die liturgischen Gebärden ganz und gar ernst genommen hat. Es stand für ihn fest: In ihnen äußerte sich Gott; und den Gott Jahwe zu verehren, ihn kultisch zu verherrlichen, das bedeutete für ihn wie für ganz Israel immer wieder zweierlei: Erinnerung zu pflegen, wie Gott sein Volk *erwählt* und herausgeführt hatte aus Ägypten und wie er ihm am Sinai seine Gebote offenbarte. In diesen Taten zeigte sich Gott in der Treue, mit der er seinem Volke seit alters gegenüberstand. Aber nun erwartete der Ewige Gehorsam von seinem Volk, als Ausweis *seiner* Treue. An dieser Stelle beginnt der Zweifel, an diesem

Punkt entwickelt sich schließlich die Verzweiflung des frommen, gläubigen, glaubenswilligen Jeremia. Ist es denn möglich, im Kult immer wieder der Treue Jahwes zu gedenken und selber dabei als gläubiges Volk, als religiöse Gemeinde jede Treue vermissen zu lassen? Der zentrale Gedanke des Jeremia ist es, daß das Verhältnis zwischen Gott und seinem Volk einem *Bund* entspricht, den Gott geschlossen hat, einem *Vertrag* zwischen zwei Partnern: Wenn der eine diesen Bund hält, muß auch der andere ihn halten und umgekehrt: Wenn der eine den Bund bricht, hat der andere nicht nur das Recht, sondern es steht zu erwarten, daß er Ahndung führt für die zerbrochene Treue.

Genau das aber ist es, was Jeremia vor sich sieht: Gott ist treu; alles kultische Gedenken an ihn besteht vollkommen zu Recht. Aber kann es recht sein, zu tun, wie man es vor allem in der Endzeit in den Tagen des Zidkija und davor in den Tagen des Jojakim versucht hat – Gott hineinzuziehen in eine Art Heilsgarantie und Heilssicherheit? Weil Gott zu seinem Volke steht und weil wir so treu die kultischen Riten pflegen, deshalb dürfen wir des göttlichen Beistands versichert sein für alle Zeiten? Wir sind das auserwählte Volk, auf unserer Seite also steht der Allmächtige, – was also kann uns da geschehen?

Jeremia wird seinen Angriff aus bitterer Enttäuschung an dieser triumphalistischen Heilsgewißheit später in zwei Richtungen führen. Es ist einmal, daß seit den Tagen von König Manasse an alles mögliche geglaubt wurde unter dem Namen Jahwe. Man hat dabei, meint der Prophet, aus Gott einen Popanz gemacht, indem man ihm unterschob, womit man aus den Vegetationsriten, aus überkommener Magie, aus reiner Glücksstreberei im Vordergründigen auch sonst sich versichern zu können meinte. Es wimmelte von miasmischen Eintragungen in den reinen Kult. Dagegen, zweifellos, richteten sich auch manche nationalistischen Kreise in Judäa, die prinzipiell alle fremden Elemente ausmerzen wollten. Doch Jeremia findet, daß auch diese nationalistischen Kreise sich in einer Weise auf Gott berufen, die ihn gleichermaßen in ein magisches Objekt verwandeln muß. Sie handeln mit dem Nationalgott Jahwe wie mit einer bekannten Größe, die sie immer schon *in petto* haben; wenn sie nur äußerlich ihre Zeremonien immer brav weiter pflegen, die Opfer ableisten, die Gebete aufsagen, das Ritual begehen, dann denken sie, vor Gott ganz und gar auf festem Terrain zu stehen. Ge-

17

nau in dieser Einstellung aber findet sich nicht Gott; das ist bloße Kultmagie. Da hört der Tempel auf, eine Begegnungsstätte zu sein; an einem solchen Ort wohnt kein Gott mehr; da verwandelt sich in der Hand der Priester Gott zu einem Götzen, und die Propheten, die sich dieser Götze hält, mögen noch so viele Wörter heiliger Bestätigungen gebrauchen, – sie lügen!

Was Jeremia durchlebt und durchleidet, ist die Wandlung von einem fromm gläubigen, suchenden, ringenden, ehrlichen Priestersohn zu einem der schärfsten Kritiker des Kults am Jerusalemer Tempel mitsamt den Priestern, mitsamt den Königen, mitsamt den Hofpropheten, mitsamt dem ganzen Volk, das hinter diesen »Autoritäten« wie als seinem Schild Zuflucht sucht.

Nie im Alten Testament hat es dergleichen gegeben. Jeremia wird völlig allein stehen. Zwar versucht König Josia so zu handeln, wie es der wiederaufgefundenen Gesetzesrolle des Deuteronomiums entspricht; doch er verstirbt 609. Und was nach ihm kam: Jojakim, Zidkija, das fordert den Propheten heraus. König Jojakim wird Jeremia gar seinen Gegnern ausliefern, so daß der Prophet um sein Leben fürchten muß; selbst seine eigenen Verwandten scheinen einen Mordanschlag auf ihn beabsichtigt zu haben. Und es ist nicht nur die Einsamkeit, die ihn quält; sein Leben ist bis aufs äußerte herausgefordert. In den letzten Tagen des Jahres 587, als Jerusalem bereits belagert ist, wird man ihn wegen wehrkraftzersetzender Rede, wegen Defätismus, wegen Aufruhr, wegen Insubordination, wegen Verrat an den Feind inhaftieren und wie ein Stück Dreck in den Brunnen werfen. Dort soll er krepieren. Einzig ein ausländischer Hofbeamter rettet ihn im letzten Augenblick. Die Babylonier indessen sehen in ihm einen Verbündeten. Wie aus Versehen wird er nach der Einnahme der Stadt unerkannt unter den Deportierten mitgeführt; aber als man ihn erkennt, würdigt man seine babylonierfreundliche Prophetie all die Zeit über und möchte ihm gut sein – und mißversteht ihn in all dem doch ganz! Er, Jeremia, *liebte* sein Volk in allem Widerspruch. Er forderte es heraus um der Wahrheit willen, die es so leicht zu vergessen bereit war. Jeremia steht auch im Zusammenbruch auf der Seite seines Volkes, mag da geschehen, was will.

Das ist die *religiöse* Geschichte des Propheten Jeremia. Sie ist uns überliefert in den Worten eines Mannes, der über eine Sprachgewalt verfügt wie nur wenige derer, von denen sonst uns Worte aufbewahrt sind in dem Buch, das wir das Alte Testament nennen. Das meiste, was aus der Überlieferung auf uns gekommen ist, entstammt einer Denkschrift, die vermutlich im Jahre 605 abgefaßt wurde. Das ist die Zeit, da der ägyptische Pharao Necho von Nebukadnezzar vernichtend bei Karkemisch geschlagen wird, so daß ein für allemal offenkundig ist, in wessen Hand Jerusalem wieder zurückfallen wird. Nebukadnezzar steht bereits in diesem Jahr sinnbildlich vor den Toren Jerusalems. Unvermeidbar, so scheint es, wird Judäa in die mesopotamischen Machtansprüche zurückfallen. Im Jahre 605 schreibt Jeremia all das auf, was er gesagt hat, nicht um sich zu rechtfertigen, aber um aus dem Erlittenen und Erlebten endgültig Rechenschaft und Bilanz zu ziehen. Im folgenden Jahre 604, beim Bußgottesdienst, soll dieser Text verlesen werden. Das Buch des Jeremia, das sein Schüler Baruch wohl nach wörtlichem Diktat aufzeichnete, wird dem König vorgelegt. Der aber läßt es Stück für Stück, nachdem er's gehört hat, zerschneiden und ins Feuer werfen. Keines der Worte des Jeremia soll irgendeine Zukunft haben, will er damit sagen; für null und nichtig soll's befunden werden. Aber Propheten sind wie das Gras; denkt man, es gemäht zu haben, so wächst es nur desto stärker wieder auf. Alles wird Jeremia, getreu im Gedächtnis, seinem Schüler Baruch noch einmal diktieren, und zwar vermehrt noch, ausführlicher noch. Und dieses zweite Diktat – das ist der Grundstock der ersten 25 Kapitel des Buches Jeremia, wie wir sie heute vorliegen haben. Später dann hat Baruch geschildert, was Jeremia persönlich erlebte, – seine Passion, seine Konfession, sein Leiden und sein Flehen. Dazwischen dann, wie im Buch des Propheten Ezechiel, werden Völkersprüche gesammelt, zornige, wütende, ob von Jeremia stammend oder nicht, und auch das nicht ohne Grund. Denn geglaubt hat der Prophet aus Anatot, daß sein Gott Jahwe keinesfalls allein der Gott Israels sei, vielmehr sah er in ihm den Lenker der Geschichte aller Völker.

Schon von daher ist es nicht möglich, die Bibel zu lesen wie im Religionsunterricht die Geschichte der Kirche: als die Sonderhistorie einer bestimmten Gruppe von Menschen im Status ewiger Wahrheiten. Die Sicht des Jeremia zeigt einen Gott, der das Geschick *aller* Menschen in der Hand hält, hoffend, daß die Mächtigen, selbst wenn sie Judäa vernichten, am Ende trotz allem begreifen, daß sie nichts sind als Werkzeuge in der Verantwortung gegenüber einem Höheren und daß sie zurücktreten müssen, sobald ihre

Mission erfüllt ist; auch sie müssen bescheiden werden unter dem Maßstab des Gottes, der allererst unter der Botschaft der Propheten sich ausweitet zu dem *All*mächtigen, zu dem Weltregenten *aller* Völker. Was ist da ein Mensch in seiner Ohnmacht, was in seiner Größe? Alle diese Fragen sind, wie die verschiedenen Farben in einem Webstück, miteinander verflochten und bilden ein Muster, das, von der Rückseite her gesehen, schwer zu enträtseln ist, das aber, von der Vorderseite her betrachtet, in einem eigenartigen Glanz ein eindringlich deutbares Bild enthüllt.

Alles in diesem ersten Kapitel des Propheten Jeremia hebt vollkommen zu Recht mit der Geschichte der Berufung an: *Es erging Gottes Wort an mich.* – Schon bei dieser Formulierung wird jeder Einzelne sich fragen: Was ist denn dies in meinem Leben, zu wissen und zu vernehmen, was da Gottes Wort sei? Wer bin denn ich wesentlich? Was ist meine Bestimmung im Ganzen oder auch nur für heute und die nächste Zeit? Was soll ich denn tun, so daß es – für mich! – richtig ist?

An dem guten Willen der Menschen, etwas Richtiges oder sogar *das* Richtige zu tun, ist selten Zweifel zu setzen. Aber wie finden sie's in den Verwirrungen ihres Herzens? Wie kann ein Mensch sagen: Jahwe hat sein Wort an mich gerichtet, außer es geht so weiter, wie die Berufungsgeschichte des Jeremia es uns erzählt, Gott habe gesagt: *Erwählt habe ich dich, noch bevor du im Mutterleib gebildet warst.* – Die christlichen Theologen, von Paulus über Augustinus bis zu Luther und Calvin, haben gerade in Worten wie diesen ihre Lehre von der göttlichen Vorhersehung, von der »Prädestination«, vorgeformt gesehen. Da soll es sein, daß keines Menschen Leben sich aufführt, ohne wie etwas von Gott Geschicktes, wie etwas Schicksalhaftes zu sein; mit jedem Menschen, so ging die theologische Lehre, sei etwas vorweg Festgelegtes gemeint, und es gelte nur, diese Bestimmung zu erkennen und zu erfüllen. Wie aber, wenn wir die Berufungsgeschichte gerade des Jeremia umgekehrt lesen würden, indem wir dächten: Ein Mensch findet das Richtige in seinem Leben überhaupt erst, indem er das eine »Wort« hört, in dem er mit sich identisch wird? *Dazu* also, sagte er sich, bin ich auf der Welt; *das* also ist es, was »der Schöpfer«, *mein* Schöpfer mit mir beabsichtigt hat! Nicht ein fremdes Diktat waltete da in seinem Leben, sondern ein Horchen fände dort statt, das zu einem inneren Gehorchen heranreifen würde, bis es imstande wäre, das eigene

Wesen zu finden; *das* zu befolgen, was am tiefsten der inneren Stimme und Anlage entspricht, wäre identisch mit dem Vernehmen des göttlichen Willens. Schöpfung und Auftrag verschmölzen da miteinander zu ein und derselben Erfahrung!

Es ist in der Bibel ein altes *Bild*, vom Ursprung der *Mutter* her zu reden; es geht dabei nicht um »Biologie«, es geht nicht um Veranlagung durch Erbgut, Milieu oder Erziehung, es geht beim Sprechen vom Ursprung um ein existentielles Wissen um etwas, das uns nötigt, an der Person Gottes herauszufinden, welch eine Person wir selbst wesentlich sind.

Wie das geschehen kann, läßt sich an manchen »Berufungen« in unseren Tagen zeigen. Man kann nicht sagen, eine Berufung bestehe darin, sich wunschgemäß etwas auszudenken und dann zu erklären: Das ist es, was ich am liebsten täte. Wunschdenken ist nicht Berufen-Sein. Eine wirkliche Berufung indessen ereignet sich, wenn ein Mensch auf eine bestimmte Situation mit allem, was er ist, mit all seinen Fasern, seinem Fühlen und seinem Denken in sich geschlossen, *total* reagieren *muß* und wenn diese Entscheidung alles Weitere in seinem Leben bestimmt.

Nehmen wir als ein Beispiel solcher Berufung einmal das Beispiel von Mutter Teresa, die in unseren Tagen vielseits gefeiert und geehrt wird. Doch ist, was sie getan hat, etwas so Ungewöhnliches? Denken Sie sich die Situation, die sie in Kalkutta antraf. Jeder Tourist, der Indien ein wenig kennt, vor allem in dem Zustand, in dem es sich vor etlichen Jahrzehnten befand, sieht vor sich in der Stadt am Hooghly mehr als 1,5 Millionen Menschen, die auf der Straße sitzen, die in den Monsuntagen sich mit Zeitungspapier zu bedecken suchen und die in all dem Schmutz und Elend Kinder gebären ohne Hoffnung und Zukunft. Für einen Touristen wird es kaum vermeidlich sein, über drei oder fünf solcher Leute auf der Straße hinwegzuklettern, um in irgendeinem Restaurant europäisch zu essen; denn täte man so nicht, würde man sich sehr bald bestrafen mit Darmgrippe und ähnlichen Erkrankungen. Gesetzt aber, Sie wären gar kein Tourist, Sie müßten in Indien bleiben, Sie wären dort ausdrücklich hingeschickt, um in Kalkutta zu leben, und Sie verfügten immerhin über ein begrenztes Vermögen, das Sie einsetzen könnten –, was anders würden Sie dann tun, als daß Sie den am meisten Not Leidenden irgendwie helfen wollten? Nichts weiter hat Mutter Teresa getan, und natürlich hat sie gefunden, daß, wer so beginnt, gar kein Ende mehr findet. Es kann angesichts der riesigen Not eigentlich nur uferlos mit dem Versuch zu helfen so weitergehen. Auf eine solche wirklich »schicksalhafte« Weise vollzieht sich die Berufung eines Menschen.

Es kann freilich alles auch viel banaler kommen. Sie stehen an irgendeiner Autobahnraststätte und finden ein, zwei ausgesetzte Hunde, die vor dem Ferienbeginn wie Wegwerfware im Stich gelassen wurden. Setzen wir einmal, Sie hätten die Zeit und die Möglichkeit, darauf zu antworten, ja, es wäre überhaupt Teil Ihres Lebens, auf die Not eines Tieres wesentlich zu antworten, so würden Sie bald merken, daß Ihr Bemühen auch nur für ein einzelnes Tier so bald kein Ende hat. Sie würden plötzlich ein bestimmtes Engagement gar nicht mehr aufhalten können.

Oder ein anderes Beispiel: Mahatma Gandhis »Berufung« begann damit, daß er in Südafrika fand, man müsse sich für Menschen engagieren, die, bloß weil sie Inder sind und eine dunkle Hautfarbe haben, trotz gültigen Fahrausweises aus der Eisenbahn geworfen werden. Menschen, sagte sich Gandhi, teilt man nicht ein nach erster und zweiter Klasse. Diese Evidenz zu leben wurde die Berufung eines der größten Propheten und Staatsmänner.

Prophezeiungen, Berufungen, lernen wir daraus, ereignen sich nicht magisch, indem jemand, gleich einer akustischen Grille, irgend etwas hört; sie ereignen sich bei einem Lauschen nach innen auf das Nachbeben von Ereignissen draußen. Eine bestimmte Situation verlangt eine Antwort, aber das Wort hinter dieser Antwort ist (wie) von Gott, es ist etwas Unbedingtes, Absolutes. Am Ende gibt es keine Wahl mehr. Auch zurückblickend gibt es nur noch den Eindruck, das ganze bisherige Leben sei nichts weiter gewesen als eine Vorbereitung auf diese eine alles entscheidende Entscheidung. Ist es ein Entschluß, der gefaßt wurde, ist es ein Gezogenwerden? Im Grunde immer beides zugleich; im Grunde ist hier immer ein ganzer Mensch, umgriffen von der Hand Gottes.

Je größer der Auftrag am Anfang erscheint, desto verängstigter und oft verzweifelter wird ein Mensch zunächst davorstehen. Wie kann er denn von sich her dem entsprechen, was er da ahnt, diesem schier Unermeßlichen, Riesigen, kaum zu Ertragenden?

Die Literarhistoriker haben es einfach. Sie erklären uns: Die Berufungsgeschichte des Jeremia folge einer Typologie; wir könnten daher nicht sagen, daß sie sich historisch so ereignet habe; eben weil sie eine typologische Erzählung sei, *könne* sie keine historische Erinnerung sein. Ihr Aufbauschema ist klar und immer wieder dasselbe: Gott redet etwas, der Mensch redet dawider, und schließlich befiehlt Gott dem Menschen, dem er allerdings seinen Beistand zusichert, jetzt zu tun, was geboten ist. Typischerweise verlaufen alle Berufungen so, wenn Gott im Alten Testament einen Propheten »erwählt«; was Wunder also, daß laut Überlieferung auch Jeremia in dieser Weise berufen wird? Wie aber wäre es wiederum, das »Typische« wäre nichts weiter als das Kondensat von etwas, das sich in der religiösen Erfahrung so und nicht anders immer wieder ereignen muß? Wie soll sich denn ein Mensch wie Jeremia jemals dem Auftrag gewachsen fühlen, zu dem er hier aufgerufen wird, in Konfrontation aller Autoritäten seiner Tage, der religiösen, der politischen, der gesellschaftlichen? Einzustehen für ein Wort Gottes, dessen Inhalt er im genauen zudem überhaupt noch nicht kennt, nur daß es Widerspruch, Streit und Provokation sein wird? Nur: er muß etwas sagen, daß ist ihm deutlich, und was er sagen muß, wird ein Widerspruch zu allem Vorhandenen sein; es wird ein Neues sein, das die Menschen nicht werden hören wollen – soviel steht von vornherein fest. Aber er, Jeremia, hat es gehört, und er kann es nicht ungeschehen machen. Zeigt uns das nicht, wie Gott zu einem Menschen redet? Natürlich »spricht« Gott nicht, noch deklariert er etwas. Aber denken wir uns am Beispiel von Jeremia, in einer solchen Erfahrung ziehe sich zusammen, was viele Tage und Jahre ungezählte schlaflose Nächte gekostet hat, ein inneres Ringen und Reifen an etwas, das so lange wachsen und warten mußte, bis es durchschlug und die Frage sich unvermeidbar stellte, ob es zu einer bestimmten Entscheidung überhaupt noch eine Alternative geben konnte, ohne sich selber dabei zu verlieren, dann haben wir eine ganz gute Vorstellung von dem, was eine »Berufung« ist. Denn erst wer so fühlt, weiß, daß es kein Zurück mehr gibt, nur noch ein Vorwärts, fast egal dann, wohin; und erst dann wird er wissen, was es bedeutet, ein Wort Gottes zu »hören«.

In unseren Tagen hat man eine bestimmte Vorstellung entwickelt, wie Propheten, wenn es sie denn gäbe, allenfalls zu sein hätten. Die erste Bedingung: sie müßten – zumindest für die Medien – »kirchenkritisch« sein; das ist klar, denn sonst wären sie ja keine Propheten. Aber dann wiederum müßten sie auch auf seiten der Kirche sein, denn sonst besäßen sie ja keine Aussicht, die Kirche zu ändern.

Wenn sie also *beides* versprechen, die Veränderung der Kirche durch ihre Kritik an der Kirche, dann offenbar besitzen sie das Zeug zum Propheten. Mit einem Wort: man denkt sich den Propheten in etwa nach Art eines politischen Organisators für die Groß-gruppe Kirche, befindlich zur Zeit noch in der Opposition, doch eines baldigen Tages schon der Chef einer Nachfolgegruppe, einer erfolgreichen Pressure-group, die sogar bis in den Vatikan hinein Erfolg haben wird. Alles kommt nur darauf an, den Erfolg *richtig* zu organisieren. Als Politiker oder als Organisator machen Sie stets einen entscheidenden Fehler, wenn Sie nicht Erfolg haben sollten. In diesem Falle würde sich wohl auch zeigen, daß Gott nicht mit Ihnen wäre und daß Sie eben auch kein Prophet sind. Und damit ist Ihr Schicksal natürlich besiegelt. Die Mächtigen gehen weiter zu ihrem nächsten »Propheten«, an dem sie sich schadlos halten oder über den sie sich lustig machen können. Denn wer könnte schon die Macht im ganzen verändern, außer er würde als erstes ein Teil die-ser Macht und fügte sich ihren unveränderten Spielregeln?

Das Entscheidende an Jeremia ist, daß er die so ganz andere *reli-giöse* Dimension seines Lebens erfaßt. Einem Mann wie Jeremia ist es vollkommen egal, was aus dem wird, was er zu sagen hat, ob es »Erfolg« haben wird oder nicht. Die Zukunft ist Gottes, nicht seine eigene. Da gilt es, etwas zu sagen, ganz einfach weil es stimmt, und ob die Leute es nun hören wollen oder nicht, ist weit weniger wich-tig als die Tatsache, daß es gesagt wurde. So steht es um die Sache des Jeremia. Sollten die Leute es nicht hören wollen oder wird es zu spät sein, wenn sie es hören, wird er es machen wie Jesaja: Er wird es den Leuten zur rechten Zeit schriftlich geben. Mag sein, sie werden's verbrennen; doch in diesem Falle wird er es noch einmal diktieren, für alle Zeiten, wenn nicht für diese, die Zeit der Zeitge-nossen, dann für die nächste, für die Zeit einer kommenden Genera-tion. Wichtig ist nur: Es ist gesagt, und mehr war nicht zu tun. Das heißt es unter Umständen, Gottes Wort weiterzugeben.

Denken Sie sich als Beispiel das Jahr 1521 in Worms. Vorbereitet hatte der Augustinermönch Martin Luther überhaupt nichts an or-ganisatorischer Veränderung in Richtung Rom; das einzige, was er wollte, bestand darin, ein Wort auszurichten von Gott, nämlich daß man ihn, den alles Vergebenden, nicht gebrauchen könne zum Schacher, nur um die Angst der Menschen für den Reichtum des Va-tikans auszubeuten. Das Fegefeuer, die Hölle und der Himmel verhielten sich zueinander wie Ungewißheit, Verzweiflung und Geborgenheit, aber nicht wie Schuld, Besitz und Spende. Schon eine seiner Thesen von 1517, die 78. These, lautete: Wenn denn der Papst den Dom zu St. Peter bauen will, warum, wo er der reichste Crassus ist, nimmt er dann nicht wenigstens sein eigen Geld statt das der armen Gläubigen? Die Bischöfe, meinte Luther damals noch, müßten irregeführt worden sein, wenn sie dem Ablaßhandel zustimmten, und doch, je länger die Disputationen dauerten, in die man ihn zu verfangen suchte, desto isolierter stand er da; schon in Leipzig, 1519, nötigte man ihn zu erklären, selbst Konzilien könnten irren. Man drängte ihn dahin zu sagen, daß 1500 Jahre Kirchengeschichte ein einziger Abfall von Gott sein könnten. So brachte man ihn in Worms vor den Kaiser. »Es will mir nicht erscheinen«, erklärte Karl V., der Herrscher eines Reiches, in dem die Sonne nicht unterging, »wie ein einziger Mönch recht haben sollte gegen die ganze Christenheit.« Doch Luther antwortete, was sein Gewissen ihm sagte: »Hier stehe ich, ich kann nicht anders.« – Was nun im folgenden werden würde, wußte er nicht, es war für ihn nicht zu kalkulieren und war ihm auch vollkommen unwesentlich. Natürlich hatte er Angst. Sie würden ihn totschlagen nach dem Reichstag. Er würde für vogelfrei gelten, d. h. es würde jeder sich den Himmel verdienen, der ihn totprügeln würde. Doch für Luther zählte damals nicht, was aus ihm werden würde; für ihn zählte ganz allein, daß wenigstens ein einziges Mal Gottes Wort gesprochen würde. »Ich hätte können in Worms zum Aufruhr blasen und ihnen ein Spiel anrichten; aber ein Narrenspiel wär's gewesen«, sagte er später. Nicht die Organisation der Kirche, einzig die Wahrheit, die im Menschen lebt und die ihm von Gott eingesät wurde, ist der Grund für das Auftreten eines Propheten.

Jeremia allerdings widerspricht seiner »Berufung«; er hat eine Erklärung für seinen Widerspruch gegen Gottes Einmischung, die menschlich überaus verständlich ist und die wohl jedem so käme. Wir stehen im Jahre 627; Jeremia muß damals erst Mitte der Zwanziger gewesen sein, und so erklärt er: *Herr, ich bin zu jung.*

Alles spricht *für* diesen Einwand. Die gesellschaftliche Ordnung seiner Zeit befiehlt einem Manne, auf den Rat der Weisen zu hören; der Rat der Weisen aber wird sagen: Was der König sagt, das ist zu tun. Was aber der König sagt, ist, wie jeder weiß, wieder nur das Ergebnis der Ohrenbläserei der Leute, die an seinem Hof in Dienst stehen und die sagen, was ihr eigener Vorteil ihnen sagt: Man muß sich unabhängig machen von den Mesopotamiern, man muß die nationale Würde wiedergewinnen, man muß die Schande der Unterwerfung revidieren, man muß endlich Bündnisse schließen mit den Ägyptern, mit den Kleinstaaten Syriens, man muß sich auf sich selbst besinnen, *das* ist der Wille Gottes.

Kann man gegen diese Identifizierung des Bundesvolkes mit dem Gott des Bundes irgend etwas sagen? *Darf* man dagegen irgend etwas sagen?

Jeremia hat kein Amt, auf das er sich berufen könnte, er ist kein Schriftgelehrter, er besitzt überhaupt nicht die Reputation und Autorität eines Gelehrten, vor dem man sich verneigen würde, weil er das gerade wiederaufgefundene Deuteronomische Gesetzbuch scharfsinnig zu interpretieren und zu urgieren wüßte. Er ist nicht einmal ein Priester, er ist nicht wie sein Vater, er hat überhaupt keinen Titel. Er ist ganz einfach das, was wir in unseren Tagen im römischen Katholizismus einen Laien nennen, ein »Nicht-Fachmann«, ein Mann aus dem Volke, das bekanntlich ohnedies nichts zu sagen hat; dafür aber sollte es Ohren haben wie die Fledermäuse, empfindsam noch im Bereich jenseits des Hörbaren, gehorsam noch in den Zonen des Ultraschalls. Jeremias Pflicht, mit einem Wort, wäre es, sich nicht zum Grünschnabel zu machen, sondern den Mund zu halten.

Verfügt er denn auch nur über die geringste Lebenserfahrung? Wird man ihm nicht unweigerlich sagen, was man jedem entgegenzuschleudern pflegt, der irgendein Stück religiösen Glaubens ernsthaft zum Maßstab an das wirkliche Leben anlegen wollte: Du bist ein Dauerpubeszent, du bist ein Phantast, du bist ein Träumer, du bist offenbar ein ewiges Kind! Und: Du mußt erwachsen werden, Jeremia, du darfst nicht ewig deinen Kinderträumen nachhängen! Du hast gelernt, im Tempel von Jerusalem zu beten, du hast auf deinen Vater Hilkija gehört – das alles ist schön und gut, aber die Geschichtsbücher der Bibel sind nicht die Psalmen Israels; merke dir das. Zu beten mit Gott ist eines, doch unsere geschichtliche Verantwortung für die Geschicke Judäas, das ist etwas anderes. Da gilt es, Kompromisse zu schließen, Bündnisse einzugehen, stark zu sein, – eben Politik zu treiben. Und davon verstehst du nichts. –

Das vor sich zu sehen bedeutet: *Ich bin ein Kind, ich bin noch zu jung!* Es heißt zu wissen: Alle werden sie mir entgegenhalten: Du hast nicht die Alterserfahrung, du hast nicht die Übersicht, du weißt nicht, wie viele krumme Wege man gehen muß, um die Geradheit des göttlichen Willens zu befolgen, du bist zu naiv, Jeremia. Du glaubst an einen Gott, der uns beisteht eigentlich nur von innen. Gott aber hilft uns nur, wenn wir stark und tapfer sind. Gott ist identisch mit der Macht auf dem Thron, und die wollen wir, die begründen wir. Die zugleich mit Gott, ja, an Gottes Statt anzubeten lehren wir das Volk; und so blasen wir ins Schofar-Horn und haben so alle unsere Überlieferungen auf unserer Seite. Gott ist getreu!

Was hat dagegen ein verängstigter, einsamer, zweifelnder Jeremia zu sagen? Was er erlebt, ist nur, daß der innere Druck wächst. Was er fühlt und ahnt, *ist* von Gott; dieser Einsicht kann er nicht ausweichen. Dann aber kann die Ausrede nicht gelten: Ich bin noch zu jung. Wenn es doch stimmt, was zu sagen ist, kommt es dann auf das Alter dessen an, der es sagt? Muß es nicht gesagt werden, so wie es inwendig klingt, unverdorben und klar?

Jeremia wird sich später des Kults bedienen als einer Bühne; mitten im Gottesdienst wird er auftreten, ungefragt, ungebeten, schließlich verhaßt. Selbst bis in seine Redeweise hinein wird er kultische Sprache sprechen, und doch wird das, was er daraus ableitet, das schärfste Gegenteil, der äußerste Widerspruch zu dem tradierten Kult und zu der etablierten Frömmigkeit. In seiner »Berufung« spürt er nur, daß er stellvertretend durchmachen wird, was für das ganze Volk als Schicksal sich zusammenbraut. Einsamkeit, Zerstörung, vernichtetes Glück – alles das muß er vorwegnehmend aushalten in seiner Person, ehe es bald schon ganz Israel trifft. Doch wenn er sich durchhält im Gegenüber Gottes, so kann es vielleicht doch zum Guten sich wenden, so kann es werden wie eine Auferstehung.

Da streckte Jahwe seine Hand aus, seinen Mund zu berühren. Bei Jesaja sahen wir, wie Glühkohlen die Lippen des Propheten reinigten; *hier* geschieht nichts als eine stumme Gebärde, ganz wie Jeremia selber fühlen wird: All die Worte, die er spricht, sind ganz wörtlich »auferlegt«, er hat sie sich nicht ausgedacht, und doch ist es gerade so sein Mund, der die Finger des Herrn küßt, wenn er mit den Menschen redet von der so schmählich verratenen Liebe Gottes. Alles, was später »Gericht« heißen wird im Munde des Jeremia, wird sich nur verstehen lassen als eine bittere Enttäuschung der Liebe, die Gott empfindet zu seinem Volk. Und so, wie er seinen

Gott schildert, wird Jeremia selber fühlen. Er wird seinem Volke furchtbare Dinge sagen, unerbittliche, gräßliche, grausame, aber er wird's doch nur tun in dem hintergründigen Flehen, es möge das Volk seine Wahrheit finden. Ein Ringen wird's sein, im Herzen des Jeremia, wie man's im Zwiegespräch mit Menschen mitunter erlebt: Man mutet dem andern zu, er solle durch seine Angst hindurchgehen, doch immer wieder wird der andere sagen: Ich kann von all dem, was ich eigentlich fühle, gar nicht reden, ich schäme mich dafür, ich kann dazu nicht stehen. Und doch wird man sagen: Aber wir *müssen* darüber reden, du darfst es nicht verschweigen. Was geht wirklich in dir vor? – Nur indem man dem anderen zumutet, all seine Verlogenheit und Verbogenheit anzusehen und anzuerkennen, kann am Ende die wahre Gestalt seines Wesens wieder erscheinen. Jeremia ist der erste, der es so erlebt, – Jahwe, sein Gott, trägt's ihm grade so auf: *Du sollst dich nicht vor ihnen fürchten.* Menschen zu fürchten ist in diesem Zusammenhang bereits der Kern aller Gottverlorenheit und Gottvergessenheit. Man hat soviel Angst vor den Menschen, so fühlt Jeremia, bis daß man am Ende Gott nicht mehr kennt. Aber hier kehrt sich die ganze Psychologie entscheidend um. Jahwe wird sagen: *Erschrickst du vor den Menschen* und fliehst in deiner Angst nur weiter in deine Angst hinein, so wird's am Ende so sein, daß du's erlebst: Du wirst nur noch Angst haben vor den Menschen, und das ist das letzte dann, was ich für dich tun kann: dich deiner Angst überlassen; *dann erschreck' ich dich vor ihnen.*

Doch eben: diese Logik der Angst behält nicht das letzte Wort. Zweimal in dieser Berufungsgeschichte sagt Jahwe: *Ich errette dich.* Und dieses Wort ist so gewichtig, daß man vermuten kann, aus welch einer Not es stammen wird. Da formt sich die Existenz eines Menschen auf Leben und Tod und wird zu der einzigen Form, die dem Schicksal des Volkes gemäß sein kann. Der Auftrag, die Vollmacht, die Gott dem Propheten erteilt, ist ungeheuer: Gebäude *einzureißen*, Gärten *auszureißen* und neu zu *bauen* und neu zu *pflanzen*, und dies nicht nur über Judäa und Israel, sondern *über Reiche und Völker.* Ist das nicht Vermessenheit, ist das nicht übergroße Kühnheit, eine fast wahnsinnige, ganz und gar hochmütige Hochstapelei? Nein, durchaus nicht, muß man antworten. Große, ja weltweite Katastrophen kann man immer lange im voraus erkennen, nur daß die Vorboten niemand wahrhaben will. – Nehmen wir nur ein Beispiel: Seit zwanzig Jahren brennen die Urwälder Borneos. *Jetzt* endlich schreibt's jede Zeitung, weil es den Menschen den Atem verschlägt und der Rauch bis weit auf die See die Sicht verhindert wie künstlicher Nebel. Solange nur die Tiere starben, spielte es anscheinend keine Rolle. Da galt Indonesien als ein asiatischer Tigerstaat, in den sich's lohnte zu investieren mit Petrodollar, mit Elektrodollar, mit amerikanischen Fonds-Aktien – alles hinein zur weiteren Entwicklung. Nur, irgendwann müssen wir Bilanz ziehen, außerhalb der Spekulation an der Börse. Irgendwann ereilt jeden Wahn sein eigenes Gericht, und es vollzieht sich aus dem Kleinen wachsend in das Große weltweit. Sind's nicht überall immer die gleichen Entscheidungen? Nur, wann tritt's ein? Wann wird das, was man längst schon wissen konnte, sich hinausschreien in die Ohren, hinausblenden in die Augen?

Auf einen solchen Augenblick wartet Jeremia, er seht sich gewissermaßen nach dem Zeitpunkt seines Auftritts wie ein Pfeil auf der Sehne. Wann wird er abschnellen? Das Ziel ist schon lange fixiert; aber wann wird es treffen, wann wird es eintreffen? Das ist die bebende Frage der Berufungsvision des Jeremia!

Eine Berufung, wie dieser Mann sie schildert, ist eine eigentümliche Mischung aus Traum und Erwachen. Jeder, der etwas sehr stark fühlt, in Angst oder Sorge, in Liebe oder Hoffnung, wird dazu neigen, bestimmte Begebenheiten als Symbole zu lesen. Beim Betrachten einer Blume, beim Huschen eines Schattens verbindet sich der Eindruck mit der Deutung eines lange schon quälenden Rätsels. Es ist im Frühjahr, daß Jeremia sieht, wie ein Mandelzweig treibt, ein *maqqel schaqed* auf hebräisch; das Wort bedeutet soviel wie »Wächterzweig«, ganz wörtlich übersetzt. Einen solchen Zweig sieht Jeremia, und beim Klang dieses Wortes glaubt er zu wissen: Zu Ende ist's mit dem Warten, denn *wachend ist Gott*. Diese Botschaft entnimmt er dem Blühen des Mandelbaums. Jetzt hebt sich der Vorhang, die Bleischwere des Ausharrenmüssens fällt ab. Knospen sind da, die sich öffnen, nur – in welch eine Art von Zukunft hinein?

Diese Frage beantwortet eine neue Vision, der Anblick eines Kessels auf der Herdstelle, dessen Tülle von Norden her zeigt. Natürlich steht dieser Kessel ganz beliebig auf dem Feuer, aber der Kessel kocht über, er faucht, er ergießt sich aus *nördlicher Richtung*. Für Jeremia öffnen sich dabei die Augen. *Norden* – das ist das Einfalls-

tor. Ganz deutlich sieht Jeremia es vor sich. Von Norden her werden
»sie« kommen, wer, ist nicht wichtig, und sie werden alles verbrennen. Dieses Volk, so wie es lebt, geführt und verführt von seinen
Priestern, von seinen Propheten, von seinen Hofbeamten, von seinen Staatsbeamten, wird unvermeidbar seiner Katastrophe entge-
gengehen. Und die Katastrophe wird kommen *von Norden*, woher
denn sonst? Nicht die Ägypter sind die Gefahr; aus Babylon wird es
kommen, über die alte Heerstraße. Und das wird es sein, was Jeremia allem Volke verkünden muß.

627, das ist ein Jahr, wo kein Mensch irgend etwas von dem für
möglich hält, was so ein notorischer Schwarzseher wie Jeremia be-
fürchtet. Man lebt in Frieden, man hat sein Ein- und Auskommen,
man ist jeglicher Katastrophenstimmung entwöhnt. Schließlich ist
es fast 80 Jahre her, daß man so etwas erlebt hat, damals, in den Tagen des Jesaja. Man ist inzwischen etabliert, arriviert, kultiviert in
Sachen Religion, Staatskunst, Politik und Sachverstand. Die Dinge
haben sich, dank Manasse, zum Guten entwickelt. Was also sollen
diese Unkenrufe?

Es ist immer dasselbe. – Soeben berichten die Zeitungen von unserem Bundeskanzler, der immerhin 15 Jahre lang schon regiert,
daß alle Angstmacherei nur das Herz lähme, die Investitionen
hemme, den Fortschritt aufhalte; Mut machen müsse man, in die
Zukunft sehen müsse man und natürlich die Zukunft optimistisch
beurteilen. Man braucht schon eine Menge Mut und Sachverstand,
um wie Carl Friedrich von Weizsäcker vor Jahren zu sagen: Ich
tauge nicht zum Politiker, weil ich den nötigen Berufsoptimismus
nicht besitze angesichts der Welt, wie sie ist. So sprach er, als Helmut Schmidt ihn vor Jahren aufforderte, sich als Bundespräsident
zu bewerben.

Jeremia, gewiß, ist ein miserabler Politiker. Einem Mann wie ihm
ist es vollkommen egal, was die staatlich gelenkte Propaganda aus
seinen Worten machen wird, wie man sein Auftreten drehen wird,
was gewissermaßen die Zeitungen über ihn schreiben werden. Er
wird seine Wahrheit so sagen, wie er sie sieht und wie man sie eigentlich wohl verstehen könnte. Und doch wird man ihn wie ab-
sichtlich mißverstehen. Vor allem die Liebe zu seinem Volk, das er
prügelt mit Worten, wird man kaum anerkennen. Dabei hat in jenen Tagen das Volk Gottes wohl niemand so geliebt wie Jeremia,
der Mann, dessen Name schon sagt: *Gott wird's groß machen, Gott*

wird's erheben, und wie sein Schüler Baruch, der da heißt: *der Gesegnete*, fast müßte man sagen: der trotz allem den Segen Tragende. So also vollzieht sich die Ouvertüre einer Berufung. Noch ist nichts abgegolten; alles ist noch ein Gemälde, das kaum skizziert ist, beinahe steht erst nur die Staffelei mit den Malfarben vor uns, kaum daß wir das Thema des Bildes kennen. Wie die Vision des Propheten sich aufführt und dann sichtbar in Erscheinung tritt, davon müssen wir im folgenden schauend lesen, hörend mitfühlen, und wir werden bald finden, daß kein Prophet im sogenannten Alten Testament uns so modern berührt und so menschlich entgegentritt wie dieser Mann aus Anatot. In seiner Person wird Religion, mehr noch als beim *zweiten Jesaja* nach ihm, etwas ganz und gar Persönliches. Der Einzelne und sein Gott – dieses Thema bereitet sich in der Gestalt dieses Mannes vor, und immer, wenn im sogenannten Neuen Testament die Jünger darüber nachsinnen, mit wem sie Jesus wohl vergleichen können, der kein kultisch Wort mehr redet, der nicht das Tempelritual in Jerusalem im Sinn trägt, sondern der frei, wie ein Dichter, in Gleichnissen spricht zu den Leuten seiner Zeit, wird ihnen wieder Jeremia in den Sinn kommen (Mt 16,14), als stünde das Wort dieses rätselhaften Mannes erneut auf in dem Propheten aus Nazaret und erfüllte sich jetzt: Die Ahnung eines Bundes, den Gott noch einmal schließt mit seinem Volk, aber verbindlich jetzt für jeden einzelnen, nicht für das Volk im Haufen, eher trotz allen Volks, jedenfalls ohne allen Kult und im Wegfall jeder Verfeierlichung, dafür aber getreu dem Treuen und wahr dem Wahrhaftigen, stets mächtig-ohnmächtig in der Hand des Allmächtigen.

27. September 1997

GEFLOHEN SIND DIE VÖGEL
UND TIERE

Am Vorabend zum 3. Adventssonntag wollen wir uns einem besonderen Thema widmen, das in der Bibel sehr selten, eigentlich stets nur am Rande, erwähnt wird, das aber wichtig ist für uns Menschen, für unser Selbstverständnis, für unsere Einstellung zur Welt im ganzen. Kurz, wir wollen sprechen über *die Tiere*, ausgehend dabei von Texten des Propheten Jeremia.

Die Betrachtung der Bibel gleicht mitunter dem Durch*fahren* einer alten Stadt, die in Jahrtausenden erbaut wurde, verwinkelt in den Straßenzügen der Altstadt, unübersichtlich in den Außenbezirken, ausgestattet mit einer Fülle von Verkehrshinweisen, die so lange keinen Sinn machen, als man nicht sehr genau weiß, wohin man fahren will, und zumindest die nächstgelegene Ortschaft in Richtung der eigenen Fahrstrecke dem Namen nach kennt. Da ist in der Gestalt der Bibel also der Menschheit ein Buch überkommen, das sie für die göttliche Botschaft selber erachtet. Aber merkwürdig, dieses Buch beginnt in vielen Belangen zu uns allererst zu reden, wenn wir bestimmte Fragestellungen an es richten. Die Frage, die wir religiös stellen, ist in der Bibel selber mitunter gar nicht enthalten, sondern sie ergibt sich überhaupt erst in späteren Zeiten aus grundverschiedenen Lebenszusammenhängen. Dennoch ist es möglich: man durchfährt das uralte, scheinbar längst bekannte Stadtgebiet noch einmal, jetzt aber mit einer neuen, ganz bestimmten Zielangabe und nimmt die Wälle, die Straßenkreuzungen, vor allem die Beschilderung gänzlich anders wahr, in einer Weise, wie sie bis dahin nie gesehen wurde.

Eine sehr wichtige Frage lautet, wie wir Menschen den Tieren gegenüberstehen sollten; doch gerade zu dieser Frage bietet die Bibel von sich her entweder gar keine oder nur geradewegs falsche Richtungshinweise an. Die kulturelle Entstehungsbedingung der Bibel im alten Orient hat uns im Abendland glauben gemacht, es gäbe wie selbstverständlich ein Herrschaftsrecht für uns Menschen über die Tiere. Gott, der Herr, selber erscheint in der Bibel wie ein altorientalischer Monarch, und wir, die wir seine Stellvertreter, seine Abbilder, seine Ordnungshüter auf Erden sind, stehen mithin genauso hochherrschaftlich den Tieren gegenüber wie die Gottheit selber den Menschen. Sind wir doch im Besitze der Vernunft! Verfügen wir doch, anders als die Tiere, über die Fähigkeit zu vorausschauendem und schlußfolgerndem Denken! Ist doch unserem Ordnungsdenken und Bewußtsein die Dumpfheit der Tiere hoffnungslos unterlegen und ausgeliefert! Selbst der Weltkatechismus der römischen Kirche aus dem Jahre 1992, immerhin für 900 Millionen Menschen richtungweisend, sieht kein Problem darin, daß wir Menschen die Tiere benützen, wie immer es uns nützlich scheint. Als Nahrung sind Tiere uns brauchbar, also dürfen wir sie brauchen; als Versuchsobjekte erscheinen sie uns nützlich, also dürfen wir sie nützen; als Ware auf dem Kapitalmarkt von Tierzucht und Tiervermarktung sind sie nicht wegzudenken, also dürfen Aktionäre und Investoren ihr Geschäft mit ihnen treiben. Sie sind dabei so erfolgreich, daß die Produkte quälender Massentierhaltung gewinnträchtig aus dem Binnenmarkt »global«, wie wir nicht ohne Stolz sagen, exportiert werden. Und wo in dem, was wir heute noch als Natur bezeichnen, irgend jemand ein Stück Land, Urwald, Berg, Meer oder Flußarm benötigt, um dort für McDonald's Aufzuchtfarmen für Rinder hineinzubrennen oder um dort Hafenanlagen zu errichten oder um Touristen-Zentren und neue Erschließungsgebiete zu eröffnen, so ist selbstverständlich die Natur gerade so viel »wert«, wie sich von ihren »Produkten« in Form von Preisen auf dem Markt als Geldwert erzielen läßt. Nie hat die Bibel ein solches Denken gehindert.

Von daher legt es sich nahe, dem gesamten jüdisch-christlichen Weltbild den Vorwurf der Naturfremdheit und der Tierfeindlichkeit zu machen. Doch stimmt ein solcher Vorwurf so nicht. Das Judentum ist gerade im Abendland, mit den Römern beginnend, über Jahrhunderte hin verfolgt, schikaniert und mißhandelt worden, von den Christen dabei stets mit Berufung auf die Bibel, die dem jüdischen Volke selber entstammt. Kein Wunder, daß schon seit den Tagen des Talmud bereits das Judentum eine eigenartige identifikatorische Gemeinsamkeit mit der leidenden Kreatur entwickelt hat. Albert Einstein, der ein großer Tierfreund war und abhold jeder Gewaltanwendung in Krieg und Militär, entsann sich, daß er eines Tages bei Walther Rathenau eingeladen war und dieser ihm sagte, aus diplomatischen Gründen könne er es manchmal nicht vermeiden, einer Jagd beizuwohnen, aber der deutsche Außenminister habe hinzugefügt: Wir Juden müssen lügen, wenn wir sagen, wir gingen gerne zur Jagd.

Martin Buber erzählt nicht ganz unähnlich in seinen Schriften vom Chassidismus, daß einmal ein Mann in seinem Kutschwagen über Land reiste, als der Sabbat heranrückte; also mußte er sich beeilen, um noch vor Sabbateinbruch, also vor 18 Uhr abends, nach Hause zu kommen. Zornig schlug er auf sein Pferd ein, daß es sich beeile. Da stand am Straßenrand ein Jude und sah, wie er das Pferd peitschte, und fragte ihn, was denn nur los sei. Nun, sagte der Kutscher, es wird gleich Sabbat. Aber, sagte der Mann, das mußt du dem Pferd auch sagen! – Er wollte mit diesen Worten eine tiefe Wahrheit andeuten, die im Judentum *auch* lebt: Wenn Gott, der Herr, fand, daß seine Welt gut sei, so daß er sich über seinem Werke ausruhte am Sabbat (Gen 2,2), dann sollte das uns nicht dazu dienen, Gottes Kreaturen zu schinden und zu schikanieren.

Es gibt, außerhalb der kanonischen Texte der Bibel, im sogenannten *slawischen Henoch-Buch*, allerdings nur dort, zudem eine Stelle der jüdischen Überlieferung, in welcher altes mythisches Denken, zum Teil aus dem Erbe der alten Ägypter sowie der griechischen Pythagoreer, Aufnahme findet: Am Jüngsten Tage, wird dort verheißen, werde es sein, daß sich das göttliche Gericht umkehre und die Tiere vor Gottes Thron hinträten und die Menschen ihres Unmaßes an Quälerei verklagten, das sie den Tieren zugefügt.

Der Prophet Jeremia hat über die Tiere thematisch so wenig nachgedacht wie das ganze sogenannte Alte Testament; und doch hat er im Zusammenhang mit dem, was Menschen über Menschen zu bringen vermögen, nicht davon absehen können, daß auch Tiere immer wieder in der Nähe von Menschen die Betroffenen der Fehler geschichtlichen Handelns sind. Vier Stellen, genauer, gibt es bei dem Propheten Jeremia, in denen Tiere erwähnt werden. Man könnte diese vier Abschnitte überschreiben als: die Tiere *als Opfer*, die Tiere *als Beute*, die Tiere *als Symptome* und die Tiere *als Strafe*. Beginnen wir mit den Tieren als Opfer – *Jeremia, Kapitel 3*, die Verse 21–24:

Horch! auf den Höhen hört man flehentliches Weinen der Kinder Israel, daß sie verkehrte Wege gewandelt und des Herrn, ihres Gottes, vergessen haben. Kehret wieder, abtrünnige Söhne, ich will euren Abfall heilen. – Da sind wir, wir kommen zu dir; denn du bist der Herr, unser Gott. Wahrlich, Trug sind die Hügel, der Lärm auf den Bergen! Wahrlich, bei dem Herrn unserm Gott, steht das Heil Israels! Der Schandgott hat den Erwerb unsrer Väter verzehrt von unsrer Jugend auf, ihre Schafe und Rinder, ihre Söhne und Töchter.

In diesem Text findet man die Tiere erkennbar nur wie beiläufig erwähnt. Sie erscheinen zunächst als nichts weiter, denn daß sie den Teil einer Liste von Besitzansprüchen bilden, die von den Vätern über die eigenen Kinder bis schließlich auch noch zu ihnen, den Tieren, reichen. So eng sind in dieser Vorstellung Menschen und Tiere auf der Basis von Besitzansprüchen miteinander verflochten, so sehr sind die Tiere deshalb auch rechtlos gegenüber den Menschen. Sie stellen nichts weiter dar als Recheneinheiten in der Hand einer patriarchalischen Verfügungsgewalt. Doch um alles das geht es nicht. Vor sich sieht Jeremia ein Volk, das darüber klagt, wie die Verehrung des Gottes Baal es selber geschlagen hat, wie sie seine Ressourcen vertilgt hat und wie darinnen nun auch noch die Tiere bis zum Ruin geschädigt werden mußten. Alle Formulierungen dieses Textes, das ganze Denken, ist ersichtlich zweieinhalbtausend Jahre alt. Das Problem schon, daß Israel *dem Baal* huldigt, scheint unser Problem nicht länger zu sein. Doch Obacht! In dem Gott Baal tritt uns der Fruchtbarkeitskult Kanaans entgegen. Liegt es da wirklich so fern, die Problematik des Jeremia in modernerer Form in unseren Tagen wiedergekehrt zu sehen? Unser Umgang mit den Tieren, *die Religion*, die wir am meisten pflegen, ist der offene, das heißt, wie wir gern sagen, der *freie* Markt, genauer, ist die Strategie des Gelderwerbs auf dem *für die Geldbesitzer* geöffneten und durch nichts als durch die »Gesetze« des »Mehrwerts« regulierten Markt. *Das* ist unsere Religion.

Wenn jemand fragt: Glaubst du an Gott, meinte bereits der protestantische Theologe Paul Tillich vor über einem halben Jahrhundert, dann mußt du ihn fragen: Was nennst du denn Gott? Erst wenn das klar ist, kannst du wissen, wovon er überhaupt redet und in welchem Sinne es möglich ist, ihm zu antworten. Gott, meinte der Psychologe Carl Gustav Jung, bezeichne das Zentrum der höchsten seelischen Energie; woraufhin ein Mensch sein ganzes Leben ausrichte, das sei ihm Gott, wie immer er seinen »Gott« dann auch nennt. Gibt es, wenn *das* gilt, Zweifel daran, daß wir in der christlich-abendländischen Kultur im Jahre 1997 *das Geld* zu unserem Gott gemacht haben? Ja, ist denn irgendeine Alternative zu dieser

Geld-Religion überhaupt denkbar oder verkündbar? Haben die Großkirchen bis heute irgend eine Instanz gegenüber diesem Gott Mammon (Mt 6,24) eröffnet, oder sind sie nicht lediglich die feierlich umrankenden Lakaien dieses Götzen geworden, ganz wie in den Tagen des Jeremia? Wir haben einen »Tempel«, wir haben »Priester«, wir haben »Propheten« – wir haben sämtlichen Mummenschanz im Namen des alten Gottes zum Zwecke des neuen Gottes, der da heißt Baal.

Das ganze Thema ist so dramatisch in seiner Aktualität wie nur möglich. Denn es bezeichnet heute nicht den Ruin einer Stadt, es bezeichnet den Ruin der Menschen, ja, der Menschlichkeit insgesamt. Alles, so wird uns gesagt, geschieht einzig zum Nutzen des Menschen, aber siehe, da ist ein Gott, der frißt heute bereits die künftige Generation und betrügt sie um ihre Lebensgrundlage. Längst ist dieser Betrug im Gange, und er wird immer furchtbarer, er wird immer großartiger. Die Banken wachsen über das 35. Stockwerk hinaus in den Himmel. Aber unter ihrer Manhattan-Skyline tauchen die Menschen in immer längere Schatten. Und bleiben wir »nur« bei den Tieren. Von ihnen unmittelbar leben die Landwirte, und man redet ihnen ein, daß sie anderes und Besseres gar nicht tun könnten, als die Tiere immer präziser, immer wissenschaftlich exakter und für den Markt immer nützlicher auszubeuten. Ein Drittel der Bauernhöfe heute in den EU-Ländern steht am Rand des Ruins, und am Rand des Ruins stehen die Tiere, die sie aufziehen, um von ihnen zu leben. In den absurden Stallanlagen der industriellen Massentierhaltung erkranken sie zu vielen Zehntausenden, Abschlachtungsprämien werden gezahlt für das Vernichten von buchstäblich mehreren Millionen BSE-verseuchten Rindern. Das ist die Gegenwart. Und sie hat einen einzigen Grund: Man hat die Rinder, um sie »praktischer« füttern zu können, mit ihrem eigenen Fleisch gefüttert. Rinder, geborene Vegetarier, ihr ganzer Magen ausgelegt zum Verdauen von Pflanzennahrung, werden gefüttert wie Kannibalen; sie erkranken, naturgemäß, an sich selber; sie sind nicht vorbereitet auf die Infektion mit dem Fleisch ihrer eigenen Artgenossen. Und dann sind sie es selber, die man töten muß, damit wir Menschen uns vor ihnen schützen. Aber wer eigentlich schützt die Tiere vor uns Menschen? Das ist die Frage. Nachdem wir die Tiere in eine perfekte Verfügungsmasse des Kapitalgewinns verwandelt haben, nachdem wir sie auf den Altar des Götzen Baal gelegt haben, verbrennen sie vor unseren Augen, und ihr Fettdampf erstickt uns die Atemluft.

Das Gleichnis ist ganz wörtlich zu nehmen. In Südamerika verbrennen seit über 25 Jahren Menschen die Urwälder, und diese Tatsache scheint überhaupt erst dann der Beachtung wert, wenn einzelne Großstädte berührt werden, wenn die Atemluft großflächig überbelastet wird; erst frühestens dann überlegen wir, wie man dem Wahnsinn, ein Stück weit wenigstens, Einhalt tun könnte; aber wir diskutieren, derzeit gerade mit dem fertigen Ergebnis aus Tokio kommend, durchaus nicht über die Qual, die wir den Tieren zumuten, wir diskutieren über die Möglichkeiten, vielleicht denn doch ein bißchen weniger schnell das Klima zu ruinieren. Und was bei diesen Diskussionen herauskommt, ist die Entscheidung, daß wir den Umweltschutz nunmehr als *einen neuen Markt* für die Wirtschaft eröffnen sollten. Wir können inzwischen Prämien der Schadstoffemissionen *kaufen*, indem wir den Technologietransfer, zum Beispiel von den USA in die sogenannten Entwicklungsländer, mit einem bestimmten Preisindex versehen. Industrielle Verbesserungen in den Entwicklungsländern – das bedeutet geringere Schadstoffemissionen; also dürfen die USA bis zum Jahre 2010 ungebremst weiter an der Spitze aller Schadstoff-Lieferanten für unsere Atmosphäre ihr desaströses Eigenleben fristen. Und dann haben wir das vage Versprechen immerhin, daß wir im Jahre 2010 genau da wieder stehen, wo wir im Jahre 1990 schon einmal standen. Vermutlich braucht es eben 20 Jahre, bis wir wirklich merken, was in der Stratosphäre, was in der Ionosphäre, was in der Lufthülle, die uns umgibt, weil das Leben sie selbst sich erschaffen hat, nun wirklich los ist – wie weit das Ozonloch aufreißen wird, wenn die FCKWs »oben« angekommen sind. Nichts freilich ist dann mehr rückgängig zu machen. Es gibt keine heiße Nadel, die uns die Atmosphäre zusammenflicken könnte wie ein Tuch, das wir an seinen Fransen wenigstens notdürftig stopfen könnten. Die Tiere, so viel steht fest, wenn wir an Menschen schon nicht denken, sind unsere *Opfer* in dieser Hysterie des Marktes, in dieser Wahnsinnsverehrung des Baal. Die Menschen im Umgang mit ihren Tieren erscheinen wie Krieger im Kampf mit der Natur, und sie erscheinen vorübergehend heute als Sieger, die ganz einfach ihre Beute machen. – Hören wir einen anderen Text: *Jeremia 5* in den Versen *12–17*:

*Sie haben den Herrn verleugnet, haben gesprochen: »Er tut's nicht!
Es wird kein Unheil über uns kommen; Schwert und Hunger werden wir nicht sehen! Aus dem, was die Propheten sagen, wird
nichts; das Wort [des Herrn] ist ja doch nicht in ihnen.« Darum
spricht der Herr, der Gott der Heerscharen: Weil sie solches reden,
wird ihnen also geschehen: Siehe, ich mache meine Worte in deinem
Munde zu Feuer und dieses Volk zum Brennholz, und es wird sie
verzehren. Siehe, ich bringe über euch, Haus Israel, ein Volk aus der
Ferne, spricht der Herr; ein uraltes Volk ist es, ein Volk aus der Vorzeit, ein Volk, dessen Sprache du nicht kennst und dessen Rede du
nicht verstehst. Sein Köcher ist wie ein offenes Grab, sie alle sind
Helden. Es frißt deine Ernte und dein Brot, frißt deine Söhne und
Töchter; es frißt deine Schafe und deine Rinder, frißt deinen Wein-
stock und Feigenbaum. Es zerstört mit dem Schwert deine festen
Städte, auf welche du dich verlässest.*

Wieder geht da die Rede von Schaf und Rind und Weinstock und
Feige eigentlich nur in einer Liste der Zerstörung, diesmal innerhalb des eigenen judäischen Volks, das vernichtet wird durch das
Gegenvolk der Babylonier, das selber zurückblickt auf seine über
zweitausend Jahre alte mesopotamische Kultur. Das Bild selber ist
angelehnt an den Krieg, den Menschen über Menschen, Staaten
über Staaten bringen, immer in der Ideologie von Rechtsan-
sprüchen, immer unter dem Titel heiliger Kriege, immer in der
frommen Versicherung des gerechtfertigten Abschlachtens von
Menschen. Daß die Tiere unter solchen Voraussetzungen nur *en
passant* auftauchen, mag da nicht verwundern.

Nach einem langen Vortrag über den Naturschutz als einer zentralen Aufgabe der Religion sagte ein kluger Mann einmal in der
nachfolgenden Diskussion: Es hat mich doch gewundert, wieviel
Zeit Sie aufbrachten zu zeigen, daß die Bibel kein Mitleid mit den
Tieren habe, wo sie schon mit den Menschen so wenig Mitleid hat.
Der Mann hatte recht. Aber wieder ist die Frage: Wer denn schützt
die Tiere eigentlich vor den Menschen? Was *kann* sie schützen
außer der Einsicht, daß, wenn bestimmte Formen der Grausamkeit
die Tiere erreichten, die Menschen über kurz oder lang ebenfalls die
Leidtragenden sein werden?

Weiten wir die Perspektive einmal ein Stückchen aus, dann müssen wir feststellen, daß die Tiere in der Tat von uns Menschen wie

Gegner, wie Feinde auf dem Schlachtfeld behandelt werden. Krieg herrscht offenbar zwischen Mensch und Tier. Nicht allein zwischen Mensch und Mensch, sondern, wenn dies irgend möglich ist, zwischen dem Menschen und der gesamten Natur, die uns umgibt, herrscht heute ein permanenter Kriegszustand.

Paradoxerweise war es sogar unsere Moral, war es unsere Kultur, die uns die Tiere zu Feinden gemacht hat. Speziell das christliche Weltbild hat uns beigebracht, daß wir alles Tierische in uns selber zu fürchten haben; alles Triebhafte, alles Niedrige, alles Dumpfe, alles nicht vom Verstand Kontrollierte gilt da den Tieren als verwandt, also als moralisch zweideutig und gefährlich, als etwas, das wir niederhalten und beherrschen müssen. Erst Charles Darwin hat uns beigebracht, daß der Mensch selbst von den Tieren abstammt und daß er das Niedrigste wie das Höchste in seiner Seele ihrer Verwandtschaft verdankt. Aber die Ähnlichkeit zwischen Mensch und Tier erschien dem christlich-abendländischen Weltbild stets als etwas Bedrohliches, und so projizierte man das, was man in sich selbst fürchtete, in die Tiere hinein.

Auch diese Neigung zur Projektion hat eine alte Tradition in den totemistischen Verwandtschaftsklassifizierungen, nach denen wir auch heute noch, in der Art von Schimpfwörtern, wenn wir uns ärgern oder uns lustig machen, Menschen, die uns nicht gefallen, mit bestimmten Eigenschaften von Tieren verbinden: Dumm wie ein Esel, sagen wir dann, blöde wie eine Kuh, unverständig wie ein Huhn usw. Stets, wenn wir so sprechen, sind uns die Tiere nicht einmal einer genaueren Beobachtung wert. Sie sind lediglich ein Instrument eben der Verachtung, mit der wir uns selber als Menschen belegen.

Bestimmte Tiere waren in alten Kulturen – und sind es zum Teil noch heute – Inbegriffe des Bösen: die Schlange etwa gilt im Christentum als Instrument oder Verkörperung gar des Satans selber; der Ziegenbock, als Nachfahre des griechischen Gottes Pan, ist völlig verpönt – zwischen seinen Hörnern, glaubte man, schaue der Teufel selber uns an. Manche Tiere wurden nur deshalb geschlachtet, um *das Böse* auszurotten. So begann der »gerechte« Krieg gegen die Tiere.

Inzwischen sind wir so weit, daß wir mit der Natur selber schlimmer verfahren als im Krieg mit den Menschen, ja, wir sind so weit, daß es für die Tiere gut ist, wenn die Menschen wenigstens nur gegeneinander Krieg führen. Noch 1945, nach dem Wahn des Tötens von über 50 Millionen Menschen in Ost und West in den sechs Jahren des Zweiten Weltkriegs, war die Natur reich an Leben. Die Bombentrichter, die Trümmergrundstücke wimmelten von Tieren. Erst seitdem wir in Europa *keinen* Krieg haben, nach 50 Jahren des »Friedens«, wird deutlich, daß wir in geschlossener Formation, wie eine gestiefelte Armee mit aufgepflanztem Bajonett, in die Natur hineinmarschieren: brutal, rücksichtslos! Wir planieren, wir asphaltieren, wir töten. Und was wir da anrichten, hat bis heute keine Rückkoppelung der Verantwortung erfahren.

Vor einer Weile noch dachte die Bewegung der Naturschützer, sie könnte nach und nach vielleicht denn doch im Raum der Politik Eindruck und Einfluß gewinnen; es schien eine Zeitlang tatsächlich so. Den Deutschen war, wenn man sie fragte, der Umweltschutz ein wirkliches Anliegen; die heranwachsende Generation betete nach, was das Fernsehen ihr sagte: für bis zu 80 % der Befragten rangierte der Naturschutz an oberster Stelle. Spätestens seit zwei Jahren ist es damit vorbei – seit der letzten Landtagswahlreihe, um genau zu sein. Damals, in der Bundestagsdebatte, wurde ganz offen und programmatisch erklärt: Naturschutz an sich – das sei ab sofort nicht länger mehr möglich; jetzt gehe es um Arbeitsplätze, jetzt gehe es um Wirtschaftswachstum, jetzt gehe es um die Steigerung des Bruttosozialprodukts, jetzt gehe es um den Abbau der Zinsbelastungen durch die horrenden Altschulden. Seitdem ist der volle Verteilungskampf wieder im Gange; seitdem ist die Verlogenheit der Phrasen ganz deutlich, daß nur eine starke Ökonomie eine gute Ökologie ermögliche. Jetzt herrscht wieder Krieg unter den Menschen, *sozialer* Krieg, aber die ersten Leidtragenden daran, natürlich, müssen erneut die Tiere sein. Jeremia hat diesen Zusammenhang von Krieg und Naturzerstörung ganz richtig gesehen.

Noch einen Schritt weiter, und wir können sagen: Die Tiere und ihr Schicksal sind *ein Symptom*, ein *Symbol* für das, was wir Menschen selbst sind und tun. Dazu das *14. Kapitel*, die Verse *1–6*.

Das Wort des Herrn, das an Jeremia erging wegen der Dürre: Juda wehklagt, in seinen Toren verschmachtet das Volk, sinkt trauernd zur Erde, und das Geschrei Jerusalems steigt empor. Ihre Vornehmen schicken die Diener nach Wasser; sie kommen zu den Zisternen, finden kein Wasser, kehren mit leeren Krügen heim. Die Arbeit im Acker hat aufgehört, weil der Regen nicht kam; enttäuscht ist der Landmann, verhüllt ist sein Haupt. Ja, auch die Hindin im Felde, kaum daß sie geworfen, verläßt das Junge, weil sie nichts Grünes mehr findet. Wildesel stehen auf kahlen Höhen und schnappen nach Luft; ihre Augen erlöschen aus Mangel an Weide.

Eine Dürre, die von der Wüste her über das Kulturland zieht, bildet den geschichtlichen Hintergrund offensichtlich dieser Klagen, die der Prophet Jeremia als Strafe Gottes versteht. Er versperrt seinen Himmel, er weigert dem Regen, die Erde zu durchtränken. Sollten wir die Magie göttlicher Strafen in der Vorstellung der Propheten in ein einfaches Denken von Ursache und Wirkung übersetzen, so hätten wir in diesen Zeilen den Schlüssel zu vielem in der Hand, das wir als einfache Konsequenz aus unserem eigenen Handeln verstehen müßten.

Den Tieren entzieht sich das Wasser, das sie brauchen. – Ganz wörtlich, beim Lesen der Zeitung, springt uns eine ähnliche Nachricht an, wenn wir davon hören, daß irgendwo wieder einmal auf hoher See an Bord eines Tankers der sogenannten Billigflaggenländer die Tanks geflutet und gereinigt wurden. Nie, nie selbst beim sorgfältigsten Lesen der Zeitung in den letzten 30 Jahren, habe ich irgendeine Information darüber erhalten, daß jemals einer dieser »Billigflaggen«kapitäne wegen des unerlaubten Spülens der Tanks auf See gefaßt worden wäre. Offensichtlich besteht hier nicht das geringste Interesse internationaler Strafverfolgung. »Billigflaggen« bedeutet bereits, daß die Reeder und vor allem die Erdölkonzerne auf den Weltmeeren machen können, was sie wollen. Es gibt keine internationale Rechtsprechung, die es erlaubte, Straftäter – in den eigenen Hoheitsgewässern wenigstens – aufzubringen und vor Gericht zu stellen. »Billigflaggenländer«, das bedeutet in sich selber die Mißachtung der einfachsten, offenbar aber zu teuren Sicherheitsbestimmungen. Für wen eigentlich ist unter solchen Umständen die »Billigflagge« billig? Nicht für die Natur, nicht für die Fische, nicht für die Vögel, nicht für die Anrainer, für niemanden, außer für genau sechs Konzernherren, die ihr Erdöl über den ganzen Planeten verschiffen. Denen allein gehört scheinbar die Welt, und die Tiere haben *kein Wasser mehr*, ganz wörtlich.

Dann kommen die Tierschützer, hilflos, an die Strände der Nordsee, irgendwo in Holland, in Frankreich, in Dänemark, und suchen

Hunderte von Vögeln mit verklebten Federn ab, gerade jetzt, im Winter, beim nächsten Sturm, werden wir's wieder erleben. Sie werden versuchen, den gestrandeten Seevögeln die Flügel zu waschen, um sie wieder flugfähig zu machen; aber die Biologen werden ihnen nur bescheinigen, daß das alles völlig zwecklos sei. Zwei Drittel selbst der Vögel, die sie auf diese Weise retten und ins Meer zurücksetzen, werden mit aller Wahrscheinlichkeit sterben. Denn es bedarf nur eines kleinen Kälteeinbruchs, es bedarf nur einer gewissen Form der Unterernährung, und es wird sich zeigen, daß das einfache Abschmelzen der Fettdepots bei den Vögeln all die Giftstoffe freisetzt, die sie bei der ganz normalen Nahrungsaufnahme in sich gespeichert haben; sie werden sterben in Serie; denn das, was ihnen zum Leben dienen sollte, war nichts weiter als ein langfristiger Tod.

Wir aber denken bis heute noch, so etwas geschehe natürlich nur den Möwen, das geschehe nur den Fischen oder nur den Krebsen oder nur den Muscheln – das geschehe ganz sicher nicht uns; wir Menschen sind anscheinend nicht aus Fleisch und Blut gemacht; wir sind anscheinend so anders als die Tiere, daß, wenn diese verenden, es uns ganz sicher doch nicht trifft und schon gar nicht betrifft. Es gibt offensichtlich keine Umweltmedizin, die die längst zu ahnenden Fakten mit Argumentationswert in harte Daten übersetzen könnte. Inzwischen sind wir immerhin schon dabei, Tabakfabriken als Krebsverursacher anzuzeigen. Aber wann endlich sind wir so weit, daß wir ganze chemische Industriezweige lahmlegen mit demselben Argument? Wann endlich werden wir das Militär, das amerikanische vor allem, lahmlegen, das schuld daran ist, daß Tausende von Kindern als Mißgeburten zur Welt kommen, weil man zum Beispiel im Vietnam-Krieg ganze Urwälder entlauben zu müssen glaubte und zu diesem Zweck krebsverursachendes Dioxin über Flächen von der Größe Bayerns verspritzte? Daß die Tiere bei solchen Aktionen verenden, war den Zynikern im Pentagon ohnehin egal. Ja, sogar daß amerikanische GIs selber in das Giftgas gerieten, weil man das Orange B zu dicht am eigenen Frontabschnitt abblies, weigert sich das amerikanische Militär bis heute als Folge seiner eigenen Barbarei anzuerkennen. Da wird jeder einzelne Soldat in seinem privaten Fall prozessieren müssen, und das, was er anklagt, ist lange her, es ist im übrigen auch nicht leicht nachweisbar; und schließlich kann der amerikanische Steuerzahler ja nicht doppelt belangt werden: erst für das Militär und dann gegen das

Militär. Sagen Sie selber, so etwas kann kein Staat verantworten. Aber, nun fahren wir in die Kette unabsehbarer Vernichtung und Grauen die Tiere mit ein, und spätestens da sollten alle erwachen. Wir schlagen die Augen auf und sehen, daß das, was den Tieren zugefügt wird, nur das Ende dessen ist, was an den Grenzen der Welt längst in einer Riesenwoge auf uns zurückbricht. Die Ausnutzung der Tiere zum Nutzen der Menschen ist am Ende die Ausnutzung der Tiere zu Lasten der Menschen. Jeder könnte, jeder müßte, jeder sollte das wissen. Das ist der letzte, in gewissem Sinne der äußerste Gedanke des Jeremia. – Und hören wir noch aus dem 9. *Kapitel* die Verse 9 *und* 10

Über die Berge muß ich anheben Weinen und Totenklage, über die Auen der Trift das Trauerlied. Wüste liegen sie, da geht kein Wandrer; man hört keinen Laut der Herde. Die Vögel des Himmels und das Wild, fort sind sie alle, entflohen. Und ich will Jerusalem zu Steinhaufen und zur Wohnung der Schakale machen und will die Städte Judas zur Wüste machen, daß niemand darin wohnen soll.

Gräßliche, traurige Bilder sind das, die Jeremia vor sich sieht; doch übersetzt man sie aus ihrer dichterischen Stereotypie ins Apokalyptische, wie der Prophet es meinte, so befinden wir uns nicht weit von den gespenstigen Möglichkeiten der Zerstörung, in die wir sehenden Auges hineingehen. Läßt sich's nicht vorstellen, daß, wenn wir so fortfahren wie bisher, die Natur in einem Umfang geschädigt wird, der es uns Menschen nicht länger erlaubt, auf dieser Erde heimisch zu sein? Dann würde *der Rückgang der menschlichen Bewohner*, den Jeremia beklagt, dann würde der Beginn des Aussterbens unserer Spezies die Tiere zurückkommen lassen: die *schualim*, die Schakale, auch die Geier, und es wäre im Haushalt der Natur sogar von einer gewissen Gerechtigkeit zu reden: Wir Menschen hätten die Probe ganz einfach nicht bestanden, ob unsere Art überhaupt überlebensfähig wäre, und die Natur würde sich anderer Lebensformen erinnern, die älter sind als wir und die immerhin gezeigt haben, wie man leben kann in Gleichgewicht und Frieden mit den Voraussetzungen der Existenz.

Die Rückkehr der Tiere ist ein an sich in solchem Zusammenhang schaudererregender Gedanke, aber so neu ist er nicht. Wenn ich eben noch sprach von den Fröschen in den Bombentrichtern

und den Mäusen in den Trümmern, war dies das Bild von 1945: die
Städte, ganze Straßenzüge lang, von Bomben vernichtet, die Häuser
wie ausgestorben, aber die Tiere kehrten zurück! Und, läßt sich
nicht denken, auch ohne Bomben, schleichend und langsam,
könnte der Untergang kommen? Ein Stoff für Romanciers einer
schwarzen Utopie wäre das, oder, besser, das Thema einer immer
näherrückenden Drohung.

Wie schnell eine solche Gefahr globaler Zerstörung naherücken
kann, läßt sich eigentlich nur ermessen, wenn wir damit aufhören,
uns Zeit vorzustellen nach den winzigen Dimensionen, die mit unserer privaten Existenz verknüpft sind. Es ist das wirkliche Dilemma unserer Spezies, daß wir offenbar immerzu irgend etwas in
Gang setzen müssen, das unter Umständen sehr langlebig sein
kann, während unser zeitliches Vorstellungsvermögen bestenfalls
für drei Generationen auslangt. Schon in die Zeit unseres Urgroß-
vaters uns zurückzuversetzen ist uns fast unmöglich; an unsere
Urenkel zu denken fällt uns ebenso schwer. Fünfundsiebzig Jahre
selber zu leben und noch gerade die Kinder und die Eltern in die
Rechnung einzubeziehen ergibt eine Zeitspanne von maximal 110
bis 120 Jahren, und viel mehr kann ein einzelner Mensch allem Anschein nach an Geschichte, an Vergangenheit und Zukunft, nicht
denken. Alles darüber hinaus lernt er aus dem Geschichtsbuch, und
es wird ihm immer schwerer, sich vorzustellen, was damals war.
Zeitabstände von zehn Jahren oder von siebzig Jahren – das ist uns
begreifbar, auch sukzessive hundert Jahre, aber wenn's plötzlich
anhebt mit tausend Jahren, mit zehntausend Jahren oder gar mit
einer Jahrmillion – dann ist's vorbei mit unserer Vorstellung, dann
verschlägt's uns den Atem. Nicht aber, so scheint es, den Politikern.
Unsere Politiker werden sagen, zum Beispiel die Atomkraft, das
müsse sein, das sei verantwortlich, das sei die sauberste Form der
Energiegewinnung, über die wir verfügten, und wir müßten sie
durchsetzen gegen alle Widerstände. Die Folgewirkungen der
Atomenergieerzeugung sind auf 23 000 Jahre auszulegen. Ein solcher Zeitraum umfaßt ungefähr das Dreifache von dem, was wir
unter dem Stichwort Prähistorie und Historie zusammenfassen: von
der Epoche der Altsteinzeit über die Jungsteinzeit bis heute, von
den Höhlenmalereien über die Anfänge von Ackerbau und Vieh-
zucht bis in die Gegenwart; ein solcher Zeitraum ungefähr reicht in
die Zukunft, die wir gerade in unseren Atommeilern vorbelasten.

Es war Reinhold Schneider, der sagte, alleine das, was wir als Geschichte bezeichneten, habe sich in einem solchen Tempo beschleunigt, daß Geschichtsschreibung selber die Hand Gottes an der Wand des Palastes des Königs Belsazar sei, ein einziges Menetekel des Untergangs. Und Reinhold Schneider scheint recht zu haben. Wie *langsam* noch erscheint uns doch die altägyptische Kultur. Jahrtausende gehen dahin im Gleichmaß derselben Hieroglyphenschrift, einer Sprache, die sich erhält, ohne daß man die vokalischen Veränderungen überhaupt mitzuschreiben braucht, eines Verwaltungsstils, der ungeheuer konservativ und effektiv dasteht, und einer Religion, die imstande ist, in den immer alten und doch immer neuen Bildsequenzen auf die ewigen Fragen des menschlichen Daseins zu antworten. Doch seither vermehrt sich die Beschleunigung des Tempos von Innovation, von Erfindung, von wachsendem Wissen und dessen Speicherung immer rascher. Die industrielle Revolution vor 200 Jahren spätestens hat die Geschichte wie mit einer neu gezündeten Raketenstufe weiter vorangetrieben. Die zweite industrielle Revolution, der wir gerade beiwohnen, verkürzt noch einmal die Überschlagsraten des Tempos. Man rechnet gerade aus, daß alle fünf Jahre sich unser Wissen über die Welt verdopple. Und nun müssen wir denken, daß wir soeben fleißig dabei sind, diese Verdoppelung unseres Wissens in eine Verdoppelung auch seiner technischen Anwendungen zu übersetzen – mit Folgen, die wir nicht auch entfernt nur abschätzen können. Wenn das Geschichte ist, brauchten wir unbedingt irgendwo eine Art Notbremse, aber wir langen an eine solche Bremse nicht heran. Selbst wenn wir ernsthaft die Beschleunigung der geschichtlichen Entwicklung verlangsamen wollten, wie etwa beim Ausstoß von Treibhausgasen oder von Schadstoffemissionen, so käme die »Bremsung« möglicherweise längst schon zu spät und der Zug raste über die Haltestelle hinweg voll in die Katastrophe hinein.

Wie leben Tiere mit den Menschen? Derzeit verenden die Tiere in riesigen Beständen und unter der Zumutung riesiger Lasten von Qual. Aber vielleicht hat das 9. Kapitel des Propheten Jeremia recht, und die Tiere leben länger als gottvergessene Menschen, als unmenschlich gewordene Barbaren, und am Ende nehmen die Tiere in Anspruch, was die Menschen ihnen zurücklassen, und die Natur überwuchert's, die Natur macht unsere Spuren vergessen; unsere ganze Spezies, möglicherweise, könnte sich dann als ein Irrtum herausstellen. Für Jeremia ist in dieser Größenordnung zu denken nicht möglich gewesen. Doch seine Perspektiven lassen sich in diese Richtung verlängern. Alle Geschichte in Israel galt wesentlich als die Geschichte eines einzelnen Volkes. Doch schon bei Jesaja, erst recht bei Jeremia dehnt sich der Horizont ins Weltweite, Kosmische. Und so wäre es vielleicht die letzte Beschwörung, zu denken, Gottesdienst bedeutete künftig so viel wie eine unbedingte Heiligung des Lebens in all seinen Formen. Was uns und die Lebensformen an unserer Seite ruiniert, besteht vor allem in dem Zwang, ständig etwas mit der Welt, mit den Tieren machen zu müssen. Wir haben gerade gelernt, Kindern im Spiel mit ihren Bauklötzen gleich, Gene wie Bausteinchen zusammenzusetzen, und schon probieren wir es aus, wie schön es doch aussieht, wenn wir Hybridformen erschaffen, Tiere klonen, Rattengehirne an digitale Netze anschließen ... Das Leben selber als Stabilbaukasten – das gilt uns für prämienreifer Fortschritt, das erscheint uns als förderungswürdig in jedem Betracht. Wir haben die Grenzen längst überschritten. Die Warnung des Jeremia – wer wird sie hören?

13. Dezember 1997

MIT WEM SOLL ICH NOCH REDEN

Wir haben von der Berufung des Propheten gehört, von seinem Widerstand, von seinem Ringen um Klarheit! Wann denn wird Gott seine dunkle Ankündigung wahrmachen? Die Antwort lautete: Er wacht bereits, gleich einem eben erblühten Mandelzweig. Furchtbar wird das sein, was Jeremia wird sagen müssen gegen seinen eigenen Willen, gegen den Wunsch der Öffentlichkeit, konträr zum Regierungsprogramm der Könige seit den Tagen Josias und entgegen all ihren Trabanten: den Priestern, den Propheten, den Geldleuten. – Was heißt es, ein Prophet zu sein? Wir werden heute abend Texte lesen, die gesprochen wurden noch unter König Josia; sie stehen im 6. Kapitel, das in gewissem Sinn den Schlußstein des ersten Parts der Verkündigung dieses wohl wichtigsten Propheten in Israel darstellt.

Text: Jer 6, 1–30
Flüchtet, ihr Söhne Benjamins, hinweg aus Jerusalem, und in Thekoa stoßt ins Horn und laßt ein Zeichen aufsteigen über Beth-Kerem! Denn Unheil blickt drohend von Norden her und großes Verderben. Über die Liebliche, die Verzärtelte, über die Höhe der Tochter Zion kommen Hirten mit ihren Herden, schlagen rings ihre Zelte auf wider sie und weiden ein jeder auf seinem Teil. »Weiht euch zum Kampfe wider die Stadt! Auf, lasset uns stürmen am Mittag!« – »Wehe uns, schon neigt sich der Tag, schon dehnen sich die Schatten des Abends!« – »Auf denn, stürmen wir in der Nacht, zerstören wir ihre Paläste!« Denn so spricht der Herr der Heerscharen: Haut ihre Bäume um und schüttet einen Damm auf wider Jerusalem! Wehe der Stadt voller Lüge, in der die Gewalt herrscht! Wie ein Brunnen sein Wasser quellen läßt, so läßt sie ihre Bosheit quellen: von Unrecht und Gewalttat hört man in ihr; Wunden und Schläge muß ich beständig schauen. Laß dich warnen, Jerusalem, daß mein Herz sich dir nicht entfremde, daß ich dich nicht mache zur Wüstenei, zum unbewohnten Lande!
So sprach [zu mir] der Herr der Heerscharen: Halte Nachlese, halte Nachlese, wie am Weinstock, am Rest Israels! Noch einmal suche ab, wie der Winzer, mit deiner Hand seine Schosse! – Wem

*soll ich noch zureden, wen beschwören, daß sie darauf achten?
Siehe, taub ist ihr Ohr, sie können nicht hören! Siehe, zum Hohn
geworden ist ihnen das Wort des Herrn, sie mögen es nicht leiden!
Ich bin voll der Zornglut des Herrn, ich habe Mühe, sie zurückzu-
halten. Ausgießen muß ich sie über das Kind auf der Gasse, über
den Kreis der Jünglinge zumal; ja, ergriffen werden Mann und
Weib, der Alte samt dem Hochbetagen. Ihre Häuser werden andern
zuteil, die Felder, die Weiber zumal; ja, ich recke meine Hand aus
wider die Bewohner des Landes, spricht der Herr. Denn sie alle,
vom Kleinsten bis zum Größten, sind auf Gewinn aus, und Betrug
üben alle, so Priester wie Prophet. Und sie heilen den Schaden meines Volkes leichthin, indem sie sagen:* »Friede! Friede!« *– Doch wo
ist Friede? In Schanden stehen sie da, denn sie haben Greuel verübt;
doch Scham kennen sie nicht, wissen nichts von Beschämung.
Darum werden sie unter den Fallenden fallen; zur Zeit, da ich sie
heimsuche, werden sie stürzen, spricht der Herr.*

*So sprach der Herr: Tretet an die Wege und sehet, forschet nach
den Pfaden der Vorzeit, welches der Weg des Heils sei; den geht, so
werdet ihr Ruhe finden für eure Seele. Sie aber sprachen: Wir wollen ihn nicht gehen! Oft bestellte ich Wächter über sie[, zu rufen]:
Habt acht, wenn das Horn ertönt! Sie aber sprachen: Das wollen
wir nicht! Darum höret, ihr Völker und ihr Hirten der Herden!
Höre es, Erde: Siehe, Unheil, die Frucht ihres Abfalls, bringe ich
über dieses Volk; denn auf meine Worte merkten sie nicht, und
meine Weisung verachteten sie. Was soll mir der Weihrauch aus
Saba, das Würzrohr aus fernem Lande? Eure Brandopfer gefallen
mir nicht, und eure Schlachtopfer sind mir nicht angenehm. Darum
spricht der Herr also: Siehe, ich lege diesem Volke Steine in den
Weg, daß daran sich stoßen und straucheln die Väter mitsamt den
Söhnen; ein Nachbar wird mit dem andern umkommen.*

*So spricht der Herr: Siehe, ein Volk kommt aus dem Lande des
Nordens, in gewaltigen Scharen erhebt es sich von den Enden der
Erde. Bogen und Wurfspieß führt es; hart ist es und ohne Erbarmen. Tosend braust es heran wie das Meer und reitet auf Rossen,
wie ein Kriegsmann gerüstet wider dich, Tochter Zion. Wir vernahmen die Kunde – uns erschlafften die Hände; Angst hat uns
ergriffen, Wehen wie die werdende Mutter. Geht nicht hinaus auf
das Feld, wandert nicht auf der Straße! Denn da wütet das Schwert
des Feindes – Entsetzen ringsum! Gürte das Trauergewand um,*

Tochter meines Volkes, wälze dich in der Asche! Traure wie um den einzigen Sohn in bitterer Klage! Denn jählings kommt über uns der Verwüster. **Zum Prüfer habe ich dich bestellt in meinem Volke, daß du erkennest und prüfest ihren Wandel.** *Allesamt sind sie Aufrührer, gehen umher und verleumden; Erz und Eisen sind sie, Verbrecher sie alle. Es schnaubt der Blasebalg, doch aus dem Feuer kommt nichts als Blei; umsonst schmelzt man und schmelzt, die Bösen lassen sich nicht ausscheiden. Nennt sie verworfenes Silber; denn der Herr hat sie verworfen.*

Manche moderne Musik sucht keinen Beifall. Sie ist ein Suchen und Ringen nach einer Harmonie, die, kaum daß sie selbst sich zu Gehör bringen möchte, sofort wieder überlaufen, zerschnitten wird und zur Frage und Klage einer Welt gegenüber gerät, die nicht zu verstehen ist in ihrer Ungefügtheit und Widersprüchlichkeit. Vielleicht nur die moderne Musik, wenn nicht die moderne Malerei sind imstande, Tonreihen und Sequenzen von Szenen aneinanderzufügen, die dem entsprechen, was in dem Buch Jeremia so disparat, so wie verzweifelt zersetzt erscheint. Die Mühe der Theologen ist groß gewesen, sich immer wieder zu fragen, in welch einem Augenblick einzelne Sätze vom wem, in welcher Aussageabsicht wohl gesagt worden sein können. Das Buch des Propheten selber aber will so nicht gelesen werden. Es legt Zeugnis ab von etwas, das gewiß in eine bestimmte Zeit hinein gesprochen wird, aber im ganzen beansprucht, überzeitlich gültig zu sein, schon weil's in der Zeit, da es gesagt wurde, kein Gehör finden konnte. Eben drum ja kam alles so, wie es in den Augen des Propheten dann unausweichlich kommen *mußte*.

Der Text des Kapitels 6 des Jeremia ist dabei noch in eine Epoche hineingesprochen, die vergleichsweise zu den besten im Leben des Propheten zählt. König Josia, 641 als ein achtjähriges Kind an die Macht gekommen, hat, erwachend und erwachsen geworden, alles versucht, den kleinen Staat Juda in Übereinstimmung zu bringen mit den Rechtsamen des Mose. Fünf Jahre nach der sogenannten Berufung des Jeremia, im Jahre 622, war das Deuteronomische Gesetzbuch im Heiligtum aufgefunden worden. Das Erschrecken des Königs, das Erschrecken des Volkes war groß. Wie war es nur möglich gewesen, all das, was dort geschrieben stand, vergessen zu haben? Wie weit hatte man sich entfernt von dem ursprünglichen Gotteswillen! Josia hatte getan, was ein König nur tun kann, um eine religiöse Reform einzuleiten, aber dann, im Streit zwischen den Großmächten am Nil und am Euphrat, war der ägyptische Pharao Necho (610–595) in den Krieg gezogen, um den vertriebenen Assyrerkönig Assurballit zu unterstützen, so hieß es, mittelbar, um das Gebiet des untergehenden Assur bis zum Zweistromland unter ägyptische Kontrolle zu bringen. Josia hatte versucht, sich dem entgegenzustellen, doch er fiel 609 bei Megiddo. Seitdem herrschten die Ägypter über Juda, und sie setzten natürlich ihren eigenen Vasallen auf den Thron – Jojakim heißt er. Alles, was Jeremia zu sagen hat, wird von da an noch weit schriller, noch unheimlicher als bislang schon, und seine Ausgangsfrage verschärft sich: Wie ist es möglich, mit einem Volk zu reden, das nicht hören will? Was läßt sich ihm sagen, wenn selbst der Zerbruch dreier Generationen früher, im Jahre 722, wie er über das Nordreich von den Assyrern getragen wurde, als Warnung offenbar nicht genügt? – Es gibt keinen Propheten in der Bibel, der menschlich so sehr zerrissen ist zwischen dem Mitgefühl mit den Leidenden und dem schrecklichen Leiden, das er ankündigen *soll*, ankündigen *muß*, weil es sich nicht aufhalten läßt.

Wie überhaupt läßt sich die Botschaft des Jeremia in unsere Tage übersetzen? Die Gründe, seine Worte einfach an die Geschichte zurückzugeben, liegen scheinbar so überaus deutlich auf der Hand. Da ist ein Weltbild, das uns veraltet scheint: Gott im Himmel hat sein Volk erwählt, er hat einen Bund mit ihm geschlossen – das ist der Ausgangspunkt des Jeremia; doch der Bund ist gebrochen worden, und was nun hereinbricht an Schicksalsschlägen über Juda, ist zu sehen als die Strafmaßnahmen dieses Gottes. Sie sind aber nicht einfach Ausdruck göttlichen Zorns, sie sind nicht nur Gericht und Strafe, eher bedeuten sie ein Ringen Gottes um sein eigenes Volk.

Man muß eine solche Botschaft nur hören, um sich zu fragen, ob das alles nicht längst überholte, zumindest interpretationsbedürftige Mythologie darstellt. Jedes Volk glaubt an seine besondere Mission in der Geschichte, gefällt sich in dem Gedanken an seine spezielle Erwähltheit, nur daß kaum eines so weit gegangen ist wie das Volk der Bibel, sich eine einzigartige Auserwählung von einem einzigartigen Gott zuzusprechen. Grenzt es nicht allein schon an Tollheit, die menschliche Geschichte ständig zu betrachten unter dem Anspruch von Recht und Unrecht, von Verdienst und Schuld, von Lohn und Strafe, ganz so, als sei die menschliche Geschichte selber das sich aufführende Weltgericht, vollzogen von einem sorgfältig prüfenden, wachenden Gott, und er nun, Jeremia, sei die Person, die inmitten des auserwählten Volkes auserwählt wurde als prüfende Instanz, als der Mann, der selber in seinen Sprüchen das Gericht, das sich unausweichlich aufführen wird, schon vorwegnimmt? Wieviel Maßlosigkeit, kollektiv wie individuell, herrscht da! Was für eine sonderbare projektive, verquälte und verquerte Psychologie treffen wir da!

Ein großer Humanist und mitfühlender Dichter wie Franz Werfel hat in seinem *Jeremias*-Roman *»Höret die Stimme«* aus dem Jahre 1938 die möglichen Einwände gegen die Person des Priestersohnes aus Anatot sowie die Reaktionen auch der Geschichte auf diesen Mann ein Stück weit exemplarisch formuliert, indem er den Bruder des Propheten die Frage aufwerfen läßt, warum gerade zu Jeremia Gott gesprochen haben solle; Werfel (Jeremias. Höret die Stimme, Frankfurt/M. 1966) legt ihm die zornige Antwort in den Mund (S. 51): »... das will ich offen heraussagen, Vater und Mutter. Weil ihn die Mutter verzärtelt hat, weil ihn der Vater die Strenge seiner Kraftjahre nicht mehr fühlen ließ, die ich zu meinem Nutzen in Fülle genossen habe. Keiner sprach zum Jüngsten. Die einzig wahre Arbeit, die Arbeit mit den Händen, hat ihn niemand gelehrt. Die leistet ein andrer, ein Grober, ohne Unterstützung und Dank. Wozu führt es, kann einer den Spaten nicht halten, dafür aber Geschriebenes drehen und wenden!? Zum Traumwahn führt es, zu Narrheit und Aberwitz, wie wir es nun sehn ...«

Da wird die Sensibilität des Jeremia, sein Feingefühl, seine visionäre Kraft als ein Übermaß an Verzärtelung, an Weichheit, ja, als Neurose gedeutet. O ja, dieser »Prophet« fühlt sich »erwählt« schon als Mutters Liebling und weil er die Härte des Lebens nie kennenlernen mußte. Alles, was er spricht, wird da geboren aus maßlosem, überdehntem Eigendünkel aufgrund eines Selbstwertgefühls, das ihn in Opposition zu allem setzen muß, nicht nur zu seiner Familie, sondern zu der gesamten Welt. Was er seinen Gott nennt, ist ganz offensichtlich nichts als die Einbildung seines eigenen Stolzes, der innere Nachhall der Stimme seiner Mutter, eine Folge des Ödipuskomplexes, so müßte man's deuten. Unverständlich muß er für die anderen bleiben schon durch den eigenen Unverstand gegenüber der Wirklichkeit. Wie kann einem Menschen, der für die Welt nicht erzogen wurde, die Welt als normal und vernünftig erscheinen? – Franz Werfel schildert die Art, wie Jeremia das Leben betrachtet, äußerst ambivalent: als ein Glück und eine Freudigkeit an Gott und als ein Entsetzen an der Welt, wie sie ist.

»Wenn er jetzt«, Jeremia, schreibt Werfel (S. 70–71), »auf seinen Wanderungen im Morgenrot vor ein Haus trat, die Sonne über den Hügelsaum tauchte und das matte Laub eines alten Eichbaums wie eine grüne Feuersbrunst aufknatterte, dann war Gottes Freude da. Wenn gegen Abend die Lämmerherden wie schwarze und weiße Wogenfluten über die anemonenreichen Bergweiden in die Niederung getrieben wurden, die Mahnung der Schatten wuchs und um die Tränke das durstige Vieh sich drängte, dann war Gottes Freude da, unbekannt, warum. Sie überfiel ihn beim Anblick spielender Kinder oder schreitender Frauen, die vorsichtig die vollen Tonkrüge auf den Köpfen wiegten. Jederlei Bild, einen Blick, ein Wort konnte sie zum Anlaß nehmen, um Jirmijah zu überwältigen. Gottes Freude, der Ursprung der Weltschöpfung, der Brunnen der Anbetung und des Lobgesanges, die Einigung des Hervorbringenden mit dem Hervorgebrachten, des Vaters mit seinen Kindern, die Befriedigung der tödlichen Ungeduld. Von seiner Freude ließ einen unendlich matten Abstrahl der Herr in Jirmijahs Verzückungen leuchten, damit er erkenne. Und er erkannte in diesen Augenblicken, daß es die urerste Absicht Gottes gewesen sei, seine Freude zum unabänderlichen und ununterbrochenen Zustand der Kreatur zu machen, zu einem ewigen Lied der selig erwiderten Liebe. –

Was aber hatte sich ereignet, daß es so freventlich anders gekommen war? Der Mensch wollte sich nicht zufriedengeben mit diesem verzückten Zustand der Freude, der ihn den himmlischen Heerscharen gleichsetzte, wenn nicht über sie erhob. Eine schadhafte Stelle seines Wesens blieb dunklen Einflüsterungen offen, denen er erlag. Ihm genügte es nicht, zu sein, was er war, das Geschöpf. Er wollte hochmütig werden, was er nicht war, der Schöpfer. Mit dem Übergriff dieses Hochmutes zerstörte er die Ordnung des Herrn und sein eigenes Leben, das fortan die Herrschaft über die Erde verlor und dem Tode anheimfiel. Sollte da Zebaoth von Grimm nicht überkochen, daß sein ausgesondertes Geschöpf die Freiheit mißbraucht und ihm Ordnung und Plan zerstört hatte? Der Mensch auf der Erde entfernte sich von Gott. Und Gott im Himmel entfernte sich vom Menschen gleicherweise. Mit dieser Entfernung aber begann der Weltlauf. Es war wie ein Erfrieren, wie eine trostlose Verhärtung. Doch in der äußersten Verhärtung der Herzen, in der grimmigsten Öde des Weltfrostes war in den Menschen die Erinnerung an die erste Freude nicht gänzlich erloschen. Sie entzündeten Feuer auf ihren Altären und legten Brandopfer auf. Doch wem opferten sie? Den Baalim auf den Höhen, dem Mardukh und Nergal, Aschera und Hator, Ammun und Ptah, Dagon und Milkom und zehntausend anderen. Diese Abgötter unter den Völkern aber, diese schmutzigen Greuel, sie waren nichts anderes als die Unreinheit der menschlichen Erinnerung an den Einzigen. Denn wo ein Götze und ein heidnischer Irrtum herrscht, da ist keine andere Macht da als die verstockte Ermüdung des Menschengeistes, der zu schwach ist, zum Herrn vorzudringen. Immer wieder bezwang das unendliche Erbarmen in Zebaoth seinen endlichen Zorn. Er sah, daß die Menschen zu schwach waren, zu ihm vorzudringen. Gnädig neigte er sich darum den Geschlechtern und erschien ihnen wie ein Suchender, um einen Bund des Gehorsams mit ihnen zu schließen. Doch Geschlecht um Geschlecht entzog sich ihm.«

So, in der Tat, hat Jermia gedacht, so fühlte er selber sich, wie ein überkochender Kessel (Jer 1,13), dem zu lange das Ventil versperrt wird, wie ein Vulkan, dessen Magmamassen so sehr gestaut sind, daß sie in einer glühenden, gefährlichen Eruption sich entladen *müssen*. Es verpreßt sich der Mund des jungen Jeremia, seine Visionen zu künden, aber aufhalten kann er sie nicht.

Dabei liegen gegen sein Weltbild so einfache, handfeste Argumente vor, gültig damals schon und im Rückblick heute, so scheint es, noch mehr. Woher denn diese heilige Intoleranz: – der Gott Israels, der Gott Jahwe, der Herr Zebaoth, nur er – warum nicht Dagon, Milkom und Ptah und Ammun und die große Astarte, die Muttergöttin? Ist's nicht, daß die männliche Gottheit selber milde gestimmt werden müßte durch ein weibliches Gegenüber? Ist nicht gerade *der Austausch* von oben und unten und die Vermischung des Gegensätzlichen der Grund für die Fruchtbarkeit der Erde in den Augen aller antiken Bauernvölker? Sind ihre Vegetationsriten wirklich der Greuel, für den Jeremia und die Bibel insgesamt sie erklären? Freilich, man opfert auf Höhen, und wie denn auch nicht, wo sie den Wolken nahe sind, die den Regen bringen? Freilich, man duckt sich betend unter die Bäume, und was soll daran falsch sein, wo sie sich ausbreiten wie der Segen Gottes selbst und mit ihren Zweigen Schatten dem durstenden Land spenden? Und die Hochzeit zwischen dem Gott und der Göttin, dem Gott des Himmels und der Astarte, ist sie nicht das Urbild für jeden Frühling, wenn die Erde neu sich besamt? Die Muttergöttin Astarte selbst schenkt die Milch zur Aufzucht der Kinder und Jungtiere, sie schenkt den Tau und den Samen zur Fruchtbarkeit der Weiden und der Weiber. Wer will die ewige Evidenz des Kommens und Gehens in der Natur leugnen, und wer will bezweifeln, daß Opfer helfen, um die mögliche Eifersucht des Göttlichen zu besänftigen? Warum also nicht Verständnis, Achtung und Duldsamkeit zwischen den Religionen, warum dieser grimmige Fanatismus eines einzigen alleinigen Gottes in der hebräischen Bibel? Und dann der Gedanke, daß Gott selber alles Unheil über den Menschen verhänge, um seine Macht zu erzeigen, um sich durchzusetzen! Warum diese bittere Strenge, warum diese grollende Zornmütigkeit in der Hand und im Mund eines Gottes, der all das, wie Jeremia nicht müde wird zu erklären, sich doch nur aufführen läßt, um in der Strafe Umkehr – wenn nicht zu fordern, dann – zu erzwingen?

Jeremia, so viel ist klar, wirkt wie ein Baum, der zwar gepflanzt wurde an einer bestimmten Stelle der Geschichte, dessen Zweige und Früchte aber weit hinüberreichen über die Jahrtausende. Freilich, wir müssen den Gedanken, den er in seinen Tagen gefaßt hat, sowie die Art seines Auftritts selber für wesentlicher nehmen als die Bindung an die historischen Gestalten und Gestaltungen seiner Zeit.

Dann sehen wir *zum einen*, daß Jeremia *als Prophet* selbst ein Beispiel für eine menschliche Möglichkeit gibt, die etwas Ungeheueres ausdrückt, die aber eben deshalb Gültigkeit besitzt über alle Zeiten hinweg. Die Entdeckung eines Propheten wie Jeremia lautet, daß ein Mensch nicht im Echo und Einklang der Stimmen seiner Zeit groß ist, sondern daß er groß sein kann im Spruch des Widerspruchs, der ihm auferlegt ist. Es ist ein Stück seiner Einsamkeit, die seine Größe bedingt, und ein größeres Maß an Einsamkeit, als es Jeremia auferlegt wurde, ward keinem anderen unter den Propheten zuteil (Jer 16,5.7). Da ist es möglich, daß eines einzigen Mannes Stimme die ganze Wahrheit einer Epoche in sich trägt und daß demgegenüber der Ruf eines ganzen Volkes nichtig ist. Das Volk wird über den Gott, den Jeremia als des Volkes eigenen Gott bringen möchte, kopfschüttelnd sagen: *Mit ihm ist's nicht.* Es sagt nicht: *Er* ist's nicht. Man gibt sich nicht in unserem Sinne atheistisch, man erklärt nur: Mit diesem Gott hat's nichts auf sich; es lohnt nicht, ihn wirklich ernst zu nehmen. Und wie dann erst sollte man den prophetischen Künder, diesen Geiferer seines nichtigen Gottes ernst nehmen können? Er hat nur die Chance, sich verhaßt zu machen. Wer wird schon auf ihn hören, wenn jedes zweite seiner Worte überhaupt nur lautet: Ihr habt nicht gehört! Ihr wollt nicht hören! Eure Ohren sind verstopft! *Grauen ringsum*, das ist des Propheten Vision, und dieses Wort wird sogar zum Spitznamen des Jeremia: *magor missabib* – Grauen ringsum. – Das ist, wenn man ein vergleichbares Beispiel sucht, in etwa soviel wie 1840 in Kopenhagen, als man hinter Søren Kierkegaard herflüsterte: Jetzt kommt das Entweder-Oder;»Entweder – Oder« war der Titel des ersten seiner großen Bücher. Man identifiziert den Propheten mit seiner Botschaft, wie es vollkommen richtig getan werden muß, doch man tut es lediglich, um einen Witz über ihn zu reißen. Und doch wäre gerade an der Gestalt eines Propheten wie Jeremia zu lernen, daß ein Mensch das, was er ist, einzig wird in der Treue zu seiner Berufung. Mögen sie reden darüber, was sie wollen, mögen sie ihre Mäuler verziehen, wie sie möchten, mag, was zu sagen ist, Erfolg haben oder auch Mißerfolg – auf all das kommt es nicht an im Ernst des Propheten. Er wägt nicht, er kalkuliert nicht. Wohl daß Jeremia sehr genau überlegt, wann er auftritt, in gewissem Sinne natürlich auch, wie er etwas sagt, in welchen Gottesdienst er ein bestimmtes Wort zum Beispiel hineinfallen läßt, doch eben nicht um sein Wort abzumildern, damit es leise und sanft zu Gehör komme, sondern ganz im Gegenteil, damit es hineinfahre wie ein riesiger Brocken Lava, der in einen See geschleudert wird – seine kochende Fontäne soll möglichst hoch schießen, damit es donnergrollend mitten in das Geplätscher beruhigter Normalität hineindröhne.

Kann Jeremia je glauben, mit seiner Botschaft verstanden zu werden? Jeder Psychologe, jeder Politologe, jeder Soziologe könnte es ihm erklären; er würde sagen: Du mußt einen Anknüpfungspunkt für deine Botschaft finden, du mußt herausfinden, wo für die Ware deiner Worte ein wirklicher Bedarf besteht. Eine gute Rede nach spätestens fünf Minuten braucht zum Beispiel einen Witz, sie braucht eine Erheiterung, die Leute wollen unterhalten werden, und ein guter Redner wird stets so tun, als wenn er die Sache seiner Zuhörer zu seiner eigenen gemacht hätte. Du kannst dich nicht hinstellen und sagen: Ich habe euch etwas zu sagen, an das ihr alle nicht glaubt, denn ich bin der Prophet. Womit willst du unter solch einer Voraussetzung rechnen, außer daß sie dich zum Teufel schicken, schon weil du sie selber dauernd in Gegensatz zu deinem Gott befindlich siehst?

Allein schon daß ein einzelner Mensch zum Träger einer Wahrheit wird, die alle angeht auf Gedeih und Verderb, auf Sein oder Nichtsein, zeigt den Widerspruch zu all dem, was wir über den Menschen sonst uns heute in einer demokratischen Gesellschaft beziehungsweise in den Werbestrategien der Mediengesellschaft zurechtlegen. Das Volk soll entscheiden, die Gemeinsamkeit ist wichtig, ein einzelner ist gar nichts, er ist isoliert, ein Einzelkämpfer vielleicht, aber schon deshalb ein Mann auf verlorenem Posten; es ist ein Fehler, dahin zu geraten – so die Lehre des »demokratischen« Verständnisses öffentlichen Wirkens; erst die Gemeinsamkeit, die große Menge entscheidet, wie etwas ausgeht. Die Propheten sind und Jeremia ist das deutlichste Beispiel dafür, daß es sich unter den Augen Gottes, wenn etwas im menschlichen Leben wesentlich wird, so gerade nicht zuträgt. Wer irgend begreifen will, was für ein Menschentyp in prophetischer Absicht sich unter den Augen Gottes in der Bibel formt, der sieht immer wieder einzelne vor sich, Menschen, die mit ihrem Leben, mit ihrer Freiheit, mit der Entscheidung ihres ganzen Daseins einen jeden Einzelnen aus der Menge herausrufen, sich ganz genau so zu wagen. Die große Herde löst sich auf, wenn diese Leute zu reden beginnen, die Menge zählt gar nichts, wenn sie den Mund aufmachen; aber wie du selber es hältst in deinem Leben mit deiner Wahrheit, mit deinem Gott, das ist die entscheidende, unableitbare, nicht wegzudelegierende Frage, und sie bestimmt bereits die Form des Auftretens des Jeremia.

Inhaltlich gibt es ein Erschütterndes in den Worten, die wir im 6. Kapitel soeben gehört haben und die bei diesem Propheten immer wieder anklingen – das ist die Aufforderung, doch *zurückzukehren zu den Tagen der Urzeit*. Damit meint Jeremia ohne Zweifel als erstes die Zeit des Auszugs aus Ägypten, als das Volk von Gott durch die Wüste getragen wurde, jeden Tag aufs neue beschützt und geführt und doch nur von der Hand in den Mund lebend, jeder Tag wie ein Wunder, ernährt mit dem Manna, das jeden Morgen gesammelt wurde. Damals war Israel treu zu seinem Gott, und es spürte, daß es nur leben konnte im Schatten seiner Flügel. Aber noch weiter geht der Blick des Jeremia zurück. Die Urzeit, das ist die Welt, wie Gott sie wollte, als er den Menschen schuf. Da verliert sich der Blick in die Tiefe. Da geht es nicht mehr nur um den Stammesgott Israels, es geht um den Schöpfer aller Menschen, es geht um die Macht im Hintergrund unserer Existenz, die möchte, daß wir Menschen sind.

Wollen wir Jeremia in unsere Zeit übersetzen, so ist dies vermutlich der wichtigste, jedenfalls der richtigste Punkt. Seine ganze Botschaft läßt sich nicht im Sinne eines äußeren kultischen Traditionalismus oder religionshistorischen Konservatismus begreifen, vielmehr läßt sich in ihm ein Mann erkennen, der die Menschen begleiten möchte zu ihrem Ursprung hin und sie zurückführen möchte zu der Gestalt, in der sie hervorgingen aus Gottes Händen; denn würden sie zu diesem Ursprung zurückfinden, dann, und nur dann, würde ihnen all das erspart bleiben, was sonst an Qual und Unheil über sie kommen *muß*. Jeremia mag seine Sätze im wörtlichen Sinne kultisch, ja mythisch gemeint und gesprochen haben, aber sie machen Sinn, sobald wir sie als eine symbolische Beschreibung des Zustands von Heil und gegenläufig zu einem Zustand von Unheil verstehen und begreifen, daß das eine wie das andere sich unfehlbar ereignen wird je nach der Art, wie ein Mensch zu seinem Gott sich verhält.

Es ist eine große Schwierigkeit, daß wir beim Sprechen von »Gott« im Grunde den festgelegten Begriff des dogmatischen Christentums oder der Bibel selber mit Gott verbinden, so daß sich sogleich allerlei Zweifel gegen die Vorstellung auch nur einer solchen Gottheit im Himmel erheben. Deshalb sollten wir erst einmal feststellen, daß »Gott« im Herzen des Jeremia das genaue Gegenteil von all dem bedeutet, was er den Worten nach künden muß; was er im Namen Gottes zu sagen hat, ist Angst und Grauen; aber was er eigentlich verkünden möchte als seinen Gott und im Namen seines Gottes, das wären Frieden und Glück. Die ganze Dramaturgie seiner Prophezeiungen, seiner Warnungen und Mahnungen geht zurück auf eine einzige Grundentscheidung: Wie verhält sich ein Mensch zu der Ausgesetztheit, zu der Ungeschütztheit, zu dem Exulantendasein seiner Angst inmitten dieser Welt? Im Grunde beschreibt Jeremia nur die Folgen, die sich ergeben *müssen*, sobald ein Mensch seine Angst mit etwas anderem zu beruhigen sucht als dem, was Gott ist.

Definieren Sie Gott! – fand ich dieser Tage nach einem Vortrag auf einem kleinen Zettel. Wer die Frage gestellt hatte, weiß ich nicht, aber es sind heute viele, die sie in gerade dieser Art stellen. Die Theologen wußten stets, Gott leichthin zu definieren: Gott ist der Allmächtige, der Allweise, der Unendliche, der von Anfang an Seiende, der Ursprung von allem, das Sein, das kein anderes Seiendes zu seiner Grundlage hat, der Grund seiner selbst usw. Keine einzige dieser gelehrten Definitionen der Metaphysik berührt das zitternde Herz eines Menschen; aber wollten wir sagen: Die einzige Ahnung, die uns von Gott wird, ergibt sich, wenn ein Mensch einen anderen berührt im Raum der Liebe, so daß sein zerbrochenes Wesen wieder zusammenwächst – so hätten wir auch im Sinne des Jeremia etwas Wesentliches gesagt. Angst läßt sich nicht beruhigen, indem man die Hacken zusammenschlägt oder indem man wie ein kleiner Junge, der in den dunklen Keller geht, munter vor sich hin pfeift – und seien es auch Kirchenlieder! Beruhigen läßt sich die Angst in der Tiefe der Existenz nur im Gegenüber eines anderen Menschen, einer anderen Person. Aber dann zeigt sich, daß wir alle als Menschen gebunden sind an unsere Ängste, und wir bringen so viele von ihnen mit in die Begegnung des einen mit dem anderen! Wenn wir einander lieben, versprechen wir im Grunde einander, daß wir Hand in Hand durch alle Ängste hindurchgehen wollen; doch gerade damit versprechen wir eigentlich weit mehr, als wir halten können. Die Mutter, die ihr Kind am Abend streichelt und zu ihm sagt: Hab keine Angst, ich bin doch bei dir! – kann sie's wirklich wagen, so zu sprechen? Weiß sie, ob sie den kommenden Tag noch erleben wird? Zwischen dem, was wir einander sagen möchten aus Liebe zueinander, und dem, was wir wirklich einander versprechen können in dem Wissen, wer wir sind, klafft ein riesiger Graben, den wir von uns her nicht schließen können. Dieser Graben ist so unendlich groß wie die eigene Angst und wie die Gefährdung unseres Wesens; doch eben dieses Unendliche, das antwortet im Munde eines Menschen, der liebt, über den unendlichen Abgrund hinweg, ist die einzige Rede, die Gott an uns richtet – richteten wir uns nach ihm! *Mehr* möchte eigentlich auch Jeremia nicht sagen.

Was er sagen *muß* indessen, ist schreiend, verzweifelt, grell in seiner Not, sind es doch die Folgen, die sich ergeben müssen, wenn und weil Menschen an diesen Gott nicht glauben wollen oder nicht glauben können. Die Liebe müßte unsere Angst beruhigen. Doch was, wenn sie es nicht tut? Die besten Psychoanalytiker im 20. Jahrhundert meinen, daß Aggression, wenn sie uns nicht angeboren ist, dann ganz sicher als Reaktion auf Angst zu verstehen sei. Aggression ist wesentlich ein Versuch, Bedrohungen abzuwehren; eine Folge von Selbstunsicherheit ist Aggression. Wenn sie aber so maßlos ist, unsere Angst, wie sollte dann nicht auch unsere Aggressivität maßlos werden? *Da* sind wir bei den Themen des Jeremia. Wie heilt man Menschen, die an die Liebe nicht glauben, dafür aber an die Energie, die ihnen hilft, sich selber zu schützen, und die sie lehrt, vernünftig zu sein und Mittel zu finden, um stark zu werden, um sich zusammenzurotten in Haufen, die man Staaten nennt, um hochzurüsten, bewaffnet bis an die Zähne, schlimmer als Raubtiere, und die sie dahin bringt, sich gegeneinander auf eine Art zu formieren, wie wenn die ganze menschliche Geschichte ein einziger Zirkus wäre, den wahnsinnige Götter im Himmel zu ihrer nicht endenden sadistischen Belustigung vorgeführt sehen möchten?

Die Form, in der Gott straft bei Jeremia, ist *der Krieg*. Der Prophet sieht ihn vor sich, ständig, als seinen Alptraum; schon nimmt er es wahr, wie sie aufmarschieren von Norden. Aber ist es denn nur ein bestimmter Krieg, der da beschworen wird? Sollte man nicht *alles*, was dieser Mann sieht, ganz in Übereinstimmung mit seinen Grundaussagen ins Absolute heben, losgelöst aus seiner Zeit, und sagen: Was Jeremia erkennt, ist die sichere Tatsache, daß Menschen, solange sie Angst haben, die sie in einem Absoluten nicht zu beruhigen vermögen, kriegsbereit, kriegstüchtig, kriegssüchtig werden müssen? *Der Krieg selber*, nicht irgendeiner, der von Assyrern, Babyloniern oder Ägyptern ins Land getragen wird, *der Krieg selber* stellt das Problem dar für einen sensiblen Menschen wie Jeremia.

Man muß nur hören, wie er seine Vision schildert. Wieder sieht er sie aufmarschieren, *immer wieder*, muß man sagen. *Auf ihren Pferden reiten sie.* Macht's wirklich einen so großen Unterschied, ob wir statt dessen sagen: sie werden kommen in Tarnkappenbombern, in Bomberpulks über tausend Einheiten, in Panzerwagen gerüstet? Ist's wirklich so etwas anderes, ob wir sagen: *sie werden mit Brandspeeren und -spießen kommen*, oder ob wir sagen: sie kommen mit Flammenwerfern, Phosphorgranaten und Napalm? Es wird für den Mutwillen der Zerstörung aus Angst keine Grenze geben. Die Zerrissenheit wird im 20. Jahrhundert dahin führen, den Kern der Materie selbst zu zerreißen, und selbst das wird nicht ge-

nug sein. Man wird versuchen, den Kern der Materie zusammen-
zupressen, um durch Kernfusion noch höhere Energie zu erzielen,
mit dem einzigen Ziel: zu zerstören. Und der Wahn wird kein Ende
haben. Jeder, der da kommt und sagen wollte: Es gibt aber einen
Gott, der leidet mit den Leidenden und der den Menschen so nicht
will – den werden sie auslachen als einen Schwätzer.
Genau das ist das Schicksal eines Jeremia damals wie heute.
Kriegsgerüchte – na ja, das ist noch kein Krieg, das läßt uns Zeit zur
Mobilmachung. *Zu Tekoa ein Fanal*, ja, das haben wir schon mal
gehabt, damit können wir inzwischen durch ein geeignetes Kri-
senmanagement umgehen. Wenn wir beim nächsten Mal stärker
sind als unsere Gegner oder als die Verbündeten unserer Gegner
von damals, dann wird's uns gelingen – mehr ist nicht nötig. Das ist
Politik, das ist geschichtliche Vernunft.

Noch heute weltweit wird jeder Achtzehnjährige darauf trai-
niert, pflichtbewußt für Staat und Vaterland im »Ernstfalle« zu töten. Warum nur sagt man immer von den Soldaten, sie seien bereit,
das Opfer ihres Lebens zu bringen und zu sterben? Sterben müssen
wir alle, das ist nicht das Problem. Aber ob wir es lernen müssen,
um selber zu überleben, lebende Menschen zu töten und zwar mit
allem, was man uns als Tauglichstes zu diesem Zweck in die Hand
gedrückt hat, das ist die eigentliche moralische Frage. Auf sie bezieht sich, was Jeremia sieht.

In der Bundesrepublik im Jahre 1997 zum Beispiel scheint kaum
jemand kritisch zu vermerken, daß bei dem Hin- und Hergeschiebe
von 69 Milliarden D-Mark Neuverschuldung, die wir auf uns zukommen sehen, plus den 7,5 Milliarden Schulden, die wir haben,
wenn wir den Soli(daritätszuschlag für den Aufbau Ost) absenken
um zwei Prozent, wir offenbar immer noch zuviel Geld haben,
23 Milliarden DM etwa alleine für den Euro-Fighter, für einen
Kampfbomber. Niemand weiß, wofür wir einen solchen Kampfbomber brauchen, gegen wen, allenfalls daß wir in solchen Zusammenhängen eine Erklärung für die Nicht-Aufnahme Tschechiens
in die NATO finden. Letzte Woche verlautete aus den Vereinigten
Staaten von Amerika, daß Tschechien nicht wert ist, in die Nato
aufgenommen zu werden, weil es seine Militärausgaben nicht genügend erhöhe. Wir sollen mit unseren horrenden Rüstungsausgaben
anscheinend den USA helfen, die Number One weltweit zu bleiben.
Irgendwo müssen wir ja nun denn doch die Spitze halten, minde-

stens im Wahnsinn. Und soll man jetzt nicht wirklich denken mit Jeremia: Da sitzen sie alle auf dem Thron, der König, an seiner Seite die Priester, mit ihnen die Propheten, und alle sagen sie: *Heil!* Wir haben's geschafft, das ist der Friede! »Heil« auf hebräisch ist soviel wie »Frieden«.

Was eigentlich meint das Wort »Frieden« im Sinne der Machtpolitik? Das Gleichgewicht des Schreckens, das war 50 Jahre lang im 20. Jahrhundert unser Friede; die Übermacht in jeder Form, die nennen wir derzeit Frieden, und anders geht es anscheinend nicht, so ist es heilsam, und so heilt es die Kassen der Waffenproduzenten, so saniert es uns selber, wenn wir nur stark genug sind. Einen Einwand von seiten der Religion wird es in all dem nicht geben und hat es im 20. Jahrhundert von seiten der verfaßten Kirchen auch niemals gegeben. Ist nicht Gott selber auch biblisch der Herr der Kriegsscharen? Und so wird man Jeremia entgegnen: Sind wir nicht das auserwählte Volk? Tun wir nicht alles, was Gott uns sagt?

O ja, auf gewisse Weise tut man das. Aber sogleich formuliert Jeremia den nächsten Punkt: *Sie benützen den Tempel, um Opfer zu feiern.* Sollte auch daran etwas verkehrt sein? Der Mann aus Anatot sieht in seinen Tagen die Opfer gebunden an den Einfluß mesopotamischer Gottheiten, wie sie unter Manasse, um den Assyrern gefällig zu sein, auch vom Jerusalemer Klerus übernommen worden waren. Jeremia sieht, welche Praktiken unter dem Stichwort »Opfer« im Lande gepflegt werden. Aber wiederum: Geht es tatsächlich nur um diese religionshistorischen Besonderheiten? Sollte man nicht viel eher sagen: Menschen, *die Angst haben*, versuchen auch vor Gott alles richtig zu machen? Sie bringen nicht nur Hekatomben von Gegnern dem Wahnsinn ihrer Angst zum Opfer, sie opfern sich selbst. Sie zerstören ihr Glück, sie verbrennen die Früchte ihres Feldes, sie lassen ihre eigenen Kinder durchs Feuer gehen. Immer sind sie dabei, irgendwelche Gespenster und Dämonen zu besänftigen. Und wieder stehen die Priester da und erklären: Gebt *uns* das Opferfleisch, gebt *uns* die Tiere, gebt *uns* das Geld – *wir* opfern's für Gott; betet diese Gebete, sprecht jenen Ablaß, wallfahrtet um Wohlfahrt – nach unserer Anweisung; wir nämlich wissen, wie die Gottheit zu besänftigen sein wird, wir haben Einfluß auf die Gestimmtheiten Gottes.

Das einzige, was diesen Alptraum des Religiösen aufführbar macht, ist die Tatsache, daß man ihn in aller Regel so ernst nicht nimmt, wie er klingt. Nur manchmal, auf dem Weg zum Prophetischen, schlägt es in vollem Ernst durch. 1515, als Martin Luther seine erste heilige Messe, die römische Liturgie, feierte und las: »Ich opfere dem einzigen, allmächtigen Gott«, schreibt er Jahre später, »da ging's wie ein Beben durch mich, daß ich taumelte und mochte weiter nicht sprechen«. In diesem Erleben des Gottesschreckens bestand der Grund, warum die Reformatoren, Luther an der Spitze, schließlich sagten: Ein Opfer für Gott ist ein Ungedanke; damit überfordern sich die Menschen, und damit verewigen sich am Ende immer nur wieder die Mechanismen der Angst. In der Tat: Immer muß da Gott besänftigt werden. Das Eigentliche jedoch, was Gott möchte, oder ganz einfach: was die Menschen bräuchten, das wäre ein Stück Vertrauen, welches aller Opferpraktiken enthebt.

An dieser Stelle beginnt der Kampf des Jeremia mit dem Tempelklerus, mit den Priestern gegen die gesamte institutionalisierte Religion – wir werden diesen Kampf noch erleben. Aber hier schon läßt der Prophet seinen Gott sagen: *Ich brauche keinen Weihrauch aus Saba.* Mit einem Wort: Ihr könnt heranschleppen, was ihr wollt, selbst wenn es so kostbar ist, wie es nur sein mag, mir stinkt's in der Nase, statt mir ein Wohlduft zu werden. Denn: Euch als Menschen möchte ich sehen!

In jenen Tagen ging Jeremia wirklich auf die Suche nach Menschen, um sie zu finden, fast wie im antiken Griechenland *Diogenes* mit der Laterne am hellen Tage auf dem Marktplatz den Menschen ins Gesicht leuchtete, um zu sehen, ob sie Menschen seien – oder nicht im Gegenteil völlig verroht und von Angst verzerrt? Jeremia, als er auf die Suche ging, hatte im Ohr, was Gott dem Abraham sagte: Sind es nur zehn Gerechte in Sodom, werde ich die ganze Stadt verschonen (Gen 18,32). Jeremia hatte Gott so verstanden: Wenn es nur einen einzigen gibt, wird er verschonen. Und muß nicht also ein Prophet in seiner Einsamkeit dieser eine sein, der das Unheil abwendet?

Jedoch dieser eine zu sein erklärt Jeremia von sich selbst nicht. Er hat eine Botschaft, der er im Grunde selbst nicht genügt. Er kann nicht hintreten vor Gott und sagen: Schau her, ich bin der, den du suchst. Er kann nur ähnlich reden wie Søren Kierkegaard, in aller Bescheidenheit, der sagte: Ich behaupte nicht, ein Christ zu sein, ich kann nur erklären, was das Christentum bedeuten würde, und daß, gemessen daran, ihr alle keine Christen seid. Das ist das ein-

zige, was ich weiß. – So ähnlich Jeremia. Er sagt nicht: Ich bin die
Rettung des Volkes, ich bin der eine, der so lebt, daß Gott all den
anderen verzeiht. Er kann nur sagen: Was ich sehe, ist der eklatante
Widerspruch zu allem, was Gott jemals gewollt hat.

An dieser Stelle beginnt ein Stil von Prophetie, der sich psychologisch nicht mehr auflösen lassen will, weil er nichts weiter sein soll
als bitterer Vorwurf. Jeremia überlegt das selber in den ersten fünf
Kapiteln: Kann denn Gott überhaupt noch vergeben? Welche Möglichkeiten bestehen dafür?

Tatsächlich fiel der Prophet früher noch sich selber in die Rede
und sagte gewissermaßen sich selber: Ich habe doch nur die kleinen
Leute bisher betrachtet; ist es nicht ein Unrecht, *denen* vorzuwer-
fen, sie lebten nicht richtig, wie Gott es wolle? Sie sind nichts als
arme, gequälte, unterdrückte Menschen, die nicht lesen und nicht
schreiben können, die nicht zwei Stunden Zeit am Tage haben, um
an irgend etwas anderes zu denken als an ihre Arbeit. Ich muß mich
wenden an die *großen* Leute. Die sitzen da, die pflegen der Muße,
die sind gebildete Menschen, die sind von Kindheit an unterwie-
sen in der Lehre Gottes. Die werden's sein, die auf Gott hören. (Vgl.
Jer 5,4.5)

Doch Jeremias Enttäuschung wurde noch größer als zuvor. Grade
die Hochstehenden, mußte er feststellen, werden auf Gott nicht
hören; wenn sie von Gott reden, dann tun sie's zynisch. Wohl, sie
kennen alles, sie führen's im Munde, und doch dient es zu nichts
weiter in ihrem Munde als zu ihrer eigenen Propaganda, zu ihrem
eigenen Selbstbetrug, zur permanenten Lüge. – Die einfachen
Leute, müßte man sagen, sind in gewissem Sinn nicht gebildet genug, um wirklich zu lügen; sie sind von Natur her geradeaus, sie sagen ja, und es ist so, sie sagen nein, und es ist so. Aber die da oben
werden immer anders reden, als sie denken. Kein einziges gerades
Wort kommt über ihre Lippen; ihre Intelligenz ist biegsam und allemal tauglich, sich zu beweisen, daß sie im Recht sind. Die scheußlichsten Dinge können sie tun, doch verlieren sie am Ende jegliches
Bewußtsein des Unrechts. Sie können, sagt Jeremia hier, nicht einmal mehr erröten (Jer 8,12), es gibt nicht das geringste Schamgefühl
(Jer 5,3.6).

Man muß, um Jeremia zu begreifen, genau hören, wie der Prophet sich vorstellt, daß Gott Menschen bestraft. Sinngemäß sagt er:
Sie haben mich verlassen, also werd' ich sie verlassen (Jer 5,1); sie

haben auf mich nicht gehört, also werde auch ich sie nicht mehr erhören; sie haben mich aus ihrer Seele entfernt, also entferne ich sie aus meinem Herzen. Formal handelt es sich um die klassische Rechtsvorstellung des alten Orients: um das Jus talionis. Aber was Jeremia im Rückblick heute, mit unseren Augen gelesen, im Grunde sagen will, meint kein »Gericht« zur »Strafe« von außen. Was er meint, ist eine Art Zwangsgesetzlichkeit des menschlichen Herzens. Es kann, will er sagen, ein Zustand eintreten, daß ein Mensch seine Intelligenz, seine Bildung, seine Kultiviertheit, seine Arriviertheit und Etabliertheit nur noch zum Schindluder benutzt, und das Allerschlimmste wird sein, daß sie's am Ende alle so tun: Sie sitzen da, als wenn die Menschen in ihrem Einflußbereich Vogelschwärme beim Durchzug wären; sie stellen ihre Fallen auf, nur um sie einzufangen.

Es fällt nicht schwer, dieses Bild heute zu verknüpfen mit den Erfahrungen beim Zeitunglesen jeden Morgen, wie da die »Großen« auf Bauernfang gehen, um die Tölpel hereinzulegen, wie sie das mühsam Erworbene, das von den kleinen Leuten Gesparte irgendwo verschwinden lassen in Kanälen, die niemand mehr kontrollieren kann. Selbst ein Mann, der sich in der sogenannten »christlichen Partei« in Deutschland ernsthaft bemüht, darüber nachzudenken, was man denn zur sozialen Absicherung der einfachen Leute derzeit tun könne, Heiner Geißler, weiß es nicht besser, als die Arbeiter aufzufordern, sie sollten am besten Aktionäre werden. Die Logik dieses Vorschlags ist fatal. Wenn man der Firma zugehört, die einen selber ausbeutet, vielleicht hat man dann bei der großen Ausbeutung vor allem der Länder der Dritten Welt am Ende immer noch einen gewissen Vorteil. Da fehlt nur noch, daß wir irgendwo auf der Welt die wirklichen Arbeiter finden, die keine Aktionäre sind, und die müssen wir bei der Globalisierung von Arbeitsplätzen und Absatzmärkten gegeneinander ausspielen, um die Arbeit, das heißt die Löhne so billig zu halten wie in den Tagen des Manchester-Kapitalismus. Unser System, das uns immerhin schon bis zum Krieg mit Neutronenbomben aufgerüstet hat, müssen wir als erfolgreich der ganzen Welt empfehlen; wir müssen nur immer wieder auf die Suche gehen nach Menschen, die noch billiger schuften können, die für noch niedrigere Löhne als die Sklaven von 1840 auf den Baumwollfeldern der Südstaaten der USA uns die Arbeit tun. Nur so steigern wir die Rendite für das Kapital.

Jeremia spricht an dieser Stelle nicht von Geld, er nennt unter vielen Namen eine Anzahl fremder Götter, die für ihn Götzen sind; aber wir müßten sagen, um den Propheten für uns zu verstehen: Etwas, das die ganze Welt beherrscht, das in jedem Entscheidungsaugenblick das stärkste Gewicht auf die Waage legt, etwas, das unser Handeln, wenn es drauf ankommt, zentral leitet und begleitet durch jede Dunkelheit, *das*, gewiß, wird unser *Gott* sein. Und wenn sich nun zeigt, daß sich in unseren Tagen eigentlich nur die Frage stellt, wie wir mit Geld noch mehr Geld machen können oder uns aus dem Geld, das wir nicht haben, aus unseren Schulden, durch neue Kredite emporretten können, dann ist wohl dies der Gott, an den wir wirklich glauben – eine Art Vegetationsgottheit im 20. Jahrhundert. Und plötzlich begreifen wir die Aktualität all der Aussagen dieses Mannes. Menschen, die ihre Freiheit aufgeben, weil sie aus lauter Angst sich klammern wie Ertrinkende an ihre Umgebung, woran schließlich sollen die Halt finden? Sie verurteilen sich selber zum Untergang.

Nehmen wir ein einfaches Beispiel. Was eigentlich sagen wir unseren Jugendlichen, die heute heranwachsen? Viele, die mit Erziehungsaufgaben betraut sind, machen sich Sorgen über die enorme Gewaltbereitschaft schon der Dreizehn- und Fünfzehnjährigen. Das kommt aus dem Fernsehen, aus den Medien, von den falschen Vorbildern, sagen die einen. Die Konservativen im Rechtsaußenlager vermissen schmerzlich die Begründung der Werte; sie flehen die Kirchen an, solche Werte zu vermitteln; sie würden Gott nur zu gerne benützen als Wertelieferanten zur Stabilisierung der bürgerlichen Gesellschaft. Aber genauer betrachtet, sind es genau diese Kreise, die uns klarmachen, daß der wahre Gott, genannt das Geld, jedes Wertes wert ist und daß es alle Werte, die es überhaupt gibt, nur geben kann, wenn man die Dinge in zählbare bzw. unbezahlbare Preise auf dem Markt verwandelt. Nichts hat da Wert auf der Welt, außer es ließe sich umrechnen in die einzige Leitwährung, die da gilt: – in den Profit des Kapitals. Wie sollen Jugendliche bei dieser Art von Schizophrenie an irgend etwas noch glauben außer an das, was sie glauben *sollen*?

Man sagt, schizophren würden Menschen, wenn man sie hin und her jage zwischen unentrinnbaren und unauflöslichen Widersprüchen. Man sagt ihnen etwas, aber wenn sie's tun, werden sie dafür bestraft, daß sie es tun, und dann wieder belohnt man sie für etwas, das man im Grunde verboten hat. »Du bist ein grausamer, herzloser Egoist« – eine solche Aussage gilt nicht gerade als Lob, darauf steht pädagogisch eine empfindliche Strafe. Aber schauen wir uns um, wie man sich durchsetzt im sogenannten Wirtschaftsleben, sind es genau diese »Tugenden« des Ellenbogenegoismus. Insgeheim möchten wir sie, diese tüchtigen, erfolgreichen, karrierebewußten, skrupellosen »Persönlichkeiten«, für die »Wahrheit« nichts weiter ist als eine Schmiermasse auf dem Weg zum Erfolg. – Der 73. Psalm steht einem Mann wie Jeremia gewiß stets wie ein Trost vor Augen: »Du setztest, Gott, es ihnen aufs Schlüpfrige, *bechalaqlaqoth*, so hast du's ihnen gesetzt. Ich aber war wie ein Vieh, weil ich's nicht erkannte, aber dann merkte ich auf ihr Ende …« Was Jeremia versucht, besteht einzig darin, die Konsequenzen aus dem zu ziehen, was er im Verhalten der Menschen seiner Zeit (und aller Zeit) vor sich sieht.

Von jedem ordentlichen Propheten erwartet man Hoffnung; man verlangt als erstes von ihm eine positive Botschaft, etwas Innovatives, Mutmachendes – Angst bewirkt gar nichts, doch Heil schafft Zuversicht in das Kommende. Mit solchen Ansprüchen kann Jeremia nicht dienen. Die »Zuversicht« sieht er einzig in einer vollkommenen Umkehr. Dieser sensible Mann empfindet die Wirklichkeit, die er Gott nennt, wie eine einzige Widerlegung all der sogenannten Normalität. Und das ist die zweite große Botschaft des Propheten: Er sieht vor sich einen Gegenentwurf zu dem, woran sie alle glauben in ihrer Ohnmacht, Schwäche, Phantasiearmut, Anpassung und Angst, in all dem, was sie zwingt, mitzumachen, weiterzumachen oder gar nichts mehr zu machen. Jeremia glaubt an seine Visionen, und diese Visionen sind schrecklich; aber woran er wirklich glaubt im Hintergrund aller Visionen, ist eine ganz andere, eine neue, freie Welt, in der Liebe keine Illusion ist, in der Friede nicht bloß den Übergang zum nächsten Krieg bedeutet, in der Armut nicht identisch ist mit Schande und Schändlichkeit, in der Wahrheit einen wirklichen Wert darstellt, und zwar unabhängig von ihrem Propagandaerfolg, in der das Menschsein etwas Einfaches, Glückliches und Großes bedeutet.

Vielleicht hat sich Jeremia vertan, als er glaubte, mit einem solchen Ansatz Geschichte deuten zu können. Spätestens im Jahre 609 mußte es ihm den Atem verschlagen, als König Josia, der all das tat, wovon Jeremia selbst überzeugt war, bei Megiddo fiel. Franz

Werfel läßt den sterbenden König unter Jeremias Augen aufschreien (S. 153f.):

»Adonai ... Ich hab dich liebgehabt ... Ich habe das große Passah gehalten ... Im Lande überall ... Die Höhen ... die grünen Bäume gesäubert und umgehauen ... Bei Tag und Nacht ... für dich gewirkt ... Sprich, Adonai! ... Der Zeuge des großen Rechtens (Jeremia) schluchzte auf, doch der König maß ihn mit kaltem Fieberauge. In diesen Tränen lag nur das gewöhnliche und flüchtige Erbarmen eines weichbeseelten Menschen mit dem Unglück. Anathot weinte törichte Tränen des Herzens. Der Herr aber weinte nicht die Tränen der Ewigkeit über seinen Diener. Stumm blieb er hinter seinen hundert Himmeln aus Eis. Die Seele Josijahs schrie nicht um Erlösung, sie schrie um einen Schuldspruch, sie wollte nichts als den Grund wissen, warum sie nach einem Leben für Adonai verdammt worden war, der die frechsten Übertreter und Frevler segnete, der seinem Erbfeinde Ägypten den Sieg gab. Nur die Sünde kennen wollte Josijah, die sein Elend verursacht hatte. Dies schon war genug für die vernünftige Seele, damit sie in Frieden dahinfahre. Doch nicht einmal dieser letzte, niedrigste Trost wurde der vernünftigen Seele zuteil. Jirmijah aber konnte ihr nicht helfen, denn er selbst erstarrte unter der unermeßlichen Gottentlegenheit.«

Vielleicht muß ein Prophet sogar lernen, darauf zu verzichten, die Geschichte zu deuten nach dem richtenden Maßstab von Gut und Böse, von Verdienst und Schuld, und muß sich selber dahin läutern, nur noch *verstehen* zu wollen, und dabei insbesondere den Grund all des Unheils: *die Angst* im Herzen der Menschen. Der fertige Maßstab zerbricht in der Botschaft des Jeremia, die passende Formel irrt, die Kunst der Interpretation scheitert an der Wirklichkeit; aber sein glühender Entwurf, da warte ein Gott, daß wir Menschen Umkehr fänden zurück zu den Tagen der Vorzeit, dies schon zu ahnen, wie Jeremia es sah, bedeutete doch zumindest das Ende der Selbstverständlichkeit, mit der wir die »Realität« hinnehmen als etwas Unübersteigbares und ertragen tapfer immer noch das Unerträgliche, leben als Menschen immer noch in Unmenschlichkeit, wie wenn Grausamkeit, Tötungsdrill, Gleichgültigkeit und Gefühlsverrohung geradezu unsere Pflicht wären. Des Jeremia Hoffnung war es: Da sei ein Ort in der Welt, Judäa geheißen, darinnen liege die Stadt Jerusalem, und in ihr lebten die Menschen geborgen unter den Schwingen des Höchsten. Freilich: Bergen sie sich nicht unter Gottes Obhut in ihrer Angst, wird ihnen die Rede: *das Volk da!*, und Gott selber wird in den heiligen Krieg ziehen gegen sein eigenes Volk, und in all dem Taumel und Wahn wird kein Ende sein. Jeremia selber wird später aufgefordert, das eigene Volk trunken zu machen mit einem Rauschtrank, den er im Taumelbecher ihnen zu trinken gibt (Jer 25,16). Aber wie wär's, wir verließen den Rausch und richteten uns ein in Vernunft? Dann wäre der Gott, von dem hier gesprochen wird, eine ausgestreckte Hand, nicht der ausgereckte Arm; er wäre nicht länger der Wille zum Zerstören, sondern ein sanftes Wehen, das durch die Welt geht und über die Seele eines jeden hin, sie zu besänftigen und sanft zu machen.

Die Frage freilich bleibt: Was läßt sich sagen, um einen Mann wie Jeremia selber zu trösten? Braucht er überhaupt einen Trost? Wir werden noch hören, was er zu sagen hat, und werden auch hören, worum er bittet, daß es ihm selber gesagt würde; doch auch das zählt zum Großen an den Gestalten der Bibel: Sie bleiben so oft ohne Antwort, ja, der Versuch, ihnen Antwort zu geben, mag sogar erkennbar falsch sein; und dennoch: Selbst wenn sie irrten in dem, was sie als Menschen glaubten – was sie in diesem Glauben wurden, das übersteigt und überragt alle Zeit. Das sind sie als Menschen geworden, und die Kraft, es zu werden, ist der Gott, von dem sie Zeugnis gaben und geben.

4. Oktober 1997

Der Tempel des Herrn ist hier

Jeder, dem die Bibel für wichtig gilt und der in ihr den Nachhall göttlicher Worte zumindest vermutet, muß aufs höchste interessiert sein an gerade den Texten, die wir heute abend miteinander lesen wollen. Es handelt sich um das 7. Kapitel des Propheten Jeremia, aufgezeichnet von ihm selber vermutlich im Jahre 605. Parallel dazu, wohl aus der Feder des Prophetenjüngers und -freundes Baruch, findet sich das 26. Kapitel, das von den gleichen Begebenheiten berichtet. Es geht um den Auftritt des Mannes aus Anatot im Tempel zu Jerusalem. Es ist, als wenn an dieser Stelle zum ersten Mal und ein für allemal alles, was Jeremia überhaupt zu sagen hat, in die Waagschale geworfen würde – auf Sein oder Nichtsein. Für genau diese Art von Auftritt und für genau diesen Inhalt an Worten wird ein in der Bibel sonst fast unbekannter Prophet ermordet werden: Urija (Jer 26,20–24). Er sagt genau dasselbe wie Jeremia, es gelingt ihm, noch rechtzeitig nach Ägypten vor der Verfolgung Jojakims zu fliehen, doch wird er ergriffen und hingerichtet, und es ist uns nichts weiter aus seinem Leben erhalten als diese eine Episode. Nur erwähnt wird's: er war ein Widerständler im Namen Gottes, wie Jeremia, der Prophet. *Der* genießt am Hofe offenbar noch eine gewisse Protektion, er überlebt's – für diesmal jedenfalls, unwissend freilich, wie lange noch.

Das 7. Kapitel des Propheten Jeremia, Vers 1–34, und der Anfang des 8. Kapitels in den Versen 1–3 lauten wie folgt:

Text: Jer 7, 1–34; 8, 1–3
Das Wort, das vom Herrn an Jeremia erging: Tritt ins Tor des Hauses des Herrn und predige dort dieses Wort und sprich: Höret das Wort des Herrn, ihr alle aus Juda, die ihr durch diese Tore hineingeht, den Herrn anzubeten! So spricht der Herr der Heerscharen, der Gott Israels: Bessert euren Wandel und eure Taten, so will ich euch an diesem Orte wohnen lassen. Verlaßt euch nicht auf täuschende Worte wie diese: »Der Tempel des Herrn ist hier!« *sondern bessert euren Wandel, bessert eure Taten! Wenn ihr wirklich Recht schafft zwischen den Leuten, wenn ihr Fremdling, Waise und Witwe nicht bedrückt und nicht unschuldiges Blut vergießt an die-*

ser Stätte und nicht andern Göttern nachlauft, euch selbst zum
Unheil, so will ich euch an diesem Orte wohnen lassen, in dem
Lande, das ich euren Vätern gegeben habe von Ewigkeit zu Ewigkeit. Seht, ihr verlaßt euch auf die täuschenden Worte, die nichts
nützen. Wie? da stiehlt man und mordet, bricht die Ehe und
schwört Meineide, opfert dem Baal und läuft andern Göttern nach,
die man nicht kennt – und dann kommt ihr und tretet vor mein Angesicht in diesem Hause, das nach meinem Namen genannt ist, und
sprecht: »Wir sind geborgen!« – um all diese Greuel [auch ferner]
zu treiben! Ist denn dieses Haus, das nach meinem Namen genannt
ist, in euren Augen eine Räuberhöhle geworden? Auch ich, fürwahr,
ich sehe es, spricht der Herr. Geht doch einmal zu meiner Stätte in
Silo, wo ich meinen Namen zuvor habe wohnen lassen, und seht,
was ich ihr um der Bosheit meines Volkes Israel willen getan habe!
Und nun, weil ihr all diese Dinge tut, spricht der Herr, und weil ihr
nicht hören wolltet, ob ich auch früh und spät zu euch redete, und
nicht antworten wolltet, ob ich auch rief, so werde ich dem Hause,
das nach meinem Namen genannt ist und auf das ihr vertraut, und
dem Orte, den ich euch und euren Vätern gegeben, ebenso tun, wie
ich Silo getan habe. Und ich will euch von meinem Angesichte verstoßen, wie ich all eure Brüder, das ganze Geschlecht Ephraims,
verstoßen habe.

Du aber, bete nicht für dieses Volk, erhebe für sie kein Flehen,
kein Gebet, und dringe nicht in mich; denn ich erhöre dich nicht.
Siehst du nicht, was sie treiben in den Städten Judas und in den
Gassen Jerusalems? Die Kinder lesen Holz auf, und die Väter zün-
den das Feuer an; die Frauen kneten den Teig, um der Himmelskönigin Kuchen zu backen, und fremden Göttern spendet man
Trankopfer, um mir wehe zu tun. Tun sie denn mir wehe, spricht der
Herr, nicht vielmehr sich selbst, daß ihr Antlitz erröten muß?
Darum spricht der Herr also: Siehe, mein grimmiger Zorn ergießt
sich über diesen Ort, über die Menschen und über die Tiere, über
alle Bäume des Feldes und über alle Früchte des Ackers – ein bren-
nender, nie erlöschender Zorn.

So spricht der Herr der Heerscharen, der Gott Israels: Häuft nur
eure Brandopfer zu euren Schlachtopfern und esset Fleisch! Denn
ich habe euren Vätern, als ich sie aus dem Lande Ägypten herausführte, nichts von Brandopfern und Schlachtopfern gesagt noch geboten, sondern dieses Gebot habe ich ihnen gegeben: Höret auf

meine Stimme, so will ich euer Gott sein, und ihr sollt mein Volk sein, und wandelt ganz auf dem Wege, den ich euch gebiete, damit es euch wohl ergehe. Aber sie gehorchten nicht, schenkten mir kein Gehör, sondern wandelten nach den Ratschlägen ihres bösen Herzens, wandten mir den Rücken zu und nicht das Antlitz. »Von dem Tage an, da eure Väter auszogen aus dem Lande Ägypten, bis auf den heutigen Tag sandte ich zu euch all meine Knechte, die Propheten, Tag für Tag, früh und spät.« Aber sie gehorchten mir nicht, schenkten mir kein Gehör, sondern waren halsstarrig, trieben es ärger als ihre Väter. Du wirst jetzt alle diese Worte zu ihnen reden, aber sie werden nicht auf dich hören; du wirst ihnen rufen, aber sie werden dir nicht antworten. Darum sollst du zu ihnen sagen: Das ist das Volk, das nicht hören wollte auf die Stimme des Herrn, seines Gottes, das keine Zurechtweisung annahm. Dahin ist die Wahrhaftigkeit, entschwunden ist sie aus ihrem Munde.

Schere dein Haupthaar und wirf es hin, auf den Höhen erhebe die Klage; denn der Herr hat verworfen, verstoßen das Geschlecht seines Grimms. Denn die Söhne Judas haben getan, was mir mißfällt, spricht der Herr. Sie haben in das Haus, das nach meinem Namen genannt ist, ihre Scheusale [d. h. Götzen] gestellt, es zu entweihen. Sie haben die Höhe des Thopheth im Tal Ben-Hinnom gebaut, um ihre Söhne und Töchter zu verbrennen, was ich ihnen niemals geboten habe und was mir nie in den Sinn gekommen ist. Darum siehe, es werden Tage kommen, spricht der Herr, da wird man nicht mehr »Thopheth« und »Tal Ben-Hinnom« sagen, sondern »Mordtal«, und man wird im Thopheth begraben müssen, weil sonst kein Raum mehr ist. Und die Leichname dieses Volkes werden den Vögeln des Himmels und den Tieren der Erde zum Fraße dienen, und niemand wird sie verscheuchen. Dann mache ich in den Städten Judas und in den Gassen Jerusalems ein Ende dem Freudenjubel und Jauchzen, dem Jubel des Bräutigams und dem Jubel der Braut; denn das Land wird zur Wüste werden.

Zu jener Zeit, spricht der Herr, wird man die Gebeine der Könige und Fürsten Judas, die Gebeine der Priester und der Propheten und die Gebeine der Bewohner Jerusalems aus ihren Gräbern hervorholen und wird sie hinstreuen vor der Sonne und dem Mond und dem ganzen Heere des Himmels, die sie geliebt und denen sie gedient haben, denen sie nachgelaufen sind und die sie befragt und angebetet haben; man wird sie nicht sammeln und nicht begraben, zum Dün-

71

ger auf dem Felde sollen sie werden. Sie alle aber, die übrigbleiben von diesem bösen Geschlecht, werden lieber sterben als leben wollen an allen Orten, wohin ich sie verstoßen habe, spricht der Herr der Heerscharen.

Wie eine romantische Meditation, wie Musik von Mendelssohn-Bartholdy und Schumann, ist die Gestimmtheit des Gefühls, das im Grunde in all dem lebt und schwingt, was der Prophet Jeremia sagen möchte. Aber dann ist sein Schicksal dem einer Wolke gleich, die bei feucht-warmem Wetter aufsteigt, gegen Abend von den Strahlen der untergehenden Sonne umleuchtet wird und dann, beim Kälterwerden der heraufziehenden Nacht, sich verwandelt in eine Gewitterfront, die ausregnet, indem sie ihre Energie in zuckenden Blitzen entlädt und vorangetragen wird von dem Sturmwind, aus dem sie selbst besteht.

Die romantische Sehnsucht des Jeremia, sein ständiges Thema und verzweifeltes Suchen ist der Gedanke des Bundes, den Gott geschlossen habe mit seinem Volk in den Tagen, als es Fremdsasse war in Ägypten: – Und er nahm es bei der Hand wie sein Kind, aus Zuneigung und Güte, unverdientermaßen. Er, Gott, Jahwe, wandte sich ihm zu. Alle Hoffnung, alle Zuversicht, alles Vertrauen lag und läge in diesem Bund und Bündnis. Israel – der Verbündete seines Gottes, und Gott sein Begleiter auf allen Wegen! Selbst in den Worten des Zorns greift Jeremia immer wieder auf diese Vorstellung zurück, etwa wenn er von dem Jahwe der Heerscharen, dem Gott Zebaoth spricht und damit erinnert an die Fülle der Macht, die bei Ihm steht und, wie Jeremia glaubt, bei niemandem sonst. Oder wenn er spricht von dem ganzen Volk und noch hinzufügt sogar: *Israel.* – Es gibt kein Israel mehr in den Tagen des Jeremia. Im Jahre 722 schon war es zugrundegegangen unter den Assyrern, und schon in den Augen des Jesaja hatte dieses Ereignis so viel bedeutet wie die verdiente Strafe für den Abfall des »Nordreichs«; – das war fast vor genau 100 Jahren gewesen. Doch gibt's darüber eine Beruhigung? Sollte man's jetzt nicht gründlich gelernt haben? So der Gedanke des Jeremia. Man hat, was mit dem Nordreich geschah, nicht hinter sich, man hat es noch vor sich, es sei denn, man änderte *alles* im Verhältnis zu Gott.

Das Leben unter den Händen dieses Bündnispartners Gott könnte so sanft und so friedlich verlaufen. Jeremia trägt diese Hoff-

nung, er, der Priestersohn aus Anatot. Aber gemessen an diesem
Wissen, orientiert an diesem Bewußtsein, wird ihm alles zum
Greuel, was er rings um sich sieht. Er, der Abkömmling aus einem
uralten Priestergeschlecht, wird selber zum Feind allen Priester-
dienstes in der Heiligen Stadt.

Daß sich der Prophet und der Priester miteinander vertragen wie
Feuer und Wasser – das ist bekannt. Aber nur an wenigen Stellen
der Bibel drängt es so schroff, einem Vulkanausbruch gleich, wie
hier. Äußerlich hat sich Entscheidendes geändert. 609 ist König Josia gefallen bei Megiddo, der Mann, der nach der Wiederauf-
findung des Bundesgesetzes den Kult in Jerusalem zentralisiert
hatte und sich Mühe gab, eine religiöse Reform, sehr im Sinne des
Jeremia, einzuleiten. Josia glaubte, sich gegen König Necho aus
Ägypten stellen zu müssen, als dieser, die Schwäche Mesopotami-
ens ausnutzend, den Vorderen Orient bis zum Zweistromland, bis
Karkemisch hin, zu besetzen trachtete. Josia fiel, und mit ihm starb
das Beste dahin, was in den Tagen des Propheten Jeremia auf Judas
Thron gesessen hatte. Ein schwacher Übergangskönig wurde eingesetzt: Necho (610–595) selber diktiert, welch ein Vasall in Jerusalem
ihm dienen soll: Jojakim heißt er, und hat keine andere Pflicht, als
ägyptische Politik in Jerusalem zu vertreten. Denn das, vermeintlich, ist das Vernünftigste, was sich tun läßt. Freilich, als Nebukadnezzar, der General der Babylonier, im Jahre 605 Necho bei Karkemisch besiegt, schwenkt zitternd und ängstlich Jojakim gleich um
in die Obhut der Babylonier. Doch auch das dauert nicht lange. 601
formieren die Ägypter sich neu. Die Zwergstaaten in Syrien atmen
Morgenluft unter der Zwinghand ihrer Unterdrücker, und gleich
dabei ist Jojakim, nur um das Ende *endgültig*, auch für Jerusalem,
vorzubereiten.

Es ist in den Anfangstagen noch des Jojakim, wohl im Jahre 608,
zu denken, daß Jeremia aufsteht und den Tempel-Gottesdienst in
feierlicher Stunde besucht. Da, als Zeuge des offiziellen Rituals,
greift er die Worte auf, in denen die Frömmigkeit der Priester und
der tempelgewohnten Gläubigen sich verdichtet, und erregt einen
ungeheuren Skandal. Eigentlich möchte man Jeremia fragen, was
er sich dabei denkt, dem einfachen Volk solche Worte zuzumuten
und mit echtem Prophetenmut ihm entgegenzuschleudern nur zur
Entmutigung. Ist's nicht, Jeremia, möchte man sagen, das Recht,
vielleicht die Pflicht gar gerade der einfachen Leute vom Lande, ins

Heiligtum zu treten und sich an der Stätte zu bergen, da Gott wohnt – aller Überlieferung nach, aller heiligen Tradition nach? Ist dies nicht Frömmigkeit, ist dies nicht Vertrauen in das Göttliche, versichert zu werden und sich selbst zu versichern des Schutzes und der Geborgenheit an eben der Stätte, an welcher die Gottheit gegenwärtig ist? Was hast du dagegen, Jeremia? Und wieso sagt dir dein Gott etwas so anderes als den Priestern, als den Propheten, die am Tempel sonst ihren Dienst tun, als den königlichen Hofbeamten, als ihnen allen? Wieso bist ausgerechnet du berufen, etwas anderes zu wissen, als jedermann sonst gerne glauben würde? Wieso redest du mit einer so verzweifelten Stimme dem Volk ins Gewissen, das seine Sehnsucht in nichts weiter setzt als darin, Ruhe und Frieden zu finden im Tempel? Du bist die lebendige Unruhe, Jeremia, du bist die peinigende Angst, du bist der bebende Unfrieden – *du* zerreißt alles, Jeremia. Jedes deiner Worte zersetzt und zerfetzt, löst auf und trennt – und du erklärst: das ist mein Beruf, das wollte Gott von mir, dafür bin ich geboren und auf die Welt gekommen: auszureißen und umzustürzen (Jer 1,10) – weiß Gott, das tust *du*. Aber welche Rechtfertigung dafür hast du? Mag sein, du erklärst die Art der Volksfrömmigkeit für eine Art von Droge. Du sagst, die Leute berauschen sich, sie betäuben sich an einer Wahnidee, aber ist selbst das nicht immer noch besser, als daß die Leute sich betrinken vor Verzweiflung? Ist's nicht Wohltat gerade für die einfachen Leute, wenn es da Priester gibt, die sagen: Wir richten ein Opfer ein; wir besprengen euch mit dem Blut der Tiere, und vergeben wird Gott euch alle Schuld? Wartet nicht jeder darauf, daß ihm die Last der Vergangenheit von den Schultern genommen wird? *Das* geschieht im heiligen Kult, *dafür* gibt es die Priester. Dieses versprechen zu können im Namen des Gottes ist ihr Beruf, ihre Vollmacht, der Inhalt und Auftrag ihrer Weihe.

Jeremia hat für sich und seinen Auftrag an dieser Stelle, beim Auftritt im Tempel, nur eine einzige Rechtfertigung. Sie ist so radikal, daß sie im Abstand noch von mehr als zweieinhalbtausend Jahren in den Ohren vor allem eines jeden römisch-katholisch Gläubigen gellend, schreiend und schrillend widerhallen muß. Diese Erklärung, die Jeremia bietet, besteht darin, daß es Wahn, Trug und Selbstbetrug sei, zu erklären, Gott wohne im Tempel, im Kult; darauf dürfe nicht gründen des Menschen Sicherheit: *Der Tempel des Herrn ist hier.*

Was Jeremia *dagegen* hat, ließe sich religionsgeschichtlich ganz gut deutlich machen, nur geht es diesem Mann nicht um religionsgeschichtliche Vergleiche; immerhin aber helfen derartige Zusammenhänge vielleicht ein wenig dazu, den Kontrast zu malen, der zwischen einem Propheten und einem Priester notwendig besteht.

Im Grunde bekämpft Jeremia eine uralte archaische Idee, die in den Religionen seiner Zeit ringsum wie selbstverständlich lebt und die, wie der römische Katholizismus es beweist, offenbar bis heute nicht auszurotten war. Diese Idee lautet in altägyptischer Sprache, daß ein Priester soviel sei wie der »Gottesvater«. Er, der Priester, ist es, der als Mann (stets nur als Mann!) in seiner Funktion die Anwesenheit des Gottes bezeugt und erzeugt mit beamteter Präpotenz. Er selbst also ist es, der die Gottheit gegenwärtig macht. Eben deshalb ist er ihr »Vater«.

Nur so kann man es verstehen, daß in Rom immer noch »ein Vater aller Väter« fungiert, ein Papst von Amts wegen, ein *pater patrum*, ein »heiliger« Vater. Er ist es seinem Selbstverständnis zufolge, der die Gegenwart des Göttlichen auf Erden setzt, der sie einsetzt und stellvertretend ersetzt, der sie garantiert und ermöglicht. Es sind sonach die Priester, deren Werk das Göttliche sich zu fügen hat. Wenn es so steht, ist das Ritual in der Tat das psychedelische Erzeugnis göttlicher Erfahrung, gewissermaßen die Magie, in die die Gruppe sich selbst bis zur Trance hineinsteigert, um dann den eigenen Spuk mit der Gottheit als ihrem Gruppengeist zu identifizieren. Man räuchere den Leuten in die Lungen, man verdunkle das Licht geheimnisvoll, man schwenke mit Kerzen hin und her, man murmele heilige Formeln in ihre Ohren, man nötige sie zu Bußgefühlen und Schuldempfindungen aller Art, und dann, mit einem einzigen Spruch, besiege man all ihre Schmach und Schande, nehme man dahin alles an Frevel Geschehene, und wirklich: die Menschen werden erleichtert und dankbar für so viel Güte von dannen gehen. Die »Gottesväter« betrachten die Gläubigen wie eine Herde von Kindern. Dostojewski, im *Großinquisitor*, hat diese Psychologie der Priesterherrschaft vollkommen richtig beschrieben.

Es ist, daß Jeremia *dagegen* kämpft, den Menschen die Verantwortung wegzunehmen durch eine derartig kultische Magie, durch ein solches Formelgeschnatter, durch die formale Exaktheit bestimmter tradierter Zeremonien. Was Jeremia einklagt, ist der Ernstfall des Lebens, nicht das Sabbatjudentum oder Sonntagschristentum, sondern den ganz normalen Alltag. Und jetzt gilt es: Das wiederaufgefundene Gesetzeswerk, zumindest so, wie Jeremia es interpretiert, kennt durchaus keinerlei Opfer – keine Brandopfer, keine Schlachtopfer, keine blutigen Tieropfer, die man darbringen muß, um die Gottheit zu versöhnen. Das alles, in den Augen des Jeremia, ist heidnisch, eines wirklich Gläubigen, eines Juden unwürdig; das hat Gott *nicht* befohlen, es ist nichts als menschliche, allzu menschliche Zutat, und schlimmer: es ist in sich selber Missetat, weil Mißverständnis und Irreführung in allem! Es sind nicht nur Trugworte zu rezitieren: »*der Tempel des Herrn ist hier*«, es ist ein einziger Betrug an Gott und vor den Menschen, so zu sprechen. Worum der Prophet kämpft, ist die Verantwortung des Menschen für sein eigenes Handeln, und das läßt sich nicht delegieren, auch nicht an eine heilige Priesterschaft zu Jerusalem. Wofür aber die Verantwortung geht, sind lauter einfache Dinge: Wie geht man um mit *Fremdlingen, Waisenkindern* und *Witwen*?

Diese Aufzählung ist nicht gerade originell. Sie findet sich in etwa schon im antiken Ägypten, über 1000 Jahre vor Jeremia. Man hat es zu tun mit der klassischen Formel von rechtlosen Menschen.

Ein *Fremdling* ist heute ein Mensch *sans papiers*, ohne Papiere; der hat keinen Ausweis, er ist nicht legitimiert für einen Aufenthalt. Schon seine Sprache, seine Herkunft, seine Kultur, seine Gewohnheit, die Art, sich zu kleiden, zu essen – alles trennt ihn von der Bevölkerung, in die hinein er verschlagen wurde. Wie also geht man um mit so einem Fremdling?

Man muß die Frage nur stellen, und man ahnt ihre Brisanz in unseren Tagen, in ganz Europa. O ja, wir hören, daß gerade heute eine Resolution ergangen sei, europaweit, man müsse jeglichen Fremdenhaß bekämpfen. Klar muß man Fremdenhaß bekämpfen, aber was muß man tun, damit Fremdenhaß gar nicht erst aufkommt? Es ist das erklärte Konzept der Konservativen, der »christlichen« Demokraten, daß man Fremde, so viele ihrer man loswerde, abschieben müsse. Klar, wenn es keine Fremden mehr gibt, wird es auch keinen Fremdenhaß mehr geben. Den Fremden mithin ist gut, wer als Politiker dafür sorgt, sie über die Grenze, möglichst geräuschlos und unaufmerksam, zu verbringen, sie zu »repatriieren«, sagen die Franzosen, und sie lügen mit Worten, weil sie genau wissen, daß all diese Fremden durchaus eine »Heimat« nie hatten und daß das Gerede von der Repatriierung nichts weiter ist als ein juristischer Schwindel, der die Not der Menschen, warum sie überhaupt in die Fremdheit hineingeflohen sind, vergessen machen soll.

Sie müssen sich nur einmal einen Dokumentenband des 20. Jahrhunderts zur Hand nehmen, und Sie werden finden, daß bis in die jüngste Zeit noch die Weltgeschichte damit zuging, daß Europäer ihre Kolonialansprüche rund um die Welt geltend machten: bis nach China hinein, bis nach Indien hinein, bis nach Afrika hinein, bis nach Südamerika hinein – es gab keinen Platz der Welt, wo sie, die Europäer, nicht im Namen Gottes, des Rechtes, der Menschlichkeit, des technischen Fortschrittes und der wirtschaftlichen Interessen – versteht sich dann auch – präsent waren, präsent sein *mußten*. Aber nun, wenn's zurück will nach so vielen Jahren der Ausbeutung und der Verelendung, dann ist es Unrecht. Dann dürfen wir's nicht dulden, daß Franzosen Algerier aufnehmen, die sie selber bis in die fünfziger, sechziger Jahre hinein bekämpft, gefoltert und mißhandelt haben ... Ja, du liebe Zeit, wo kämen wir denn da hin?

Man hat den Eindruck, daß Samuel Huntington nicht ganz unrecht hat, wenn er meint, wir bereiteten uns im 21. Jahrhundert auf eine Art Kulturkampf vor; die Aufrüstung der Ideologie des sogenannten christlichen Abendlandes, vor allem gegen die Muslime, sei bereits voll im Gange. Für Huntington bedeutet eine solche Perspektive freilich kein Problem. Wir müssen nur so weitermachen, meint er; als Europäer, als Nordamerikaner, denkt er, haben wir nicht die Pflicht, die Widersprüche in anderen Kulturen abzubauen oder gar zu lösen. Vielmehr müssen wir versuchen, uns durchzusetzen und uns auf den Kampf der Kulturen rechtzeitig vorzubereiten. An solchen Konzepten liegt's, daß wir diese Woche gerade erleben mußten, wie im Bundestag Verteidigungsminister Rühe befand, daß 23 Milliarden D-Mark für Rüstung und Waffentechnologie eine absolut richtige Ausgabe seien, wenn wir schon darüber diskutieren, daß unsere Renten dahinschwinden wie Schnee unter der Frühlingssonne. 23 Milliarden, das ist eine Zahl, die man erst einmal vor sich sehen muß; sie soll ausgegeben werden für 180 Kampfbomber. Gegen wen gerichtet? mögen Sie fragen. Und wie hängen die Dinge eigentlich zusammen? Nun, die Abschiebung der Fremden und die Vorbereitung auf den Kampf der Kulturen hängen so zusammen, daß wir die Muslime in Europa als eine schleichende Gefahr betrachten. Sie drohen durch ihre Geburtenzahl unsere Bevölkerung zu unterwandern. Wir müssen sie bekämpfen drinnen – als erstes, und draußen – im nächsten Zug. Die »Fremdlinge«, die wir entlassen, werden uns freilich noch fremder werden. Aber das macht ja nichts. Das sollen sie ja, wenn sie nur draußen sind! Dann haben wir klare Grenzen, dann gibt es keine fünfte Kolonne mehr im Inneren; dann ist der Aufmarsch vollzogen. Langfristig und taktisch richtig muß das heute schon konzipiert werden. Das christliche Abendland, die Werte, die wir geschaffen haben, Gott selber steht zur Verteidigung, mit allen christlich-katholischen Vorzeichen sei eine solche Politik kirchlich gesegnet. – Wie geht man um mit Fremdlingen?

Begreifen Sie, wie modern Jeremia plötzlich sein kann? Gott ist nicht da, wo irgendein Kaiser ihm eine Kathedrale baut oder ein Papst sich seinen Dom oder wo ein Bischof mal wieder seine Kirche, wie gerade in München, für 25 Millionen Mark mit Goldblattaufsatz an den Wänden renovieren läßt. Gott wohnt da, wo ein Mensch dem Fremden menschlich begegnet, meint Jeremia; *da* hätte man Gott zum Verbündeten. Denn nichts anderes möchte Gott als die Verbundenheit der Menschen. Wenn Sie so wollen, ist dies die ganze »Romantik« des Jeremia, seine »Sozialutopie«. Das wäre möglich, denkt er: – Toleranz und Akzeptanz der Fremden! Und in Gottes Namen, er *verlangt* es! Er stellt ganz einfach fest: Wo *das* nicht ist, ist alles andere Sprechen von Gott religiöser Schwindel, alles ein bloßes Schöngerede – absolut nichtig.

Und wie mit den *Witwen*? Setzen wir statt der Witwen all die Frauen, die als erste in unserem Kampf um den Standort Deutschland arbeitslos geworden sind und schlecht versorgt werden von ihren Männern. Setzen wir an die Stelle der Witwen in unseren Tagen nicht nur diejenigen, die ihren Mann verloren haben – die Sterblichkeitsrate lag in den Tagen des Jeremia weit früher und höher –; nehmen wir heutigentags all die Geschiedenen mit hinzu, all die Unversorgten, all diejenigen, die nie eine Chance besaßen, eine Berufsausbildung zu bekommen, weil schon ihre Eltern nicht genügend Geld hatten. Was passiert mit ihnen auf einem Arbeitsmarkt wie dem unseren? Ein kleines Beispiel für die Wirtschaftsphilosophie unserer Regierung: Die chemische Industrie feiert gerade Zuwächse von 7 %; nun sollte man denken, es gehe los – alle Versprechen des Bundeskanzlers würden nun eingelöst; doch siehe, gleichzeitig wird die Zahl der Angestellten um 3 % gesenkt. *So er-*

wirtschaftet sich der Erfolg! Dagegen scheint kein Kraut gewachsen. Aber was macht man dann mit den Leuten, die ganz einfach mittellos sind, die vom sozialen Netz, das wir immer weiter aufreißen, durchaus keine Hilfe mehr erwarten können? Und von den *Waisenkindern* ganz zu schweigen. Es gibt sie, sozial wie psychisch, Menschen, die heranwachsen wie ohne Eltern, wie überflüssig, wie ungewollt. Die Kirchendoktrin kennen wir alle: daß Gott das Leben will, daß Abtreibung Mord sei, daß ein Volk, das seine eigenen Kinder nicht wolle, zugrunde gehe ... –, just so sprach noch eben der Papst in Brasilien. Was aber geschieht eigentlich, wenn die ungewollten Kinder erst einmal leben? Dann haben (hatten) wir Mutter Teresa, eine Heilige, ein Aushängeschild. Aber sollten wir nicht auch darüber nachdenken dürfen, *wie* Kinder leben können? Ist nicht auch diese Frage Teil unserer Verantwortung? Sind wir nicht zuständig gerade für die Zukunft, die wir unseren Kindern hinterlassen oder übergeben? Wie steht es mit einer vernünftigen Geburtenkontrollpolitik? Ein »Generationenvertrag« sähe wohl so aus, daß wir nicht eine Welt hinterlassen, die fast unbewohnbar ist, die wir in den tropischen Regenwäldern einfach abfackeln, egal, ob in Brasilien, auf Borneo, im Kongo, um dann zu erklären, nun sollten die Heranwachsenden gefälligst sorgen für ihre Eltern, für uns Heutige also, die wir all das angerichtet haben.

Wie leben wir, daß Menschen *eine Zukunft* haben, gerade weil sie und wenn sie für sich selbst nicht sorgen können?

An *dieser* Stelle bringt Jeremia die Frage nach der Gegenwart des Göttlichen an. Sinngemäß sollte man denken, Gott wohne in den Augen des Jeremia an all den Orten, an denen Menschen menschlich aufeinander zugehen, nirgendwo sonst. Jesus, der manchen seiner Zeitgenossen als ein zweiter Jeremia erschien (Mt 16,14), konnte im 10. Kapitel des Lukas-Evangeliums einmal ganz ähnlich erzählen: Da gehen ein Priester und ein Levit zum Tempel nach Jerusalem und finden am Wegrand einen Hilflosen, Leergeplünderten, einen Schwerverletzten, und – Jesus wagt es, so zu erzählen – sie haben im Kopf nichts als ihren Kult; der hindert sie, menschlich zu sein. Ihr zwangsneurotischer Popanz von Tempeldämon, dieses religiöse Schreckgespenst ihrer Angst tritt auf wie ein blutrünstiger Vampir; doch eben den müssen sie verehren und eben dem ihre Opfer darbringen, eben für ihn mit Blut herumspritzen. So die Schönheit ihrer Praktiken. Aber Menschen, die am Wegesrand verbluten, die zu berühren macht unrein, das ist nicht fein, das hindert die Tempelbeamten an der Korrektheit ihres Gottesdienstes. Jesus hat seine Geschichte dadurch noch zugespitzt, daß er jemanden aus dem Nordreich, einen Samariter, bemüht, jemanden also, der den ganzen Tempelkult verachtet, schon weil er nie dazugehören durfte. Doch gerade dieser Samariter hat im Munde Jesu ein offenes Herz und die Hände frei, um einem Menschen in Not zu helfen. Ein nicht-ideologischer Gott, ein außerhalb der Priestererziehung lebendiger Gott, ein absolut kultferner Gott also – dem zu dienen erscheint als die einzig wirkliche Gottesverehrung, so wie Jeremia sie für gültig hielt.

Fast über ein halbes Jahrtausend und mehr nimmt ein Mann wie Jeremia die Einstellung Jesu vorweg. Tatsächlich konnte der Mann aus Nazaret sich auf Sätze wie diese im 7. Kapitel des Jeremia vollkommen berufen. Aber die Geschichte geht weiter: Das 26. Kapitel des Jeremia-Buches aus der Feder des Baruch erzählt, daß man Jeremia natürlich bei seiner provokanten Intervention im Tempel nicht hat ausreden lassen. All die weitschweifigen Formeln, die vermutlich in der schriftlichen Berichterstattung später nachgeschoben wurden, wie Gott doch selber in seiner Treue die Leute in Frieden angesiedelt und habe leben lassen im Lande, wird man kaum gehört haben hinter der Drohung, wie der Gott des Propheten nunmehr alles zerstören wird. Daß Jeremia mit seinen Worten eine Wahl vorlegt, die sogar noch im Konditionalis gesprochen ist, hört man an dieser Stelle nicht mehr, denn die Drohung selber ist so schrecklich, daß man begreift: es geht gar nicht mehr nach der Abfolge wenn ... dann ... – was Jeremia sagen will, lautet längst: weil ... deshalb!

Man kommt also, verhaftet ihn, schleppt ihn vor den König, und das einzige, was ihn rettet, ist sozusagen ein Präzedenzfall. Genau 100 Jahre früher, 701 v. Chr., hat der Prophet Micha, im 3. Kapitel kann man es nachlesen, schon einmal ähnlich gesprochen. Damals, als das Nordreich von den Assyrern ausgenommen wurde wie ein Vogelnest, hat dieser Prophet bereits für den Süden, für Judäa, ein ähnliches Schicksal angedroht: Jerusalem werde zu Ackerweide, das heißt, als Stadt, als Staat werde es »ausradiert«, wie wir heute in dem schrecklichen Deutsch des 20. Jahrhunderts sagen; es werde bis auf wenige archäologische Reste unkenntlich werden, und da, wo einst Menschen gewohnt, entstehe bald eine Viehweide. Bis dahin genau versteigt sich Jeremia in seiner Tempelrede. Micha aber wurde damals am Leben gelassen von König Hiskija in den Tagen des Königs Senaherib von Assur, und mit Berufung darauf kann für dieses eine Mal am Hofe Jojakims auch Jeremia entkommen. Die Texte, die dann folgen, sind ohne Zweifel angehängt, aber sie assoziieren sich zum selben Thema.

Was eigentlich hat Jeremia nur *en detail* gegen die Priester und gegen ihre kultischen Finessen, die in ihren Kreisen gepflegt werden? Es sind im Kern eigentlich drei Gedanken, die er aufgreift. Das eine ist *die Institution des Opfers*. Was Jeremia zu diesem Thema sagt, ist, noch einmal, speziell für katholische Ohren, unerträglich, denn man muß begreifen: Worte wie diese sind über 2500 Jahre alt, und sie enthalten das Beste an jüdischem Erbe in der Bibel; wenn irgend die Bibel als Wort Gottes gilt, so ist es offenbar dies, was Gott gesprochen hat. Jeremia jedenfalls wird nicht müde, in diesem Sinne zu reden. Es ist der Protest gegen den Gedanken, daß man priesterlich Gott gegenwärtig setzen könnte im Opfer. Man schlachtet ein Tier, man blutet es aus, man zerstückelt und zerhackt es, man bringt es in den vorgeschriebenen Körperteilen hernach als Brandopfer der Gottheit dar, oder man verzehrt andere Teile in den Priesterkreisen, im Volke, als Nahrung; und dann hat man Mahlgemeinschaft mit Gott! Die Idee selber ist ubiquitär – man findet sie überall auf der Erde. Dahinter steht religionsgeschichtlich eine unerhört alte, archaische Vorstellung, die man vermutlich bis in das Jagdverhalten von Schimpansen zurückverfolgen kann, von Lebewesen also, die vor etwa sechs Millionen Jahren sich von den Vorfahren unserer eigenen Spezies getrennt haben. Auch Schimpansen, wenn sie Beute gemeinsam erjagt haben, teilen; und es erscheint den Verhaltensforschern als ein heiliger Schauer, der die Tiere erfaßt, wenn sie ihre Fleischnahrung gemeinsam verzehren. Würde man das Großhirn unter ihrem flachen Schädel ergänzen können, so daß sie die Fähigkeit zu denken besäßen, so würde vermutlich das, was sie da tun, ihnen erscheinen wie eine heilige Handlung, die ihre Gruppe in all ihren Teilen zusammenbindet, die die Rangpyramide innerhalb der Gruppe zwischen oben und unten stabilisiert und die schon deshalb als eine heilige Zeremonie, als ein großes Geschenk der Natur empfunden wird, gegeben von der Gottheit selber. Das Opfertier bindet augenscheinlich Gefühle, die letztlich im Kannibalismus verwurzelt sind: Man nimmt die Kraft des Göttlichen durch den Akt des Essens in sich auf, man empfängt heiliges Manna, das in den Händen des Priesters liegt und das dem Priester selber die Aura von göttlicher Macht verleiht.

Man findet unzweifelhaft in all dem die klassische katholische Lehre vom *Meßopfer* in all ihren archaischen Anschauungsformen vorweggenommen: Nur ein *katholischer* Priester kann da die »Hostie« bereiten, eben das Opfer, die Opfergabe; kein protestantischer Pastor vermag etwas Ähnliches – er ist nicht geweiht von dem »Vater aller Väter«, vom römischen *Papst*, er ist nicht gesetzt von einem römischen Bischof, also, daß er ungültig das »Abendmahl«, was immer das sei, am Sonntagmorgen begeht. Nur in einer katholischen Kirche hat ein Priester die Macht zu der Wandlung von Brot und Wein in das Fleisch und das Blut des Gottessohns Jesus Christus, der nun als Unendlicher gegenwärtig wird als verzehrbares Material, hineinzunehmen in einen Sarg aus Beton, genannt den Tabernakel; und die Gläubigen knien andächtig vor diesem Schauspiel; wohlgemerkt: nur ein katholischer Priester kann die Gottheit den solchermaßen Gläubigen selber zur Nahrung geben …

Hört man vor diesem Hintergrund (oder Vordergrund!) im Abstand von 2500 Jahren den Schrei des Jeremia aus diesem Text noch heraus: *So bringt doch die Opfer*, und fügt dann hinzu mit einem unglaublichen Sarkasmus: *und eßt!* Was soviel heißt, daß *Gott* nicht essen wird *davon*, von überhaupt keinem Opfer; ihn ekelt's, ihm graust's vor all dem dergestalt Dargebotenen!

Gedanken dieser Art stehen in den Psalmen Israels manchmal (vgl. Ps 50,1–23), in den prophetischen Texten nicht selten (vgl. Hos 6,6; Mt 9,13; 12,7); aber so radikal wie hier steht es nirgendwo: – der ganze Tempeldienst als ein priesterlicher Selbstversorgungsbetrieb; auch daß es Gott *übel* wird, wenn er so etwas sich mit ansehen soll, findet sich so nur hier, bei Jeremia. Bei einem solchen absurden Gottesdienst essen die Menschen ihren Gott auf, so sieht der Prophet es; sie machen sich Gott verfügbar, sie mästen sich selber an ihrer Art von Religion, sie bekommen einen feisten Wanst davon. Und *mehr* soll auch diese ganze Religion, wie sie sich da zelebriert und hofiert, gar nicht bewirken. Der ganze Tempel, genau betrachtet, ist seit eh und je nichts weiter als die Manifestation der Macht des Königs, der ihn gebaut hat – ganz so wie die Kathedralen des Mittelalters, von den Staufern runter zu den Saliern. Und im Tempel findet auch nichts weiter statt als Herrscherkult und Traditionspflege, als priesterliche Selbstbeweihräucherung. Man ehrt nicht Gott, man ehrt sich selber, das ist es, was Jeremia dieser Art von »Gottesdienst« vorwirft. Freilich, diese abgeleitete, projektive, entfremdete Form des »Gottesdienstes« bleibt dem Volke zumindest unbewußt – es handelt sich um eine Wahrheit, die verborgen bleiben muß, denn sonst bräche alles zusammen. Aber Jeremia will, daß sie bewußt wird. Diese ganze Gottesserei ist nichts anderes als Verrat am Göttlichen!

Man kann es nicht anders sagen: Gegen den Willen des Propheten haben all die archaischen Inhalte des – für jüdische Augen heidnischen – Tempelgottesdienstes bis heute überdauert. Es scheint, wie wenn keine Reform an dieses Zentrum der Steinzeit heranreichte. Es ist nicht nur nach dem Zeugnis des Propheten, daß die Priester überflüssig sind, es ist, meint er, daß sie Gott verraten, daß sie ihn verzeichnen, daß sie ihn vermeiden im Wahne, gerade so ihn präsent zu machen.

Ich entsinne mich noch des Januars 1991 drüben in der Georgskirche, und ich werde den Tag, diesen Sonntag, nicht vergessen. Damals am ersten Sonntag im Januar war es, daß man deutlich sehen konnte, wie die Vereinigten Staaten von Amerika die Militärmacht Irak, die sie selber acht Jahre lang als Kettenhund gegen die iranischen Ayatollahs hochgerüstet und in einen blutigen Krieg mit über 500 000 Toten verwickelt hatten, abschlachten und ausschalten wollten. Die Lockspeise, der Köder Kuwait, war schon im Juli/August des Vorjahres so ausgelegt, daß Saddam Hussein ihn denn prompt auch gefressen hat. Jeder sah damals, was kommen würde. Jeder wußte, daß man Verhandlungen gerade von seiten der USA durchaus nicht wollte. Das ganze Gerede: wir brauchen eine starke Armada am Golf, um den Krieg zu vermeiden, war erkennbar nichts weiter als der Nebel für den Aufmarsch der Truppen aller Waffengattungen. Es ging um die Zerstörung von Panzerwagenstellungen, von Giftgasfabriken, von all dem Schrott, den man selber an den Irak geliefert hatte, und ob dabei nun 100 000 oder 500 000 Menschen ihr Leben lassen und in Krüppel verwandelt werden würden – wen interessierte das, wen durfte das überhaupt interessieren? Das alles sah man! Aber die katholischen Bischöfe am Tage des Festes der Heiligen Drei Könige im Januar 1991 ließen in allen Kirchen verlesen, daß die lieben Christgläubigen ohnmächtig seien, doch: »Lasset uns beten für den Frieden.«

So etwas Ähnliches ist es wohl, was Jeremia in seiner Tempelrede vorschwebt: Man macht einen kultischen Humbug aus gerade den Punkten, wo Widerstand angezeigt, wo Protest Pflicht wäre, wo Mut nicht verlangt werden müßte, sondern als eine selbstverständliche menschliche Reaktion sich ergäbe. An genau den Stellen, wo der menschliche Ernstfall läge, haben die Kultbeamten nichts weiter im Sinn als das Possenspiel ihrer Gebete, ihrer feierlichen Kulthandlungen. Der Friede findet da statt, natürlich, sonntags morgens pünktlich um Viertel vor 11 Uhr; und draußen mag die Hölle los sein; das beides geht gut übereinander, es schwimmt aufeinander wie Öl und wie Wasser, es vermischt sich nie; denn eben die Verfeierlichung, das Leben als Öl, das ist das Salbungsvolle, das Heilige, das Göttliche, das Leben Tötende – das Priesterlich-Beamtete am Tempel.

Doch Jeremia, als wäre das alles nicht längst schon genug, ist willens, so weiterzumachen. Als nächstes nimmt er sich *den Kult der Himmelskönigin* vor. Auch da könnte man ihm sagen: Guter Mann aus Anatot, was machst du mit den Leuten! Sie glauben an Gott, und dieser Gott ist gerade in deinem eigenen Munde gar oft ein grimmiger Herr, ein Poltergeist, unter uns gesprochen, ein König, der bei aller Liebe immer mal wieder draufklopft und straft, eine Macht, sei nur ehrlich, mit furchtbaren Zügen, mit schrecklichen Gewalten. Willst du's da ihnen verdenken, daß sie neben diesem deinem »Vater« auch eine Mutter haben möchten, eine Frau, sanft und schön? Ist's nicht dem menschlichen Sinnen und Trachten wie selbstverständlich? Tun nicht alle Völker dergleichen? Sie lehren ganz einfach, daß ein Mann alleine ein Nichts sei; ein Mann und eine Frau, *das* ist das Leben. Und so sehen sie's im Himmel, wie sie's auf Erden finden: das Göttliche sei die Einheit der Großen Mutter, der wir alle entstammen und zu der wir alle zurückstreben. Ist das so schlimm? So erhält sich das Dasein! Das ist das Mysterium der Existenz der gesamten Natur! Nur du mußt dagegen sein! Daß schon Manasse vieles von den Göttern der Völker in den Tempel geholt hat, daß es selbst Josia nicht ausrotten konnte, daß es unter Jojakim natürlich sogleich wieder anfing unter ägyptischen Vorzeichen ... – ja, muß man nicht irgendwann auch mal Konzessionen machen, Kompromisse schließen, ein bißchen tolerant sein gegenüber den Leuten? Ja, ja, ja, diese Leute sind nicht die reinen Gläubigen, sie sind keine Propheten, sie sind Normalbürger in Jerusalem, mit all ihren Vorteilen und all ihren Schwächen. Aber eine Religion überlebt nun einmal nur, indem sie die Volksriten aufgreift. Die ganze Weisheit des katholischen Prinzips zum Beispiel bis heute besteht darin, die Volksriten aufgegriffen zu haben. Egal, wohin Sie kommen, finden Sie den Kult der Großen Mutter vor: ob bei den Azteken, ob bei den antiken Römern, ob bei den Kelten – weniger bei den Germanen, dort war die Marienfrömmigkeit bis heute nur sehr schwer häuslich zu machen, aber sonst eigentlich im ganzen Mittelmeerraum und wohin man auch sonst schaut: der Kult der Großen Mutter, der »Himmelskönigin«, wie sie im Katholischen heute noch heißt, des Meersterns, der *stella maris* – ihre Haare sternenumkränzt wie die ägyptische Göttin Nut, nachtschwarz der Körper, unter den Füßen die Mondsichel, eben weil sie doch selber die Mondgestalt personifiziert; milde ihr Atem in der Kühle der Nacht; die Sonne trinkt sie und gebiert sie am Morgen; sie ist die wirkliche Herrin des Lebens, ursprünglicher und älter sogar als jeder männliche Gott, und so verehrt man sie entsprechend, wie man in Deutschland auch in unseren Tagen Weihnachten feiert: Wenn die Sonne zu sterben droht, begehen wir das Fest der Jungfrau, die gebiert – den 25. Dezember. Und *Gebäck* liegt unter dem Lebensbaum, ganz wie Jeremia es zornig hier vor sich sieht.

Was eigentlich hat sich geändert?

Offensichtlich nur, daß *der Mann das Feuer* nicht mehr anlegen muß, wie es damals seine Aufgabe war, und auch *die Kinder holen das Mehl* nicht mehr und schauen zu, wie *die Frauen den Teig kneten*. Aber ansonsten scheint alles ganz so geblieben bis heute wie damals: – Sternengebäck, natürlich, kleine Spekulatiussternchen, kleine sichelförmige Monde, kleine Gestalten von Tieren und Feen und Bäumen und Zwergen – das ist *das Gebäck* der Himmelskönigin. Man ißt in ihren Riten nicht Fleisch, man ißt in der Verehrung der Himmelskönigin das, was sie schenkt durch die Saaten der Felder. Kinderriten sind das uns Heutigen, unschuldige, könnte man meinen, in denen ein Stück der Geborgenheit lebt, die unabtrennbar zum Göttlichen zählt. Wer also wollte da so grausam sein, den Menschen gerade ihre »kindlich-unschuldigen« Gefühle zu nehmen?

Jeremia ist so grausam – oder so gütig. Er will nicht, daß die Menschen kleine Kinder bleiben, ewig Unmündige, denn er sieht genau vor sich, was die Folgen einer solchen Art von Frömmigkeit sein werden.

Dieser Tage kamen Journalisten zu mir und fragten anläßlich der Investitur der Ritter vom heiligen Grabe in Nürnberg, was von derlei Bräuchen zu halten sei. Eigentlich müßte man denken, wer das alles sehe, die Talare, den ganzen rituell festgelegten Kult der »Einkleidung«, werde unweigerlich glauben, es mit etwas ganz und gar Mittelalterlichem zu tun zu haben, das ihm im Grunde lachhaft erscheine und anmute. Aber wer genau hinschaut, entdeckt bei diesen Zeremonien eine gewisse Gruppenpsychologie von Männern unter sich, so archaisch wie nur ein *Männerbund* sein kann, eine Einrichtung, die man in der Völkerkunde, in der Ethnologie, ganz gut studiert hat. Da bleiben Männer letztlich ewig Vierzehnjährige. Sie sind abgeschlossen unter sich. Sie meiden jeden Kontakt zu einer Frau. Aber in ihren Köpfen geistert das Idealbild einer Frau. Nicht auf Erden ist sie berührbar, im Himmel vielmehr wohnt sie unerreichbar groß. Drum ist sie ein Vorbild, das jede lebendige Frau auf Erden erniedrigen muß, eine Wahnidee gewissermaßen, dazu bestimmt, im Himmel zu thronen, über allem zu schweben und alles Irdische, Fleischliche, Weichliche und Weibliche zu verachten. Subjektiv müssen solche »Ritter« vom »Heiligen Grabe« (vom ewigen Mutterschoß) natürlich der Göttin im Himmel zu Gebote stehen. Stets tragen sie daher zwei Ideen in ihren Köpfen, zwei typisch katholische: Man muß die Frauen aneifern, daß sie viele Kinder bekommen, daß sie keine künstliche Empfängnisverhütung praktizieren und daß sie Kinder nicht abtreiben; die Aufgabe der Männer aber ist es, ritterlich zu sein, eine Welt von Dämonen und Feinden (des Glaubens) zu bekämpfen und sich politisch wie ideologisch zu militarisieren und zu amunitionieren.

In Reinkultur findet man eine derartige Psychologie bei den mittelamerikanischen Azteken: Die Männer oblagen der idealen Pflicht, auf dem Schlachtfeld als Jaguare und Adler zu sterben, und die Frauen hatten die Pflicht, Kinder zu gebären und im Idealfall im Kindbett dahinzusterben. Beide also brachten ihr Leben als Opfer dar, die Männer ebenso wie die Frauen.

Diese Grundgestalt der Religionsgeschichte verdichtet sich in dem Bild der Himmelskönigin. Überall treffen Sie in entsprechenden Männerorden und -horden eine derartige Abhängigkeit von der »Mutter«, eine solche Übergestalt der entsinnlichten Frau, der Madonna an, verbunden mit einer totalen Triebaskese, die ins Sadistische konvertiert – alles in allem der rituell organisierte Ödipuskomplex, hätte Sigmund Freud gesagt und besonders auf die Ambivalenzen solcher Arrangements hingewiesen, vornehmlich auf die völlige Identifikation mit der jeweiligen Autorität. Hinzu kommt die Idee, daß man Gott selber groß machen müsse. Die rechte Hand Gottes sind offenbar diese Ritter vom Heiligen Grabe, welchen zum Beispiel Erzbischof Johannes Joachim Degenhardt zu Paderborn angehört; als die linke Hand gelten darf die Gründung des Opus Dei, das, wie es schon heißt, als »Gotteswerk« von Papst Johannes Paul II. allen Bischöfen zur Unterstützung anempfohlen wurde; ihm nahe steht zum Beispiel Paderborns Generalvikar Bruno Kresing. Beide »Werke« sind in der Tat in ihrer konservativ- fundamentalistischen Haltung wie die linke und die rechte Hand zueinander. Doch die Frage stellt sich natürlich, wie man ein solches »Werk Gottes« auf Erden richtig organisiert, außer man schafft sich Zugang zu den Banken, zum Geld, zur Hochfinanz, zum Adel. Wenn's gelingt, Wirtschaftsmagnaten, Militärs, Politiker in die eigenen Kreise zu ziehen, wenn es möglich wird, Bildungshäuser zu errichten, Krankenhäuser zu unterwandern, besonders die psychiatrischen Abteilungen, Kindergärten zu infiltrieren und Altenheime zu dominieren, dann darf man, bei Unterwanderung zugleich der Medien, auf große Resonanz hoffen. Wie doch Bischof Kurt Krenn zu Sankt Pölten vor Jahren sagte: »Die Erfolge des Opus Dei in den Medien sind phänomenal.« ... Da hat er recht. Die Westfälische Volkszeitung etwa, die Sie in Bielefeld und in Paderborn lesen, wird in wesentlichen Teilen gehalten vom Opus Dei; der Rheinische Merkur, den Sie mit zehn Millionen Mark aus katholischen Steuermitteln mitfinanzieren, ob Sie wollen oder nicht, wird gehalten vom Opus Dei; säkulare Zeitungen, wie die Frankfurter Allgemeine, sind zum Teil aufgekauft vom Opus Dei – und so kann man dran bleiben, und das ist nur mal Deutschland! Doch all solche Machenschaften sind nötig, wenn und weil ein Eliteorden, der nur die Madonna kennt und den Gottvater verehrt, in einer Welt von Teufeln jedes Mittel recht findet, um zur größeren Ehre Gottes, versteht sich, sich selber durchzusetzen. Auf einem solchen Denken ruht das Heil der Zukunft. Die Menschen sind wie kleine Kinder, aber dann denken sie auch wie kleine Kinder: Sie spielen wie die 14jährigen Räuber und Gendarm und nennen das den Kult des lieben Gottes, den Heiligen Krieg, die politisch gestaltete Liebe zur Welt ... Es hört nicht auf.

Verstehen Sie also, warum Jeremia den Menschen die Himmelskönigin nehmen muß, damit sie endlich Menschen werden? Eine Frauenrechtlerin im 20. Jahrhundert hat einmal gesagt: »Nun laßt uns endlich Frauen sein! Wir sind keine Göttinnen, die ihr euch einbildet, nur um nach euren Idealen uns zu terrorisieren und dann enttäuscht zu sein, wenn wir nicht so sind, wie ihr es euch vorstellt. Wir sind nur Menschen, wie ihr auch.« Das allerdings wäre wechselseitig: Frauen, die Frauen sein dürften, möchten auch nur Männer, die Männer sind, keine Helden, keine Machos, keine Ritter immer auf der Suche nach Drachen, die es nicht gibt, und umgekehrt: keine Himmelsköniginnen mehr mit goldenen Haaren und geschwollenen Kämmen. Einfach nur ein bißchen Menschlichkeit, das wäre genug. Nähmen wir das Gebäck der Himmelskönigin und gäben's für die Fremden und die Waisenkinder – es wäre das schönste Weihnachten in den Augen des Jeremia. Ein Stück von Gott käme zur Welt. *Da* wäre er wirklich.

Der dritte Teil der Anklagen des Propheten richtet sich gegen den *Sternenkult*. Das ist die Domäne Babylons. Das ist in unseren Tagen Astrologie. Die Priester, vor zwei-, dreitausend Jahren, wenn sie die Blicke zum Himmel erhoben, sahen das unvergleichliche Schauspiel am Himmel, betrachteten die Schönheit der Sterne. In ihnen allen strahlten vor ihnen Gestalten des Göttlichen auf. Jeder, der ein wenig Poesie in sich trägt, kann diesen Hymnus an die Nacht, gesungen im Lied der Sterne, in seiner Seele mitvollziehen. Für die Priester damals sollte das Schicksal der Menschen sich spiegeln in der Macht dieser unerreichbar funkelnden Gestirne. Die babylonischen Sterndeuter lernten das Leben kennen, indem sie die Gesetze der Bahnen der Sterne erforschten. Überall auf der Welt hat ein vergleichbarer Gedanke sich gebildet. In Mittelamerika die Azteken zum Beispiel verehrten den Venusstern, und auch die Ägypter sahen im Sirius die Göttin Isis. All die Völker, die Babylonier insbesondere, in ihren sternenklaren Nächten sahen den Himmel ganz wörtlich als den Ort, an dem das Göttliche die Geschicke der Menschen entscheidet. Ihre Beschlüsse zu kennen bedeutete mithin, auf Erden sich zurechtzufinden.

Es ist wieder Jeremia, der gegen diese Art von Schicksalsglauben einschreitet. Es gibt keine Geborgenheit unter der Höhe des bestirnten Himmels über uns. Der Nachthimmel mag uns mit Ehrfurcht erfüllen, aber er ist nicht Gott. Wieder liegt Jeremia daran, den Menschen mündig zu machen.

Was wir heute Astrologie nennen, ist ein angstvolles Sich-Klammern und Suchen nach einem Halt, den die etablierten Kirchen nicht mehr bieten können. Man weiß nicht, was der Tag bringt, aber es steht doch in der Zeitung, Gott sei Dank, was heute den Zwillingen, den Fischen, den Wassermännern passieren wird. Der ganze Charakter eines Menschen gilt da für vorgeprägt schon durch das Schicksal der Stunde der Geburt. Das ist Astrologie! – Und wir müssen die modernen Formen des Augurentums noch hinzufügen: keine Nachricht in Rundfunk und Fernsehen heute ohne die Börsen- und Aktienstände, sie sind das wirkliche Schicksal; an sie glauben all diejenigen, die die Völkerhirten sein sollten, in Wirklichkeit. Die Börsenstände, die Aktienkurse sind das Fieberthermometer für den kranken Patienten, den sie ihr Volk nennen. Da müssen sie schauen – nur daß sie Ärzte nicht sind, nicht einmal schlechte Künder der Zukunft. Aber das Schicksal …, irgendwo muß es doch geschrieben stehen, elektronisch, astrologisch, in Futures und Derivaten, mit Flackerlicht vor den Augen.

Jeremia möchte, daß wir uns besinnen, um das Leben selbst in die Hand zu nehmen, denn was er sonst vor sich sieht, gehört zu den scheußlichsten Visionen, die die an Scheußlichkeiten gewiß nicht arme Bibel kennt: Man wird selbst die Leichen aus den Gräbern holen, und unter dem Schein der Gestirne von Sonne, Mond und Sterne werden die Gebeine derer, die sie angebetet haben, verbleichen und vermodern. Das, was ihr Leben sein sollte, wird ihr Tod sein, wieder ein hebräisches Jus talionis. Selbst wenn sie in heiligen Opfern ihre eigenen Kinder nach der Sitte der Phönizier, im Tale Hinnom, meinten töten zu müssen, wird man am Ende der Leichen dort so viele finden, daß eine Bestattung gar nicht mehr möglich ist.

Für antike Ohren ist das ein noch schrecklicheres Bild als für uns Heutige. Unbeerdigt zu bleiben bedeutete, ruhelos sein zu müssen. Ein Jude wie Jeremia denkt nicht daran, daß es so etwas gäbe wie ein ewiges Leben, aber auch dem Alten Testament bleibt der Tod unheimlich; irgend etwas Gespenstisches verbindet sich mit ihm; jemand jedenfalls, der nicht ordentlich zur Ruhe gebettet wird, dem traut man zu, daß er unruhig bleibt und als Gespenst den Hinterbliebenen Unruhe macht. Genau das aber wird sein: endlose Angst – das ist es, was Jeremia vor sich sieht. Wer dauernd Schicksal träumt und glaubt und Schicksal spielt, statt Leben zu gestalten, der verliert die Wirklichkeit und sein eigenes Leben.

Man könnte denken, das ganze lasse sich in gewissem Sinne säkular vernünftig interpretieren: Jeremia plädiert für den Schutz der Hilflosen; er erklärt, Gott wolle sein Bündnis mit seinem Volke verstanden wissen als Verbundenheit der Menschen untereinander; in all dem äußere sich eine starke soziale Energie; und ganz vernünftig stelle Jeremia in Aussicht: Ein Volk, das nicht zusammenhalte gerade in seinen schwächsten Kettengliedern, das zerreiße bei jeder Anspannung; ein Volk, das nicht den Mut aufbringe, seine Freiheit zu riskieren und seine Verantwortung zu lernen, das mache sich selbst zum Spielball aller möglichen Umstände, mit dem werde am Ende Katz und Maus gespielt, da gehe es am Ende zu wie am Königshof in Juda, gleich einem Ping-Pong-Ball zwischen zwei Schlägern, zwischen den Babyloniern und den Ägyptern, immer hin und her werde es gedroschen, und irgendwann hänge es im Netz.

Eine solche Deutung klingt recht vernünftig, nur: Jeremia denkt überhaupt nicht so! Das, was ihm vorschwebt, ist nicht irgendein sozialer Nutzen, nicht irgendein populistisches Versprechen, das er rein säkular geben könnte. Alles, was dieser Mann spricht, ist kondensiert in Religion. *Gott* ist das Schicksal, und wie man zu ihm steht, entscheidet über die Angst und die Mechanismen, sie zu beruhigen, es entscheidet zugleich über ein mögliches Vertrauen, das uns lehren könnte, menschlich zu sein. *Hört seine Stimme*, das wurde Jeremia gesagt. Es ist das Wort, das Franz Werfel seinem Roman über Jeremia gegeben hat. Er schildert die Szene im Tempel mit diesen Worten (S.269 ff.):

»Jirmijah hatte das Bestreben, schnell zu entrinnen. Hier war sein Ort nicht länger. Was immer auch geschah, sein Mund würde fortan versiegelt bleiben ... Doch das Entrinnen war nicht leicht für seine schmerzhaften Glieder ... Der festgeklemmte Jeremia war gezwungen, genau vor der Kanzel seines ersten Ärgernisses eine Künderpredigt anzuhören, die einer der allbeliebtesten Heilspropheten mit leidenschaftlicher Stimme über den Vorhof erschallen ließ ... Was er sang, es war das übliche Lied des Tages, von Jojakims Größe, von des wiedererstandenen Israel Größe, dieses betrügerische Lied, das jedes Volk blind, taub, trunken macht und dem Untergange weiht. Unter den Augen des Schwellenhüters, seiner Vögte

und Riemenschwinger, vor den Ohren der 24 heiligen Priesterord-
nungen und aller Schriftmeister und Gelehrten blieb ungesühnt die
Frechheit dieser Rede, die sich bis zur ungeheuersten Gotteslässte-
rung verstieg. Jeremia spürte, wie Wut und Haß ihm die Kehle zu-
schnürten. Denn der ausgepicht Härene dort, dieser Prophet des
Scheins (sc. Chananjah, d.V.), verkehrte die Ordnung der Welt. Er
tat so, als erhebe nicht der Herr Israel, sondern Israel den Herrn.
Durch Jehudas Größe, schrie er, aus seinem Wucherbart geifernd,
werde Zebaoth wachsen unter den Göttern der Völker. Mächtiger
müsse Jerusalem und volkreicher werden als Ninive und Babel.
Dann erst werde der Herr ein Mächtiger, dann erst so recht ein einiger Gott sein! – In Jeremia flehte es: Hör nicht hin! Schließ Auge
und Ohr! Schweig, schweig! Krampfhaft gedachte er seiner Erniedrigung und Schmach ... Nur jetzt sollte der Herr Erbarmen haben
und ein Einsehen und ihn nicht übermannen. Wehe, wenn man Seiner bedurfte, wie war Er da unerreichbar ferne, wenn man aber Seiner nicht bedurfte, dann war Er nahe, wie hinter einer Wand von
Papyrus. – Der Heilsprophet stellte seine verwahrloste Unansehn-
lichkeit auf die Fußspitzen, machte mit dem haarigen Mantel wilde
Flügelschläge und brüllte: Der Tempel des Herrn! Der Tempel des
Herrn! Der Tempel des Herrn! Wenn Jehuda groß und mächtig ist,
dann wird es einen neuen Tempel des Herrn baun, größer als alle
Tempel der Welt. – Jeremia war dem Herrn erlegen, hatte alle Mahnungen, Warnungen, Versprechen vergessen und was er sich selbst
zugeschworen. Gebrochen war sein Widerstand. Immer höhnischer
peitschte sein Heilruf über die Köpfe, so daß der Härene verärgert
seinen Mantel zusammenzog.«»Seine Worte überschlugen sich
fast: Darum rufe ich Heil dem großen Tempel des Herrn! Darum
rufe ich Heil dem Tempel der Könige, der Jerusalem großmacht!
Heil! Heil!!«»Sind das die Heilkünste, mit denen Ihr die Wunde
meines Volkes heilt? ... Der Tempel des Herrn, der Tempel des
Herrn! – Und dann mit langgezogenen Silben, bis in den Wachthof
der Königsburg vernehmlich: Wenn Ihr auf mein Wort und meine
Lehre nicht hört, spricht der Herr, so zerstöre ich diesen meinen
Tempel ... und Euch mache ich zum Fluch der Völker. – Nach diesen unfaßbaren Worten trat eine kurze entsetzte Stille ein, der ein
mörderischer Haßausbruch von solcher Gewalt folgte, daß um
ein Haar jedes weitere Gericht über den Lästerer zu spät gekommen wäre.«

Es ist vielleicht das Schlimmste, aus Liebe zu Gott so reden zu müssen, daß es empfunden wird an heiliger Stätte wie Gotteslästerung. Aber wie will man eine alte verrußte Ikone, die niemand mehr sehen kann vor so viel Geschwärztem, Aufgeschichtetem, Entstellendem, reinigen, wenn nicht mit scharfer Lauge? Das ist das Werk der Propheten.

11. Oktober 1997

UNBESCHNITTENEN HERZENS

Was, mögen Sie sich fragen, gehen uns die Nöte und die Klagen eines Mannes an, der über mehr als zweieinhalbtausend Jahre von uns getrennt ist? Sie werden merken, daß die Probleme, die Klagen und die Fragen dieses Mannes auf eine ungewöhnliche Art modern sind. Jeremia wurde es aufgenötigt – oder es war ihm vergönnt, in die Abgründe des menschlichen Lebens zu schauen, bis dorthin, wo das Magma unterhalb der Erdkruste aufquillt. Alles, was er dort sah, ist wie ein brodelnder Kessel zu allen Zeiten unter unseren Füßen. Die Antworten, die der Prophet zu geben versuchte, mögen sich manchmal wie atemlos anhören, von nur kurzer Dauer, irrtümlich vielleicht auch; und doch atmen sie die Sehnsucht und das Verlangen nach einer Welt, die wir alle bräuchten, auf daß sie unsere Heimat würde.

Im Kapitel 8 des Propheten Jeremia lauten die Verse 4 bis 13 wie folgt:

Text: Jer 8, 4–13
Und du sollst zu ihnen sagen: So spricht der Herr: Fällt auch einer und steht nicht wieder auf? wendet einer sich ab und nicht wieder her? Warum wendet dieses Volk sich ab, sich so beharrlich ab? Sie halten fest an ihrem Trug, wollen nicht umkehren. Ich merkte auf und horchte – sie reden unwahr! Keiner bereut seine Bosheit, daß er dächte: »*Was habe ich getan!*« *Ein jeder stürmt dahin in seinem Lauf, wie das Roß in der Schlacht dahinstürmt. Selbst der Storch am Himmel kennt seine Zeiten, und Turteltaube, Schwalbe, Kranich, sie halten ein die Zeit ihrer Heimkehr; aber mein Volk will nichts wissen von der Ordnung des Herrn.*

Wie dürft ihr nur sagen: »*Weise sind wir, haben wir doch das Gesetz des Herrn!*« *– Ja, fürwahr, zur Lüge macht es der Lügengriffel der Schriftgelehrten! Zuschanden werden die Weisen, werden bestürzt und gefangen; denn sie verachten das Wort des Herrn. Was hätten sie da für Weisheit? Darum will ich ihre Frauen andern geben und ihre Felder Eroberern; denn sie alle, vom Kleinsten bis zum Größten, sind auf Gewinn aus, und Betrug üben alle, so Priester wie Prophet. Und sie heilen den Schaden der Tochter meines Volkes* *leichthin, indem sie sagen:* »*Friede! Friede!*« – *Doch wo ist Friede? In Schanden stehen sie da, denn sie haben Greuel verübt; doch Scham kennen sie nicht, wissen nichts von Beschämung. Darum werden sie unter den Fallenden fallen, zur Zeit ihrer Heimsuchung werden sie stürzen, spricht der Herr. Will ich einheimsen ihre Ernte, spricht der Herr, so sind keine Trauben am Weinstock und keine Feigen am Feigenbaum und die Blätter verwelkt! So will ich ihnen geben nach ihrem Ertrag.*

Und in *Jer* 9, 1–24 heißt es so:

O daß mein Haupt mir zerflösse, mein Auge mir würde zum Tränenquell! Weinen wollte ich Tag und Nacht um die Erschlagenen meines Volkes!
O daß ich eine Herberge hätte fern in der Wüste! so wollte ich mein Volk verlassen, wollte von ihnen gehen! Denn alle sind sie Ehebrecher, eine Rotte von Treulosen. Sie spannen ihre Zunge wie einen Bogen: die Lüge, nicht die Wahrheit, führt im Lande das Regiment; denn sie schreiten von Frevel zu Frevel, mich aber kennen sie nicht, spricht der Herr. Ein jeder hüte sich vor dem Freunde, und keiner traue dem Bruder; denn jeder Bruder treibt es wie Jakob, und jeder Freund verleumdet. Einer betrügt den andern, und keiner redet ein wahres Wort; ans Lügen gewöhnt ist ihre Zunge, sie freveln und mögen nicht umkehren. Gewalttat über Gewalttat, Trug über Trug! sie wollen *mich nicht kennen, spricht der Herr. Darum spricht der Herr der Heerscharen also: Siehe, ich will sie schmelzen, will sie prüfen. Ja, ich muß einschreiten ob der Verworfenheit meines Volkes. Ein tödlicher Pfeil ist ihre Zunge, Trug die Rede ihres Mundes; friedsam redet man mit dem Nächsten, aber im Herzen hegt man gegen ihn Arglist. Sollte ich dergleichen nicht an ihnen ahnden? spricht der Herr. Sollte ich mich nicht rächen an einem solchen Volke?*
Über die Berge muß ich anheben Weinen und Totenklage, über die Auen der Trift das Trauerlied. Wüste liegen sie, da geht kein Wandrer; man hört keinen Laut der Herde. Die Vögel des Himmels und das Wild, fort sind sie alle, entflohen. »*Ich will Jerusalem zum Trümmerhaufen machen, zur Behausung der Schakale, und die Städte Judas wandle ich zur Wüstenei, wo niemand wohnt.*« *Wo ist der Mann, so weise, daß er dies verstehe, so unterrichtet durch den*

Mund des Herrn, daß er es erkläre, warum das Land zugrunde ge-
gangen, warum es verheert ist wie die Wüste, so daß niemand hin-
durchzieht? Und der Herr sprach: Darum, weil sie mein Gesetz ver-
lassen haben, das ich ihnen vorgelegt; weil sie auf meine Stimme
nicht hörten und nicht darnach wandelten, sondern der Verstockt-
heit ihres Herzens folgten und den Baalen, zu denen ihre Väter sie
gewöhnt haben! Darum spricht der Herr der Heerscharen, der
Gott Israels, also: Siehe, ich will sie mit Wermut speisen, will sie mit
Giftwasser tränken. Ich will sie unter die Völker zerstreuen, die we-
der ihnen noch ihren Vätern bekannt waren, will das Schwert hinter
ihnen her schicken, bis ich sie aufgerieben habe. So spricht der Herr
der Heerscharen: Rufet die Klagefrauen, sie sollen kommen; nach
den weisen Frauen schicket, daß sie wehklagen. Sie sollen eilen und
über uns anheben das Trauerlied, daß unsre Augen von Tränen
fließen, unsre Wimpern von Wasserströmen. Horch! von Zion her
hört man Klage: »*Wie sind wir verwüstet! wie sind wir mit*
Schmach bedeckt! denn wir müssen das Land verlassen, unsre
Wohnstätten sind zerstört!« *So hört denn, ihr Frauen, das Wort des*
Herrn, euer Ohr vernehme das Wort seines Mundes! Lehrt eure
Töchter die Klage, eine jede die andre den Trauergesang: »*Der Tod*
ist uns durchs Fenster gestiegen, ist eingedrungen in unsre Paläste.
Er schlägt das spielende Kind auf der Gasse und den jungen Mann
auf dem Markte, und es liegen die Leichen der Menschen wie Mist
auf dem Felde, wie Halmbüschel hinter dem Schnitter, die keiner
sammelt.«
So spricht der Herr: Der Weise rühme sich nicht seiner Weisheit,
der Starke rühme sich nicht seiner Stärke, der Reiche rühme sich
nicht seines Reichtums; sondern dessen rühme sich, wer sich rüh-
men will: einsichtig zu sein und mich zu erkennen, zu wissen, daß
ich, der Herr, es bin, der Gnade und Recht und Gerechtigkeit auf
Erden übt; denn an solchen habe ich Wohlgefallen, spricht der Herr.

Die Zeit vom 7. bis 4. Jahrhundert v. Chr. hat Karl Jaspers in seiner
Geschichtsphilosophie einmal bezeichnet als die Achsezeit und
damit gemeint, daß in jener Epoche in China, in Indien, in Griechenland, auf dem Boden der Bibel ein Ruck durch die Bewußt-
seinsgeschichte der Menschheit gegangen sei: Zum ersten Mal ent-
decke man so etwas wie Individualität, Freiheit, Verantwortung;
die Suche des Menschen nach sich selber, die Frage nach Gott werde

auf einen nie gekannten Höhepunkt zugetrieben. Daran ist etwas Wahres; und doch gibt es Unterschiede.

Man hat die Bibel und die Kulturleistung der Griechen gerne verglichen mit zwei verschiedenen Organen der Wahrnehmung. Was uns die Griechen überliefern, ist streng gedacht, philosophisch, begrifflich gefaßt, künstlerisch von klassischer Schönheit, naturwissenschaftlich für die abendländische Kultur richtungweisend, aber alles, was die Griechen dachten, *sahen* sie vor sich, es hatte eine beschreibbare *Gestalt*; sie nahmen die Wahrheit trinkend und trunken mit ihren Augen auf. Ganz anders das Volk der Hebräer. Ein Mann wie Jeremia! Alles, was er sagen will, kann er nicht denken in griechischer Weise; es gibt für ihn kein System der menschlichen Geschichte, das man womöglich nach Prinzipien ableiten und ausführen könnte. Seine ganze Sprache ist geformt von etwas Ungeheuerem, das jedes menschliche Auge übersteigt. Ähnlich erging es schon ein Jahrhundert zuvor Jesaja, der die Schleppen der Gottheit glaubte im Tempel durch den Rauch des Brandopferaltars wahrzunehmen (Jes 6,1). Was Jeremia kündet, beruft sich immer wieder, fast stereotyp, auf das Wort Jahwes: *So hat er gesagt ...* Alles, was Jeremia vorträgt, ist wie eine Bachsche Komposition, interpretiert von einem Geigenvirtuosen, der sein Instrument vollkommen beherrscht, mit geschlossenen Augen; aber es gilt, von Fall zu Fall, innerlich einen Ton zu vernehmen, um ihn dann vor den Ohren aller richtig hörbar zu machen. Das Instrument seines Ausdrucks ist für Jeremia die Sprache. Und was er da »wie nebenbei« leistet, ohne jeden künstlerischen Anspruch, ist auch formal ein Unglaubliches – gemessen an dem der Expressionismus des 20. Jahrhunderts wie ein Gestammel wirkt.

Wenn Jeremia eine Katastrophe malt, dann in zerbrochener Rede; doch das Zerbrechen der Sprache – das ist für ihn das Stampfen der Feinde, die er mehr kommen hört, als er sie kommen sieht. Alles, was Jeremia »sieht«, ist eine Form der Wahrnehmung ganz im Inneren. Die Bilder des Äußeren ergeben sich für ihn nur durch das Übermaß eines Klangs, eines Schreis, eines Gekreischs, wie es Edvard Munch gemalt hat unter dem gleichen Titel: *Der Schrei.*

Die Frage, die Jeremia im 8. Kapitel sich stellt, ist so alt wie das Nachdenken der Menschen. Nie aber vor Jeremia hat man diese Frage so konkret bezogen auf die nächste Umgebung, auf die Nachbarn auf der gleichen Straße, auf das eigene Volk. Es wäre zu abstrakt, wenn wir die Frage des Jeremia wiedergeben wollten als die Frage nach dem Bösen oder als die Frage nach dem Verhältnis von Gerechtigkeit und Ungerechtigkeit. Jeremia leidet an etwas, das einen so allgemeinen Begriff wie »Sünde« nicht kennt. Die größte Nähe weist sein Denken mit dem uns unbekannten Autor der sogenannten jahwistischen Urgeschichte auf, von der Resttexte eingesprengt sind in die Urgeschichte der Bibel, wie wir sie in ihren ersten 11 Kapiteln heute vorfinden. Was geht in einem Menschen vor sich, daß er sich so verhält, wie wir es sehen?

Jeremia fragt nicht nach *dem* Menschen schlechthin; er leidet und quält sich an seinem eigenen Volk. Daß »die Menschen« so sind, wie sie sind, das könnte er ihnen nicht einmal vorwerfen, aber daß sein Volk, Israel, daß Juda so ist, wie es ist, das ist ungeheuerlich. Der ganze Glaube der Väter ging dahin in der Überzeugung, daß »Israel« eine Ausnahme sei unter den Menschen, dazu bestimmt, wie ein Licht im Dunkeln zu wirken: der Zionsberg als Zentrum der Völkerwallfahrt, das glaubte selbst noch Jesaja (2,2). Der Mann, den wir den Jahwisten nennen, von dem die Urgeschichte mit den Erzählungen vom Abfall Adams und Evas bis hinüber zum Zusammenbruch des Turmbaus zu Babel stammt, stellte es einander *so* gegenüber: Alle Menschen sind wie Vertriebene aus einem uranfänglichen Paradies. Berufen zum Glück waren sie alle, aber irgend etwas geschah, etwas Unvordenkliches und Unbegreifliches, das sie in ihrem ganzen Wesen verändert hat. Seitdem versuchen sie alles, den eingetretenen Schaden, an dem sie leiden, wiedergutzumachen, doch immer wird der Riß größer eben bei dem Bestreben, ihn zu verkleinern. Über den Menschen lastet eine Art negativer Hypnose. Sie versuchen, Gott zu opfern, doch dann schlagen sie sich tot am Altar, wie in der Geschichte von Kain und Abel (Gen 4,1–26). Sie beschließen, das unfruchtbar gewordene Land in einen Weinberg zu verwandeln (Gen 9,20), aber dann berauschen sie sich daran, und alles, was daraus hervorgeht, wird ein noch größerer Widerspruch. Gegen ihre eigenen Obsessionen und Perversionen setzen sie ihre Religion, doch der Kampf zwischen den Brüdern wird zum Streit zwischen den Völkern (Gen 9,26). Dann kommen sie und beschließen, ihre Einheit zu wahren und das verlorene Paradies selber künstlich nachzubilden: Eine Stadt bauen sie, einen Turm errichten sie, der den Himmel erobern soll, aber gerade durch diese Überkompensation ihrer Angst verstehen sie sich selbst nicht mehr, und keiner mehr versteht schließlich noch den anderen, bis daß alles ihnen über dem Kopf zusammenstürzt (Gen 11,1–9).

Das waren Bilder, die Jeremia wohl kannte, selbst wenn er sie in seinen Reden kaum verwendet. Möglich auch, daß manche Literarkritiker recht haben, wenn sie denken, all diese Bilder seien sogar erst nach Jeremia geformt worden. Gleichviel: Was der *Jahwist* sagen wollte, bestand in einer unheimlichen, um Verstehen bemühten Synthese: Die Menschen sind so, wie sie sind; doch schaut man genau hin, so können sie im Getto ihrer Angst, im Feld der Gottesferne kaum anders sein. Aber Gott hat beschlossen, einen zweiten Anfang zu wagen. Das geschah, als er Abraham berief und ihm ein Volk verhieß, zahlreich wie die Sterne am Himmel und wie der Sand am Meer (Gen 12,1–4). Mit ihm, Abraham, sollte die Menschheit die Chance einer Erneuerung erhalten, quer durch die Wüste, hinaus aus der Fremde in Ägypten, zurück in das Land der Verheißung – nach Israel. Das glaubt, mit dem Jahwisten, auch Jeremia. In diesem Glauben ist er erzogen worden als Kind: Gott hat mit seinem Volk einen Bund geschlossen, und wenn es den hält, wird es zum Wohl sein für alle Menschen. Das ist die Auserwählung Judas, eine Stätte des Friedens zu sein inmitten der Völkerwelt. Welch eine Hoffnung!

Jetzt, erwachsen geworden, sieht Jeremia die Wirklichkeit, wie sie sich ihm malt, und sie erscheint ihm als ungeheuerlich!

Das normale Plädoyer aller Moralisten auf Erden lautet: Ein Mensch kann Fehler begehen, doch dann hat er die Pflicht, wieder umzukehren; ein Kind kann hinfallen, aber es wird wieder aufstehen und das Laufen lernen; es lernt aus Versuch und Irrtum. Und so überhaupt. Die Menschen sind fehlbar, sie können etwas falsch machen, aber sie sind auch imstande, aus ihren Vergehen das richtige Gehen zu lernen. Eben deswegen sind sie vernünftig, eben darin liegt ihre moralische Verantwortung, eben das ist ihre Freiheit. Wir sehen für gewöhnlich nicht, wie grausam derartig moralisierende Standards wirken können. Mehr oder minder erziehen wir unsere Kinder wohl alle so ähnlich, wie Hillary Clinton sich rühmt, erzogen worden zu sein: Als vierjähriges Mädchen, wenn sie weinend nach Hause kam, weil man sie geschlagen hatte, sagte ihre Mutter: Geh raus und schlag wieder. – So ist die Welt, kleine Hillary – nicht Bedauern, nicht Nachsicht, nicht falsches Mitleid, vielmehr: Zurückschlagen! Tapfer sein! Sich durchsetzen! Sich durchbeißen auch! Du mußt die Welt akzeptieren, wie sie ist. Du fällst hin, und du stehst wieder auf. So what? Das muß es bedeuten, amerikanisch zu denken. Ein Mann kann straucheln, aber er kann auch stark sein. Er hat nicht immer Erfolg, aber er wird ganz sicher Erfolg haben, wenn er den Mut hat, wieder aufzustehen, immer von vorne anzufangen, wie ein Boxer nach jedem Niederschlag beim Gong zur neuen Runde mit aller Energie auf den Feind losgeht – so muß man's machen.

Ein Mann wie Jeremia leidet unter genau dieser Welt, in der die Starken immer obenauf schwimmen wie Korken auf der Sintflut, in der die Mächtigen ihren Zynismus ausspielen und es für die Brutalität der Gewinner keine Grenze gibt. Die letzte Strohwand am Rande der ausbrechenden Flut, das sollte Israel einmal sein – eine entscheidende Korrektur der Völkergeschichte. Aber Israel ist nicht anders als alle anderen Völker auch! Und man kann nicht denken, in diesem Volk, das Gott sich erzogen hat mehr als tausend Jahre lang, würden halt auch eben Fehler begangen wie allerorten, es gebe da Fehler, aber auch Gutes, man müsse gerecht urteilen, man dürfe nie nur ganz schwarz sehen, nie nur ganz einseitig wahrnehmen; natürlich gebe es Fehler in Israel, kein Mensch sei vollkommen, auch das auserwählte Volk nicht, damit müsse man leben, das sei ein Teil der Realität –, und ein Phantast, der es anders sehen wolle!

Jeremia sieht, daß die Fehler, die da in seinem Volk begangen werden, wir würden heute sagen: ein System bilden. Es handelt sich durchaus nicht um Fehler mal hier, mal da sozusagen, entsprechend dem Zufall der Geschichte. Das Rätsel, das sich vor Jeremias Augen darbietet, wenn er von innen her in der glühenden Sehnsucht seiner religiösen Frömmigkeit die Welt betrachten will, besteht darin, daß hier nicht die Rede sein kann von einem Fall, sondern von einem gefallenen Volk, nicht die Rede sein kann davon, daß jemand sich mal verlaufen hat, sondern die Rede sein muß von einem verlorenen Volk. Dieses Volk, sieht Jeremia, wird nie mehr wiederkehren, es wird nie mehr aufstehen. Und das Schlimmste an dieser Wahrheit ist: das Volk weiß es selber nicht, das Volk will es nicht wissen, das Volk darf es nicht wissen. Es gibt eine Art von Wahrheit, die das ganze Dasein berührt, und ist ihr Vorzeichen negativ, so mutet sie an wie ein Todesurteil; dann ist sie unerträglich, dann ist sie unzumutbar, dann ist sie unaussprechbar. Niemand will sie hören.

Wie ist es dahin gekommen? Wie konnte das so sein? Dichter und Propheten wie Jeremia wissen darauf keine Antwort. Sie graben nicht in der Psychologie nach, sie haben keine philosophischen Theorien zum Erklären, sie wissen nicht in soziologischen oder ökonomischen Strukturen sich die Lage einer bestimmten Zeit oder der Weltgeschichte insgesamt begreifbar zu machen. Sie verfügen nur über wie hilflos wirkende Bilder. Und doch: was Jeremia in seinen Bildern findet, *ist* gewissermaßen die Erklärung. Man muß ihn nur beim Wort nehmen. Er sagt: Ich *horchte und hörte, Unwahres reden sie, keiner mehr bereut seine Bosheit und fragt noch, was hab' ich getan?*

Unterstellen wir, daß *Unwahrheit* an dieser Stelle nicht nur einfach ein Trick ist, den der eine anwendet gegen den anderen, um einen gewissen Vorteil zu erlangen. Unterstellen wir: *Unwahres reden sie*, das geschehe in der Art, wie Jeremia es an anderen Stellen ganz deutlich versteht: Alles, *was sie sind*, ist Unwahrheit; sie können nicht anders, als mit dem Selbstbetrug sich zu identifizieren; es ist, muß man sagen, ihre zweite Natur. Jeremia wird an anderer Stelle sa-gen: Es ist, wie wenn der Panther seine Streifen wechseln wollte (Jer 13,23); – das kann er nicht, sie sind ihm eingraviert, diese Mißzeichnungen des Fells; sie lassen sich nicht mehr abwaschen, nicht mehr reinigen, sie sind die Gegenimprägnatur dessen, was sein sollte, die zweite Natur als Unnatur.

Fragen wir ein Stück tiefer, als Jeremia es den Worten nach schildert. Jeremia beklagt es, erleidet es, wie sein Volk sich verhält; wo aber ist der Punkt des Verstehens, nach dem er sucht? Er ist ganz dicht dabei, die Erklärung für all seine Fragen zu finden, ja, er gibt sich selber in seinen Schilderungen die Antwort, doch dann geht er weg von dem Bild, das er selbst malt, und vergißt die Lösung: *Sie alle wenden sich ab in ihrem Lauf*, sagt er, *wie ein Pferd, das im Kampf dahinstürmt.* Das wäre die Antwort: die Menschen verhalten sich wie Pferde im Kampf! Doch der Prophet mißversteht das eigene Bild, weil er die Psychologie der Tiere wiederum vollkommen falsch interpretiert.

Im alten Orient sieht man ein Pferd im Kampf so, wie es oft auch in der abendländischen Kunstgeschichte von Militärmalern dargestellt wird: Da ist ein Pferd, kraftvoll, mit eisernen Hufen, dahinstampfend oder -springend über die schon Gefallenen, unbeirrbar zu Ruhm und Sieg entgegen. Ähnlich malten entsprechende Szenen schon die ägyptischen Pharaonen, und in diesem Sinne redet auch Jeremia. Das Volk, das Jeremia vor sich sieht, ist ebenso unerschrocken wie unverschämt und auf seiner Bahn in den Untergang durch nichts aufzuhalten. Es ist gegen Gott und gegen alle Welt in den Krieg gezogen, und es glaubt, den Sieg im Sturm errennen, erkämpfen und erlaufen zu können.

Offenbar war auch Jeremia, der an so vielen Stellen sich als ein feiner Beobachter der Not von Tieren erweist, nicht wissend genug, um zu sehen, was die Wirklichkeit eines Pferdes im Kampf ist. Schon daß ein Mensch sich auf seinen Rücken setzt, ist eine Zumutung für ein steppenbewohnendes Tier, das nur über eine einzige Art, sich vor einem Angreifer zu retten, verfügt: um sein Leben zu laufen und eventuell mit den Hufen nach hinten gegen einen möglichen Verfolger auszuschlagen. Nichts macht ein Pferd wehrloser als ein Angriff auf seinen Rücken. Ein Wolf, ein Panther, der ein Pferd von hinten anspringt und auf seinen Rücken gelangt, ist identisch mit dem Todesurteil des Tieres. Gerade das also darf einem Pferd instinktiv nie widerfahren. Genau das aber ist es, was die Menschen seit den Tagen der ersten Pferdezüchter, der Mitanni im Zweistromland, den Pferden angetan haben. Die Assyrer waren die ersten, denen die Streitwagentaktik im Kriege nicht ausreichte und die von den Bewohnern der Steppe, den Skythen vor allem, das Reiten übernahmen. Sie lernten, auf dem Rücken der Pferde Platz zu nehmen, und sie nutzten diese Fähigkeit sogleich militärisch zum Aufbau berittener Kavallerie, um leichte Attacken von den Flanken her auf ein gegnerisches Heer zu führen. Und mehr noch: – gerade das Schlachtroß, die Augen weit aufgerissen, die Nüstern schnaubend, machte dem Gegner durch seine Erscheinung Angst; die Bogenschützen auf dem Rücken der Pferde wurden zum Schrecken der Infanterie jedes möglichen Gegners. Was aber empfindet ein Pferd selber bei all dem außer seiner eigenen gesteigerten Angst?

In gewisser Weise hat man ihm beigebracht, daß es fortan leben soll mit dem Panther auf dem Rücken. Als erstes wird ein Pferd überrascht sein, daß es eine solche Situation überhaupt überlebt hat. Es hat sich gewehrt, so gut es konnte; doch nun muß es mit etwas leben, das eigentlich nie hätte passieren dürfen. Freilich, nach und nach wird es sich an seinen »Herrn« gewöhnen. Aber wenn der Reiter es nun noch mitten in die aufgestellten Spieße der gegnerischen Schlachtreihe treibt, wenn er es mitten ins Feuer hetzt, das ein

Pferd sonst nur von weitem zu riechen braucht, um zur Flucht umzukehren, dann wird es nur noch rennen, sinnlos vor Angst, wie pa-
nisch; und nun ganz grotesk: Die Menschen werden es rühmen als
ein tapferes Pferd, weil sie für seine Angst kein Gefühl, keine Augen
haben.

Sollte man also denken, Jeremia hätte die Wahrheit dessen, was
er die Lüge seines Volkes nennt, auf den Punkt genau erfaßt *als
Dichter*, aber dann, als Theologe, als Philosoph, der er nicht war,
nicht mehr weitergeführt? Dann hätte er die Erklärung über die
Tragödie seines Volkes mit den Fingern berührt wie die Büchse der
Pandora, aber die Büchse nicht wirklich geöffnet. Sonst hätte er gesehen und gesagt, daß alle in seinem Volk nur leben aus bebender
Angst und nicht anders mehr überleben können, als indem sie sich
selber belügen.

Lüge, meinte Arthur Schopenhauer, sei nichts weiter als die Intelligenz der Gewalt. Man schlägt den anderen nicht auf die Nase,
man führt ihn an der Nase herum. Man kann sich unter Umständen
gar nicht getrauen, auf eine gewalttätige Auseinandersetzung sich
mit einem überlegenen Gegner einzulassen, aber intelligenterweise
kann man die prügelnde Auseinandersetzung vermeiden und dennoch den anderen womöglich noch viel schlimmer schädigen als in
der direkten Konfrontation. Die Lüge erweist sich als eine unent-
behrliche Kriegslist.

Wie aber, wenn man sich selber zum Feind wird als Mensch und
kann's nur bestehn, indem man sich selber betrügt? Die Bruderlüge
wird Jeremia (9,3) das nennen, vielleicht in Anspielung auf die beiden verfeindeten Brüder Esau und Jakob (Gen 27): hier der einfache, simple Esau und dort sein wendiger, windiger, aber offenbar
von Gott erwählter Bruder Jakob, der das »Recht« seiner »Erstge-
burt« einzig auf hinterhältigen Schwindel gründete. Jeremia fängt
plötzlich an zu denken, daß die Wurzel ganz Israels in diesem
Stammvater kulminieren könnte. Jakob ist schon dem Namen nach
ein »Fersen-Schleicher« (Gen 25,25–26). Könnte es da nicht sein,
daß die ganze Idee von der Erwählung des Volkes durch Gott am
Ende zur bloßen Farce wird? Daß Gott Jakob überhaupt nur gesegnet hat, indem er die Lüge dieses Stammvaters Israels akzeptieren
mußte? Jetzt jedenfalls, Jahrhunderte danach, merkt man, daß es so
wie bisher nicht mehr weitergeht. Mit dieser chronischen, charak-
terbedingten Verlogenheit wird Gott nicht leben wollen und wird

ein Prophet, sein Prophet, nicht leben können. Worauf es jetzt ankommt, ist die Suche nach einem Medikament für ein Volk, das sich
eingesponnen hat in einer irrealen Form der Selbstvergewisserung.
Seine ganze Religiösität, sein ritualisierter Bezug zu Gott ist zu
einer einzigen Verweigerung der Wahrheit entartet. Es sind die Priester selber, es sind die Propheten, es sind die religiösen Führer des
Volkes, die im Tempel, abgesichert durch das Heiligtum und durch
die Opfergebärden der Tradition, immer wieder zu verstehen geben, doch im Ganzen geborgen zu sein, gesichert zu sein, in den
Händen Gottes zu ruhn und in seinem Wohlgefallen zu stehen, da
man und weil man ja all die nötigen Pflichten pünktlich und kor-
rekt ableiste; und nichts von all dem stimmt!

Für Jeremia ist das am meisten ungeheuerlich, daß die Religion
selber hier zur Priesterlüge verkommt. *Der Lügengriffel der Schreiber* – das ist es, worauf es sich in seinen Augen zuspitzt. Es ist dieses
kleine Wort bereits in sich selber so unglaublich in dem, was wir das
Alte Testament nennen, daß sich an dieser Stelle jeder Unterschied
zum Neuen Testament wie von selber aufhebt.

Man hat sich immer wieder, offenbar schon in den Tagen des
Mannes aus Nazaret, gefragt, was da eigentlich vor sich gegangen
sei, wenn Jesus den Mund aufmachte. Zwischen ihm und den religiösen Führern seines Volkes bestand ein solcher Gegensatz, daß,
wer versucht, diesen Konflikt heute nachzuzeichnen, augenblicklich
wie ein Feind in dem so wohl bemühten, von vielen (überaus be-
rechtigten!) Schuldgefühlen geprägten Dialog zwischen Christen
und Juden in unseren Tagen erscheint. Wer etwa sagen wollte, Jesus
habe mit den religiösen Führern seiner Zeit, mit den Priestern am
Tempel, mit den Sadduzäern, aber auch mit den Schriftauslegern,
vor allem der pharisäischen Richtung, sich auf Leben und Tod über
Kreuz gelegt, der wird sofort zu hören bekommen, er sei antijudai-
stisch gesonnen. Aber geht es denn nur um die historische Frage
nach dem Verhältnis Jesu zu den religiösen Führern eines Volkes vor
2000 Jahren? Geht es nicht vor allem darum, daß ein Prophet, daß
jeder Prophet ein Problem sieht und artikuliert, das in jeder Religion, zu jeder Zeit, existiert und bei uns, den Christen, allzumeist,
eben weil wir uns berufen auf den Mann aus Nazaret und aus seinen Worten das genau nämliche ableiten, mit dem es auch Jeremia
hier zu tun hat: Da ist ein Tempel, da ist eine Priesterschaft, da gibt
es Schrifterklärer, da sind Theologen, studierte Leute, die dem

Volke klarmachen, es müsse nur bei diesen Gottesexperten bleiben, es müsse nur tun, was diese ihm sagten, dann komme das Heil, dann stehe der Himmel offen! In vatikanischen Augen genügt es zum Beispiel offenbar heute noch, bloß durch den Petersdom zu schreiten, und man gelangt von dort stracks hinüber in jene andere wunderbare Welt des Göttlichen. Sie, diese Schreiber, garantieren die Wahrheit, sie wissen sie, sie haben Gott auf ihrer Seite! Das, was Jeremia hier vor sich sieht, ist gerade der Beginn dessen, was Jesus später bekämpft. Immer wieder hat man sich gefragt, wie denn ein solcher Gegensatz möglich sei, den etwa in der Bergpredigt Jesus bei seiner Art der Gesetzesinterpretation gegenüber der Tradition beschreibt (Mt 5,17–48): »Den Alten hat man gesagt: Ihr sollt nicht töten; ich aber sage euch, der Tod beginnt viel früher, das Morden – viel früher ...« Man hat aufgrund solcher Stellen gesagt, in der Berpredigt radikalisiere Jesus das Gesetz. Aber das stimmt nur zum Teil. Im 7. Kapitel bei Markus zum Beispiel wird Jesus die gesamte Reinheitslehre der Pharisäer karikieren, all die Bestimmungen, die man vermeintlich absolvieren muß, um auch nur aus einem Becher mit Wein oder Wasser zu trinken. Alles muß koscher sein; und Jesus bekommt die grüne Galle dabei, auf wie viele Äußerlichkeiten man da Wert legt, während man all das, was im Herzen der Menschen vor sich geht, völlig neutralisiert. Man kann gewissermaßen seinen Bruder vergiften, wenn man nur den Becher sauber geputzt hat, wenn nur keine Fliege darin schwimmt; gegen die Mücken durchsiebt man sogar das Wasser, das man trinkt, karikiert Jesus; wer aber filtert das menschliche Herz? Man hat heilige Vorschriften, wie man am Tempel die Opfer wie vorgeschrieben darbringt; doch unterdessen können Vater und Mutter einsam irgendwo sitzen und unversorgt leer ausgehen. Kommt da jemand und spricht über die Mittel, die eigentlich seinen Eltern zuständen: »es ist Opfergabe«, so braucht er für die Eltern sich nicht zu sorgen, gilt seine Sorge doch Gott. »*Korban* ist's« – das langt nach dem Gesetz für den Loskauf von jeglicher Kinderpflicht. Auf diese Weise, meint Jesus, achten sie auf die Mücken, verschlucken aber Kamele.

In solchen Auseinandersetzungen geht es Jesus entschieden um die Reinigung der Religion zu allen Zeiten, und er kann dabei durchaus legitim zurückgreifen auf die Propheten Israels quer durch die Jahrhunderte. Es ist immer wieder derselbe Konflikt und stets dieselbe Blindheit; schon von daher ist es nicht möglich, Probleme auf falsche Weise zu historisieren, nur um sie aus der Gegenwart zu entfernen. Alles, was Propheten zu sagen haben, spielt *heute*. Bei Jeremia aber beginnt dieser Kampf gegen die Schreibergriffel, gegen die geschriebene Thora, gegen die Verrechtlichung Gottes in fertigen Paragraphen.

Christliche Exegeten heute geben in aller Regel wohl zu, daß Jesus sich gerichtet haben könnte gegen die *mündliche* Thora, d. h. gegen die über 2000 Zusatzkommentargesetze, die in der rabbinischen Gesetzesauslegung über die rund 600 Gesetze des Moses gestülpt wurden. Aber daß Jesus sogar das, was wir heute das Alte Testament nennen, daß er sogar die *schriftliche* Thora bekämpft haben könnte, das gilt vielen für unmöglich, das wäre, so meinen sie, denn doch ein zu arger Affront gegen die mosaische Religion. Jeremia aber hier, einer der größten Propheten des auserwählten Volkes, sehen wir genau dagegen Front machen, gegen die geschriebene Thora! Sie entsteht just in seinen Tagen (natürlich stammt sie historisch nicht von Mose). Es ist *en detail* nicht deutlich, in welchem Umfang was im einzelnen Jeremia dort als »Lüge« präsentiert wird; wir dürfen aber sicher sein, aus all dem, was dieser Prophet sonst äußert, daß er vor allem die Opfergesetze meinte, die gerade damals in den Händen der Priester in großem Stil eingeführt und aufgeführt wurden. Es geht um die immanente Tragik jeder Opfer- und Priesterreligion: Solange Menschen »opfern«, belügen sie sich selber. Das ist das Wissen des Jeremia. Die Tragödie von Kain und Abel (Gen 4,1–16) wird in solchen Ritualen nicht aufhören. Gott ist uns gnädig, besagt der Opfergedanke, wenn wir ihn versöhnen durch das Blut von Tieren, durch das Schlachten unschuldigen Lebens, durch das Darbringen von Sündenböcken. Stellvertretend für uns sprechen wir die Strafe über andere aus, damit sie uns selber nicht trifft. Was für ein Schwindel im Denken schon! Aber dann auch, daß Gott uns vergäbe, nur weil wir so gut sind, das Beste, was wir haben, ihm zum Brandopfer dargebracht zu haben! Löst man auf diese Art je den Schrecken und die Angst, die in solchen Schuldgefühlen zum Himmel schreien? Und wenn man schon einen Gott ständig versöhnen muß, der mit sadistischen Strafen im Hintergrund dräut, finden dann je Menschen sich selber? Und wie im Getto solcher Angst soll jemals der eine zum anderen finden? Ist der ganze Opferkult nicht eine ganz verzweifelte Selbstberuhigung, die Priesterlüge schlechthin?

All die Opfergesetze der schriftlichen Thora im Deuteronomium, im Bundesbuch, betrachtet Jeremia als Abfall von der Jahwe-Religion, vom ursprünglichen Bundesschluß, der in striktem Sinne »einfach« war und der all das priesterliche Drumherum nicht brauchte. Jeremia ist im Grunde in diesem Punkte erzkonservativ. Er wird später zur Verdeutlichung seiner Meinung eine Nomadengruppe herbeiholen, die sich nicht verändert hat und die über Jahrhunderte noch so lebt wie Israel beim Wüstenzug (Jer 35), und er wird sagen: Diese, die Rechabiter, haben den Ursprung mindestens noch bewahrt! Alles andere aber aus dem »Griffel der Schreiber« sind Komplikationen, die sich darübergelegt haben und die davon wegführen, was Gott einmal gemeint hat.

Gemeint war, daß die Menschen zu Gott unmittelbar sind, und das wäre ihr Tempel, das ihre Frömmigkeit, daß sie ihn hören im eigenen Herzen. Nur darauf käm's an. Aber daraus hat man ein riesiges Ritualbrimborium gemacht in den Händen von Gottesexperten, von absolut Wissenden.

Und so geht die Sache weiter: Es gibt die Wissenden, o ja, es gibt die Weisen, die stehen da und haben's erforscht, die haben's studiert, die haben ihr ganzes Leben drangesetzt, genau zu verstehen, was Gott gemeint hat. Sie sind die Gesetzesausleger. Und eben: Sie sind gerade dabei, die schriftliche Thora zu verfassen. Das, was Mose am Sinai meinte: »Gott ist euer Herr«, »er ist der Einzige« (Ex 20,2.3), das genügt jetzt offenbar nicht länger. Gerade weil das Leben aus dem Ruder läuft, braucht man gewissermaßen an jeder Klippe eine eigene Boje, damit das Schiff nicht an den Strand geworfen wird. Immer mehr muß man die Gesetze verkomplizieren, um die irregeleiteten Menschen doch noch bei der Leine zu halten.

Das Mittel solcher Angstberuhigung ist überall dasselbe. Je unübersichtlicher ein Mensch sich selber wird, desto sicherer wird er in seiner Angst wie ein Blinder um sich greifen, um nach Halt zu suchen. Und dann kommen unfehlbar die vermeintlich Sehenden, um zu erklären: »Wir wissen den Weg, wir führen dich klar ins Rechte und Heimische.« Und ihre Weisungen sind stets neue Gesetze. Aber können Gesetze Menschen bessern? Kann man mit äußeren Verordnungen ein menschliches Herz beruhigen? Das ist es, was Jeremia fragt. Und es arbeitet in ihm weiter. Er wird später sinngemäß sagen, daß auf all die Gesetze so viel an Wert gelegt werden mag, wie man will, ja, es sei möglich, die Gesetze wie in den Tagen des

Mose auf Stein zu schreiben, es nütze gar nichts. Denn nur was Gott schreiben wird ins menschliche Herz, das reinigt, das klärt, das beruhigt, das wäre das Ende der »Lüge« (Jer 31,33).

Sollten wir also, gerade im Sinne des Jeremia, denken, alles, was Theologen tun, sei ein einziger Betrug? Alles, was Priester tun, sei ein einziger Betrug? Die ganze etablierte Religion sei ein systematisierter und organisierter Schwindel? So denkt hier, wohlgemerkt, ein Prophet; das sagt kein Religionspsychologe. Wohl aber hätte Ludwig Feuerbach im 19. Jahrhundert es nicht anders gesagt und nicht besser sagen können, auch nicht Friedrich Nietzsche, auch nicht Sigmund Freud. Sie alle haben dieselbe These lediglich aus dem Wissen ihrer Zeit begründet. Jeremia indessen ist unmittelbarer – Gott sei Dank, möchte man sagen. Er besaß keine Theorie, er nötigte einzig, Stellung zu nehmen, was jetzt ist und was jetzt gilt, und das ohne Ausweichen. Da ist ein Mann, der im Tempel groß geworden ist als Priestersohn, und dieser Mann wird jetzt gezwungen und gedrungen, die Welt der Religion und die Welt seines Volkes so zu sehen. Natürlich denkt er, alles, was da getrieben wird im Namen dieser vermeintlich Weisen, sei eine Schande und werde zuschanden. Doch der Grund dieser ganzen Lügerei besteht in seinen Augen darin, letztlich nicht Gott zu dienen, sondern sich selbst zu bedienen und mit Geld auszustatten. Auf der Ebene der Sozialkritik hat im 19. Jahrhundert Karl Marx das Phänomen selber genauso gesehen: Die Religion ist eine Lüge, und die Gläubigen sind die Betrogenen, aber es gibt natürlich Leute, die ihren Gewinn aus der Lüge ziehen und ein Interesse daran haben, daß sie sich erhält. Die bürgerliche Ausbeutung muß funktionieren, und deshalb braucht sie die Religion, um die Leute dumm zu halten. So hängt beides zusammen.

Nicht anders redet hier Jeremia. Sie alle wollen nur Gewinn. Aber deshalb wird Gott dafür sorgen, daß es zum Einsturz kommt, wie von selber. Irgendwann werden alle dahinterkommen, daß man den Schaden der Tochter Zion nicht heilen kann mit Phrasen von »Heil«, wo doch kein Heil ist, wo man in Wirklichkeit die Menschen in den alten Maschen nur immer noch enger verkommen läßt.

Es gehört zu jeder ordentlichen Predigt, zu jeder frommen Ansprache, daß man den Zusammenhang des religiösen Bezugssystems der sogenannten Gemeinde nicht zersprengt. Jeremia aber tut genau das. Wie will man diesen Mann in einem normalen Gottesdienst, sagen wir: in einer katholischen Messe, zu Gehör bringen, wo die Leute darauf warten, daß nach der Predigt alles so, wie gewohnt, weitergeht, und man erwartet, daß der Priester seine Pflicht tut, indem er das Volk segnet und ihm alle Schuld vergibt und es einlädt zur kultischen Gemeinsamkeit mit Gott ... Innerhalb dieses rituellen Pensums ist es völlig unmöglich, den Gedanken auch nur zu erwägen, es könnte doch sein, daß all diese Heilsversicherung nichts weiter wäre als die endgültige Verfestigung des Unheils. Sie sind so schamlos, daß sie sich nicht einmal mehr schämen können, meint Jeremia (8,12). Sie wissen nicht einmal mehr, daß es da etwas zu bereuen gäbe.

O ja, wir werden im Jahre 2000 hören, daß der katholischen Kirche in ihrer Vergangenheit dieses leid tue und jenes leid tue, und sie wird sogar dabei alle Welt um Verzeihung bitten, freilich nur um zu sagen, daß sie um so großartiger ist, als sie sich fähig zeigt, sogar ihre Fehler einzugestehen; diese Fehler sind passiert vor über 500 Jahren oder gar vor 1600 Jahren – aber jetzt, wo ein neues Jahrtausend anfängt, wird die römische Kirche reingewaschen dastehen, und alles wird oder soll doch vergessen und vergangen sein. Es wäre nun schon die Schuld der anderen, ihr nicht zu vergeben, wo sie doch so unschuldig ist, alle Schuld zu bereuen!

Von dieser »Reue« redet hier nicht Jeremia. Er redet davon, daß ein Verzweifelter nicht mehr anders kann, als sich die Wahrheit einzugestehen. Es ist nur noch die Frage, wieviel an Unheil trotz allem nötig ist bis zum Zusammenbruch, um es zu merken.

Es geht Jeremia an dieser Stelle so, wie man mitunter bei der Therapie von Alkoholikern oder von anderen Suchtkranken kaum anders sagen kann als: Alles, was da gemacht wurde, läuft auf eine einzige Lüge, auf einen einzigen Selbstbetrug hinaus. Da wird noch getrunken vor dem nächsten Auftritt, um fit zu sein; da wird noch eine Droge gesetzt, bevor man aufläuft im Stadion; da peitscht man noch einmal alle Nerven hoch, da dopt man alle Energien bis zum äußersten. Aber dann kommt der Zusammenbruch, und er kommt immer schneller, immer tiefer, immer plötzlicher. Wie lang das Arrangement des kompensatorischen Selbstbetrugs noch gutgeht, ist lediglich eine Frage der Zeit. Irgendwann wird einem nichts mehr gehören, schon weil man sich selber nicht mehr gehört.

Jeremia bringt diese Erfahrung in die furchtbare Formel, die noch heute in Kriegszeiten auch äußerlich Gültigkeit hat: *Eure Frauen gebe ich anderen.* Es ist eine Zeit, in der Frauen noch wie ein Besitz empfunden wurden. *Eure Äcker überlasse ich anderen,* zum Abernten und Verwüsten. – Geredet wird hier mit Männern, die sich einbilden, sie seien das Haupt der Familie, der Kopf der Gesellschaft, ihnen gehöre eigentlich alles. Nach dieser Logik wird ihnen nichts mehr gehören.

Dann steigert sich Jeremia zu einem Bild, mit dem man Jesus im Neuen Testament in Jerusalem einziehen sehen wird (11. Kap. bei Markus). Wieder zeigt man sich in der Exegese hin- und hergerissen, ob man es hier mit einem antijudaistischen Bild des Evangelisten zu tun hat oder ob Jesus wirklich so aufgetreten ist. Wie aber, es wäre Jesus genauso aufgetreten wie Jeremia an dieser Stelle und etwas anderes als Jeremia hätte auch Jesus dem Anliegen nach gar nicht sagen wollen? Jedenfalls dachte der Mann aus Nazaret aus demselben leidenschaftlichen Grund heraus. Jesus nämlich, wird die Legende sagen, als er Jerusalem betrat, stellte sich vor einen Feigenbaum voller Hunger nach Nahrung und deutete dabei im Bilde an, so verlange Gott endlich nach Nahrung von dem Baum, den er gesetzt habe – Israel! Hastig und gierig habe Jesus die Blätter durchsucht, um dazwischen Früchte zu finden, doch es gab keine Früchte. »Es ist doch nicht Erntezeit«, sagten die Jünger. Aber Jesus antwortete gar nichts, außer: »Verflucht sei der Feigenbaum!« Die Begründung, die er für seine Worte durchaus nicht geben mußte, lautete ganz einfach: Dieser Baum Israel kann abgesucht werden, wann immer es will, er wird niemals erntebereit sein. Außer Blättern hat er nie etwas Nahrhaftes hervorgebracht. Die eigene Selbstdemonstration, die eigene Selbstkaschierung, das üppige Blattwerk, das war alles, wozu er imstande war. Frucht bringen? Wie denn? Wann denn?

Das Wort des Jeremia lautet genau so: *Da werd' ich sie rufen, es abzuernten.*

Vielleicht kennen Sie das Gefühl, daß irgendwann alles Reden keinen Zweck hat. Immer wieder mag man staunen über die Optimisten vom Dienst, die da sagen: »Wir haben's geschafft, wir haben etwas erreicht, wir haben zur richtigen Zeit protestiert, und wirklich: wir haben Erfolg gehabt.« Mindestens so möchte man's gesellschaftlich und politisch, wenn's religiös schon nicht weitergeht, weil zum Beispiel in Gestalt der römischen Kirche ein ganzes System dasteht, das sich nicht ändern kann und sich nicht ändern will, verfügt es selbst doch über »das Heil« und kennt es selbst doch immer schon alle Wahrheit und besitzt es doch Gott in der Kenntnis, was Gott von Ewigkeit her gewollt hat. Wenn eine Änderung kirchlich sich schon nicht herbeiführen läßt, könnte es dann nicht wenigstens säkular einmal einen wirklichen Wandel geben? Man protestiert zum Beispiel gegen den Krieg, gegen die Rüstung, gegen die Ausbeutung, gegen das Unrecht, gegen die Zerstörung der tropischen Wälder, gegen die Abschiebung von Asylanten, gegen die Massentierhaltung, gegen die quälerischen Tiertransporte. Irgendwann doch hätte man Erfolg! Irgendwo muß doch jemand hören, was die Wahrheit ist! So das, was man gemeinhin als Hoffnung bezeichnet.

Jeremia findet, daß es überhaupt nicht mehr möglich ist, unter den gegebenen Bedingungen weiterzuleben. Er will einfach weg. Man könnte denken, er teile irgendwie das Gefühl der Hippies aus den 70er Jahren: – irgendwo in Afghanistan läge das Paradies, die Welt aber, in der man groß geworden ist, sei wie ein Irrgarten, sei wie ein Ruinenhügel, wie ein Abfallhaufen, eine Müllkippe ... Irgendein Wanderobdach in der Wüste, selbst die letzte Kaschemme am Rande der Welt sei immer noch besser als dieses Jerusalem. Das Volk verlassen, einfach weg, der Traum, auf eine Insel zu emigrieren, das ist einen Moment lang die »Hoffnung« des Jeremia.

»Wenn sie nicht auf euch hören«, wird Jesus zu seinen Jüngern im Neuen Testament einmal sagen, »dann schüttelt den Staub von euren Füßen« (Mt 10,14) – haltet Euch nicht länger auf damit. Es brennt, ganz ähnlich wie Jeremia, einem Mann wie Jesus unter den Sohlen, und es kommt ihm nur noch darauf an, daß das, was er zu sagen hat, jetzt gehört wird! Wenn's aber nicht sein soll, dann soll es nicht sein. Jesus hat den Jüngern förmlich verboten, hinter den Leuten herzulaufen, die keine Ohren haben, die keine Ohren haben wollen.

Aber Jeremia – was soll er tun? Vor sich sieht er ein *Volk von Ehebrechern* (Jer 3,8), eine *Versammlung von Treulosen*; mit solchen Begriffen meint er nicht das sechste Gebot und die Moral. Was er meint, ist, daß auf Menschen kein Verlaß ist, weil sie Gott verlassen haben. Die einzige Rettung in dem gesamten Dilemma besteht in den Augen des Jeremia ausschließlich darin, daß man zu Gott zurückfände.

Es ist offenbar deshalb, daß Jeremia noch einmal das Bild eines

Kontrastes aufgreift, um seinen Gedanken verständlich zu machen. Man schaue zu den Tieren. Die Tauben, die Schwalben, die Störche, all die großen und kleinen Wandervögel – sie kennen instinktiv »in ihrem Herzen« die Ordnung, den Willen Gottes, dem sie zu folgen haben; niemand hat ihnen sagen müssen, was sie tun sollten. Sie kennen alles Wesentliche von innen heraus. Und nun: Hätten wir Menschen nicht genau so ein inneres Organ, um zu verstehen, was recht wäre und richtig und lebendig, weil Leben begründend? Nicht von außen müßte zu uns geredet werden, sondern wie ein Zugvogel beim beginnenden Herbst, Mitte September spätestens, sich aufmacht zu seiner Heimat, so könnten doch auch wir Menschen, die wir uns in der Fremde fühlen, wissen, wohin wir gehören.

Aber wie, müßte man gegenüber Jeremia vielleicht einwenden, verhält es sich, wenn das Kinderlied in der Wiege der Menschen schon so lautete, wie man's 1944 den Heranwachsenden sang: »Maikäfer flieg, dein Vater ist im Krieg, deine Mutter ist in Pommernland, Pommernland ist abgebrannt, Maikäfer flieg«? Da, wo man allem Instinkt nach die Heimat suchen müßte, dort liegt die Sperrwand des Feuers, dort ist keine Heimat mehr. *Das*, müßte man Jeremia sagen, ist der Grund aller Heimatlosigkeit. In unserem Herzen lebt die Sehnsucht nach einem verlorenen Paradies, aber jeder fürchtet dieses Paradies, niemand mehr will es, weil, wie die biblische Mythe sagt (Gen 3,24), ein Engel mit dem Flammenschwert seinen Eingang versperrt. Das ist der Grund, warum ein Pferd ins Feuer läuft: – weil hinter ihm alles noch schrecklicher ist! Wie löst man diesen Strudel der Angst auf? – Das ist die Frage des Jeremia an Jeremia.

Was der Prophet schildert, ist der Kriegszustand eines jeden gegen seinen Nächsten, und so braucht er nur den Mund aufzumachen, und die Treibjagd beginnt. Was Jeremia hier erlebt, kann man kaum anders denn als typisch begreifen. Die ganze Art des prophetischen Auftritts muß ihm alles an Gegnerschaft und Widerstand zuziehen, was im Umkreis seines Volkes sich irgend nur gegen ihn richten kann. Eben weil der Protest des Jeremia so total ist, konzentriert sich selbstredend gegen ihn die totale Verurteilung.

Man kann etwas Vergleichbares zu sehen bekommen, wenn Sie die Zeitung aufschlagen und lesen, was wir heute als Mobbing bezeichnen – fast unvermeidlich scheint sie Besitz ergreifen zu können von ansonsten ganz unbescholtenen Menschen. Irgendwo ist jemand verurteilt. Bis zum Tage seiner Verurteilung wußte man noch nicht, ob er überhaupt verurteilenswert war; aber nun hat das Bundesverfassungsgericht, hat das Oberlandesgericht, hat irgendwer über ihn entschieden, und nun wissen es alle und begründen nachträglich das Urteil. Es scheint die Pflicht der Journalisten zu sein, der herrschenden Macht ideologisch aufzuhelfen. Am Tage vorher noch war alles zweideutig, es blieb sogar spannend, wie das Gericht entscheiden würde; offensichtlich waren die Gesetze vielseitig auszulegen. Aber nun, da die Entscheidung gefallen ist und alle sich daran halten müssen, lassen die Mächtigen ihre Kettenhunde los.

Genauso werden die Leute hier über Jeremia reden; sie haben zu wissen, daß er unrecht hat, daß er böse ist, daß er verrückt ist, daß er asozial ist, daß er nur von Haß auf sein Volk geprägt ist, daß er in Wirklichkeit gar kein religiöser Mensch ist – wie auch könnte er sonst den Tempel selber in dieser Form für einen Irrtum erklären! Man wird Jeremia all das vorwerfen, was, wie wir später noch hören werden, ihm selber zum Herzeleid wird. Man wird ihm sagen, er sei halt ein notorischer Schwarzseher, ein unverbesserlicher Defätist. Wann immer er redet, ist's ja zum Negativen! Aber Jeremia, wird man den Propheten fragen wie seinerzeit Erich Kästner, wann kommt denn nun das Positive? Immer ist es dunkel, wenn Jeremia redet, oft wohl deprimierend auch. Dabei lebt die Menschheit von der Hoffnung, dabei existiert sie von der Zuversicht. »Heil« – heißt es im Tempel, und das ist es, was das Volk hören will und was deshalb auch das sein muß, was Gott sagt, denn Gott will ja sein Volk, ein lebendiges Volk. Die Zukunft besteht darin, daß man in die Zukunft mit Freuden schauen kann; denn wer wollte schon sonst in das Kommende hineingehen?

Also wird man Jeremia sagen, daß er unleidlich ist, ein Querkopf, kein freundlicher Mensch, auch kein fröhlicher Mensch! Und überhaupt: das ist es! Das ist es: Jeremia hat überhaupt keinen Humor! Zwar kann er manchmal, wenn er wütend wird, Sätze sagen, die heute noch in jedes Kabarett passen würden. Da würde der »Scheibenwischer« so schnell winken, daß den Leuten die Augen übergingen. Aber wenn Jeremia seinen Sarkasmus verspritzt, werden die Leute kreischen, es tue zu weh; werden sie sagen, es sei zu obszön!

Richtig, was Jeremia sagt, ist oft skandalös, es ist hingeworfen in

Worten, wie George Grosz in den zwanziger Jahren Bilder gemalt hat – voller Wut auf die Heuchelei all derer, denen selbst der Erste Weltkrieg noch nicht genug war, die schon wieder in die Stiefel wollten, die schon wieder ihre patriotischen Fahnen schwingen wollten, die schon wieder die religiösen Phrasen bereit hatten für das Patriotische: für das Militär, für die Kirche, für das Kapital, die, wenn schon der Kaiser fällt, im Grunde den Führer wollten. Was tut man gegen solchen Wahn? Wann ist die Grenze überschritten, daß Menschen sagen: Es ist genug gelitten und: Wir wollen nicht mehr weiter? Offenbar kommt eine solche Grenze nie! Deshalb redet Jeremia, wie George Grosz malt – obszön, so wie Kurt Tucholsky Gedichte macht, obszön. Aber ist es nur die Anspielung auf Sexuelles, die für unmoralisch und für ganz unerträglich gelten muß? Wenn man Menschen zu Tausenden in die »Schlacht« wirft – das ist nicht obszön? Das ist ganz normal? Wenn man Gott gebraucht, nur um Geld und Macht zu gewinnen . . ., das ist ganz normal? Wenn man die heiligsten Gefühle von Menschen schändet, indem man sie dahin erniedrigt, nichts als leere stroherne Formeln zu gebrauchen, und setzt die Phrasen an die Stelle wirklicher Gotteserfahrung . . ., das ist normal? Alles das ist nicht obszön? Den Menschen auszubeuten, ihn nackt vorzuführen, ihn sich selber zu Schande und zu Scham zu machen . . ., das ist ganz normal? Welch eine Sprache soll denn einen solchen Irrsinn offenbaren?

Aber wenn er, Jeremia, sprechen wird von der Brunst einer läufigen Wildeselstute (2,24) und vom Wiehern geilgliedriger Hengste (5,8), um den irrsinnigen Treuebruch seines Volkes zu kennzeichnen, da wird man es unerhört und unerträglich finden. Jesus wird diese Situation später so wiedergeben: Man kann machen, was man will; man sitzt auf dem Marktplatz und bläst die Flöte, wie wenn's ein Hochzeitslied ist, und fordert sie auf, zu tanzen – da sagen sie: nein, wir sind zu müde. Dann holt man die Flöte und spielt ein Trauerlied, man spielt »Beerdigung« da ist's nun zu traurig; das wollen sie auch nicht (Mt 11,16–17). Es ist nicht möglich, an dies Volk heranzukommen – das ist ganz so ein halbes Jahrtausend später die Erfahrung Jesu.

Nehmen Sie, damit das Typische einer solchen Erfahrung deutlich wird, ein paar Beispiele aus der Gegenwart.

Leserbrief in der zurückliegenden Woche in der *Neuen Westfälischen* an den Flüchtlingsrat von Paderborn. Da heißt es, die Asylrechtsbewegung rede immer so moralisch, nie humorvoll – nie *humorvoll* – steht da wirklich! –; wir würden gerne dem Flüchtlingsrat in seinem Anliegen zustimmen, wenn er nur mehr Humor besäße. Aber wie er sich aufschwingt mit dem Sprechen von Menschlichkeit, das ist unerträglich, das ist Heuchelei, das ist Pharisäismus, das ist selbstgerecht! –

Ja aber, ihr guten Leute, möchte ich fragen, wo soll man bloß den Humor herkriegen, wenn man sieht, wie Menschen nachts überfallen und abgeschoben werden? Wenn man sie als lebende Fackeln sieht, Menschen, die aus Verzweiflung sich angesteckt haben und jetzt obendrein von den Behörden zu Verbrechern gestempelt werden? Wann beginnt eigentlich das, was wir ein Verbrechen nennen? Welche Strafen muß jemand begehen, damit er ein Jahr lang hinter Gitter kommt? Aber das ist das neue Gesetz in der Bundesrepublik Deutschland. Gerade in Leipzig konnten Sie's hören, wie die »Christliche Partei« – *christlich* ist sehr wichtig, spricht der Kanzler, denn es ist ein ganz entscheidendes Element unserer Tradition, auf das wir nicht verzichten werden ... – wie also, sage ich, wenn die *Christliche* Partei dazu ermuntert und aufruft, daß alle Ausländer, die eine »Straftat« begangen haben, die mit einem Jahr Gefängnis geahndet werden muß, pflichtweise in Zukunft automatisch abgeschoben werden; denn dann sind wir sie ja los! Ein Ladendiebstahl aus Hunger zum Beispiel. Steht da schon ein Jahr Strafe drauf? Das läßt sich doch machen. Irgendwo wurde ein Auto geknackt – Urteil: *mehr* als ein Jahr; darauf steht automatisch: abgeschoben. Und warum wurde der Ladendiebstahl begangen und das Auto geknackt? Wieviel Heuchelei eigentlich vertragen Menschen?

Gerade am morgigen Sonntag wird der türkische Schriftsteller und Kurde Kemal in Frankfurt bei der Verleihung des deutschen Friedenspreises des Buchhandels sprechen. Dieser tapfere Kemal hat schon einmal gesagt:»Es ist mir egal, ob ich in Ankara ins Gefängnis gesteckt werde; wenn die ganze Türkei ein Gefängnis ist, dann ist es ehrlich und richtig, im Gefängnis zu sitzen; dann sieht wenigstens jeder, was der Zustand in der Türkei ist.« Kemal ist Kurde. Kemal ist ein mutiger alter Mann, und man denkt, bei der Verleihung eines Friedenspreises, sein Protest diene dem Frieden. Herr Kemal wird in der Tat morgen in der Paulskirche, an der Stätte beginnender deutscher Demokratie, sagen, daß wir, die Deutschen, ein Volk voller Lügner sind, indem wir akzeptieren, daß in die Türkei als ein Nato-Land Waffen geliefert werden, mit denen man im Osten der Türkei sein eigenes Volk, die Kurden, bekämpft. Er wird sagen, daß für uns Deutsche Türken immer noch Leute dritter Klasse sind und daß wir Deutsche unsere eigene Geschichte im Umgang mit Fremden hätten. Herr Kemal wird sagen, daß sein kurdisches Volk ein Recht hat auf Freiheit und Selbständigkeit, selbst wenn die drei Länder, in denen es lebt, unter dem Schutz der Amerikaner seit den Tagen der britischen Kolonialzeit alle etwas gegen diese Unabhängigkeit haben. Herr Kemal wird ganz einfach finden, daß Menschenrechte überall auf Erden dieselben sind, daß jedes Volk ein Recht hat auf Selbstbestimmung, wie es in der UNO-Charta verankert ist, und daß in einem Volke ein jeder einzelne ein Recht auf sein eigenes Leben besitzt. Wie viele Lügen müssen darüber hingehen, daß wir unsere ganz normale politische und kirchliche Realität im Status der Heuchelei akzeptieren?

Der eine hintergeht den anderen, meint Jeremia; und was er dann vorträgt, ist eine der eindrücklichsten Trauerklagen der Weltliteratur:

»Denn der Tod steigt durch unsere Fenster, er kommt in unsere Kammer, er würgt das kleine Kind auf der Straße und die jungen Leute auf den Plätzen ... und die Leichen liegen wie Garben hinter dem Schnitter, und niemand sammelt sie auf.« (9,20–21)

Es ist vielleicht das grausigste Bild, grausiger noch als das Bild von den Leichen der Gefallenen, die da liegen wie der Dung, daß die Tiere des Feldes sich darüber hermachen – dieses Bild vom Schnitter Tod, der mit der Sense durch das Kornfeld mäht, und es gibt niemanden, der erntet. All das Grauen, das da sich aufführt, ist für niemanden von Gewinn! Kein Mensch wird von der Nutzlosigkeit all dieser Drangsal, all dieses Zerschnittenwerdens, all dieser unglaublichen Zerstörung irgend einen Vorteil haben! *Da kommt niemand mehr und sammelt ein.* Es ist nicht Gottes Ernte, die sich da aufführt. Es ist nur noch ein Niedermähen und Niedermachen. Mehr kann nicht sein und soll nicht sein.

Dann bleibt's die Frage, worauf denn ein Mensch sein Vertrauen setzen könnte, wenn denn das Bild, das am Ende bleibt, nichts ist als eine Stadt in der Wüste.

Da findet sich angehängt ein Spruch, der als Wort des Jeremia überliefert wird, was denn an einem Menschen groß und rühmenswert sein könnte. Wenn es so etwas gebe, meint Jeremia, dann liege es in seiner Weisheit und Erkenntnis, dann liege es nicht in Reichtum und Einfluß und Stärke nach außen. Das einzige, was an einem Menschen groß sei, bestehe darin, ob und wie er zu Gott zurückgefunden habe. *Ihn* zu erkennen als denjenigen, der Gnade schafft, dies sei das einzig Rühmenswerte an einem Menschen. – Dieses Wort an dieser Stelle ist überaus überraschend: Groß ist an einem Menschen, daß er sich birgt und *klein* macht in den Händen seines Schöpfers – nur so wird er sich nicht zur Gefahr und wird er auch niemandem anderen zur Gefahr! Man kann diesen Gedanken unschwer verstehen. Immer wenn am Ende wiederum vaterländische, heilige, ruhmreiche Kriege bestanden werden müssen, sind die ersten Opfer Frauen, Kinder und Tiere. Immer führen die Menschen Krieg auch gegen die Natur, die aus den Händen Gottes hervorgegangen ist. Aber wenn sie es lernen, vielleicht von den Tieren, dem inneren Instinkt, der unverdorbenen Stimme ihres Herzens zu folgen, dann wären sie groß.

Schauen Sie sich um, welche Menschen an Ihrer Seite oder in der menschlichen Geschichte Sie wirklich bewundern. Es kommt da gewiß nicht darauf an, ob jemand studiert hat, ob er viel gewonnen hat auf der Leiter der Karriere, ob er Titel gehäuft hat, ob er in der Anrede schon als ein Mann oder eine Frau von Welt in Erscheinung tritt. Das, was wirklich zählt, ist die einfache Einfalt eines Herzens, das sich geborgen fühlt in einem Raum von Gnade und das aller Angst standhält. *Ich bin Jahwe*, derjenige, der Barmherzigkeit, Recht und Gerechtigkeit schafft. Gnade und Gerechtigkeit – die Reihenfolge ist hier von großer Bedeutung; sie ist fast lutherisch! Denn nur aus einer Güte, die im Vertrauen übernommen wird, kann ein Mensch wieder »richtig« werden. Und erst wenn er so wird, entsteht unter den Menschen »Gerechtigkeit«.

Doch dann kommt's noch einmal zu einem furiosen Finale. Man hat sich in Israel von alters her des Ritus der Beschneidung gerühmt. Er galt in Israel für das Zeichen, das mit Gott verbindet; er war der »Taufritus« in Juda: Derjenige, der sich an seiner Vorhaut hatte beschneiden lassen, der hatte das erste »Opfer« gebracht, der ruhte nunmehr in den Händen Gottes. Es ist so, wie man uns belehrt hat, daß ein Kind schon, wenn über sein Köpfchen geweihtes Wasser als das heilige, unverzichtbare Zeichen gegossen werde und, stellvertretend, die Taufpaten das Versprechen der

Treue gegeben hätten, der Segen, bezeichnet im Namen des dreifaltigen Gottes, das Kind unabänderlich zu einem Gotteskind mache, indem ein unauslöschliches Siegel ihm eingeprägt worden sei; nie wieder könne das so Geschehene jemals revidierbar sein. Von der Taufe weiß man nicht ganz, wo das »Zeichen« bleiben soll, das sie gewirkt hat; bei der Beschneidung immerhin sieht man's deutlich. Für Jeremia aber, um sechshundert Jahre den Taufpraktiken der frühen Kirche vorweg, ist es wie gleichgültig, ob man an einem Kind oder an einem Erwachsenen den Gliedern die Vorhaut abgeschnitten hat oder nicht. *Unbeschnitten*, sagt er, *sind sie doch alle!* Und das heißt doch wohl soviel wie: Das, worauf ihr euch rühmend stützen wollt, ist Gott vollkommen egal! Ihr seid ein Volk wie das andere, genau so heidnisch, ihr seid nichts, was ihr in phallischer Präsentation vorzeigen könntet – ihr seid mit oder ohne Beschneidung in jedem Falle vor Gott rein gar nichts. Beschnitten schließlich sind andere auch, die Ägypter zum Beispiel, die Moabiter, all die Völker, die ihr bekämpft. Das aber, worauf's ankäme, fehlt euch allen gemeinsam: hörsam zu werden, *beschnitten am Ohr, am Herzen*, am inneren Instinkt; dort empfindsam zu sein, gewissermaßen bloßgestellt und bloßgelegt, das wäre es, worauf's ankäme im Sinne dieses Propheten.

Vielleicht daß wir solche Gedanken am besten zusammenfassen können, indem wir aus der altasiatischen Weisheit, parallel beinahe zu den Tagen des Jeremia, aus Lao-tses Tao-te-king, so sagen würden: »Wer zum Sinn (zum Tao, zu Gott) hingefunden hat, dem wird alles wie Sinn erscheinen. Wer im Sinn lebt, wird finden zu den Menschen, die den Sinn gefunden haben. Wer so seines Weges geht, wird gemeinsam sein, indem er bei sich selbst ist. Den Sinn zu finden, ordnet alles.« – Alle Gesetze von außen können nur verwirren, aber die Festigkeit des Herzens, die »Beschneidung« bei Gott, die wäre Trost, die brächte Rettung.

18. Oktober 1997

NICHTS ALS VOGELSCHEUCHEN
IM GURKENFELD

Man kann nicht sagen, daß das Buch des Propheten Jeremia in irgendeiner Weise aufgebaut wäre wie ein moderner Roman – in der Abfolge einer gewissen Dramaturgie der Spannung. Und dennoch, von Samstag zu Samstag gesteigert, werden wir erleben, daß wir Schritt für Schritt in einen ungeheueren Prozeß, in eine unheimliche Geschichte der Auseinandersetzung zwischen Gott und Mensch, zwischen Prophet und Volk eingeführt werden, in ein Drama menschlicher Existenz, wie es selbst auf dem Boden der Bibel kaum wiederholbar und in den grossen Zügen einzigartig ist; gleichzeitig aber ist es auch exemplarisch, indem es etwas verkörpert und ausdrückt, das grundlegend für das Verständnis des Menschen im Raum des Glaubens bei der Suche nach verbindlicher Wahrheit geworden ist.

Text: Jer 10, 1–25; 11, 1–23
Höret das Wort, das der Herr zu euch redet, Haus Israel! So spricht der Herr: Gewöhnt euch nicht an die Weise der Heiden, und vor den Zeichen am Himmel erschrecket nicht! Die Heiden erschrecken vor ihnen. Denn die Satzungen der Heiden sind nichtig. Ein Holz ist es [d. h. das Götzenbild], das man im Walde gehauen, ein Machwerk, das die Hände des Werkmeisters mit der Axt gefertigt. Mit Silber und Gold macht man es schön, mit Nagel und Hammer macht man es fest, daß es nicht wackle. Der Scheuche im Gurkenfeld gleichen sie und können nicht reden; tragen muß man sie, denn sie können nicht gehen. Fürchtet euch nicht vor ihnen, denn sie tun nichts Böses; aber auch Gutes zu tun vermögen sie nicht. Dir, o Herr, ist niemand gleich! Groß bist du, und groß ist dein Name durch Macht. Wer wollte dich nicht fürchten, du König der Völker? Denn das gebührt dir; ist doch unter allen Weisen der Heiden und unter all ihren Königen keiner dir gleich. Allzumal sind sie unvernünftig und töricht, eine nichtige Weisheit. Ein Holz ist es [d. h. das Götzenbild], Silberblech, das aus Tharsis gebracht wird, und Gold aus Ophir, ein Machwerk des Schnitzers und der Hände des Goldschmieds. Mit blauem und rotem Purpur sind sie bekleidet; ein Werk der Kunstverständigen sind sie alle. Aber der Herr ist in

Wahrheit Gott, er ist ein lebendiger Gott und ewiger König. Vor seinem Zorn erbebt die Erde, und die Völker vermögen nicht seinen Grimm zu ertragen. So sollt ihr zu ihnen sprechen: Die Götter, die weder Himmel noch Erde gemacht, sollen von der Erde und unter diesem Himmel verschwinden. Der Herr ist's, der die Erde durch seine Kraft erschaffen, der durch seine Weisheit den Erdkreis gegründet und den Himmel ausgespannt hat durch seine Einsicht. Beim Rollen seines Donners erbrausen die Wasser am Himmel; auf sein Geheiß ziehen Wolken herauf vom Ende der Erde, Blitze schafft er zum Regen und holt den Wind hervor aus seinen Kammern. Als Tor steht da jeder Mensch, ohne Einsicht, zuschanden wird jeder Goldschmied an seinen Bildern; denn Trug ist sein Guß, es ist kein Odem in ihnen. Nichtig sind sie, ein lächerlich Machwerk; zur Zeit ihrer Heimsuchung ist's aus mit ihnen. Aber er, Jakobs Teil, er ist nicht wie diese; er ist der Bildner des Alls, und Israel ist der Stamm seines Eigentums. »Herr der Heerscharen« ist sein Name.

Raffe dein Bündel auf von der Erde, die du sitzest in der Bedrängnis! Denn so spricht der Herr: Siehe, ich schleudere fort die Bewohner dieses Landes und ängstige sie, damit sie sich finden lassen.

Wehe mir ob meines Schadens! wie schmerzt mich meine Wunde! Doch ich sprach: Das ist nun einmal mein Leiden, ich muß es tragen. Mein Gezelt ist verwüstet, und seine Stricke sind alle zerrissen; meine Kinder, meine Herde, sie sind nicht mehr. Niemand ist, der mein Gezelt aufrichtet und seine Decken ausspannt. Denn verdummt waren die Hirten, und nach dem Herrn fragten sie nicht; darum hatten sie kein Glück, und ihre ganze Herde hat sich zerstreut. Horch! was hört man? – Es kommt ein gewaltiges Tosen vom Lande des Nordens, die Städte Judas zur Wüste zu machen, zur Behausung der Schakale.

Ich weiß, o Herr, daß es nicht in des Menschen Gewalt steht, seinen Weg zu bestimmen, nicht bei dem Wandersmann, seinen Schritt zu lenken. Züchtige mich, o Herr, doch nach Billigkeit und nicht in deinem Zorn, daß du mich nicht gar zunichte machest. Schütte deinen Grimm aus über die Heiden, die dich nicht kennen, und über die Geschlechter, die deinen Namen nicht anrufen; denn sie haben Jakob gefressen und aufgerieben und seine Wohnstatt verwüstet. Das Wort, das vom Herrn an Jeremia erging: Vernimm die Worte dieses Bundes! Du sollst sie den Männern von Juda und den Bewohnern Jerusalems verkünden und sollst zu ihnen sagen: So spricht der Herr, der Gott Israels: Verflucht ist der Mann, der nicht gehorcht den Worten dieses Bundes, die ich euren Vätern geboten habe zu der Zeit, da ich sie aus dem Lande Ägypten, aus dem Schmelzofen herausführte, indem ich sprach: Höret auf meine Stimme und tut nach allem, was ich euch gebiete, so sollt ihr mein Volk sein, und ich will euer Gott sein, daß ich den Eid erfülle, den ich euren Vätern geschworen habe: ihnen ein Land zu geben, das von Milch und Honig fließt, wie ihr es heute habt. Da antwortete ich und sprach: So sei es, Herr! Dann sprach der Herr zu mir: Verkünde alle diese Worte in den Städten Judas und auf den Gassen Jerusalems und sprich: Höret die Worte dieses Bundes und haltet sie! Denn hoch und teuer habe ich eure Väter beschworen zu der Zeit, da ich sie aus dem Lande Ägypten heraufführte, bis auf diesen Tag, beschworen früh und spät: Höret auf meine Stimme! Aber sie gehorchten nicht und schenkten mir kein Gehör, sondern wandelten alle in der Verstocktheit ihres bösen Herzens, und so brachte ich alles das über sie, was ich in diesem Bunde gesagt, den ich ihnen zu halten befohlen und den sie nicht gehalten haben.

Und der Herr sprach zu mir: Es ist, als ob sich verschworen hätten die Männer von Juda und die Bewohner Jerusalems. Sie sind zu den Sünden ihrer Altvordern zurückgekehrt, die meinen Worten nicht haben gehorchen wollen: auch sie laufen andern Göttern nach, um ihnen zu dienen; das Haus Israel und das Haus Juda haben den Bund gebrochen, den ich mit ihren Vätern geschlossen habe. Darum spricht der Herr also: Siehe, ich bringe ein Unheil über sie, dem sie nicht werden entrinnen können, und wenn sie dann zu mir schreien, werde ich sie nicht erhören. Dann werden die Städte Judas und die Bewohner Jerusalems hingehen und zu den Göttern schreien, denen sie zu opfern pflegen; aber helfen werden die ihnen nicht zur Zeit ihrer Not. Denn so zahlreich wie deine Städte sind deine Götter geworden, Juda, und so viele Gassen Jerusalem hat, so viele Altäre habt ihr errichtet, dem Baal zu opfern. Du aber bete nicht für dieses Volk, und erhebe für sie kein Flehen, kein Gebet; denn ich erhöre sie nicht, wenn sie mich anrufen zur Zeit ihrer Not.

Was hat mein Liebling in meinem Hause böse Anschläge auszuführen? Werden Fettstücke und heiliges Fleisch dein Unglück von dir abwenden, oder wirst du dich damit retten? »Grünender Öl-

baum, herrlich zu schauen« hat man dich genannt. *Unter großem
Getöse versengt ein Feuer seine Blätter, häßlich sind seine Äste.
Denn der Herr der Heerscharen, der dich gepflanzt, hat Unheil
über dich beschlossen um der Bosheit willen, die das Haus Israel
und das Haus Juda verübt haben, mich zu erzürnen, indem sie dem
Baal opferten.
Der Herr hat es mir kundgetan, und so erkannte ich es; da durch-
schaute ich ihr Treiben. Ich aber war wie ein zahmes Lamm, das zur
Schlachtbank geführt wird; ich ahnte nichts. Sie schmiedeten Pläne
wider mich:* »*Laßt uns den Baum verderben in seiner Blüte, ihn
ausrotten aus dem Lande der Lebenden, und seines Namens werde
nicht mehr gedacht!*« *Aber der Herr der Heerscharen richtet gerecht, er prüft Nieren und Herz. Noch werde ich deine Rache an
ihnen schauen; denn dir habe ich meine Sache anheimgestellt. Über
die Männer von Anatot, die mir nach dem Leben trachteten und
sprachen:* »*Du darfst nicht mehr weissagen im Namen des Herrn,
sonst stirbst du durch unsre Hand!*« *spricht darum der Herr also:
Siehe, ich suche es heim an ihnen: die jungen Männer sollen durchs
Schwert sterben, ihre Söhne und Töchter vor Hunger; kein Über-
rest soll ihnen verbleiben. Denn ich bringe Unheil über die Männer
von Anatot im Jahr ihrer Heimsuchung.*

Wie eine Totenklage, gespielt auf dem ältesten Instrument, der
Flöte, muß man die Worte des Propheten Jeremia fühlen und hören.
Was er will, ist die Rückkehr zum Ursprung – sein ganzes Volk noch
einmal bei der Hand genommen und hinübergeleitet zum Gottesberg, wo es die Worte seines Gottes in solcher Deutlichkeit hörte,
daß es erschrocken, begeistert und beeindruckt antwortete: Das
alles wollen wir tun (Ex 20,19). Und Gott versicherte es seines Bundes. Eine reine Geschichte der Zuversicht lag damals vor ihm, und
daran anknüpfen möchte Jeremia, immer wieder. Der Bundesschluß am Sinai, das ist sein Maßstab. Im Grund ist der Bundesge-
danke Kern auch des Gottesdienstes im Jerusalemer Tempel. Aber
die Wirklichkeit seines Volkes ist für den Propheten wie ein Schrei
des Entsetzens, der Anklage, der Not und, schlimmer noch, wie ein
Tasten im Dunkeln inmitten völliger Aussichtslosigkeit geworden.
Nacht, die nicht enden will, weil alle ringsum sie für den hellen Tag
erklären – die Blinden, die Irrenden, die da sagen: Sie wissen den
Weg, sie gehen geradeaus!

Es sind mehrere Schichten im 10. und 11. Kapitel des Jeremia-Buchs, auf denen der Prophet die Auseinandersetzung artikuliert. Die erste Thematik darf man für den geistigen Kern dessen halten, was wir das Alte Testament, den jüdischen Glauben überhaupt nennen: die Auseinandersetzung zwischen Gott und den Götzen. Hat Jeremia diese Worte so gesagt? Hat er sie in dieser Weise überhaupt sagen können? Dagegen spricht vieles. Wir haben in den Texten des Propheten Jesaja schon einmal ganz ähnlich sarkastische Gedanken über die Götzen der Völker vernommen, doch sie entstammten auch dort nicht dem historischen Jesaja des 8. Jahrhunderts. Sie verdankten sich einer aufgeklärten Epoche, die vermutlich zeitgeschichtlich weit nach dem Exil anzusiedeln ist, später also, über ein Jahrhundert mindestens später als Jeremia selber. Das hindert nicht, daß Gedanken dieser Art eine lange Tradition haben und zumindest manches von der Art dieses Denkens sich auch bei Jeremia wiederfindet. Der Hymnus schließlich, den er singt auf Jahwe als den einzigen, den wahren und wirklichen Gott, als den Schöpfer von Himmel und Erde, verdankt sich selber der Liturgie des Tempels. Da knüpft der Prophet an ein reiches religiöses Erbe an. Und es mag sogar sein, daß manche seiner Worte, daß manches seiner Lieder auch umgekehrt sich später Eingang geschaffen hat in den Kult, so wie Worte von Widerständlern das manchmal tun, etwa die Texte von Jochen Klepper, die wir heute im Gesangbuch von Katholiken und Protestanten finden. Stellen wir uns vor, daß in hundert Jahren die Romane des evangelischen Dichters niemand mehr liest, aber zwei, drei seiner Lieder noch gesungen werden, dann hätten wir ungefähr eine Vorstellung davon, wie die Worte eines Propheten wie Jeremia damals Ort und Anlaß zur Überlieferung fanden.

Die Kritik an den Götzen selber ist die Essenz der Bibel. Um sie zu verstehen, eignet sich vielleicht das Theaterbild auf der Bühne dieser Schulaula am heutigen Abend. Offengestanden, ich habe keine Ahnung, für welch ein Stück es geschaffen wurde, aber es gibt die Sache, um die es in unserem Text geht, bildhaft ganz gut wieder: Im Vordergrund wohnen die Menschen, so, wie sie wohnen, in Häusern, die von außen ein wenig schmuck aussehen, die einen Dachfirst haben, einen Giebel, der den Hauseingang überragt – daneben, ganz unverzichtbar und unvergeßbar, eine Pinte, wohlduftenden Wein versprechend, der bald wohl auch kredenzt wird. Aber im Zentrum ist das Ganze darauf berechnet, zu einer Stufe zu werden, die geradewegs in den Himmel führt; und oben am Himmel, nach Art eines wohlumzirkten rechtwinkligen Dreiecks, dräut es schwarz und rot zu Feuer zu werden.

Diese Hintergrundebene des Göttlichen, das drohend einbricht in die Zeit, ist das Thema des Jeremia: Der Vordergrund kann noch so schmuck erscheinen, im Hintergrund braut sich was zusammen. Was Jeremia von den Götzen sagt, gehört zur »Aufklärungsliteratur« des sechsten, fünften Jahrhunderts v. Chr. in Israel. Da macht ein frommer Jude beziehungsweise die ganze Geistesart des Judentums sich über die »heidnischen« Religionen lustig. Die Philosophen Griechenlands waren geistesgeschichtlich ebenfalls erhaben über den Götterglauben, aber sie hatten den Spott nicht nötig. Ihnen waren die Götter ganz einfach durch die Klugheit des Denkens gestorben. In gewissem Sinne waren sie deshalb schon weiter als Jeremia oder vielmehr als die Texte, die ihm an dieser Stelle zugeschoben werden. Freilich, Israel lebt unter den Völkern; es mußte im Exil unter ihnen leiden, und es ringt um seinen Gott.

Es ist die Art religiöser Aufklärung, immer zu zeigen, daß etwas nicht göttlich sein kann, indem man schildert, wie es hergestellt wurde. Man unterstellt, vielleicht wider besseres Wissen sogar, daß die Heiden Götzenanbeter sind in dem Sinne, daß sie sich niederwerfen vor ihren selbstgemachten Gottesbildern. Und wie diese entstanden sind, nun freilich, das kann man zeigen. Da wurde mit Hammer und Stichel in Holz und Eisen und Stein herumgeschnitzt und modelliert, bis dann das herauskam, was man ein Götterbild nennt. Aber das war's noch nicht allein. Man mußte es lackieren, man brauchte ein schmuckes Gewändchen dafür und ein Krönlein obendrauf. Doch selbst dann konnte das alles immer noch nicht laufen, man brauchte also eine Prozession, um es herumzuführen, auf daß das Göttlein alles segnen könnte, was es segnen sollte.

Was für ein Humbug! kann Jeremia nur sagen.

Er (beziehungsweise sein Interpret) diskutiert an keiner Stelle, daß es schon den alten Ägyptern 2000 Jahre vor Jeremia nicht darum ging, Bilder anzubeten, sondern in Bildern Sinnbilder zu schaffen für etwas, das man nicht sieht. Jeder ägyptische Theologe mit einigem Verstand hätte Jeremia gesagt: »Wie kannst du uns nur so falsch verstehen? Wir beten doch nicht den hundsköpfigen Anubis an, wir sehen in dem Widerspruchswesen von Tier und Mensch ein göttliches Geheimnis, und das können wir dir erläutern. Du findest auf Erden halt keine hundsköpfigen Menschen. Schon das Bild ist paradox, eben weil es ein Bild ist und weil das, was es sagt, gar nicht anders verständlich werden kann als in Widerspruchssymbolen.« Für Jeremia (bzw. seinen Adepten) indessen ist das alles unerheblich; denn was er vor sich sieht, ist ganz aktuell: Die einfachen Leute werden verführt! Sie sind keine kompliziert denkenden Theologen. Sie unterscheiden nicht zwischen Bild und Wirklichkeit. Sie nehmen die Dinge beim Wort. Darin irren sie. Aber wie kann man dartun, daß Dinge, die Menschen machen, nicht identisch sein können mit dem Gott, der Himmel und Erde gemacht hat? Genau darum aber geht es dem Volk der Hebräer. Wenn von Gott die Rede sein soll, taugt kein Bild mehr. Dann gibt es nur noch ein Geheimnis jenseits aller Vorstellbarkeit. Diese Macht hinter allem redet zum Menschen, aber sie zeigt sich nicht. Sie ist nicht zu vergegenständlichen. Wollte man's malen, dann wirklich nur nach Art der modernen Malerei; wollte man's zu Gehör bringen, dann wirklich nur in der Art der modernen Musik. Was Gott ist, läßt sich nicht kategorialisieren. Es gibt Eindrücke, Impressionen, ekstatische Expressionen im Raum des Religiösen. Aber es gibt kein eigentliches Thema »Gott«, das man »objektiv« thematisieren und untersuchen könnte. Um dieses Geheimnis des Göttlichen ringt der hebräische Glaube.

Sollte man, um die Aktualität dieses leidenschaftlichen Ringens um Gott ein wenig zu verdeutlichen, daran erinnern, wie es noch heute im römischen Katholizismus steht? Immer wieder wird debattiert in der Ökumene, wie Katholiken und Protestanten sich zueinander verhalten. Nun, in diesem Punkte muß man den Protestanten, muß man den Theologen der Reformation und all denen, die zu ihnen zählen, ein Lob aussprechen. Sie haben es mit einem unglaublichen Mut geschafft, Götzendienst, Bilderanbetung, Volksfrömmigkeit in heidnischem Sinn aus dem Christentum herauszuhalten. Ein enormer Einschnitt in die Massenbewegung des Christentums war das, eine ungeheure asketische Absage an das, was landauf, landab getrieben wurde und wird. Der römische Katholizismus bis heute konnte sich auf eine solche prophetische Radikalität nicht verständigen. Nehmen Sie nur das Bild in den Medien dieser Tage: Der Papst mit geschlossenen Augen, wie er da kniet vor dem Gnadenbild der Mutter Gottes in Czenstochau! Dort

»in besonderer Weise« wohnt für ihn die Mutter Gottes, und sie sagt ihm das Leben. Sie rettet ihm das Leben. Genesen vom Attentat, pilgert er selber nach Fatima. Dort, wohlgemerkt, erschien am Anfang dieses Jahrhunderts die heilige Jungfrau und Gottesmutter (ganz in der Nähe einer nationalen Siegergedenkstätte des portugiesischen Militärs!) in einem Baum. An solchen Orten mithin, man muß es glauben, ist die Madonna gegenwärtig. Da gibt es Bilder der allzeit jungfräulichen Mutter, die wundertätig sind durch sich selbst. Ihr entgegen bringt man die Embleme der Heilung. Den einen hat sie am Herzen gerettet, den anderen an den Augen.

Im kanadischen Montreal dieser Tage konnte ich's besichtigen, wie man Krücken, Hunderte von Krücken hinüberschleppte in die Kirche des heiligen Josef. Nun, Josef war ein Zimmermann, er hatte mit Holz zu tun, möchte man spöttisch bemerken ... – aber die Krücken, man schleppt sie dorthin, weil man sich selber eigentlich nur zu dem Heiligen *schleppt*! Man pilgert *auf den Knien* Stufe für Stufe zu ihm empor. So die echte Frömmigkeit! Daß alle möglichen Medaillen aufbewahrt, alle möglichen Heiligenreliquien verehrt werden, ist noch heute katholische Praxis. Wie sollte ein Mann wie Jeremia nicht dagegen sein!

Just jetzt sehen wir vor uns in Paderborn die Feier von Klein-Libori: Als wenn man den unechten Sarg eines vermeintlichen Heiligen nicht wenigstens irgendwann in Ruhe lassen könnte! Aber da Sankt Liborius offensichtlich ist an seinem Ort und Einfluß nur dort ist, wo er auch räumlich hinkommt, muß man ihn rund um den Dom im Kreis durch die Straßen tragen. Man kann den Spott in jeremianischem Sinne gar nicht deutlich genug über solche Possenstücke der Heiligenverehrung ergießen, daß es wird wie Säure über all diese Falschmalereien und Münzfälschungen.

Aktuell ist das Thema immer noch, selbst 2500 Jahre danach; der gesamte römische Katholizismus verliert seine Grundlage, wenn *das* hier gilt, was im Buch des Propheten Jeremia zu lesen steht. Vollkommen müßig zu sagen, daß die katholischen Gläubigen natürlich nicht die Mutter Gottes »anbeten«, daß sie noch weniger ihre Bilder »anbeten«, daß sie nur wallfahren zu den entsprechenden Wallfahrtsorten. Die Frage bleibt: Ja, aber warum fährt denn der Frauenverein dann nach Neviges oder nach Kevelaer? Und warum sitzt just in Kevelaer das Opus Dei wie ein Krake und hält das Geld in den Händen, um's an der Zollstätte zum Heiligtum einzunehmen? Ist das nicht selbst noch am Ende des 20. Jahrhunderts Schindluder getrieben mit der Angst des Menschen? Ist das nicht eine schamlose Ausbeutung selbstgeschaffenen Aberglaubens für rein wirtschaftliche und machtpolitische Zwecke? Und ist es nicht eine Schande, 2500 Jahre nach Jeremia immer noch den Kult der Himmelskönigin in ihrem ganzen Bilderreichtum beizubehalten? Die Reformatoren schon meinten, das ganze Ensemble griechischer Mythologie, der Kult der Artemis von Ephesos gehöre ins Museum. Es war Martin Luther, der gegen seinen Kontrahenten Karlstadt immerhin in Wittenberg noch sagte: »Wenn die Leute Sonne und Mond anbeten, wollt Ihr die dann auch verbrennen?« Und wollte damit sagen: Den Götzendienst überwindet man nicht, indem man Kunstwerke entzweischlägt, sondern indem man die Menschen über die Darstellungen des Göttlichen hinaushebt. Das war weise und besaß Kraft, aber es wirkte eben nur für die Hälfte der Christenheit, die protestantische. Sollten wir nicht endlich Ökumene treiben auf dem Boden der Bibel, Jeremia zu Ehren? Daß natürlich die Leute ihren Gott ganz nahe bei sich sehen möchten, am liebsten gleich im Tabernakel, und die Weinstube gleich nebenan, mag ja verständlich sein, aber es *ruiniert* die Menschen. Das ist der Hintergrund dieser Satire auf die Götzenbilder.

Vielleicht geht es ja auch gar nicht so sehr mehr um die Bilder, die Menschen sich in Gestalt von Götterstatuen, die als solche im Tempel stehen und erkennbar sind, in der Religionsgeschichte entworfen haben. Vielleicht müssen wir die *Götter* der Moderne ganz woanders suchen, zum Beispiel in Gestalt von Dollar-Banknoten oder Börsenindizes; *deren* »Tempel« wären dann die Hypobank, die Dresdner Bank, die Deutsche Volksbank – diese alle wären die wirklichen Tempel unserer heutigen wirklichen Götzen. Und in diesen Tempeln des Kapitals werden *Opfer* dargebracht, furchtbare Opfer. Man nennt sie freilich nicht so, man sieht sie auch nicht so, aber man nimmt sie in Kauf, und man will sie: brennende Urwälder, verwüstete Kontinente, Millionen Menschen im Elend, zwei Drittel der Menschheit als Sklaven der Zinsen für Schulden, die ihre Länder gemacht haben, um an den Erfolgen von wenigen Reichen nicht einmal teilzuhaben, nur im Geleitzug wenigstens, wie von ferne, dabeizusein. Und *der Götze Macht*: – was alles sind wir nicht bereit, für ihn zu tun! Wie viele Opfer müssen wir darbringen für die »richtige« Sache, für die Zukunft, die vermeintlich nur wir retten können! Da wird man über Leichen gehen müssen, und man nennt es eine vernünftige Politik, der man die Hekatomben menschlicher Opfer darbringt.

Vielleicht auch, daß man Jeremia ein Stück weit noch tiefer, als er selber es sah, ins ganz Persönliche heben muß. Daß da ein Gott ist, der Blitze zu Regen macht, ist in seiner Zeit unter den Hebräern wohl noch ein eindrucksvolles Bild. Die antiken Griechen, soweit sie lesen und schreiben konnten, wären mit solchen Witterungserscheinungen durchaus nicht mehr zu beeindrucken gewesen. Sie hätten sich gefragt, wie es denn möglich ist, daß es in den Wolken blitzt und donnert. »Zeus hat Spaß daran«, war für sie zweihundert Jahre nach Homer keine Antwort mehr. Und daß Jahwe seine Freude an Gewittern hat, nun ja, wer das glaubt, mag das tun, aber es erklärt nicht die Sache. Die griechischen Weisen haben gewußt, daß man eine Gewittererscheinung mit den Mitteln der damaligen Zeit zwar noch nicht erklären konnte, aber daß ganz sicher nicht irgendein Gott dafür verantwortlich gemacht werden konnte. Welche Gesetze stecken hinter einem Gewitter? Das wollten sie herausfinden.

All die Texte des Jeremia-Buches sind im Wörtlichen an dieser Stelle widerlegt; sie verraten keinerlei Ahnung von Thermodynamik und Elektromagnetismus. Aber immer noch gibt es Leute, die werden, wenn ein Gewitter kommt, unter der Erziehung kirchlicher »Verkündiger« Kerzlein anzünden und dafür beten, daß Gott den Blitz nicht just in ihre Wohnung lenke. Wieder: Die Angst ist weit, weit stärker, als das Denken sein müßte, wenigstens für jeden, der heute, 100 Jahre nach den frühen Entdeckungen des 19. Jahrhunderts in den Naturwissenschaften, belehrt worden ist.

Wenn wir Jeremia trotzdem verstehen wollen in seinem Kampf gegen den Götzendienst, der das Volk seiner Meinung nach in den Zusammenbruch leitet, so müßten wir das Thema »Götzendienst« vielleicht einmal beleuchten an einem Schicksal von Menschen wie uns. Immer werden wir denken, wenn wir falsch leben und eine Krise kommt, wie das Volk Israel sie hier erlebt, daß wir noch einmal davonkommen würden. »Ich dachte ja nur, das sei so eine Krankheit«, sagte mir dieser Tage ein Mann. Wir werden selbst die Vorzeichen einer drohenden Katastrophe noch schönreden. Wir werden uns sagen, so schlimm sei das alles ja noch nicht, es gebe ganz sicher noch Spielraum, mit den alten Fehlern so weiterzumachen; und vielleicht sind die alten Fehler ja gar keine Fehler, sondern nur Mittel, es trotzdem noch zu schaffen …

So erzählte mir ein Mann vor einer Weile im Rückblick sein Leben voller Wehmut, Trauer und Verzweiflung – eine ehrliche, mutige Bilanz. Er hatte es weit gebracht, er war weit im Ausland herumgekommen, er sprach mehrere europäische Sprachen, er war für seine Auftraggeber außerordentlich wichtig gewesen. Und er hatte eine Frau kennengelernt, die er liebte und die ihn liebte, mit der er gemeinsam Musik hörte, über Philosophie diskutierte, während sich doch die Vorboten des Verfalls dieser Beziehung immer deutlicher abzeichneten. Es geschah immer öfter, daß er sein Glück anderswo suchte, daß er seine Energien in viele Richtungen lenkte, statt sie zu bündeln, Alkoholprobleme begannen; die Polizei entzog ihm über ein Jahr lang seinen Führerschein. Das war ein Malheur, aber das nahm er noch nicht so ernst. Als er beinahe jemanden totgefahren hätte, schwor er sich zum ersten Mal, wenigstens nie wieder Alkohol zu sich zu nehmen. Er war gerade noch am Gefängnis vorbeigekommen. Aber auch sein Gesundheitszustand verschlechterte sich: sein Herz, sein Kreislauf, seine Psyche, eine chronische Nervosität, eine ständige Gereiztheit, immer neu das Gefühl, einem Erfolg hinterherzulaufen, der sich im Endgültigen doch nur wieder verweigerte. Und immer schneller ging die Jagd. Viel zu spät erkannte dieser Mann, daß man ihn gehalten hatte wie einen Windhund hinter einem elektrischen Hasen: Er sollte überhaupt nichts fangen; in gewissem Sinne sollte er nur tüchtig sich zu Tode laufen.

Wo im Kapitalismus bedeuteten die angestrebten »Erfolge« Genuß, persönliches Glück, seelischen Gewinn? Die Menschen in diesem System werden verbraucht wie Ware, sie werden geschunden bis zum äußersten. Die Illusion auch nur, sie könnten vielleicht doch Erfolg haben wie Spieler am Roulette, dieser Wahn hat Methode.

In unserem Falle war *seine Frau* es irgendwann leid. Das war der Grund jetzt für seinen Zusammenbruch. Von da an ging's für ihn nicht mehr weiter. Er hatte gerungen um die Liebe dieser Frau, und nun war alles vergeblich. Dabei verstand er durchaus, warum sie wegging. Das Maß war lange schon voll. Sie hatte völlig recht, sagte er sich. Aber kann ein Mensch leben in dem Gefühl, absolut nicht liebenswert zu sein? Und dabei hatte er alles versucht! Er hatte alles gegeben, er hatte sich engagiert, so gut er es vermochte!

Ich erzähle Ihnen diese Geschichte, weil ich denke, sie ist eine außerordentlich dichte, kompakte Verdeutlichung für so etwas wie einen ganz normalen Götzendienst, in dem wir irgendwie alle vorkommen. Was heißt denn im Sinne des Jeremia, an einen Gott zu glauben, der keine Bilder braucht noch verträgt, außer man gibt all die perfekten, ins Absolute gehobenen Zwecksetzungen auf, in die man uns gezwängt hat? Zu »Gott« zu finden setzt voraus, daß jemand sich bemüht herauszufinden, wer er selbst ist, ohne jede fremde Beauftragung, ohne jede Verformung von außen. Denn die Macht, die das möchte: dich selbst, mich selbst – die allein verdient es, Gott genannt zu werden. Die trägt wie die Erde, die gibt Hoffnung wie der Himmel; aus ihren Händen kommt beides, die Zusage wie die Verheißung.

So hofft Jeremia. Aber dann wird's die Frage, ob's je auch gehört wird. Die gesamte Theologie, die der Prophet hier vorträgt, ist wie ein letzter Vorschlag. Schon sieht er, glaubt er vor sich zu sehen, daß in der Verweigerung seiner Hörer sich das Unheil unfehlbar vorbereitet. Sein alter Schrecken, ja, der Grund, überhaupt Prophet zu sein, ist dieses Bild, das jetzt wieder auftaucht: das Gericht aus dem Norden, der überlaufende Kessel ... – Wieder sieht er's, wie sie kommen werden! Sein ewiger Alptraum! Sie werden die Dörfer zur Wüstenei für Schakale machen; menschenleere Ruinen werden dort sein, wo jetzt noch Kinder auf den Plätzen spielen. Jeremia sieht es und kann es nicht ändern. Und diese Not zwingt ihn, für sein Volk zu beten, Gott möge es strafen, ja, er möge strafen, aber doch nicht zu viel, wenigstens doch nicht zu viel! Gott möge gerecht sein! Aber was ist denn die »Gerechtigkeit« Gottes außer seiner Barmherzigkeit!

Es gibt kaum ein erschütternderes Gebet in der Bibel als dieses Gebet des Jeremia. Die Menschen in seinen Augen sind doch gar nicht imstande, dem Weg zu folgen, den sie einschlagen möchten. Im Bild gesprochen: Sie sind wie Seeleute, die an Bord eine Karte haben und nach dieser Karte segeln möchten, doch der Sturm peitscht sie fort, so daß sie weit ab von ihrem Kurs driften. Ihre Kraft reicht nicht aus, um gegen das Gebraus des Windes anzuhalten und die Segel immer wieder so zu brassen, daß sie kursgenau kreuzen könnten. Selbst wenn sie nach dem Taifun noch ein Überleben haben, wie können sie sich aufraffen und die Fahrt fortsetzen? Welch ein Mensch hätte es in der Hand zu sagen: So will ich! – und dann täte er's?

Wir am Ende des 20. Jahrhunderts brauchen womöglich die ganze Psychoanalyse, um das Gebet des Jeremia an dieser Stelle nachzustammeln. Immer noch lehrt die kirchliche Moraltheologie, daß wir unseres Glückes Schmied seien, daß wir freie Wesen seien, fähig, über Gut und Böse zu entscheiden, und daß dementsprechend auch Gott, schon aufgrund seiner Gerechtigkeit, uns bestrafe für das Böse, um uns zur Umkehr zu nötigen. Jeremia teilt ohne Zweifel Gedanken dieser Art, aber seine eigene Einsicht ist so viel größer! Wann je gäbe es jemanden, der gebetet hätte zu Gott in der Bibel so wie dieser Prophet hier: Gott möge seine Strafe *mäßigen* an der Hilflosigkeit der Menschen, an ihrer Ausgesetztheit! Es ist im Neuen Testament, daß Jesus, der Überlieferung Lukas' (23,34) zufolge, bei seiner Kreuzigung gebetet haben soll für all seine Henker. »Vergib ihnen Herr, denn sie wissen ja nicht, was sie tun.« Solche Worte sind beides in einem: die äußerste Form einer Anklage, wenn man so will, aber auch ein Flehen um Freispruch. Derselbe Jeremia, der immer wieder den Gott des Zorns, den Gott der Strafe schildert, den Gott, der gar nicht anders kann, als sich nach seinem eigenen Bunde in Treue zu halten und dafür die Untreue seines Volkes zu bestrafen, dieser selbe Jeremia wird hier bis an den Punkt gedrängt, an dem Paulus später stehen wird, an dem im 16. Jahrhundert Martin Luther stehen wird. Gerade die Menschen, die es besonders gut meinen, erleben, wie wenig sie wirklich können.

Die Konsequenz daraus kann nur darin bestehen, sich Gott in die Hände zu geben. Das schon wäre eine Religion nach Art des Jeremia: *Höret meine Stimme.* »Ein zerknirschtes Herz, das ist Gott lieb«, werden die Psalmen sagen im Sinne des Jeremia (Ps 51,19). Nur, sein Volk wird dahin nicht kommen.

Entschuldigend für das Volk mag man sagen, dieser Prophet begehe in pädagogischer Absicht oder auch nur in werbepsychologischer Hinsicht tatsächlich einen Fehler nach dem anderen. In dieser Szene hier wird ihm eine Aufgabe gestellt: Er, der Priestersohn aus Anatot, soll, aller Wahrscheinlichkeit nach am Festtag der Bundeserneuerung, dem Volk den göttlichen Willen auslegen. Fahrlässige Veranstalter, müßte man nebenbei sagen – einen Jeremia einzuladen zum Festtagsgottesdienst! Hätte man sich nicht an irgendeinen der vertrauten Redner halten können! Der hätte gesagt, was er sagen muß, und es wäre ein wunderbarer Gottesdienst geworden: Man wäre erbaut und erfreut gewesen und gesegnet und mutig nach Hause gegangen. Und zu was denn soll auch die Religion anderes gut sein als eben zur Ermutigung, zum Trost und zur Erbauung? Haben die Menschen, wenn sie religiös fühlen, nicht etwa ein Recht, solche Worte des Trosts zu vernehmen? Wenn sie mit Opfern in den Tempel kommen, dürfen sie dann nicht erwarten, daß ihnen eben dies zugesagt wird – der tröstende Zuspruch? Wozu sonst zahlen sie Steuern oder bringen ihre Opfertiere in den Tempel, damit sie von den Priestern geschlachtet werden? Diese Leute verzichten auf so vieles, und natürlich: sie könnten sich ein schönes Leben machen, ganz wie die Gottlosen. Aber wenn sie schon fromm sind, dann möchten sie wenigstens von den Priestern und Gottesrednern hören und bestätigt bekommen, daß sich ihr Beten und Opfern gelohnt hat. Das wär' doch wohl das wenigste.

Jeremia vernimmt von seinem Gott, jedenfalls sagt er es so, daß er der Einladung als Festredner zu dieser Veranstaltung zusagen soll. Offensichtlich ist ihm der Entschluß nicht leichtgefallen; denn er muß geahnt haben, wie die Geschichte weitergehen wird. Freilich, wie man ausgerechnet auf ihn, Jeremia, verfallen konnte, ist, nach allem, was wir bisher von diesem Propheten gehört haben, mehr als fraglich. Vermutlich hatte man ihn doch noch nicht richtig wahrgenommen; sonst hätte man gewußt, daß dieser Mann den Gottesdienst in einer Art ernst nimmt, daß er sich am Ende selbst widerlegt. Jeremia soll verkündigen und wird in der Tat auch verkündigen den ganzen Inhalt der Bundestheologie: Gott hat sein Volk auserwählt; er hat es bei der Hand genommen und hinausgeführt aus dem Glutofen Ägypten; er hat es in die Freiheit gebracht und ihm ein Land versprochen voller Milch und Honig; und das Versprechen ist eingetreten.

An dieser Stelle fällt jenes Wort, das für Jesus später so wichtig sein wird: Jeremia antwortet auf den Befehl seines Gottes, den Auftrag anzunehmen, mit *Amen*. Was dieses Wort im Neuen Testament bedeutet, ist genau dieses: Ich rede jetzt, weil Gott mit mir geredet hat, und ich stehe für die Wahrheit dieses göttlichen Wortes gerade mit meiner ganzen Person; so soll es sein, und so wird es sein!

Mit dem Wort *Amen* wird ein Prophet völlig deckungsgleich mit seinem Auftraggeber. Er bildet sich nicht ein, von Amts wegen, etwa wie der römische Papst, unfehlbar zu sein. Er setzt ganz im Gegenteil seine Person auf Sein oder Nichtsein identisch mit einem bestimmten Auftrag. Entweder es stimmt jetzt alles, oder es wird alles falsch.

Was ist ein Prophet? Es gibt viele Definitionen für diese großen Männer der israelitischen Religionsgeschichte, aber die einfachste lautet: Es sind Leute, die durch ihr Auftreten die Menschen zwingen, in einem bestimmten Augenblick sich zu entscheiden, so oder so. Vergleichen wir's nur noch einmal: Was kann in einem gewöhnlichen Gottesdienst vernünftigerweise gesagt werden, an einem Festtag zum Bundesschluß, außer daß gesagt wird: »Ihr, die ihr hier sitzt, seid das auserwählte Volk; auf euch ruht der Segen Gottes; Gott hat euch lieb seit all den Jahrhunderten.« – Das Buch Deuteronomium (5. Mose also), die ganze deuteronomistische Frömmigkeit wird so reden. Drum daß man gemeint hat, dieser Text stamme womöglich überhaupt aus einer deuteronomistischen Quelle und verdrehe in gewisser Weise die Botschaft des Jeremia; in diesem Text hier habe man aus ihm einen Wandermissionar, eben für das 5. Buch Mose gewissermaßen, gemacht: – Er soll seinen Auftrag ja in den Dörfern und den Straßen weitersagen.

In Wahrheit ist Jeremia durchaus *nicht* identisch mit dem Bundesbuch. Auch im Bundesbuch werden Opfer verordnet, gegen die Jeremia, wie wir hörten, eine Menge einzuwenden hat. Aber richtig ist: der Gedanke der Bundestheologie lebt in Jeremia; und so müssen wir denken, dieser Eklat, der hier geschildert wird, besitze zumindest gewisse historische Züge, wenigstens verdichte er die Art und Weise des Jeremia in seinem Auftreten.

Stellen wir uns die Szene also so vor, wie sie berichtet wird. Man erwartet in dem Gottesdienst zum Bundesschluß von Jeremia so sicher ein Wort der Bestätigung, wie in einer römisch-katholischen Meßfeier sonntags morgens um zehn, egal, wie der verlesene Bibeltext lautet, egal, wie die Zeitumstände sind, egal, was zeitgeschichtlich passiert sein mag oder passieren könnte, erwartet wird, daß pünklich nach spätestens 40 Minuten alle Gläubigen eingeladen werden, den Leib des Herrn, des Gottessohns Jesus Christus, zu empfangen in den Gestalten von Brot und Wein. Man erwartet auf jeden Fall die Bestätigung, daß die versammelte Gemeinde mit Gott eins sei – das ist das wenigste. Denn sonst wäre ja hier keine Kirche; wenn man nicht sagen müßte und sagen dürfte, Gott stehe zu eben der Gruppe, die er sich durch seine Gnade erwählt und geschaffen habe und alle, die ihr zugehören, hätten teil an Gott, könnte von dem Volk oder der Gemeinde Gottes keine Rede sein. Teil an Gott – eben das ist ja die Erwählung, das ist ja der

Bund, daß es eine solche göttliche Versicherung in der Tradition der religiösen Gruppe gibt.

Jeremia kommt in die Festtagsstunde, und er erklärt zunächst die ganz normale Bundestheologie in genau diesem angegebenen Sinne. Man stelle sich, der Bedeutung der Feier des Bundesschlusses wegen, eine gut katholische Meßfeier nicht an irgendeinem beliebigen Tag vor, sondern just in der Osternacht; in der Osternachtfeier wird der Pastor die ganze Gemeinde zur Erneuerung des Taufversprechens auffordern: »Eben weil wir alle getauft sind«, wird er sagen, »sind wir teilhaftig der Gnade Gottes. Wir müssen uns nur daran erinnern und entsprechend leben. Aber das tun wir ja, sonst wären wir nicht hier. Und wenn wir's nicht tun, bereuen wir es gerade jetzt in dieser erhabenen kultischen Feierstunde.« – Mehr ist doch nicht zu erwarten, du lieber Gott! Ist man wirklich darauf vorbereitet, daß da ein Jeremia daherkommt, der mitten in der Osternachtfeier sagt: »Wir brechen das ab! Es hat keinen Zweck! Das mit dem Taufversprechen ist null und nichtig!«? Doch eben: ganz ähnlich ist Jeremia aufgetreten: »Das Versprechen des Bundes existiert nicht mehr«, sagt er, »denn Gott hat ihn geschlossen, ihr aber habt ihn gebrochen! Es gibt ihn nicht mehr!«

Aber ist es möglich, einen Bund oder gar ein Liebesverhältnis einfach folgenlos zu brechen? Was macht eine gekränkte Liebe? Was ein betrogener Bündnispartner? Die Konsequenz des Bundesschlusses steht bereits in Amos 3,2: *Ich habe euch erwählt aus allen Geschlechtern der Erde, drum werde ich an euch heimsuchen all eure Sünde.* Es ist ein Wort auch aus Deuteronomium 4,34. Es besagt, daß Gottes Liebe sich in Zorn, ja, in Haß verkehren wird, wenn »sein« Volk aus der Gemeinschaft des Bundes ausbricht. Und das ist denn auch der Gedanke, das heißt die schreckliche Gewißheit, die Jeremia zuteil wird: Weil das Volk den Bund Gottes mißachtet hat, steht jetzt alles auf Entweder – Oder. Eben weil Gott sein Volk derart liebt, fängt er jetzt an, es zu hassen, und dazwischen gibt es keinen Übergang, ganz so, wie ein Mann und eine Frau, die sich einmal geliebt haben, im Falle, daß sie sich verfeinden, nach und nach merken werden, daß zwischen ihnen zu viel an Schmerz und Enttäuschung steht, um sich einfach neutral, wie emotionslos, begegnen zu können. Gott, der einmal der Freund Israels war, ist jetzt zu seinem Feind geworden, erklärt Jeremia, und zwar weder »aus Prinzip« noch aus bloßer Laune, nur einfach deshalb, weil er weiter treu an seinem Bunde festhält und mit allen Schrecknissen seine »Braut« Zion gewissermaßen aus dem Ehebruch zurücknötigen will. Und wieso Ehebruch, wieso Treuebruch? Nun, schon einfach deswegen, weil man sich Gott reserviert hat bloß noch für die Feiertage, um am Werktag darauf allem den Rücken zu kehren und die Hände wieder für »das Eigentliche« frei zu haben.

Es gibt vielleicht am heutigen Samstag zur Verdeutlichung dessen, was eine im Sinne des Jeremia tadelnswerte Feierstunde sein kann, kein besseres Beispiel als den letzten Sonntag, als man in Frankfurt den Friedenspreis des Deutschen Buchhandels überreichte. Zu dieser Feierstunde erschienen – schon weil sie wohl ahnten, was passieren könnte, wenn man einen türkischen Kurden und Sozialisten zu einer solchen Ehrung vorschlägt und einen deutschen Sozialisten, Günter Grass, als Festredner einlädt – nicht *alle* Politiker, aber immerhin, die politische Klasse war respektabel repräsentiert. Aber nun trat dieser Günter Grass auf und erklärte dem versammelten Volke, er schäme sich für uns Deutsche. Ob wir schon wieder uns damit einverstanden fänden, daß Menschen aus unserer Mitte bei Nacht und Nebel abgeschoben würden. 4800 von ihnen lebten heute in Gefängnissen wie Schwerkriminelle, nur weil sie keine Heimat mehr hätten und versuchten, bei uns eine Bleibe zu finden. Darin ganz allein bestehe ihr »Verbrechen«. – Gleich am Montag darauf schrieb DIE WELT, so dürfe man nicht sagen! Dieses »*schon wieder*« (jetzt müssen Sie zuhören) *beleidige* die Opfer des Holocaust! Der Holocaust sei etwas Einmaliges und Unwiederholbares und lasse keinerlei Vergleiche zu. Jemand, der so rede wie Günter Grass, vergehe sich an den jüdischen Opfern des Nationalsozialismus ...

Dieser Tage fragte mich eine Deutsche, die im Ausland lebt, ob es mit der Fremdenfeindlichkeit der Deutschen wirklich so schlimm sein könne, wir hätten doch immer wieder alljährlich die Erinnerungstage, an denen wir ausdrücklich der Verbrechen der Nazizeit gedächten. Ich erlaubte mir zu sagen: »Natürlich gedenken wir der Verbrechen der Nazizeit; aber wir tun es in besonderer Weise.«

Am Gedenktag des 20. Juli 1944 zum Beispiel wird unser Bundeskanzler sagen, daß wir gegen jegliche Diktatur und ihre Verbrechen gefeit seien, weil wir in der Demokratie lebten; und das sei der Sinn des Widerstandes gegen Hitler am 20. Juli heute. Helmut Kohl wird nicht einmal den Gedanken zu hegen wagen, geschweige denn ihn aussprechen, daß die Leute vom 20. Juli gezeigt haben, daß es möglich und unter Umständen nötig sei, Gesetze, die vom Staat erlassen und genehmigt sind, zudem noch mit schweigender Duldung der Kirchen, zu brechen, um ein Mensch zu bleiben. Der Kanzler spricht auch nicht von der unerhörten Einsamkeit, die es kostet, wenn jemand in den Widerstand gegen ein ganzes Volk und seine Führung zu gehen sich getraut. Er wird nicht einmal auch den Hauch nur einer Vermutung darüber äußern, wieviel Angst und Ungewißheit und Unsicherheit darin liegt, allem, was offiziell gesagt und getan wird, widersprechen zu müssen und schließlich widersprechen zu wollen. »Wir sind in der Demokratie, und deshalb wird uns etwas Ähnliches wie in dem Spuk, der 12 Jahre lang Deutschland verwüstete, nie widerfahren können; uns schützt die Verfassung!« Aber wieso denn? Könnte es inzwischen nicht sein, daß die bundesrepublikanische Normalität selber Dimensionen des Verbrecherischen aufweist? Und nun, ernsthaft gefragt: Natürlich gedenken wir Auschwitz, Buchenwald, Dachau, Bergen-Belsen, der Konzentrationslager, mit großer Regelmäßigkeit; aber kann's nicht sein, daß all das nur geschieht, um die Augen zu verschließen *vor der Gegenwart*?

Genau diesen wieder ganz jeremianischen Gedanken äußert Jesus einmal im Matthäus-Evangelium, Kapitel 23: »Ihr baut«, sagt er, »den Propheten Denkmäler und erklärt, hätten wir gelebt in ihren Tagen, wir hätten die Propheten nicht ermordet. Aber damit zeigt ihr nur, daß ihr die Söhne der Prophetenmörder seid« – soll heißen: Ihr begeht *wesenhaft* immer wieder von neuem dieselben Fehler, die damals schon begangen wurden! Natürlich begeht ihr nicht buchstäblich die Taten der Vergangenheit – die Taten der Vergangenheit sind und bleiben Taten der Vergangenheit, äußerlich wiederholt die Geschichte sich nicht. Aber das hindert nicht, daß ihr in der Gegenwart dieselbe Haltung an den Tag legt, die damals in die Katastrophe führte. Indem ihr der Vergangenheit gedenkt, kauft ihr euch frei für die Gegenwart. »Wir haben die Gnade der späten Geburt«, sprecht ihr, »wir waren damals gar nicht dabei, also können wir ja nicht tun, was damals geschehen ist.« Vielleicht aber sagt ihr nur: »Wir tun nicht, was damals geschah«, um alles das heute nur um so ungehinderter wieder zu begehen. Ihr verfolgt in euren Reihen keine Juden mehr; aber Kurden, Algerier, Tamilen, Äthiopier – sind das nicht auch Menschen?

Das ist der Gedanke des Jeremia hier: Ihr benehmt euch nicht anders als eure Väter, will er sagen. Die »Väter« galten bislang unangefochten als der Stolz Israels: Abraham, Jakob – in ihnen malte sich das Ideal des Volkes. Aber Jeremia bekommt es fertig zu sagen, daß Gott schon den »Vätern« nach dem Auszug aus Ägypten vergeblich gepredigt habe, ganz so, als sei die gesamte Geschichte Israels eine einzige Geschichte des Ungehorsams und Abfalls.

Eine solche Aussage muß so wirken, wie wenn 1946 jemand damit begonnen hätte, auf dem Hintergrund der schrecklichen Erfahrungen des Dritten Reiches die deutsche Geschichte noch einmal ganz neu zu lesen. Ist nicht alles, was war, auf dieses Ergebnis zugelaufen? Doch wo fängt man an? Waren nicht die Wikinger vielleicht schon die Vorbereiter der Nazis? Oder Heinrich II.? Oder Martin Luther? Oder Goethe? Haben sie nicht alle irgendwie dazu beigetragen, daß »das« möglich wurde – Adolf Hitler und der Wahn von der germanischen Rasse?

Das hieße: *eure Väter*. Es liefe auf eine Aussage hinaus, wie Goldhagen sie neuerdings äußert, es sei halt das Wesen der Deutschen, Barbaren zu sein. Natürlich ist eine solche Betrachtungsweise ungerecht. Natürlich kann man nicht sagen: das Wesen eines ganzen Volkes ist so oder so. Aber fragen muß man sich doch, wie man an Gedenktagen mit der eigenen Vergangenheit umgeht, außer, man aktualisiert das Vergangene und macht ernst mit der gewonnenen Erkenntnis. Und genau das tut Jeremia hier.

Können Sie sich bereits vorstellen, wie die Folgen für ihn gewesen sind? Man breche ein heiliges Tabu, man skandalisiere einen Gottesdienst – der allgemeine wie persönliche Haß wird nicht lange auf sich warten lassen. Gemessen an Jeremia, hat Günter Grass sich am letzten Sonntag noch milde ausgedrückt. Jeremia kennt offenbar überhaupt kein Tabu mehr. Er mutet dem Volk, gewissermaßen am Tag seines Taufversprechens, zu, sich selber zu betrachten wie Heiden und Schlimmeres. Die Gründe, die er für seine beleidigenden Anwürfe geltend macht, bestehen im Götzendienst, bestehen in der Unmenschlichkeit, die daraus folgt, bestehen in der Abkehr von Gott. Es sind schwere Gründe, die schwere Vorwürfe rechtfertigen. Aber natürlich muß Jeremia damit rechnen, daß er fortan aufs äußerste geächtet sein wird. Eine Szene wie diese läßt sich in alle Zukunft nicht mehr reparieren. So etwas macht man einmal und kein zweites Mal.

Wir müssen denken, daß die Szenen, die jetzt geformt werden, historisch sich in etwa wohl so, wie geschildert, ereignet haben. Es waren die eigenen Angehörigen in Anatot, Teile der eigenen Familie also oder sogar die Sippe als ganze, die Jeremia auf den Tod hin nachstellte. Und doch melden sich Zweifel. Wie hält ein Mensch es aus, ständig gegen den Wind, gegen den Schnee anzugehen? Liegt's nicht langsam nahe zu denken, Jeremia werden womöglich paranoisch, er bilde sich das alles nur ein? *Er* ist der Feind aller, drum sind ihm alle Feind, so einfach könnte die Psychologie dieses Propheten aussehen. Jeremia aber erklärt sich seine Lage damit, Gott selber habe ihm die Wahrheit geoffenbart, und nur so sei er allen Anschlägen entronnen. Es ist wie ein Teufelskreis: Die Identität mit Gottes Auftrag macht den Abstand des Propheten zu allen anderen nur immer größer, dann aber liegt in ihr auch aller Schutz und alle Geborgenheit.

Eine solche Jeremia-Einsamkeit erleidet in der Bibel im Grunde nur noch im Neuen Testament Jesus am Ölberg und auf Golgota. Daran liegt es, daß die Person des Mannes aus Nazaret an Jeremia historisch weit deutlicher erinnert als an Jesaja zum Beispiel, auf den die neutestamentliche Theologie bereits sich so sehr bezieht. Im Falle des Jeremia ist es wirklich kaum anders möglich, als daß die eigenen Familienangehörigen diesen Mann nur sehen können als Verräter, Nestbeschmutzer und Feind aller Menschen. Sie entehren den Priestersohn aus ihrer Heimatstadt Anatot, diesen Abkömmling aus einem ehrwürdigen Geschlecht von Priestern. Sagen wir ganz einfach: Sie denken so simpel, diese Familienangehörigen, wie man's ihnen beigebracht hat: Gott wohnt im Tempel; Israel und Juda sind sein Volk; Israel ist vernichtet, aber Juda existiert immer noch; und im Tempel tut man die Werke des Herrn. Eben deshalb ist der Tempel das Heiligtum; jeder, der dort auftritt, handelt in Gottes Funktion; also muß er sich an die Vorschriften halten; wenn er das nicht will, muß er ja am Tempel nicht Dienst tun; aber wenn er das will, dann muß er sich fügen und hat nicht das Recht, die Leute zu verwirren, indem er ewig von Katastrophen phantasiert. Die drohenden Katastrophen wird man durch eine vernünftige Politik, wie sie am Hofe getrieben wird, schon abwehren. Eben deshalb braucht man ja Soldaten, braucht man ja Festungswälle, braucht man ja politische Verträge, mit den Ägyptern beispielsweise; und wofür gibt es einen König, wie Jojakim. Natürlich braucht man auch entsprechende Vorsichtsmaßnahmen gegen die Babylonier. Jojakim regiert, weil König Josia von den Ägyptern ermordet wurde. Die Ägypter demnach sind die natürlichen Bündnispartner gegen die Babylonier. So einfach liegen die Dinge! Gott redet eben durch den Atemwind der Geschichte. Politik und Macht sind identisch mit Gottesdienst und Frömmigkeit. Schon deshalb braucht man die Feiern. Schon deshalb benötigt das Volk sie.

»Was hältst Du von der Institution, von der Kirche?« – so lautet die Dauerfrage auch heute noch gegenüber jeder prophetischen Kritik. »Aber wir müssen doch eine Institution haben«, erklärt man, »die Menschen brauchen die Kirche!«

Die Antwort des Jeremia auf eine solche Denkweise steht hier geschrieben mit glühendem Griffel und lautet, daß die ganze Institution Lüge sein kann, daß die ganze Kirche zu einer bestimmten Zeit nichts als ein Götzenspuk sein kann, daß man die Frage: Wer bin ich vor Gott, nicht an das Kollektiv delegieren kann. Das, was er eben noch vom Götzendienst gesagt hat, bezieht er jetzt auf den ganzen Tempel; und eben mit diesem Widerspruch spricht er sich selbst fast das Todesurteil. Nur mit Mühe entkommt er.

Soll man seiner Familie den Anschlag übelnehmen? Ihnen allen wird man Jeremia zum Vorwurf gemacht haben, also verwerfen sie ihn.

Im Neuen Testament findet sich etwas Vergleichbares schon im 3. Kapitel des Markus-Evangeliums; die Geschichte dort verläuft gänzlich anders, als die Marienlegende der katholischen Kirche uns weismachen möchte, wonach die »Gottesmutter« immer schon wußte, daß sie zu Bethlehem einen »Gottessohn« geboren hatte, und anbetend fromm ihn durchs Leben und in den Tod geleitete. In der Geschichte bei Markus sieht man Maria mit ihren älteren Söhnen aus Nazaret kommen, um Jesus einzufangen, wenn man so sagen will. Denn sie erklären, er sei »verrückt geworden« – das steht wörtlich in diesem Text; und es ist als ein Zeichen von Liebe zu erachten, daß man die Familienschande eindämmen und zumindest das Schlimmste noch verhindern möchte, nicht nur für sich, auch für Jesus selber. Denn aus Jerusalem kommen sie schon und sagen: »Er hat den Satan im Kopf.« Er wirkt Wunder der Heilung? Das ist Schwarzmagie in ihren Augen; das wird gewirkt mit dem Baalzebul, dem Obersten der Teufel. Der ist sein Vater! Man kann's ja doch sehen: Er hält es immer mit den Falschen! Den Unfrommen läuft er hinterher; den ketzerischen Samaritern tut er schön; Zöllner, Huren und Bettler, die ganze Mischpoke in Galiläa, die lädt er ein an einen Tisch. Natürlich ist dieser Mann verrückt. Er bringt alles durcheinander (Lk 23,5!) – das zeigt doch, daß er gegen Gott ist! Er ist ein Verräter an der Wahrheit, schon weil er gegen sein eigenes Volk ist ...

Gedanken und »Argumente« sind das, wie man sie heute im Raum der Kirche zu hören bekommt – man braucht für »Volk« (Gottes) nur (römische) Kirche zu sagen. Im Sinne der Kirchentheologie ist Gott mit seiner Kirche identisch. Wer daher etwas gegen die Kirche einzuwenden hat, muß etwas gegen Gott haben. Wer etwas sagt gegen die Kirchenbeamten, der kann nicht Gott im Herzen tragen. So einfach ist das. Und wenn jemand es zu weit treibt, *verdient* er den Tod – den Ausschluß aus der Gemeinschaft der Lebenden, der Gläubigen – die Exkommunikation.

Die Hinrichtung der Abweichler ist im Alten Testament heiliges Gottesrecht. Deuteronomium, Kapitel 13 ordnet an, Falschpropheten und Ketzer zu steinigen. Genau betrachtet, hat die Priesterfamilie von daher die Pflicht, sogar als allererste dafür zu sorgen, daß Jeremia getötet wird. Ja, es gilt, *den Baum zu fällen mitten im Saft*. Wann denn auch sonst? Soll man etwa warten, bis er seine giftigen Früchte wirft, um noch mehr Bäume zu produzieren, bis daß die Drachensaat aufgeht? Natürlich im Frühling, kaum daß man sieht, was da wächst, muß man an den verderblichen Baum die Axt legen. Je früher, je lieber. Einschreiten muß man. Das ist Verantwortung, das ist göttliche Pflicht. Daß Jeremia sich hier beschwert, ein großes Schaf gewesen zu sein, weil er nicht sah, was sie vorhatten, mag die Situation historisch richtig wiedergeben. Aber womit denn hat er wirklich gerechnet, dieser Illusionist? Was hat er denn erwartet, wenn er mitten im Tempel, mitten im Gottesdienst in einer solchen Weise auftritt? Daß sie ihm noch Beifall klatschen? Daß sie ab sofort Sackleinen überziehen und sagen: Wir tun Buße, lieber Jeremia? Alles, was wir fünfzig Jahre lang gehört haben, gilt für nichtig, weil Du so gesprochen hast? Ab heute morgen, Gott sei Dank, wissen wir's?

Offenbar hat er das wirklich geglaubt, der arme Jeremia. Seine einfache Wahrheit schien ihm evident; er mußte sie nur vortragen, und alle würden es sehen; es würde sein, wie wenn eben die Sonne aufginge. Doch jetzt: Selbst seine eigenen Angehörigen wollen ihn loswerden! Die Enttäuschung sitzt für Jeremia so tief, daß er zu einer furchtbaren Gleichung gelangt.

Schon hatte Gott ihm gesagt: »*Du mußt für sie nicht beten*.« Demselben Mann, der eben noch flehte: »Straf, lieber Gott, aber strafe mit Maßen«, dem wird erklärt: »Es hat keinen Zweck, *bete überhaupt nicht mehr für dieses Volk, ich höre sowieso nicht mehr.* Sollen sie sich mit ihrem Geplärr an ihre Götzen wenden. Dann können die zeigen, was sie können – nichts nämlich!« Schon dieses Wissen um die Vergeblichkeit jeder Fürbitte ist etwas Schreckliches. Jetzt aber betet Jeremia, und er betet *gegen* sein Volk, *gegen* seine Gegner: »Rache« – das Wort steht wirklich da. Es ist die enttäuschte Liebe eines glühend Glaubenden. Niemand von seinen Angehörigen wird ihn jetzt noch verstehen. Alle werden sie sagen: »Was ihn umtreibt, ist Haß.« Tatsächlich haben sie ihn jetzt soweit. Was Jeremia jetzt sagt, ist als »Liebe« nur noch in verstellter Form zu hören. An dieser Stelle hier wünscht Jeremia, daß Gott dreinschlägt, weil's in des Propheten Augen die einzige Art ist, in der er sich noch zeigen kann. So weitergehen wie bisher darf's um keinen Preis.

Wir sind dicht dabei, daß Jeremia darum *beten* wird, daß Gott nicht nur in Anatot dreinschlägt, sondern daß der babylonische König Nebukadnezzar komme als der Hammer Gottes und ganz Jerusalem zerstrümmere (Jer 18,21–22). Es wird immer dunkler um den lichtbringenden Propheten. Niemand bei solchen Worten kann noch glauben, so etwas sei gesprochen in einem Raum ringender Liebe. Und doch, genauso verhält es sich bei Jeremia. Man wird es sehen, wenn es soweit ist. Als Jerusalem in Flammen steht, wird er kommen und seinen Gott Jahwe suchen in den Trümmern der heiligen Stadt.

Es gibt in der Bibel eigentlich nur eine kleine Schrift, die unter dem Titel eines Propheten für Propheten geschrieben wurde und die so etwas sein könnte wie ein Medikament für Jeremia in dieser Stunde – das ist das *Buch Jona*. Es versucht, einen ergrimmten Propheten humorvoll zu trösten: vielleicht hören die Menschen sogar in Ninive doch noch auf Gott, und alles Unheil läßt sich noch abwenden. Doch des Jeremia Lage ist hoffnungslos. Er wird erst wieder der sein können, der er ist, wenn die Katastrophe sich ereignet hat. Ihm wird nichts erspart bleiben.

Im Neuen Testament (in Mk 13,1–2) wird einmal von Jesus erzählt, angesichts der heiligen Stadt Jerusalem und des Tempels, habe er gesagt: »Seht ihr das alles? Das alles wird zerstört werden, so daß kein Stein auf dem anderen bleibt.« Es ist bei diesem Jesus-Wort nicht einmal angedeutet, daß sich so etwas wie ein Wunsch darin hätte aussprechen können. Bei Jeremia aber wird es zum Teil seines Gebetes, wird es zur Grundlage einer sicheren, gläubigen Gewißheit: Das, was sich da Religion nennt, ist ein solcher Schindluder, daß es nur möglichst bald und möglichst gründlich zu Bruch gehen *soll*. Denn anders wird von Gott nie mehr die Rede sein.

Kann man sich vorstellen, daß diese Sicht scheinbar völliger Aussichtslosigkeit eine gültige Antwort enthielte? Und daß diese Antwort sogar eine außerordentliche Aktualität besäße? Die offizielle, institutionalisierte, etablierte Religionsform vor allem des römischen Kirchenchristentums ist ganz offensichtlich am Ende. Gewiß, ein Gebilde wie das römische Reich brauchte 400 Jahre, ehe es, von Senecas Untergangs-Einsichten an, in den Tagen Theoderichs des Großen tatsächlich sich auflöste. Auch die römische Kirche kann formal und monumental noch lange bestehen. Jedenfalls irrte Voltaire, als er sagte: »Ich höre immer, daß zwölf ungebildete Menschen nötig waren, das Christentum zu gründen; ich werde zeigen, daß ein einziger Gebildeter genügt, es wieder abzuschaffen.« Seit 250 Jahren, mit den Tagen der Aufklärung, wird Tag um Tag deutlicher, daß die dogmatisch-doktrinäre Auslegung der wunderbar poetischen Bilder biblischer Theologie, Christologie und Eschatologie mit ihren absurden historisierenden Vergegenständlichungen und metaphysischen Ableitungen sich nicht mehr vermitteln läßt, daß sie einfach falsch ist. Irgendwann wissen es alle. Dann aber kann es doch sein, daß der wahre Gehalt dieser Bilder und Erfahrungen sich überhaupt erst freisetzt. Eine Kastanie fällt vom Baum, und der Fall öffnet ihre stachlige Hülle, und so erst bereitet sich ein neues, wirkliches Wachstum vor. Zweifellos leben wir seit langem schon in der Stunde des Jeremia. Aller äußerer Kult, alles äußere Reden von Gott, aller »Tempeldienst« des Religiösen hat keine Chance mehr; doch die Auflösung der Fremdbestimmung des Religiösen kann einhergehen mit der Verinnerlichung seiner Wahrheit. Aus der Identität der Formen und Formeln kann eine Identität der Person werden. Dies allem Anschein nach ist das Thema, wenngleich nicht unbedingt auch das äußere Erscheinungsbild der Religionsgeschichte der nächsten Zukunft.

Nehmen wir ein Beispiel für den Gesinnungswandel, der unvermeidbar eintreten wird. Fünfzig Jahre nach dem Desaster des sogenannten Dritten Reiches gedachten die katholischen Bischöfe in Deutschland vor zwei Jahren der Zeit des Entsetzens, der »Schoah«, und ihres eigenen Verhaltens damals. Natürlich waren sie im Widerstand gewesen, erklärten sie, natürlich hätten sie Hitler widersprochen – nicht so freilich, daß es unverantwortlich laut gewesen wäre, sie hatten ja Pflichten, ganz sicher, sie konnten als Institution eigentlich auch gar nicht in den wirklichen Widerstand gehen, aber einzelne christlich motivierte Widerständler gab es denn doch ... Die traurige Wahrheit allerdings lautet, daß man Deserteuren und Wehrdienstverweigerern aus Gewissensgründen damals sogar die Kommunion verweigerte, wenn sie ich getrauten, ein eigenes Gewissen, abweichend von der offiziellen Kirchenmeinung, geltend zu machen. Heute erklären die Bischöfe, auch sie seien nicht für den Krieg gewesen; damals aber, 1941, nannten sie den »Feldzug Barbarossa« einen Kreuzzug gegen den atheistischen Bolschewismus ... Das alles mußte die Kirche als Institution tun, erklärt uns Erzbischof J. J. Degenhardt hier in Paderborn wörtlich, damit in all der Zeit der Gottesdienst gewährleistet war und gewahrt blieb.

Heiliger Jeremia!

Sollte man nicht sagen, genau das sei der Schindluder, daß da ein Gottesdienst sei, der eben nichts weiter sein dürfe und könne als »Gottesdienst«? Ein solcher »Gottesdienst« führt sich auf wie eine Gebetsmühle, als eine rein magische Veranstaltung, die sich im Kreise dreht, als ein reiner Popanz. Und genau diese Art von »Gottesdienst« ist nicht aufrechtzuerhalten; sie ist erkennbar das Ende von dem, was Gott will. Wenn *das* nicht verschwindet, gibt es nie die Chance eines Neuanfangs. Wenn die Religion als Institution der Barbarei keinen Widerstand leisten *darf*, um sich selber nicht zu gefährden, dann ist offensichtlich die institutionalisierte Religion zum Selbstzweck geworden, dann taugt sie zu nichts mehr als zu ihrem Selbsterhalt, dann muß sie verschwinden und verdient nicht länger mehr erhalten zu werden; dann ist es ein Fehler, Religion jemals aus einer Sache der Menschlichkeit zu einem institutionellen Gebilde gemacht zu haben.

Ein anderes kleines Beispiel: Der Golfkrieg 1991. Damals erklärten die katholischen Bischöfe in einem Hirtenwort, wir sollten gemeinsam beten um den Frieden – während die Bomben mit grauenhafter Zerstörungskraft und Präzision die irakischen Stellungen als »killing boxes« auskofferten. Die evangelische lippische Landeskirche hier in Bielefeld verurteilte mit Entschiedenheit die Aktionen der USA. Aber hätte man das damals hier nebenan in der Kirche von St. Georg in Paderborn predigen können? Durfte man sagen: Die Formel »betet um den Frieden« kann nicht die Antwort auf den systematischen Willen der Politiker sein, diesen Krieg ohne ernsthafte Verhandlungen vom Zaune zu brechen? Das wäre zu viel gewesen für eine fromme Gemeinde. Denn dann hätte sie agitieren und sich engagieren müssen, dann hätte sie, wenn auch noch so begrenzt, in den Widerstand gehen müssen. Eine solche Zumutung auch nur stört die Gewohnheit ...

Jeremia allerdings *ist* eine einzige Störung der Gewohnheit. Er *ist* ein Umbruch; er *ist* gerade die Katastrophe, die nötig ist, damit es einen Neuanfang gibt; er ist so viel wie die Peripetie in einer griechischen Tragödie. Doch unterhalb davon ist nicht der Gott des Jeremia und ist nicht der Gott des Jesus von Nazaret.

Eben darin liegt die Chance, die wir hier in unseren Wortgottesdiensten jeden Samstag haben. Formal ist uns jeder Kult, jeder Ritus verboten; formal ist das überhaupt kein Gottesdienst mehr, was wir hier tun. Aber wir haben ein Wort und können versuchen, es auszulegen, immer freilich im Zweifel, ob es auch stimmt in der gemeinten Bedeutung wie in der Anwendung auf unser Leben. Aber wir haben eben dadurch eine unglaubliche Freiheit. Eben weil wir nichts Offizielles mehr erwarten, sind wir neugierig und überrascht, erschrocken und begeistert, niedergedrückt und getröstet. Für uns läuten keine Glocken mehr; uns beleuchten nicht achtjährige Kinder mit den Kerzen als »Meßdiener« die heiligen Texte der Bibel, und wir lassen die Worte eines Jeremia auch nicht von 12jährigen vortragen, damit wenigstens die Kinder an dem kultischen Spiel um Gott »aktiv« beteiligt sind. Dafür hören wir diese Texte zumindest im Ansatz so, daß man spürt: hier geht es um Leben und Tod, hier geht es um alles.

Dem Propheten Jeremia ging es am Ende nicht mal mehr darum, daß jemand ihn hörte, selbst das wurde ihm zunehmend egal, wenn nur die Wahrheit gesagt war. Denn die Wahrheit lautete: Hinter *allem* steht Gott, und er ist wie die Sonne: Sie braut die Wolken und die Gewitter zusammen, hinter denen sie sich verbirgt, aber dann, wenn sich's ausregnet, erstrahlt sie heller denn je, weniger umdunstet in der Schwüle des Klimas, reiner und wahrer. So jedenfalls möchten wir hoffen mit diesem schattenumflortesten aller Propheten.

25. Oktober 1997

Wie ein Gürtel, der zu
nichts mehr taugt

Von allen Gestalten des sogenannten Alten Testamentes ist Jeremia, dieser Priestersohn aus dem kleinen Vorort Jerusalems, Anatot, zweifellos diejenige Persönlichkeit, die uns mit ihrer Individualität am meisten modern erscheint. Kein Wort des Jeremia ist, in dessen Hintergrund man nicht die fiebrigen Nerven eines gequälten Menschen spüren würde, sein zähes Ringen, sein bohrendes Fragen, sein hilfloses Klagen, seine bebende Unruhe, seine abgrundtiefe Verzweiflung, seinen bitter gewordenen Mut, eine Festigkeit, die gewonnen wird durch ein Gegenüber, das so oft schweigt, dann wieder widersprüchlich redet, und wenn es endlich denn spricht, herniederfährt wie ein zuckender Blitz mitten in einem schwülheißen Klima der Überhitzung aller Empfindungen und Gefühlsregungen. Jeremia verkündet Worte, die in ihrer Aktualität für unsere Zeit wie gemacht zu sein scheinen. Alles bricht weg: der Tempel, das religiöse Zentrum der Institution der judäischen Frömmigkeit, das Königtum, die Verwaltungszentrale, die Organisationsform von Volk und Religion, selbst der Dienst der Priester wird nicht nur zweifelhaft, sondern als geradezu gotteslästerlich abgetan. Das ist die Stunde des Jeremia. Alles, was Gott sagen wird, ist innerlich, oder es ist nicht von Gott gesprochen – so denkt, so spricht Jeremia heute, im 12., im 13. Kapitel – widersprüchliche, paradoxe Worte der Mitteilung Gottes und der Selbstmitteilung dieses Propheten.

Text: Jer 12,1–13; 13,1–27
O Herr, du bleibst ja im Recht, wenn ich wider dich hadre, und doch muß ich mit dir rechten: warum geht es den Gottlosen so gut und leben so sicher alle, die treulos handeln? Du hast sie gepflanzt, sie haben auch Wurzel geschlagen; sie wachsen und bringen auch Frucht. Du bist wohl nahe in ihrem Munde, doch fern ihrem Herzen. Du aber, o Herr, kennst mich, du prüfst, wie mein Herz zu dir steht. Reiße sie heraus wie Schafe zur Schlachtbank und weihe sie für den Tag des Würgens. Wie lange noch soll trauern das Land und das Grün auf dem ganzen Felde verdorren? Um der Bosheit seiner Bewohner willen ist Vieh und Vogel dahingerafft; denn sie denken: Er sieht unsere Pfade nicht.» Wenn du mit Fußgängern gelaufen bist,

und sie haben dich müde gemacht, wie willst du mit Rossen wett-laufen? Und fühlst du dich in friedlichem Lande nicht sicher, wie willst du es machen im Hochwuchs des Jordan? Selbst deine Brü-der, das Haus deines Vaters, auch sie sind falsch gegen dich; auch sie rufen dir laut nach. Traue ihnen nicht, wenn sie schon freundlich mit dir reden.«

Ich habe mein Haus verlassen, mein Erbe verstoßen, habe den Liebling meiner Seele in die Hand seiner Feinde gegeben. Mein Erbe ist mir geworden wie ein Löwe im Walde; es erhob wider mich seine Stimme, darum lernte ich's hassen. Ist mein Erbe zum bunten Geier geworden, daß die Raubvögel sich rings darum scharen? Auf, sammelt alles Getier des Feldes, daß es komme zum Fraße! Viele Hirten haben meinen Weinberg verwüstet, haben meinen Acker zerstampft, haben den Anger, der meine Lust war, zur öden Steppe gemacht. Ja, zur Öde haben sie ihn gewandelt, verödet trauert er vor mir! Öde liegt nun das ganze Land; denn niemand nahm sich's zu Herzen. Über alle Höhen der Steppe kommen Verwüster; ja, ein Schwert schwingt der Herr, das frißt von einem Ende des Landes zum andern. Friedlos ist alles Fleisch.

Sie haben Weizen gesät und Dornen geerntet, haben sich ab-gemüht, fruchtlos, sind zuschanden geworden an ihrem Ertrag ob der Zornglut des Herrn.

So sprach der Herr zu mir: Geh, kaufe dir einen linnenen Gürtel und lege ihn dir um die Hüften, bringe ihn aber nicht ins Wasser. Und ich kaufte den Gürtel nach dem Befehle des Herrn und legte ihn mir um die Hüften. Darnach erging das Wort des Herrn zum zweiten Mal an mich; er sprach: Nimm den Gürtel, den du gekauft und dir um die Hüften gelegt hast, und mache dich auf: geh zum Euphrat und verbirg ihn daselbst in einer Felsspalte. Ich ging hin und verbarg ihn am Euphrat, wie der Herr mir befohlen hatte. Nach geraumer Zeit aber sprach der Herr zu mir: Mache dich auf und geh zum Euphrat und hole daselbst den Gürtel, den ich dir dort zu verbergen befohlen habe. Ich ging zum Euphrat und grub nach und nahm den Gürtel von der Stelle, wo ich ihn verborgen hatte. Und siehe, der Gürtel war verdorben, zu nichts mehr nütze. Da er-ging das Wort des Herrn an mich folgendermaßen: So spricht der Herr: Ebenso will ich den Hochmut Judas verderben und den Hochmut Jerusalems, den großen. Dieses böse Volk, das sich wei-gert, auf meine Worte zu hören, das da wandelt in der Verstocktheit

*seines Herzens und fremden Göttern nachläuft, ihnen zu dienen
und sie anzubeten – es soll werden wie dieser Gürtel, der zu nichts
nütze ist. Denn gleichwie der Gürtel sich anschmiegt an die Hüften
des Mannes, so wollte ich, daß das ganze Haus Israel und das ganze
Haus Juda sich an mich schmiegen, spricht der Herr, damit sie mein
Volk würden, mir zum Ruhm und zum Preis und zur Zierde; aber
sie haben nicht gewollt.*

*Nun sage zu ihnen dieses Wort: So spricht der Herr, der Gott Is-
raels: Jeglicher Krug wird mit Wein gefüllt. Sagen sie dann zu dir:
Meinst du, wir wissen das nicht, daß jeglicher Krug mit Wein gefüllt
wird? so sage zu ihnen: So spricht der Herr: Siehe, ich fülle mit
Trunkenheit alle Bewohner dieses Landes und die Könige, die auf
dem Throne Davids sitzen, auch die Priester und die Propheten
samt allen Bewohnern Jerusalems. Und ich werde sie aneinander
zerschmettern, Väter und Söhne zumal, spricht der Herr. Ohne
Mitleid, ohne Schonung, ohne Erbarmen werde ich sie vernichten.*

*Höret und merket auf, seid nicht hochfahrend, denn der Herr re-
det. Gebet dem Herrn, eurem Gott, die Ehre, ehe es finster wird,
ehe eure Füße straucheln an umnachteten Bergen. Da harrt ihr auf
Licht, und er macht es zu Finsternis, wandelt's in Wolkendunkel.
Hört ihr aber nicht darauf, so muß meine Seele im Verborgenen
weinen ob des Hochmuts, und in Tränen zerfließt mein Auge, daß
die Herde des Herrn hinweggeführt wird.*

*Sagt zum König und zur Gebieterin: Setzet euch tief hinunter!
denn vom Haupte gesunken ist euch die prächtige Krone. Die
Städte im Südland sind verschlossen, und niemand öffnet; ganz
Juda muß in die Verbannung, in die Verbannung sie alle.*

*Erhebe deine Augen und sieh, wie sie kommen von Norden! Wo
ist die Herde, die dir gegeben war, deine schmucke Herde? Was
wirst du sagen, wenn sie zu Herren über dich bestellt werden, die du
selber als Buhlen an dich gewöhnt hast? Werden nicht Wehen über
dich kommen wie über ein Weib, das gebiert? Und fragst du dich
alsdann:* »*Warum hat mich all das getroffen?*« *– um all deiner Sünden willen wird dir die Schleppe aufgehoben, wirst du geschändet.
Vermag wohl ein Mohr seine Haut zu ändern oder ein Panther seine
Flecken? Dann freilich könnt auch ihr Gutes tun, die ihr des Bösen
gewohnt seid! So will ich sie denn zerstreuen wie Stroh, das zer-
stiebt vor dem Wüstenwind. Das ist dein Los, dein Teil, das ich dir
zugemessen, spricht der Herr, weil du meiner vergessen, auf Trug*

vertraut hast. Ich hebe dir auch die Schleppe hoch bis über das Gesicht, daß man deine Schande sehe, deinen Ehebruch, dein Wiehern und dein schändliches Buhlen. Auf Hügeln und im Felde habe ich deine Greuel gesehen. Wehe dir, Jerusalem! wie lange soll es noch anstehen, bis du wieder rein wirst?

Warum geht es dem Treulosen sorglos und dem Bösen so gut? Seitdem die Menschheit über ihr Los nachdenkt, stellt sich bohrend immer wieder diese Frage. Um 2000 vor Christus, im alten Ägypten, im sogenannten ersten Zwischenzeitraum nach dem Zusammenbruch des alten Reiches, notiert im Chaos der gesellschaftlichen Zustände in dem berühmten *Gespräch eines Lebensmüden mit seiner Seele* ein leidender Mann gerade diese Klage: »Wer jetzt lacht, muß ein böser Mensch sein. Mit wem soll ich heute reden?« Es ist ein so verzweifeltes Suchen nach einer Menschlichkeit, die sich nicht finden lassen will. In Israel ist diese Infragestellung des Menschen in seiner Menschlichkeit um so dringlicher von Jahrhundert zu Jahrhundert artikuliert worden, als sie sich im Gegenüber Gottes stellt.

Spätere Zeiten nach Jeremia werden zwei Lösungen für dieses Problem vorschlagen; es wird sein, wie wenn das Licht der Sonne sich im Widerstand eines Prismas in verwirrende, flirrende Farben aufspaltet.

Es ist typisch zu nennen, wird zum einen die Spätzeit des sogenannten Alten Testamentes in der *Figur des leidenden Gerechten* sagen, daß ein Mensch, der gut ist, in dieser Welt der Gottlosigkeit, des Heidentums, der Glaubenslosigkeit, der Dekadenz gar nicht anders kann, als mißverstanden und überhäuft zu werden mit Schmähungen, Unverstand, Isolation und Schande. Dies gerade ist die Weise, in der er seine Treue bekennt. Aber Gott wird auch treu sein. Das ist das Versprechen, an das man glaubt. Es wird Gott nicht egal sein, wie Menschen gelebt haben. Da beginnt in Israel der Glaube, daß die Rechnung unseres Lebens hier auf Erden niemals aufgeht und daß man einen erweiterten Horizont braucht, um wenigstens über die paar Seemeilen dieses unseres irdischen Daseins hindurchzusteuern. Gott wird im Tode sich bekennen, und seine Gerechtigkeit wird das letzte Wort über uns sprechen.

Davor, abgründiger, untröstlicher, revolutionärer liegt *das Buch Hiob*. Da tritt ein Mann mit dem alten, überlieferten Glauben in sein Dasein, Gott in seiner Huld und Gerechtigkeit werde, wie es denn kommt im Leben, nehmen und geben, aus seinen Händen gehe hervor, was Menschen Glück nennen, und wenn er Unglück in des Menschen Herz senke, so müsse der Mensch es eben ertragen, im Vertrauen, daß Gott schon wisse, warum. Hiob aber in seiner Verzweiflung weiß nicht mehr, warum, und er will es wissen. Das, was Gott ihm zumutet, hat er nicht verdient, soviel steht für ihn fest. Es ist das erste Mal in der Frömmigkeitsgeschichte Israels, daß ein Mann, im Bewußtsein eines persönlich reinen Gewissens, sich vor Gott hinstellt und den Allerhöchsten verklagt wegen erwiesenen Unrechts, wegen Gewalt und Willkür. Die Theologen seiner Tage werden ihm die überkommenen Formeln entgegenhalten: Es muß eine Schuld sein, eine unvermerkte, die du nur noch nicht kennst oder sehen willst; aber Gott, der im Verborgenen sieht, der schaut sie schon längst. Er bleibt in seiner Gerechtigkeit unantastbar. – Hiob wird all diesen Rednern des Vergangenen mit seiner neuen Frage einen Gott zeigen, wie sie ihn nie gekannt haben. Am Ende des *Buches Hiob* nimmt Gott den an der Geschichte der Menschen Zerbrechenden bei der Hand und führt ihn hinaus in die Schönheit einer Welt, die er so nie gesehen hat. Der Gürtel des Orion am nächtlichen Himmel, das Fluten und Verebben des Meeres, das Gebären der Hindinnen in der Steppe, das Ei eines Straußenvogels – voller Wunder ist diese Welt, und hat Hiob für irgendeines dieser Ereignisse auch nur den Hauch einer Erklärung? Wenn er aber ringsum von den Wundern der Welt schon rein gar nichts versteht, wie will er dann begreifen, was sein Leben ist und wie Gott es in seinen Händen hält?

Es ist wie in unseren Tagen, daß der Blick auf die Natur uns unausweichlich hineinführt in eine größere Welt, die imstande sein könnte, uns weise zu machen. Der Trost, den Hiob erfährt, besteht ganz und gar darin, ihn von seinem persönlichen Leid abzulenken, so, wie manche Menschen beginnen, über einen schweren Schicksalsschlag sich hinwegzuleben und hinwegzulieben, indem sie einen Hund streicheln oder eine Katze großziehen oder Spaziergänge durch den Herbstwald unternehmen, und sie atmen den Wind ein, als schenke er ihnen ein Stück ihrer eigenen Seele zurück. Die Welt bleibt, wie sie ist, zuverlässig und beständig, wir Menschen aber sind in ihrer Mitte nur die kurzlebigen Zeugen einer unermeßlichen Wirklichkeit.

Jeremia lebt in einer anderen Zeit. Seine Klage, seine Frage richtet sich an einen Gott, den er nicht in Frage stellen will. Es ist sein entschiedener Ausgangspunkt, wenn er (ganz wie Ps 73,1) sagt: »*Du bleibst gerecht.*« Das heißt doch soviel wie: »Alles, was jetzt verhandelt wird, stellt nicht dich in Frage, ganz im Gegenteil. Du bleibst der Garant aller Ordnung. Du bleibst der Sitz aller Weisheit. Aber wie ist es vereinbar, daß in deinen Händen die menschliche Geschichte sich so formt, wie sie uns jetzt in unseren Tagen erscheint?«

Da möchte ein glühend gläubiger Mensch ausgehen von seinem Gott, um im Hindurchgang durch die menschliche Geschichte ihn wiederzufinden. Und alles, was er sagt, ist eben deshalb formuliert wie ein demütiges, hoffendes, vertrauensvolles Gebet.

Vielleicht liegt darin der größte Unterschied zwischen den beiden Kulturen, die das Abendland so stark geprägt haben: zwischen den Hebräern und den Griechen. Auch in Griechenland wird ein Mann wie Thukydides, Jahrhunderte vor Christus, wenn er den Peloponnesischen Krieg und damit all das Unheil, das er über Athen brachte, beschreibt, sich Gedanken machen über die Ordnung der Welt; er wird bittere Einsichten gewinnen über das Unrecht, das Menschen einander zufügen; aber der Grieche Thukydides befragt nicht die Götter, er schaut nicht auf zum Olymp, sondern er möchte Gesetze im menschlichen Handeln finden, auf daß man nach ihnen sich richte für die Zukunft. Das Gewesene soll zu einem Schatz der Erkenntnis werden, um politische Klugheit für die Zukunft im Umgang miteinander zu erwerben. Die menschliche Geschichte nach eigenen Gesetzen so durchschaubar wie die Natur nach ihren Gesetzen – so der geistige Ansatz der Griechen.

Ganz anders der Hebräer Jeremia. Wonach er sucht, ist gerade kein Gesetz, durchaus nicht etwas Unpersönliches; was er sucht, ist die Menschlichkeit in der menschlichen Geschichte, und er glaubt, sie nur finden zu können im Gegenüber eines menschlichen Gottes, der selber Person ist. Die ganze Bibel kreist um diese Frage, wie Menschen als Personen zu ihrer Verantwortung stehen können. Und die biblische Versicherung lautet: sie werden es nur können, wenn ihnen Gott als eine absolute Person gegenübersteht. Aber ist denn das möglich? Das ist nun die Frage. Würde eine menschliche Person sich diese Geschichte anschauen können, so wie sie sich abspielt? Es scheint ja, wie wenn Gott selber all das Schreckliche: den

Verrat, die Lüge, den Mißbrauch sogar des Religiösen nicht nur in Kauf genommen, sondern ursächlich mitbegründet hätte. »*Du pflanzt sie selbst an*«, erklärt Jeremia hier gegenüber Gott. »Es ist deine eigene Aussaat«, mit einem Wort: »Du bist der Ursprung, daß es Menschen gibt, die so Übles tun und so übel sind. Denn wie wären sie möglich ohne dich?«

Das Bild der Geschichte, das Jeremia vor sich sieht, gleicht einem Weizenfeld, in dem das Unkraut üppiger wuchert als das vom Landmann ausgestreute und erwünschte Saatgut. »*Sie machen Fortschritte und bringen ihre eigene Frucht* ...« Und nun spitzt es sich zu für Jeremia. Wenn man diesen Leuten, von denen er redet, zuhört, so tragen sie immer wieder »Gott« auf ihren Lippen. Dabei fühlt Jeremia ganz deutlich, daß all das religiöse Gerede nicht stimmt, weil es mit der eigenen Existenz an keiner Stelle gedeckt ist. Die Nähe Gottes formuliert sich in diesen Hofbeamten des Allmächtigen in bloßen Formeln, es ritualisiert sich im Ritus, es konventionalisiert sich im Überkommenen. Es meint nicht die Menschen, es geht nicht durch die Passage ihrer eigenen Persönlichkeit, es ist nichts als Theaterrezitation.

Darunter leidet Jeremia, und man kann verstehen, warum. Bei ihm findet sich kein Wort, das nicht durchglüht wäre von eigenem Leid und das ihn nicht viel gekostet hätte. Eben darin liegt der Unterschied zwischen dem »theologischen« Dozieren und dem existentiellen Sprechen von Gott im Sinne des Jeremia. Wie nah Gott einem Menschen im Inneren ist, das ist das Kriterium des Jeremia in allem, was er denkt und tut. Das will er wissen.

Und nun kann er sich umschauen.

Wenn *die Könige* reden von Gott, ist es nichts weiter als das Siegel unter ihrer Unterschrift. Gott ist die Legitimation ihrer Herrschaft. Der König ist das Abbild des Königs im Himmel – ganz einfach, und die irdische Macht verdankt sich der Gnadenvergabe göttlicher Macht. Der König ist Gottes Stellvertreter.

Auch *der Priester* ist Gottes Stellvertreter. Im alten Ägypten war er sogar der Vater seines Gottes. Er brachte ihn hervor durch seinen Ritus, in dem die Menschen sich dem Göttlichen nahe fühlten. Und sie alle, die Könige wie die Priester, treiben Schindluder mit Gott. Wann je ginge es ihnen um die Not der Menschen? Das ist die Frage, die Jeremia immer wieder stellt. Wann antworten sie wahr auf das Leid und das Ringen suchender Menschen? Wann lassen sie sich jemals persönlich betreffen? Wann geht ihnen eigentlich jemals etwas unter die Haut? Wann wissen sie überhaupt, wovon sie reden mit ihrem Phrasengedresche? Er, Jeremia, kann nur seine eigene Person in die Hände der Person Gottes geben. Es steht nicht da, wie's manchmal qualvoll genug anklingt in den Worten des Jeremia, daß er »gerecht« sei im Unterschied zu den anderen; an dieser Stelle kann Jeremia zu Gott nur sagen: *Du kennst mich*, und will damit sagen: »Das ganze Verhältnis zu dir ist gebaut auf ein ehrliches Suchen, auf das ernsthafte Verlangen nach deiner Nähe. Und du weißt, wie ich fühle, wie ich denke, wie ich es meine. *Du prüfst mein Herz*.«

Doch was Jeremia so persönlich hier fühlt, gibt nicht nur seine persönliche Not wieder, sondern es weitet sich aus zu dem Schicksal der Religion überhaupt.

Sie alle kennen Gotthold Ephraim Lessings *Nathan der Weise*. Befragt in diesem Bühnenstück wird Nathan nach dem Sinn, nach dem Wahrheitswert des Religiösen; klar sollte es sein, denkt dieser große Humanist vor 200 Jahren, daß die Religion die Aufgabe habe, den Menschen, so sagt Nathan wörtlich, »vor Gott und Menschen angenehm zu machen«. Was anderes auch könnten wir uns wünschen, als daß die Menschen miteinander huldreich und in Frieden lebten!? Daß sie einander annähmen und einander eben dadurch angenehm würden!? Daß sie einander bestätigten, zusammensäßen, ein gemütliches Leben führten und über all dem der Segen und die Gnade Gottes waltete, vermittelt durch die Priester, die den Umlauf des Jahres mit ihren Festzyklen gestalteten und begleiteten, alle versichert, mit beiden Beinen am Ort des Heiligtums in den Händen Gottes zu stehen, zu liegen, zu ruhen!? Mehr wollte und sollte die Religion eigentlich gar nicht, als den Menschen wie mit dem Flügel eines Engels alle Angst von der Seele zu streicheln. So schön und einfach und menschlich und gut könnte die Religion sein … – wären da nicht diese Unglaublichen, die wir *die Propheten* nennen, diese Unruhegeister, diese Sturmvögel über der Brandung – dieser Mann Jeremia. *Sein* Problem ist, daß er Gott glaubt und eben dadurch in den Widerspruch getrieben wird zu allem. Gott, sagte Søren Kierkegaard vor 150 Jahren, ist das Paradox, die ständige Unruhe, der Zerbruch, ein Friede immer erst jenseits des Widerspruchs, eine Befreiung immer erst nach der Aufdeckung aller Zwänge, ein Erbarmen immer erst nach Auffindung deiner Armseligkeit. Nie ist er die glattpolierte Wand, sondern das Schroffe, das Erdbeben. Da beginnt's; da wird's ernst.

Woran Jeremia notorisch leidet, ist der Umstand, daß niemand seine Sprache von Gott hören will. Dabei scheint es ihm wie mit Händen zu greifen: *Das Land trauert*, während die Menschen noch fröhlich scheinen. Der Felder Grün ist dabei zu verdorren, und es ist die Bosheit seiner Bewohner, daß selbst die Tiere und die Vögel nach und nach verschwinden.

In der ganzen Bibel sucht man fast vergeblich nach Stellen, die ein wenig ahnen lassen von dem Bewußtsein, wie kostbar und schutzbedürftig, aber auch wie gefährdet durch den Menschen die Welt ist, die uns umgibt. Jeremia, der mit den Menschen kaum reden kann, fühlt an dieser Stelle sich so überaus verwandt mit der leidenden Kreatur. Sie erscheint ihm als das erste Opfer menschlichen Unverstands. Sie ist denn auch der erste Adressat der Klagen dieses Mannes hier. Die Tiere halten's nicht mehr aus in der Nähe des Menschen. *Die Vögel*, in den Träumen so vieler Völker die Bilder der Seele, *fliegen davon*. So seelenlos verheert, so sinnlos verstört ist die Lebensweise der Menschen geworden.

Darf man hingehen und einen Text wie diesen *ökologisch* aktualisieren? Versuchen wir's einmal. Das Zerstören von 70 Tierarten pro Tag, das Abbrennen von Urwäldern in der Größe ganz Deutschlands, und das chronisch, jahrelang, jahrzehntelang nun schon – wer hört den stummen Schrei so vieler Millionen gequälter Tiere, die zu nichts weiter bestimmt scheinen, als auf dem internationalen Immobilienmarkt lästige Nebenbewohner zu sein? Ruiniert werden bei der Vermarktung von Grund und Boden selbst die Bauern, die man nötigt, diese Schinderei zum Beispiel in Form von Massentierhaltung und industrialisierter Landwirtschaft einzuführen und durchzuführen. Jeremia fragt an dieser Stelle hier kaum noch nach Menschen. Nur ein Stück Mitgefühl mit der stummen Kreatur erhebt sich in seinem Munde zum Himmel und wartet auf Antwort. Es ist ein reines fragend-flehendes Gebet, das er an Gott richtet. Er kann's nicht erdenken, er will's nicht ergrübeln, und er weiß: es gibt keine Antwort. Vor uns steht ein ratloser Prophet, der Gott verkünden soll in einer Welt, die ihn nicht hören will.

Dann plötzlich, mitten in dem, was wir gerade noch als Gebet bezeichnet haben, antwortet Gott, und er tut's auf seine Weise, wie oft in der Bibel, wie schon in der Berufung des Jeremia selber (Jer 1,8):

Als dieser junge Mann damals sagt: »Ich bin noch nicht erwachsen genug«, erklärte ihm Gott: »Wenn du Angst hast, mach' ich dir Angst.«

Immer legt Gott in der Bibel zu den Forderungen, die er Menschen vorlegt, noch weitere hinzu. Und so auch nun hier: »*Wenn du mit Fußgängern läufst und schon atemlos wirst – wie willst du da mit den Rossen laufen?*« Will sagen: wenn das, was du jetzt erlebst, dich schon mundtot macht, was willst du erst tun, wenn du siehst, wie's weitergeht? Wir stehen doch, spricht hier Gott zu seinem Propheten sinngemäß, nur erst am Anfang. Die Schrecken, unter denen du jetzt zusammenschauderst, sind doch nur die Vorboten dessen, was noch kommen wird.

Man hört ganz richtig: Die Lösung eines solchen Lebensproblems wie das des Jeremia liegt nicht darin, daß man's hinwegtröstet: ... Es war nicht so schlimm; es ist doch nicht *nur* so, es gibt auch noch andere Aspekte ...! Die Art, wie der Gott der Bibel zu trösten pflegt, besteht gerade darin, daß er alles ganz im Gegenteil noch viel gründlicher, man könnte auch sagen: noch viel systematischer und prinzipieller meint. Jeremia hat sich eben nicht geirrt. In diesem Augenblick öffnen sich seine Augen zu einer schrecklichen Zukunft, die Jeremia erlebt wie im Dickicht der Jordansenke: Da ist nicht ein Schritt mehr geradeaus vor den anderen zu setzen, da ist nicht die eigene Hand mehr vor den Augen zu sehen; – so durchs Gestrüpp wird's ihn ziehn, so ins Auswegslose wird es ihn treiben. Denn der Grund ist, daß Gott selber erklärt, er, Jahwe sei förmlich *gezwungen* worden, so zu tun; es zerreiße ihn selber; sein eigener Liebling, Israel, sei ihm zum Feind geworden. Wie eine Bestie, wie ein Raubtier habe es sich aufgeführt, dieses Wesen, das Jahwe selbst sich geschaffen habe als sein Volk! Da konnte er's nicht anders, als es zu *hassen* – steht hier, als die Liebe ins Gegenteil zu widerrufen. *Da mußt' ich's so tun!*

Da leidet ein Mensch an Gott, im Angesicht dieser Welt. Und nun wird ihm die Antwort, daß Gott selbst mit ihm leidet. Und die Lösung all dieser verwirrenden Rätsel soll sein, daß Jeremia gemeinsam leidet mit seinem Gott, so wie dieser gemeinsam leidet mit ihm.

Alle Theologen bis heute haben erklärt, daß dieses Gottesbild so in Gültigkeit sei, daß es Teil der biblischen Offenbarung sei: So sei Gott wirklich! Er leide mit den Menschen, es zerreiße ihn selbst, wenn er strafen müsse. Aber ist es psychologisch nicht überaus deutlich, daß Jeremia sich hier in seiner Einsamkeit tröstet, indem er einen Gott beschwört, der bei ihm steht, der neben ihm bleibt und zu ihm hält? Fühlt er sich nicht selbst ganz genau so, wie er hier seinen Gott schildert? Nennen wir eine solche »Tröstung« nicht ganz einfach Projektion? Ist es nicht, daß das Echo des Jeremia selber an den Wänden der Welt zurückbricht und der Widerhall klingt, wie wenn's Gottes Stimme wäre?

Jeder religionspsychologische Kritiker schon im 19. Jahrhundert würde so argumentiert haben, und sein Einwand würde das Ende der gesamten biblischen Offenbarungsgläubigkeit sein. In der Tat: Nicht mehr und nicht weniger steht hier auf dem Spiel! Wie aber, wenn Jeremia völlig recht hätte bei seinem »Gebet« wie bei seiner »Antwort«, indem seine Frage nach Gott, indem sein Suchen nach einem menschlichen, mitfühlenden Gott im Grunde danach geht, wie sich der *Mensch* bewahrt vor Zynismus und wie *er selber* sein Mitleid aufrechterhält. Gott selbst erklärt hier: *Über alle Hügel in der Wüste kamen die Räuber, die prächtige Flur, das ganze Land ist verwüstet. Und niemand nimmt's zu Herzen.* – *Das* vielleicht ist das Furchtbarste: die Mitleidlosigkeit, die Gefühlskälte, die abstumpfende Vergleichgültigung des Entsetzlichen zum ganz Normalen.

Man liest die Zeitung, man sammelt Informationen, Auskünfte, Erklärungen, Konzepte – aber Mitleid? Niemals! Wo eigentlich innerhalb dieser Blutmühle der menschlichen Geschichte hätte es jemals Mitleid gegeben? Wohl wahr, Jeremia projiziert sein Leid und sein Mitleid ins Unendliche und nennt diese Projektionsgestalt seines Mitleids hier Gott. Doch eben diese »Projektion« ist der Grund und die Rechtfertigung dafür, daß es ihm gelingt, ein mitleidender Mensch zu bleiben. Denn er erkennt, daß das, was sich da abspielt, ein einziger Widerspruch zu Gott ist. So hat es Gott nicht gemeint, so hat er es nicht gewollt. Es ist nicht möglich, von dieser Einsicht her zu verstehen, warum diese Welt so ist, wie sie ist, und wie sie überhaupt so sein kann, wenn Gott sie doch »gemacht« hat. Von außen betrachtet, ist alles noch zweifelhaft, ja, unklar in gewissem Sinne, was Jeremia hier erfährt. Doch nach und nach klärt es sich in Jeremia selber. Das ist es, was er gesucht hat: eine Stimme des Mitleids über all der Qual. Und sie allein ist sein Gott. Es geht nicht in philosophischem Sinne darum, herauszufinden, wie Gott zur Welt steht, es geht einzig darum, herauszufinden, wie ein Mensch sich zu dieser Welt stellen kann, deren »Realität« als etwas ganz Normales erscheint und die doch ungeheuerlich ist für jeden, der an Gott glaubt, an Gott glauben muß, um seinen Protest zu behalten: Gott will es so nicht. Er leidet selbst unter all den Verwüstungen. Diese Identität im Paradox ist der ganze Glaube des Jeremia – eine »Projektion«, die ihre Wahrheit darin zeigt, daß sie die Bedingung dafür ist, daß Menschen ihre Menschlichkeit bewahren.

Zeitgeschichtlich muß man vermutlich die ganze Szene in das Jahr 601/600 einordnen. Damals zog der babylonische König Nebukadnezzar hinauf nach Ägypten, querweg durch das Gebiet, das Gott angeblich seinem Volk verheißen hatte, durch Palästina, und kaum ahnten die Nachbarvölker, was sich da tut, da witterten sie auch schon ihre Chance. Von Osten her kamen sie: Edomiter, Moabiter – wie Schakale eine Beute umkreisen, die ein Gepard oder eine Löwin gerissen hat.

Ist das nicht immer wieder unter uns Menschen so? Jemand zeigt eine Schwäche, jemand fällt zu Boden, und schon wissen sie's alle, schon nutzen sie ihren Vorteil, schon schlachten sie's aus. Das ist diese erbarmungslose, diese mitleidlose Welt, *und keiner nimmt sich's zu Herzen!* Eben deshalb ist es buchstäblich lebensnotwendig, mit Jeremia zu sagen: Aber Gott leidet. Er nimmt sich's zu Herzen. Und die ihn in ihrem Herzen tragen, die auch! Die verkünden's in Wirklichkeit.

Und jetzt wird Jahwe, glaubt Jeremia, sogar dafür sorgen, daß die Fremdvölker, die nicht genug von der Beute kriegen konnten, wieder um ihren Prämienanteil gebracht werden.

Es ist eine Logik, wie wir sie vielleicht 1945 in Deutschland kennengelernt haben: Man konnte eventuell verstehen, daß Krieg geführt wurde, daß vielleicht sogar Krieg geführt werden mußte, weil Nazi-Deutschland anders nicht niederzuringen war. Aber was alles über dieses Ziel hinaus geschah an Mutwillen, an absichtlicher Zerstörung, nur um zu quälen, nur um weh zu tun, nur um demonstrativ »endgültig« in Siegerpose dazustehen – wer suchte das heim, wer setzte etwas dagegen, wer rechnete es auf in der menschlichen Geschichte? Auch das ist eine Frage, die offenbar nie beantwortet wird: Wer ruft die »Sieger« in ihre Schranken? Jeremia aber stellt diese Frage und fordert seinen Gott auf, sie zu beantworten, indem er Worte zitiert, als wenn Gott sie längst schon gesprochen hätte. Und so verkündet er's wie ein Versprechen: Gott wird die Balance wieder herstellen.

Nur, stimmt es so? Ist es historisch wirklich so eingetreten? Fast bekommt man Zweifel, wenn man Jeremia weiterliest. Eine phantastische Geschichte – im Kapitel 13 – von der Zeichenhandlung mit dem *Gürtel* schließt sich an. Rein äußerlich kann die Geschichte so, wie sie geschildert wird, sich nicht zugetragen haben. Judäa und der Euphrat – dazwischen liegen 1000 Kilometer Wüste. Soll man also denken, Jeremia sei rund 100 Tage lang gelaufen, um einen Gürtel irgendwo am Euphrat zu verstecken? So kann's nicht gewesen sein. Andere erklären deshalb, es handle sich wohl um eine Zeichenhandlung, aber sie sei geträumt, nicht real durchgeführt worden. Doch gleich, wie, worum geht es?

Das Bild selber ist gut begreifbar, wenn Sie einen Moment lang vergessen, daß in unserer Bekleidungskultur schöne Gürtel fast nur von Frauen getragen werden. Im Orient heute noch besitzen die Männer ihren eigenen Stolz. Ein Gürtel, meist auch ein Messer oder ein Schwert, das gilt für Pracht und Schönheit, darauf ruht ein gewisses Ansehen; nur in diesem Zusammenhang geht die Rede hier von einem Gürtel. Israel sollte Gott selber schmücken wie ein Gürtel einen vornehmen Herrscher, es sollte sein Prachtstück sein, gewissermaßen das Prunkstück Gottes. Aber nun Jeremia. Er soll einen Gürtel nehmen, der sich an den Körper anschmiegt; er soll den Gürtel jedoch nicht in Wasser legen. Was das besagen soll, ist wieder sonderbar. Nehmen wir an, Jeremia habe dergleichen wirklich im Traum gesehen: er habe sich zum Euphrat gehen sehen, angetan mit einem solchen Gürtel, der von Wasser nie berührt wurde; dann sollten wir vermuten, daß der Gürtel sehr bald staubig und schmutzig geworden sei und daß er niemals habe gereinigt werden sollen. Und eben darin läge dann das Vergleichsmoment: Der Gürtel des Jeremia ist das Volk Israel in den Händen des Herrn, und jeder kann sehen: dieser Gürtel staubt und schmutzt vor sich hin. Und der Grund? Man kann eigentlich nicht sagen, Jeremia trage den Gürtel zum Euphrat, sondern Gott selber wird es sein, der das tun wird. Die Stunde, in der das geschieht, ist das Jahr 597 bei der ersten großen Deportationswelle unter Nebukadnezzar. Selbst der König von Jerusalem, Jojakim, wird unter den Vertriebenen mitgeschleppt werden, ein junger König noch, nicht einmal ein erwachsener Mann. Fortan wird die Macht in Jerusalem dem neubabylonischen Reich gehören, und nun warten alle, fiebernd, glühend darauf, was Gott tun werde.

Jeder, der sich in einer vergleichbaren Notlage befindet, verträgt eigentlich nur eine einzige Antwort, die da lautet: Es gibt Hilfe, es gibt Trost! Was ein Prophet in diesem Augenblick sagen müßte, wäre eben dies: Das Exil, die Gefangenschaft in Babylon ist nur von kurzer Dauer, und danach: – größer und schöner denn je wird Gott seine und unsere Zukunft formen! Er wird das Leid überdauern! Laßt uns nur durchhalten im Vertrauen! Aber dieses Bild, diese Zeichenhandlung hier, Jeremia mit dem Gürtel – ist von einer furchtbaren gegenteiligen Logik: Die deportierte Bevölkerung Judäas, am Euphrat, in Babylon, wird von Gott nach dem Ablauf der Jahre hervorgeholt werden, und er wird schauen, was aus seinem Prachtgürtel wurde, und dann wird er nichts in Händen halten als unansehnliches morsches Material! *Das* wird das Ergebnis des Exils sein, nach Jeremias Meinung. O nein, dieses Volk wird sich nicht ändern in Babylon. Sie werden nur weiter degenerieren. Sie werden ihr eigenes Wesen immer mehr verlieren. Nichts von dem, was sie einmal waren und was sie hätten sein sollen, wird übrigbleiben. – Das ist kein Traum mehr, das ist ein Alptraum. Aber Jeremia wagt es, ihn auszusprechen – ins Angesicht der Trostlosigkeit seines Volkes hinein!

Immer wieder fragt man sich, was eigentlich Propheten wollen. Wollen sie die Geschichte ändern, wollen sie die Geschichte aufhalten oder beschleunigen? Wollen sie überhaupt irgend etwas bewirken? Die Antwort kann nur lauten: Propheten wollen gar nichts; sie möchten auf Möglichkeiten und Gefahren hinweisen, von denen sie sehen, wie sie schon dabei sind, sich zu verwirklichen. Die Menschen deshalb, die ihnen zuhören, könnten im letztenMoment immer noch sich neu und anders, womöglich zum Besseren entscheiden. Aber daran glaubt Jeremia nicht. Es ist der bitterste Satz, den er überhaupt spricht, wenn er sagt: *Ein Mohr ändert nicht seine Farbe und ein Panther nicht seine Streifen* (Jer 13,23).

Die dogmatische Theologie hat diesen Satz stets im Sinne der Lehre von der Verworfenheit, von der »Reprobation« des Menschen verstanden, von der Unrettbarkeit seines Zustands, wenn Gott einen Menschen preisgegeben hat. Paulus wird diesen Gedanken im *Römerbrief*, Kap. 9,22, äußern: »Es gibt«, schreibt er, »Gefäße des Zorns, die Gott hergerichtet hat zum Verderben.« Aus solchen Stellen (vgl. Spr 16,4) hat man eine düstere, unheimliche Theologie geformt, wonach Gott selber Menschen in ihrer Bosheit erschaffen hat, um am Tag des Gerichtes sie sich richtig vornehmen zu können. Was Jeremia sagen will, ist deutlich etwas ganz anderes.

Es ist den Leuten, will er sagen, die Bosheit, der Abfall, das Dahinleben ohne Nachdenken so selbstverständlich geworden, daß es zu ihrer zweiten Natur geworden ist; unmöglich deshalb noch zu glauben, diese Leute könnten sich jemals ändern. Ein solches Urteil ist bitter, schon weil es endgültig ist. Es tut so weh, wie wenn jemand in einer Psychotherapie, ein anderer in einer Liebesbeziehung, ein dritter gegenüber einem Menschen, der ihm anvertraut worden ist, erkennen muß, daß er tun kann, was er will – alles spricht dagegen, eine glückliche Wende noch herbeiführen zu können. Es ist alles vertan, fühlt Jeremia, denkt Jeremia.

Aber was er dann tut, ist ein makabrer Höhepunkt an schwarzer Ironie, eine Art prophetischer Kalauer. Man kann die folgende Szene (13,12–14) eigentlich nur verstehen, wenn man sie ins Bayrische übersetzt. Jeremia ist offensichtlich Zeuge einer Art von Hofbräuhaus-Zusammenkunft, sagen wir, er befindet sich just auf dem Oktoberfest in München, auf der Wies'n; der Anlaß des Festes muß kein kultischer gewesen sein. Aber man hat so seine Sprichwörter in Israel: *Jeder Becher wird gefüllt mit Wein.* Das meint soviel wie, daß Menschen, die schon rechte Fässer sind, sich nun erst recht vollaufen lassen. Täterä, täterä, heute ham mer Schädelwäh, täterä, täterä, Schädelwäh is schä – so ähnlich muß es wohl geklungen haben, auf Bayrisch in Hebräisch.

Jeremia jedenfalls greift das Sprichwort in der Zecherrunde auf und prostet damit zu: Den Becher her – den Becher gefüllt, der Bauch noch leer – der Wein ihn stillt. Prost, also! Da werden die Leute sagen: »Prophet, das mußt du uns nicht erklären, das wissen wir selber; so handeln wir gerade; das ist bei uns so Sitte!« Aber schon wird aus der Farce die Tragödie: Gott selber, erklärt Jeremia, wird die Besoffenheit und Betrunkenheit seines Volkes bis zum Übermaß steigern. Es wird ein einziger Vollrausch sein! Womöglich wissen wir am Ende dieses wahnsinnigen 20. Jahrhunderts besser als vergangene Zeiten, daß so etwas möglich ist. Ein ganzes Volk, eine ganze Epoche kann wie verzückt, wie verrückt sich gebärden. Und man sage nicht, das sei nur im »Dritten Reich« so gewesen, das habe nur in Deutschland zwölf Jahre lang sich so zugetragen. Das Problem besteht bereits darin, daß es in solchen Zeiten sehr schwer ist, herauszufinden, was überhaupt noch richtig, was falsch ist.

Die Kriterien, die Jeremia für eine solche Zeit hier nennt, sind im Grunde einfach. Vornan: daß Menschen einander nicht mehr verstehen, sondern in ihren Interessen und Gegensätzen miteinander unversöhnlich kollidieren, daß sie sich ideologisch zerzanken und zerreißen, die Väter und die Söhne beispielsweise. Da bricht das Geflecht der Generationen einfach auseinander, und die einen verstehen nicht mehr die anderen. Und selbst das Wort Gott dient nicht mehr der Versöhnung, der Toleranz und der Lernbereitschaft, sondern nur noch dem Streit, der Ausgrenzung und der Rechthaberei. – Sodann: *die Könige* auf dem Throne Davids! Sie werden regieren wie Betrunkene oder wie Wahnsinnige. Sie werden wunderbare Versprechungen vortragen, an denen sie sich selber berauschen. Man muß ihnen nur zuhören – denn das geht so bis heute: Die Lösung der Probleme kommt ganz bestimmt übermorgen, oder im Jahr 2000 – da wird sie sein, dann unbedingt. Denn wie sollte das neue Jahrtausend nicht großartig sein! Und sie werden bei all dem Großartigen nur die alten Fehler vor sich herschieben. – Und nicht zuletzt *die Priester*. Sie sind betrunken und besoffen von ihrem Gott. Das, was sie Gott nennen, haben sie sich schön eingeredet – ein reiner Wahnzustand, eine realitätsferne Psychose, eine zwangsneurotische Obsession. Der Inhalt ihres Wahns ist der Tempel, der Kult, die Sakramentenmagie. Ihnen kann nichts passieren, denken sie, denn sie verfügen über die richtigen Rituale. Wann immer sie die richtigen Formeln sprechen, ist Gott gegenwärtig. Wofür auch sonst gäbe es diese heiligen Formeln! Gott, wie sie ihn verstehen, ist der Beistand und Bestand ihrer Firma. Er ist das Firmenschild ihrer Reklame. *Gott ist mit uns* – das ist stets die Parole, wenn's wieder in ihren Heiligen Krieg geht. Immer sind es *heilige* Kriege. Und immer wird es Gottesschwätzer, Militärgeistliche, Hoftheologen, »Maschinengewehre Gottes« geben, die als die wirklich »Erwählten« der Institution genehm sind.

Jeremia braucht das alte Bild vom *Taumelbecher* (Jes 51,37; Ps 60,5; 75,9) nur aufzugreifen: Gott selber gibt's ihnen zu saufen, wenn's nicht anders sein soll, bis daß sie sind wie Schwankende und Torkelnde, wollen sie's selbst doch nicht anders. Es genügt, zum Verständnis dieses gräßlichen Bildes, eine »Lebensphilosophie« sich vorzustellen, die weit verbreitet ist, wonach das Leben eigentlich nur »Spaß« machen soll, nur schön sein soll; sich betrinken, sich dahintreiben lassen – nur ja nicht den Kopf sich zerbrechen, immer schön weiter so – das genügt. Am Ende versteht kein Mensch mehr, warum er eigentlich lebt, wofür er wirklich da ist, warum er immer so unglücklich ist, wo er doch nur immer glücklich sein möchte. Und dann beginnt das Lamento: O Gott, ja wie konnte Gott das nur zulassen! Das versteht man nicht.

Dabei hat ein Mann wie Jeremia es erklärt und erklärt. Nur hat man's nicht hören wollen, nicht hören können. Es war ihnen unerhört, drum blieb es ungehört. Ausdrücklich deshalb fügt Jeremia noch einmal hinzu: *Hört auf und merkt's*. Er spricht hier von *Hochmut*; aber man sollte eigentlich genauer sagen: Er hat es mit Menschen zu tun, die vor lauter Angst sich so klein machen, daß sie am Ende kaum noch irgendein Wort verstehen wollen, das sie ändern könnte. »Hochmütig« sind die Menschen, die ihre Angst einfach verdrängen und aus ihrer Schwäche sich eine Stärke halluzinieren, die sie mit einem trügerischen Selbstbewußtsein ausstattet. Aber nun kommt es in außerordentlich dichterischen, feinen Bildern (13,16): *Gebt Gott die Ehre, bevor es dunkel wird und eure Füße sich stoßen an dämmrigen Bergen und das Licht von der Finsternis aufgezehrt wird.*

Angesprochen wird hier ein Lebensgefühl, um das längst schon die Schatten länger geworden sind. Wie aber redet man mit Menschen, die fühlen, daß es in ihrem Leben nicht mehr weitergeht – jeder Schritt schleppend, jeder Weg unendlich weit, jedes Ziel unabsehbar fern? Wär's nicht die Rettung, es könnte gelingen, eben diese Hilflosigkeit, diese Zerbrochenheit, das Empfinden, am Ende zu sein, zu einem wirklichen Neuanfang zu nutzen? Einen solchen möchte Jeremia den Leuten, die ihm jetzt zuhören, zumuten. *Sprich zum König*, heißt es: *Setzt Euch ganz tief nach unten!* Ein solches Gotteswort bedeutet das Ende des Glaubens, daß da Mächtige stünden und hätten etwas über andere zu sagen. Die Wahrheit wird sein: Ganz Judäa wird weggeführt werden, restlos weggeführt werden. Ein solches Wort ist offensichtlich vom Jahre 597 ausgesprochen worden auf das Jahr 586 hin. Zehn Jahre später genau wird es so kommen, und es wird dann bis zum Obszönen geraten. Dieses Volk, das bis dahin sich gemein gemacht hat mit allem Gemeinen, wird nun in seiner Gemeinheit und Schamlosigkeit vorgeführt werden. *Sie können ja nicht einmal mehr erröten*, hatte Jeremia früher gesagt (8,12). Jetzt wird er reden von seinem Volk wie von einer Frau, die man nackt vorführt und bis zum äußersten demütigt. Was sie immer schon wollte und durch ihr Verhalten provozierte – jetzt wird es zur Strafe an ihr vollstreckt.

Stets erwartet man von Propheten, daß sie trotz allem verraten, wie im letzten denn doch eine Wende möglich sei, ganz so, als wären all ihre Drohungen, Flüche, Scheltworte und Sarkasmen nichts als dramaturgische Mittel ihrer Rhetorik. Kein Mißverständnis kann größer sein! Propheten ist alles, was sie sagen, bitterer Ernst. Was Jeremia zu bieten hat, ist nur die Aussicht einer Zerstreuung – wie Spreu, die fortfliegt, verweht vom Wüstenwind. Eindringlicher läßt sich nicht reden. Aber hat Jeremia nicht recht?

Wenn wir uns heute umschauen, so geht die Frage, wenn von Religion die Rede ist, stets nach der *Kirche*. Was bedeutet es, daß so viele »ungläubig« werden und den kirchlichen Institutionen den Rücken kehren? Zeigt es nicht an, daß die alte Ordnung dabei ist zu zerbröseln? Aber vielleicht, kaum gedacht, kommen die »Könige«, kommen die »Priester«, kommen die »Verkünder«, und sie alle: die Herrscher, die Päpste, die Kardinäle, die Bischöfe werden erklären, daß sie schon den Weg wüßten, kirchenpolitisch, staatspolitisch, der in die Zukunft führe. Und tatsächlich: Sie werden die Zugangswege zur Macht mutig beschreiten, sie werden die Wege zu den neuen Medien öffnen, sie werden ihre Veranstaltungen und feierlichen Audienzen abhalten. Aber ändert das alles auch nur das geringste an dem Kern des Widerspruchs, auf den Jeremia schon hinwies: daß ihnen Gott nicht innerlich ist, sondern äußerlich? Daß man ihn sucht in der Masse, statt in der Person? Daß man ihn verwehen läßt im Gerede lauter leerer Worthülsen wie Spreu im Wüstenwind, statt daß sich zeigen würde im Leben, was gemeint wäre? Wann ist Mitleid eine wirkliche Macht der menschlichen Existenz? Das entschiede über die Realität der Religion.

Morgen vormittag zum Beispiel soll eine Diskussion in Aschaffenburg stattfinden mit Bischof Dyba, mit Herrn Maier, dem ehemaligen Vorsitzenden des Zentralkomitees der deutschen Katholiken, sowie mit Rolf Hochhuth zu dem Thema: »Die Macht der Päpste«. Genauer gefragt: Hätte zum Beispiel Papst Pius XII. durch ein entscheidendes Wort an den Greueln der Nazis etwas verhindern können, an den Judenprogromen, am Krieg? Das soll die Frage sein. Aber sie ist, nach allem, was wir von Jeremia gelernt haben, von Anfang an verkehrt gestellt, denn immer wieder wird dabei unterstellt, daß man nur dann etwas sagen dürfe, wenn man die

Aussicht habe zu ändern, was da passiert; und das Kalkül nun, ob man's ändern kann oder nicht, das soll entscheiden darüber, ob etwas gesagt wird oder nicht. So zu denken gehört gewiß in die Politik, aber es gehört ebenso gewiß nicht in die Religion. Wie denn? Eine Kirche, die 2000 Jahre lang erklärt, sie sei der fortlebende Christus, sie sei der Leib Christi selber, man müsse nur schauen auf diese Kirche, um Christus zu »haben«, die, wenn sie sieht, wie Millionen Menschen aus dem Volke Jesu selber in die Vernichtungsöfen geschleppt werden, hat nichts und braucht nichts dazu zu sagen, weil sie's doch nicht hätte ändern können? Nehmen wir an, Papst Pius XII. hätte seinerzeit wirklich am Holocaust nichts ändern können; hätte dann R. Hochhuth mit seinem *Stellvertreter* nicht trotzdem recht? Ein Papst damals hätte aufschreien *müssen*! Das ist Religion. Das ist Jeremia: zu sagen, was stimmt, egal, was dabei rauskommt! Und das ist der Unterschied zwischen Kalkül und Wahrheit: daß Religion Menschlichkeit redet angesichts der Unmenschlichkeit – wann denn sonst?! Sonst hätte sie nichts mehr zu sagen; sonst vertäte sie sich und redete von Gott, nur um ihn mundtot zu machen. So viel zu »Königen«, »Priestern« und »Verkündern« im 20. Jahrhundert.

Oder noch anders.

1500 Jahre lang nun schon erklärt die Kirche Roms, daß es *gerechte Kriege* gebe, und wirklich, durch all die Zeit hat sie Kriege gerechtfertigt. Ihre Lehre vom Gerechten Krieg selber indessen wurde stets damit gerechtfertigt, daß es gelte, ungerechte Kriege zu verhindern. Aber dann bricht ein Krieg aus wie 1939, ein *ungerechter Krieg*, wenn denn die Kriterien der kirchlichen Moraltheologie überhaupt jemals anzuwenden sind. Doch was tut in dieser Situation diese Kirche hier in Deutschland? Sie wird 14 Tage lang die Glocken läuten lassen zum Sieg über Frankreich, über den nationalen Erbfeind. Sie wird 1941 in zwei Hirtenbriefen zum Kreuzzug gegen den atheistischen Bolschewismus aufrufen, und 25 Millionen Russen werden das Opfer dieses antibolschewistischen Kreuzzugs sein, und es wird bis heute ohne Bedauern bleiben. Ja, zwei Jahre nach diesem Krieg, im Jahre 1947, wird Kardinal Frings in Köln erklären, daß wir in Deutschland neu aufrüsten müßten. Die Ruinen stehen noch, wie sie sind, die Leute hungern in den Trümmern, aber die katholische Kirche denkt schon wieder ans Aufrüsten, weil der Stalinkommunismus die Welt bedrohe. Im Jahre 1949 wird Papst

Pius XII. wirklich etwas tun. Er wird die Kommunisten in Italien exkommunizieren: wohlgemerkt nicht die Nazis in Deutschland, nicht die Ustaschabewegung in Kroatien, nicht die Francofaschisten in Spanien, die alle nicht. Aber die Kommunisten, die waren gefährlich, die mußte man bekämpfen, die mußte man ausrotten. Ja, ist das wirklich die Frage, was man bewirkt, oder ist es die Frage, wofür man Zeugnis gibt?

An diesem Unterschied entscheidet sich die Welt. Jeremia hat sich niemals eingebildet, irgend etwas verändern zu können. Den Mohr wird auch er nicht weißwaschen, und aus dem Panther wird auch er keine Katze machen. Mehr ist nicht möglich, mehr auch nicht nötig, als der Wahrheit eine Stimme zu verleihen. So ist Religion innerlich, statt daß sie äußerlich genommen und mißverstanden wird.

Drum wird es immer wieder so sein, wie Jeremia es sah. Die Mauern des Petersdoms in unseren Tagen sind genau so bröckelig wie die Mauern der Stadt Jerusalem und die Mauern des Tempels in den Tagen des Jeremia. Gebäude und Gebärden geben Zeugnis für gar nichts. Seit 200 Jahren spätestens wartet ganz Europa darauf, daß Gott *innerlich* geglaubt werde, aus Gründen der Geistigkeit, aus Motiven innerer Überzeugung, aus Empfindungen der Menschlichkeit und der Wahrhaftigkeit heraus. Wo es sich so nicht verhält, kann es sein, was es will, es wird Religion nicht sein; es ist Aberglaube.

Der russische Dichter Fjodor Michailowitsch Dostojewski meinte im *Idioten* einmal aus dem Munde des Fürsten Myschkin, die römisch-katholische Religion sei eigentlich gar keine Religion, sondern nur eine späte Ableitung des Römischen Reichs; jeder religiöse Gedanke sei im Katholizismus diesem Prinzip untergeordnet. Genau so verhält es sich. Selbst Jeremia gab die Hoffnung nicht auf, einmal werde ein wahrer König kommen, der das Reich Gottes heraufführen werde. Aber in der Wahl zwischen diesem König aus Israel, den Jeremia erträumte und den Jesus lebendig setzen wollte, und dem römischen Kaiser hat man im 4. Jahrhundert den römischen Kaiser gewählt. Und nun steht die römische Kirche seit 1500 Jahren vor dem Problem, wie man diese Fehlentscheidung den allzu Gläubigen als rechtens erscheinen lassen kann. Sie kann aber nicht rechtens sein. Solange man einen Kirchenstaat haben will, steckt man in einem unentrinnbaren Dilemma. Man muß Politik treiben. Man kann nicht, man darf dann nicht Zeugnis geben – es wäre unverantwortlich, es wäre unklug, es wäre politisch nicht zu rechtfertigen. Als Kirchenstaat muß man etwas bewirken wollen, und schon damit verrät man notwendig den Mann aus Nazaret an jeder Stelle neu. Alles, was je Prophetie war im Munde des Jeremia, hat dann keine Chance mehr, in seiner Paradoxität, in seinem göttlichen Irrsinn, in der Narretei eines Menschen begriffen zu werden, der sich wagt für ein bißchen Wahrhaftigkeit.

An dieser Stelle können wir die ganze Geschichte wieder von vorn beginnen lassen. Warum geht es so zu auf Erden? Eine Erklärung hat auch Jeremia nicht, aber er hat eine Zuversicht: Gott versteht es, und Gott steht auf seiner Seite. Mehr braucht Jeremia nicht, und mehr ist auch wohl nicht nötig.

8. November 1997

»VERFLUCHT DER TAG, AN DEM
ICH GEBOREN«

Im Mittelpunkt sollen drei Stellen aus dem Buch des Propheten Jeremia stehen. Es geht um die Klagen, die dieser Prophet persönlich an Gott richtet, um ihn zu fragen, was seine Beauftragung wirklich gemeint hat, und vor allem, wie es möglich sein soll, mit ihr zu leben. Natürlich sind es Gründe der Überlieferungsgeschichte, die die drei Stellen wie versprengt im Jeremia-Buch auf uns haben kommen lassen. Aber in diesem Fall dürfte die scheinbare Beliebigkeit, in der die Texte angeordnet sind, ein Stück weit sogar die historische Wirklichkeit widerspiegeln: Es war keineswegs einmal, daß Jeremia so fühlte, es war immer wieder so; es durchzog sein ganzes Leben spätestens von dem Moment an, da er sich entschloß oder genötigt wurde, Prophet seines Gottes zu werden.

Text: Jer 15,10–12, 15–21; 16,1–13; 20, 7–18
Wehe mir, Mutter, daß du mich geboren! einen Mann des Haders und Streites für alle Welt! Ich bin nicht Gläubiger und nicht Schuldner, und doch verfluchen mich alle. Der Herr sprach: Wahrlich, ich erlöse dich, daß es dir wohl ergehe. Wahrlich, ich stehe dir bei zur Zeit des Unheils und zur Zeit der Not; du bist mein Freund. Kann man Eisen zerbrechen, Eisen vom Norden und Erz?
Du weißt es, Herr, gedenke meiner und achte auf mich! Räche mich an denen, die mich verfolgen! Übe nicht Langmut, raffe sie hin! Bedenke: um deinetwillen erdulde ich Schmach. Stellte dein Wort sich ein, so verschlang ich's; zur Wonne ward mir dein Wort. Zur Freude meines Herzens ward es mir, daß ich deinen Namen trage, Herr, Gott der Heerscharen. Nie saß ich fröhlich im Kreise der Scherzenden; von deiner Hand gebeugt saß ich einsam; denn mit Grimm hast du mich erfüllt. Warum ward mein Schmerz denn ewig, ward meine Wunde unheilbar und will nicht gesunden? Wie ein Trugbach wardst du mir, wie ein Wasser, auf das kein Verlaß ist! Darum sprach der Herr also: Wenn du umkehrst, darfst du wieder vor mir stehen, und redest du Edles, nicht Gemeines, so darfst du mein Mund sein. Sie sollen sich zu dir hinwenden; du aber wende dich ihnen nicht zu. Ich mache dich für dieses Volk zur festen, eher-

nen Mauer, und sie werden wider dich streiten, dich aber nicht
überwältigen; denn ich bin mit dir, dir zu helfen, dich zu retten,
spricht der Herr. Ich rette dich aus der Hand der Bösen, erlöse dich
aus der Faust der Tyrannen.

Und es erging an mich das Wort des Herrn: Du sollst dir kein
Weib nehmen und sollst keine Söhne haben und keine Töchter an
diesem Orte. Denn so spricht der Herr über die Söhne und Töchter,
die an diesem Orte geboren werden, und über ihre Mütter, die sie
gebären, und über ihre Väter, die sie zeugen in diesem Lande: Den
Seuchentod sollen sie sterben unbeklagt und unbegraben; zum
Dünger auf dem Felde sollen sie werden, umkommen durch
Schwert und durch Hunger, und ihre Leichen werden zum Fraß für
die Vögel des Himmels und die Tiere des Feldes.

Denn so spricht der Herr: Tritt nicht in ein Haus des Jubels, und
gehe nicht hin zur Totenklage und bezeuge ihnen kein Beileid; denn
ich habe meinen Frieden von diesem Volke genommen, spricht der
Herr, die Gnade und das Erbarmen. Und sterben werden Große
und Kleine in diesem Lande und nicht begraben werden, und niemand wird um sie klagen, niemand sich Einschnitte machen noch
sich scheren lassen um ihretwillen. Niemand wird einem Trauernden Brot brechen, ihn zu trösten über einen Toten, niemand ihm
den Trostbecher reichen, selbst nicht beim Tode von Vater und Mutter. Tritt nicht ein in ein Haus des Gelages, dich zu ihnen zu setzen
zum Essen und Trinken. Denn so spricht der Herr der Heerscharen,
der Gott Israels: Siehe, ich mache allhier, daß ihr es seht und erle-
bet, ein Ende dem Freudengesang und dem Wonnegesang, dem Gesang des Bräutigams und der Braut. Wenn du nun diesem Volke alle
diese Worte verkündigen wirst und sie dann zu dir sagen: Warum
hat der Herr all dieses große Unheil uns angedroht? Was ist unsre
Schuld und was unsre Sünde, die wir wider den Herrn, unsern
Gott, begangen haben? so antworte ihnen: Darum, weil mich eure
Väter verlassen haben, spricht der Herr, weil sie fremden Göttern
nachliefen, ihnen dienten und sie anbeteten, mich aber verließen
und mein Gesetz nicht hielten. Und ihr, ihr habt es noch ärger getrieben als eure Väter! Seht, ihr folgt ja ein jeder der Verstocktheit
seines bösen Herzens und hört nicht auf mich. So will ich euch denn
aus diesem Lande verstoßen in ein Land, das euch unbekannt war,
euch und euren Vätern. Dort sollt ihr fremden Göttern dienen Tag
und Nacht; denn ich werde euch kein Erbarmen schenken.

Du hast mich betört, o Herr, und ich habe mich betören lassen; du bist mit Gewalt über mich gekommen und hast obgesiegt. Ich bin zum Gelächter geworden den ganzen Tag, jeder spottet meiner. So-oft ich rede, muß ich aufschreien; »Unrecht! Gewalttat!« muß ich rufen. Denn das Wort des Herrn ist mir zur Schmach und zum Hohn geworden den ganzen Tag. Sage ich mir aber: »Ich will seiner nicht mehr gedenken, will nicht mehr reden in seinem Namen«, dann wird es in meinem Herzen wie brennendes Feuer, verhalten in meinem Gebein. Ich mühe mich ab, es zu tragen, und vermag es nicht. Viele schon hörte ich zischeln – welch ein Grauen ringsum! –: »Zeiget ihn an!« – »So wollen wir ihn anzeigen! Ihr seine Vertrauten alle, belauert ihn! Vielleicht läßt er sich betören, daß wir seiner Herr werden und uns an ihm rächen.« Aber der Herr ist mit mir wie ein furchtbarer Held; darum werden meine Verfolger zu Falle kommen und nichts vermögen. Sie werden schmählich zuschanden, weil es ihnen nicht glückt, in ewiger, unvergeßlicher Schmach. Der Herr der Heerscharen prüft den Gerechten, er sieht Nieren und Herz. Noch werde ich deine Rache an ihnen sehen; denn dir habe ich meine Sache anheimgestellt. Singet dem Herrn, lobpreist den Herrn! denn er hat das Leben des Armen aus der Hand der Übeltäter errettet.

Verflucht der Tag, an dem ich geboren! der Tag, da mich meine Mutter gebar, er sei nicht gesegnet! Verflucht der Mann, der meinem Vater die Botschaft brachte: »Dir ist ein Knabe geboren!« und ihn hoch erfreute! Jenem Tage ergehe es wie den Städten, die der Herr zerstört hat ohne Erbarmen! Er höre Wehegeschrei am Morgen und Kriegslärm zur Mittagszeit! weil er mich nicht gemordet im Mutterleibe, so daß die Mutter mir zum Grabe geworden und ihr Schoß ewig schwanger geblieben wäre. Warum nur kam ich aus Mutterschoß, daß ich Mühsal und Herzeleid schaute, daß meine Tage in Schande vergingen?

Hört man die Musik von Bach oder Händel, so wird es zu einer sicheren Erwartung, gerade so müsse Religion klingen; gerade das hervorzubringen sei ihr Zweck: den Menschen ins Gleichgewicht mit sich und seiner Zeit zu setzen. Die Texte des Jeremia sind eine einzige Dissonanz und Disharmonie, ein Scheitern an der Welt und an sich selbst, in einem Format, das wir sogar der Bibel nicht zutrauen würden, wär's nicht gerade so in der Bibel enthalten.

Was ist ein Heiliger? Ohne Zweifel zählt Jeremia zu den großen Heiligen-Gestalten des Alten Bundes. In der Schar der großen Propheten malt ihn Michelangelo in der Sixtinischen Kapelle. Aber wie anders als in den frömmelnden Legenden zeichnet sich die Gestalt in diesem Buch eines hebräischen Propheten, der es wagt, seine eigene Person, zum ersten Mal und fast zum einzigen Mal in dieser Deutlichkeit, uns vor Augen zu stellen. Die Legende, die offiziell von den Vorbildgestalten der christlichen Kirche gemalt wird, ist immer glatt, im Grunde frei von Widersprüchen. Mag sein, daß irgendein Historiker auch jenseits des Propagandaklischees an ihnen dies und das dann doch an zeitgeschichtlichem Mut zu rühmen weiß, aber bis zum Zerbruch, bis zur Verzweiflung ist kaum einer von ihnen geschritten. Wenn aber doch, so zersprengte er damit zugleich die Erzählform der Heiligenlegende, die man so gern dem Volke erzählt. Die dunkle Nacht des Johannes vom Kreuz – das ist etwas für Reinhold Schneider, der sie beschrieb, aber nichts für die Anbetung der gläubigen Menge. Was das Volk braucht, sind polierte Gestalten, verkitscht für den Devotionalienmarkt, Gipsfiguren, in denen der Vatikanstaat Haupteinnahmequellen erblickt. Auch der psychologische Zweck dieses Betriebs ist eindeutig: Weil sie so unangefochten hoch auf ihrem Piedestal stehen, die römischen Heiligen, können und sollen wir uns vor ihnen niederwerfen, um virtuell teilzuhaben an ihrer Größe. Keinerlei Verdacht fällt da, sie hätten mit unserem Leben etwas zu tun, sie hätten überhaupt mit dem wirklichen Leben etwas zu tun.

Es war der nicht so fromme, aber psychologisch und menschlich große Stefan Zweig, der in der Einleitung zu seiner Biographie über *Marie-Antoinette* sagen konnte, ob wir nicht eigentlich der Fehlbarkeit der Menschen mehr bedürften, um ihrer Menschlichkeit willen, als eines fiktiven, fingierten Tugendbeispiels; ja, er meinte, daß wir überhaupt keine Legenden mehr brauchten, sondern wirkliche Menschen sehen möchten und müßten in ihrem Ringen, in ihrem Scheitern, in ihren Fehlern und Verfehlungen.

Jeremia ist eine solche Gestalt, die durch ihre Menschlichkeit beeindruckt. Alles, was dieser Mann zu sagen hatte, kam aus seiner Person, und dafür stand er gerade mit seiner Person. Niemand vor ihm, niemand nach ihm hat es gewagt, alles Suchen und alle Versuchbarkeit so deutlich auszurufen durch die Jahrtausende wie er.

Ist ein solcher Mann als Person jemals von irgendeinem Kollektiv als Vorbild integrierbar?

Was wir die »Heiligen« nennen, soll gewissermaßen so etwas sein wie ein Beweis für die Richtigkeit der Gruppe, in der sie standen und die es sich, mindestens späterhin, zugute hält, daß es sie gab, im Glauben womöglich, eben diese Gruppe hätte sie selber sogar hervorgebracht. Ein wenig von dieser Auffassung steckt wohl auch in diesen Texten. Jeremia redet in der Art, wie viele Psalmen in Israel sprechen; er verwendet das übliche Schema kultischer Rede. Möglich sogar, daß ein Teil dieser Texte in gottesdienstähnlichen oder gottesdienstlichen Veranstaltungen, im Rahmen des Festes des Bundesschlusses zwischen Jahwe und seinem Volk etwa, öffentlich vorgetragen wurde. Da wird eine Klage geführt auf Sein oder Nicht-Sein, ein verzweifelt klingender Ausruf; diese Klage enthält den Bericht, wie es sich in den Stunden der Not verhielt, und bildet stets nur den ersten Teil des so formulierten Gebets; der zweite Teil, der wie eine Antwort darauf zu verstehen ist, bildet den eigentlichen Grund, warum überhaupt ein Mensch von den Engführungen seines Lebens im Gottesdienst zu sprechen wagt und zu sprechen die Erlaubnis erhält: Nicht *er* soll das Thema sein, sondern die Macht Gottes, die sich darin erweist, daß sie ihn aus dem Abgrund zog. Und die Dankbarkeit des Betenden für seine Rettung soll die Gemeinde eben darin bestärken, an diesen Gott, der so rettet, in seiner Macht und Größe alle Hoffnung und alles Vertrauen zu setzen. Was der Einzelne auf diese Weise schildert, ist daher schon das Beispiel für die Gemeinde selber.

Innerhalb dieses kultischen Schemas verbliebe Jeremia wirklich ganz und gar im Kreis der gottesdienstlichen Veranstaltung. Inhaltlich aber wäre keiner dieser Texte dann wirklich notwendig geworden. Er wäre dann nicht der Mann, als den er sich selber hier schildert: ausgesetzt, einsam, verflucht.

Wir alle kennen den Grund, warum es um Jeremia so steht, schon seit langem. Erinnern wir uns: Jeremia hat es gewagt, in der Liturgie des Bundesschlusses herauszuschreien, daß es den Bund zwischen Gott und seinem Volk nicht mehr gebe, daß er gebrochen sei, einseitig, von dem Volk selber, mit dem er redet, und daß es verflucht sei, dieses Volk, daß es nur eine Frage der Zeit noch sei, bis es ihm ergehe wie der Kultstätte von Schilo (Jer 7,14). Was Wunder, daß man Jeremia verflucht deswegen, diesen Fatalisten, diesen

Schwarzseher, diesen Menschenfeind, diesen Gegner aller normalen Freude und alles gewöhnlichen Menschenglücks (Jer 16,1–13!),
diesen ewigen Dreinredner und Nörgeler, diesen Unmut- und Miesmacher, diesen Nestbeschmutzer: – wie kann er glauben, erwünscht
zu sein mit dieser Attitüde des Hasses!

Geht man Schritt für Schritt die Klagen des Jeremia durch, so lösen sie sich heraus aus dem gottesdienstlichen Schema. Am Ende
stehen sie ohne Antwort! Was literarisch wie ein Zufall der Überlieferungsgeschichte erscheint, macht fast Verdacht, Ausdruck eines
bestimmten Gefühls zu einer bestimmten Zeit gewesen zu sein: Immer noch, eine Weile lang, war es Jeremia wohl möglich, sich im
Allgemeinen zu trösten, sich einzugliedern in die Vorgaben des
Rituals; doch irgendwann zersprengt das Leid dieses einzelnen Propheten in einzigartiger Weise alles Vorgegebene, und wir, mit erschrockenem Staunen, stellen fest, daß diese Stunden seiner Erniedrigung, seines Am-Boden-Liegens, die Stunden seiner wahren Größe
wurden. Diesen Stunden verdanken wir alles. In ihnen wurde Jeremia zu dem, was er war – zu dem Verkünder dessen, worin wir als
Christen so festtäglich zu ruhen meinen: des Gedankens eines
Neuen Bundes, der sich verbindet mit der Botschaft des Jesus von
Nazaret.

Matthäus hat vollkommen recht, wenn er (Mt 16,14), abweichend von der Vorlage des Markus (8,28), zu den Vergleichsgestalten des Propheten aus Nazaret unbedingt Jeremia, den Propheten aus Anatot, hinzufügt: Jesus selbst ein zweiter Jeremia!
Dann bleibt's nicht länger aus, daß wir denken müssen, gerade so
sei es typisch, gerade so sei es gültig. Was Jeremia hier durchmacht,
ist dann eben nicht eine einzelne zufällige Situation, ein Fauxpas
gewissermaßen der Heilsgeschichte, die an dieser Stelle versehentlich einmal durch einen sonderlichen Umweg auf Abwege gedrängt
wurde, um dann wieder Tritt zu fassen auf dem geraden Wege, wie
Gott ihn liebt, sondern all die Spannungen, all diese Auseinandersetzungen hier sind dann zu erkennen als etwas immer wieder sich
Ereignendes, als etwas typischerweise Unvermeidbares. So wiederholt sich's, und anders geht es überhaupt nicht zu, wenn es um Gott
gehen soll. Die Alternative bestünde einzig darin, annehmen zu
wollen, daß auch Jesus womöglich nur eine übertreibende Luxusfigur des prophetischen Ernstes gewesen sei, den wir mit dem Hobel
der Geschichte nun endlich von allen Astlöchern geradegeschnitten

bekämen, um ein anständiges Holz, eine ordentliche Planke für unsere Gartenbank oder vielmehr für unsere Kirchenbank daraus zu schnitzen.

Die Texte, die wir als die Konfessionen des Jeremia soeben gehört haben, schließen sich zu einem furchtbaren Kreis innerer Eingeschlossenheit zusammen, in dem die letzten Worte sind wie die ersten, bis auf den Umstand, daß sie am Anfang noch erträglich wirken durch den Trost, der in ihnen liegt, während sie am Ende unerträglich wirken durch die Trostlosigkeit, die sie hinterlassen.

Alles beginnt damit, daß ein Mann in seiner Einsamkeit sich an seine Mutter wendet, fast wie ein hilfloses Kind, irgendwo suchend nach einem Heimatort, den es nicht gibt, nach einer Stätte der Güte, die wie verloren ist und die nur in der Erinnerung daran noch lebt, wie die Welt einmal war, und in der Erwartung, wie sie sein müßte. Hier, in der Klage des Jeremia, erhebt sich's zum Vorwurf, aus diesem Ort je entlassen, ja verstoßen worden zu sein, in diese Welt hinein – in diese Welt! – als ein Mann des Streits und des Zanks.

Alles, wohlgemerkt, was Jeremia will, ist Versöhnung und Frieden. Kaum einer unter den Propheten der Bibel findet sich, der mit solcher Sensibilität sich bemüht hätte um Menschlichkeit. Doch um so unerträglicher ist diesem heilsuchenden Mann das Unheilvolle der Wirklichkeit. Er verträgt's nicht, ganz einfach! Um ihn zu begreifen, muß man nur die Gegenfrage stellen: Was für ein dickes Fell braucht eigentlich ein Mensch, um in dieser Welt behütet und in Frieden ganz normal weitermachen zu können? Über was alles muß er hinwegsehen, wovor die Augen verschließen, um an dieser Welt nicht zu leiden? Ist sie seit den Tagen des Jeremia denn so viel anders, so weit zum Besseren geworden? Oder haben sich nicht all die Klagepunkte dieses Mannes nur ins Monströse noch gesteigert im Verlaufe der letzten zweieinhalbtausend Jahre?

Der Krieg, den Menschen führen – er ist nach wie vor die Normalität. Er ist nicht der Skandal, er ist nicht das Ungeheuere, an dem ein Mensch leiden muß, schreiend vor Gott, daß es endlich aufhöre. Er ist nach wie vor das ganz normale Trainingsziel des bürgerlichen Alltags von 18jährigen. Das muß so sein – alle »rechte« Politik wird darauf beharren; ein wirklicher Bürger muß das nun mal gelernt haben: wie er gehorcht, wie er marschiert, wie er paradiert, wie er Menschen tötet, wie er zum Schmuckstück des Staates sich in die Marionette seiner Generäle verwandelt ... das muß doch möglich sein! Und wie er über Leichen geht, stolz, sieghaft, ordendekoriert. Gerade in diesen Stunden, da wir wieder dabei sind, am Golf aufmarschieren zu lassen, muß man sich nur daran erinnern, wie die Kerls 1991 geehrt wurden, die auf fünf Kilometer Länge mit Bulldozern die irakischen Schützengräben zubaggerten, um die irakischen Soldaten lebendig in ihren Stellungen zu beerdigen. Diese Helden der US-Armee wurden mit dem Silver Star dekoriert; sie waren tapfere GIs, sie waren das Vorbild, wie man heutigentags Krieg führt in Amerika. Es hatte sich gezeigt, daß es viel effizienter sein kann, gleich zu beerdigen, als noch zu töten. Und darunter leiden? Das wäre unpatriotisch, das verriete die Gesinnung und Gesittung der Gemeinschaft, das wäre nicht stolz und national gedacht.

Doch nun so ein Widerborst wie dieser Jeremia. Er ruiniert die Identität von Volk und Gott, er löst sie auf, diese Gods-own-country-Ideologie; sie geht zum Teufel, bei diesem Mann, sobald er den Mund aufmacht. Und da soll man sich gegen ihn nicht wehren? Ist das nicht den Streit wert, ihn zu bekämpfen? Er ist schließlich der einzige, der nicht so redet wie sie alle; wie die Priester zum Beispiel.

O ja, *die Priester*! Man muß nur einmal lesen, was sie im Ersten Weltkrieg gesagt haben! Man muß nur einmal lesen, was sie im Zweiten Weltkrieg gesagt haben! Von Widerstand der Kirche gegen den Krieg im ganzen 20. Jahrhundert keine Rede, nicht ein einziges Wort. Und die den Widerstand wagten, die armen Teufel, die den Wehrdienst verweigerten, wie der am 9. August 1943 hingerichtete Franz Jägerstätter, denen verweigerte man die heilige Kommunion noch im Gefängnis, noch im Konzentrationslager, denen erklärte man, daß sie vermessen und hochmütig sein müßten, besser wissen zu wollen, was Gott gebiete, als sogar die Kardinäle und Päpste. Sie seien von Gott abgefallen, wenn sie vom Führer abfielen, das sagte ihnen die Priesterschaft der Kirche fast ausnahmslos. Leute wie diesen Jeremia gibt es, gottlob, immer wieder, und nicht von allen redet man. Aber der Konflikt ist immer derselbe. Zank und Streit geht da aus von den Friedliebenden, weil die Normalität auf Krieg und Kriegsvorbereitung basiert. In einer Welt, in welcher Krieg normal ist, in welcher die Verwüstung ganzer Städte und Länder so routiniert geschieht wie das Planieren eines Hektars Urwald – wie soll man in einer solchen Welt leben in Frieden? Ohne »*Zank und Streit*«?

Jesus später wird sagen: »Glaubt bloß nicht, ich sei gekommen, um Frieden zu bringen; das Schwert bin ich gekommen zu bringen.« (Mt 10,34) Daraus haben manche Exegeten gelesen, Jesus sei ein militanter Revolutionär gegen Rom gewesen, doch geht in einer solchen Auslegung vollkommen unter, wofür Leute wie Jeremia oder wie Jesus wirklich gekämpft haben – wie man wirklich »Krieg« führt im Namen Gottes, worum der »Zank« und der »Streit« auf Leben und Tod sich wirklich lohnt. Irgendwann geht es darum, sich zu entscheiden, auf Entweder – Oder – das ist das »Schwert«, von dem Jesus mit alten Prophetenworten (Micha 7,6) redet: Seine Botschaft wird trennen quer durch die Familien, quer durch die Generationen, und es wird unvermeidlich sein. Hier steht etwas Neues auf dem Spiel, und alles Alte gilt nicht mehr.

Jeremia hat die Stirn, auf eine eigenartige Weise den Unterschied zwischen sich und den anderen, zwischen dem Neuen und dem »Normalen« zu markieren – es mutet fast grotesk an, wenn er so sagt: »*Ich bin niemandes Gläubiger noch Schuldner.*« Was, möchte man fragen, gehört das hierher? Außer daß Jeremia sagen will: »Worum die Leute normalerweise sich streiten, wenn's ihnen ernst wird, das sind Geldfragen. Nicht um Gott streiten sie sich, das mußt du nicht glauben. Aber wenn's um die Kasse geht, um passive und aktive Saldi, da werden sie selber handelnd und leidend. Es gibt Gläubiger, die dem andern an die Gurgel gehen, und es gibt Schuldner, die nicht zahlen können, und zwischen diesen beiden Lagern findet permanent Krieg statt, um Geldgewinn und Geldverlust drehen sich immerzu die Zankereien der Menschen. Das ist ihr Ernstfall, das gilt ihnen für die einzige wirkliche Realität. Da werden die Werte verhandelt, auf die es ihnen ankommt.«

Eigentlich, will Jeremia sagen, hat er mithin nichts verbrochen, worum ordentliche Bürger sich zanken müßten. Das, wofür sie sich interessieren, hat ihn nie interessiert; das war niemals seine Welt. Aber sollte Jeremia so närrisch gewesen sein, nicht zu begreifen, daß er gerade mit dieser Einstellung eben die Welt in Frage stellt, daß er an ihr »schuldig« wird, indem er nicht mehr redet von Wirtschaftsschuldnern und Gläubigern, sondern von der Schuld eines ganzen Volks, von der Schuld, die sie alle als Menschen haben vor Gott? Das muß er nur sagen, dann verfluchen ihn alle.

Es ist an dieser Stelle wie in alten ägyptischen Gebetsritualen, daß wir einen Jeremia sehen, der mit sich selber durchaus im Ein-

klang ist. Ein ganzer Teil seines Gebetes ist eine Unschuldser-
klärung, so wie man es im Totengericht von einem Pharao im alten
Ägypten erwartete: Er zählte gegenüber den göttlichen Richtern
einfach auf, was er richtig und gut gemacht hatte, und die Gottheit
selbst mußte finden: So war's, so war es in Ordnung, um dann die
richtigen Schlüsse zu ziehen. Jeremia, der seiner Mutter kaum noch
verzeiht, auf der Welt zu sein, kann vor Gott hintreten und eigentlich Punkt für Punkt nur beteuern, es richtig gemacht zu haben.
Was er vorbringt, ist keine Infragestellung seiner Person, nur ein
Unmaß von Leid. Und wir müssen ihm zustimmen: Was Jeremia
verkörpert und was er sagt, stimmt. Das weiß er an dieser Stelle
noch ganz deutlich, und das sagt er sogar seinem Gott: »*Ich diente
zum Guten.*« Und er kann noch viel mehr sagen. Er hat sogar für
seinen Feind gebetet. Er hat das Äußerste getan zu seiner Rettung.

»Der Feind« ist hier durchaus nicht der babylonische König Nebukadnezzar, eher schon der eigene König, Jojakim, und ganz sicher das eigene Volk in Judäa. Nicht Nebukadnezzar bedroht Jeremia, sondern die sogenannten Gläubigen, die Priester und die
verlogenen Hoftheologen, die sich als Propheten aufspielen. Spätestens seit Kapitel 7, als Jeremia in den Tempel ging und sagte:
»Euch nutzt gar nicht mehr der Tempel des Herrn. Der Tempel des
Herrn! Gott kann euch nicht mehr hören!« – da war's zu Ende mit
seinem Frieden mit den Priestern. Und die sogenannten Propheten
werden nicht müde zu rezitieren: »Gott wird Frieden schicken
übers Land, Gott wird Frieden schicken übers Land, Heil sei uns
Gott!« Und sie alle lügen, wird Jeremia sagen. Trotzdem wird er immer wieder beten für die Priester, für die Propheten und für den König – für seine Gegner, Gott möge sie retten, weil er das Grauen vor
sich sieht, das über sie alle kommt, wenn's nur ein bißchen weiter
noch sich so entwickelt. Es war Gott selber, der ihm gesagt hat: »Du
kannst beten, wie du willst. Selbst wenn hier Mose erscheinen
würde oder Samuel, ich hab' die Ohren voll. Ich hör' dich nicht und
niemanden mehr. Jetzt ist Schluß!« (Jer 7,16; 11,14; 14,11; 15,1) Es
ist diese Abweisung, diese Aussichtslosigkeit, die aus dem guten Gewissen des Jeremia den Vorwurf, die Forderung, die Bitte um sich
selber entstehen läßt: »*Gedenke mein und nimm dich meiner an,
und räche mich an meinen Verfolgern.*« (Jer 17,17–18; 18,18–23)
Das Wort *Rache* klingt schrecklich im Deutschen, und es ist auch
schrecklich im Hebräischen. Es nutzt wenig, daß wir mildernd er-

klären, es solle nur soviel bedeuten wie: »schaffe mir Recht gegen die Feinde.« Es steht hier »Rache«, »mit Eifer strafen«, und man kann das nicht anders verstehen, als daß hier ein Mensch so leidet, daß sein einziger Trost in der Hoffnung besteht, es werde der Schmerz, den er selber empfindet, einmal denen zugefügt werden, die ihn verursacht haben. Das Gefühl, das sich darin ausspricht, ist psychologisch roh, archaisch, primitiv; aber Menschen fühlen so. Man kann's ihnen nicht ausreden, außer man gibt ihnen einen Raum, in dem sie es aussprechen und in der Vorstellung ausleben können.

Was wir heute Psychotherapie nennen, ist in aller Regel ein solches Bewußtmachen von Aggressionen, die nie ausgesprochen werden durften; sie endlich freizusetzen ist wie eine Erlösung. Das Gebet des Jeremia an dieser Stelle ist soviel wie eine religiöse Therapiestunde für den Propheten selber. Er agiert seinen Haß, seinen Rachewunsch aus in der Vorstellung. So, wie ein gequälter Patient, der die Rolle, die sein Vater in seinem Leben spielte, die seine Mutter in seinem Leben spielte, noch einmal durchleidet und durchlebt, indem er an dem leeren Stuhl gegenüber oder an dem Kopfkissen auf seinen Knien all seinen verzweifelten Zorn auszutoben beginnt, so muß all die aufgestaute Verbitterung sich erst einmal entladen, um dann, vielleicht, ein gerechteres Urteil zu ermöglichen und ein weniger rachesüchtiges Denken zu erlauben. Im Grunde geht es bei derartigen Haßausbrüchen um die Wiedergewinnung verlorener Selbstachtung, um das Gefühl, doch etwas wert zu sein, obwohl es in den Augen aller anderen offenbar gar nicht so ist. Alle schauen sie spottend, von oben herab, höhnisch, schadenfroh auf den Propheten. Aber wie wär's, sie würden lernen, ganz anders zu sehen? Das wäre sein Stolz, das wäre die Wiederkehr seiner Würde. Da wüßten sie eines Tages womöglich, wem sie zu danken hätten!

Dann aber bricht dieses Gefühl völlig ab. Wenn wir eben noch dachten, Jeremia vergräme sich hier in seinem Ressentiment, so steigt's in ihm plötzlich hoch: »*Dein Wort*«, sagt er, »*war mir das Brot.*« Das soll doch heißen: »Ich habe gelernt, Gott, zu existieren nicht aus dem, was sie sagen und aus meinen Worten machen, was sie tags drauf in der Zeitung schreiben und in den Medien zum Spektakel erheben – unter der Überschrift: Der Skandal! Jeremia in Jerusalem! –, das einzig Wichtige, die Grundlage meines Lebens, meiner Identität, das ist einzig Dein Wort, daß ich es sage in aller Wahrheit.«

Wieder wird das Neue Testament etwas Ähnliches auch von Jesus erzählen. Johannes (4,31–34) berichtet, wie Jesus einmal an der Quelle Jakobs bei Sychar in Samaria saß und die Jünger im Dorfe Nahrungsmittel kauften – als sie zurückkehrten, fanden sie ihn als einen, der ihre Nahrung nicht mehr brauchte. » Denn ich «, sprach er, » lebe vom Worte Gottes. « Das war's, weshalb das Johannes-Evangelium später sagen wird oder ihn sagen läßt: » Ich selber bin das Brot « (Joh 6,35). Da gibt es eine Gewißheit, die wirklich trägt. Da wird das Wort Gottes etwas, das zur einzigen Speise wird. Alles andere zeigt sich als etwas, von dem man nicht leben kann.

Aber wie schwer fällt diese Erfahrung – für Jeremia. Er deutet's hier nur an: Der Kreis der Fröhlichen ist längst verlassen; der ganz normale Maßstab bürgerlicher Frömmigkeit ist längst zersprengt.

Ein frommer Mensch, nach des Volkes Meinung, muß haben ein rheinisch Gemüt; er muß einladend sein, zum Beispiel in Gesellschaft ein guter Witzeerzähler, er muß Manns genug sein, auf einem Schützenfest zu paradieren, er muß, wenn ein ordentlicher Dorfpastor, natürlich ganz vornean den Vogel abschießen, denn solche Tugenden zeigen ihn mitten im Leben, im Kreise der Fröhlichen, als einen Mann des Volkes. Doch nun messe man an diesem krachledernen » Seelsorger «-Ideal einen Mann wie Jeremia! Zwingt er nicht förmlich zu dem Eindruck, die Wahrheit Gottes sei etwas viel zu Empfindliches, als daß sie in jovialer Art, nach dem Motto: » Meer san meer « (wir sind wir) errungen werden könnte? » Einsam saß ich im Bann Deiner Hand. « Das ist die Situation des Jeremia. Und warum? Weil ein bißchen Fortschritt geistig und kulturell kaum anders zu erringen ist als durch ein ungeheures Maß an Einsamkeit. Welch ein Genie auch nur in der Malerei, in der Musik oder in der Literatur würden Sie kennen, das einfach das Bestehende fortgesetzt hätte? Sie alle standen in der Tradition, gewiß, aber genial wurden sie durch den Abstand des Neuen, den sie zu allem schufen, was vordem war. Das Mißverständnis ihres Werkes, die Trennung vom Gewöhnlichen, die Absage an die Konvention macht gerade ihr Wesen aus.

Allerdings ist auch mit einer solchen vielleicht schon wieder » legendären « Sicht des Genies ein Mann wie Jeremia nicht zu begreifen. Er will überhaupt kein Genie sein. Er will durchaus nicht irgendein Musikstück oder irgendein Gemälde oder ein Stück Literatur für die Nachwelt hinterlassen. Er möchte die Wahrheit des

Menschen vor Gott, nichts weiter. Daß es stimmt für sein Volk in seiner Zeit, das ist das einzige, was er möchte. Seine Größe aber liegt darin, daß er in seiner Zeit für alle Zeit spricht. Denn alles, was er zu sagen hat, zielt ins Wesentliche. Die wesentliche Frage hier zielt im Kern auf das Vertrauen zu Gott.

Es ist eine unheimliche Klage, wenn derselbe Jeremia, der Gott Punkt für Punkt aufzählt, was er in der Treue zum göttlichen Wort erlebt hat, jetzt Gott gegenüber genauso formuliert, wie er's im 2. Kapitel tat von den Götzen: *Du warst mir zum Trugbach*! Gemeint sind die Bäche im Wüstengebiet von Judäa, die noch Wasser aus der Regenzeit führen, so daß man glaubt, ihr Wasser bliebe auch in der Trockenzeit, es stamme aus Quellen, die sich immer neu speisten; und so führt man die Herden dorthin zur Tränke, man siedelt sich dort an, im Wahn, ein Haus dort bauen zu können – aber dann, in der Dürre, versiegen sie und werden zu einem staubtrockenen Wadi, ungastlich und tödlich durch den Anblick, den sie in den Zeiten der Üppigkeit vortäuschten. Es ist zum ersten Mal, daß hier ein Mensch im sogenannten Alten Bund – längst vor dem *Buch Hiob* – sich selbst mit seiner Person so weit in Einklang fühlt, daß er den Widerspruch zur ganzen Welt für unerträglich hält. Aber indem er seine eigene Identität ganz in Gott als das Brot, das er zu sich nimmt, gesetzt hat, erweist sich an dieser Stelle jetzt Gott selber als trügerisch.

Es ist an dieser Stelle, wie wenn ein einzelner Mensch hinüber- und hinauswachsen würde sogar noch über seinen eigenen Glauben. Nicht Jeremia ist sich hier zweifelhaft, sein Gott wird ihm zweifelhaft! Er bietet die Grundlage des Vertrauens *nicht*, für die er genommen wurde!

Wie viel an Ringen enthalten diese wenigen Bibelverse in der Ehrlichkeit einer individuellen Existenz! *Das* ist im Grunde erschütternd: was für ein Typus des Menschseins sich hier gebiert im Rahmen der überkommenen Frömmigkeit! Diese außerordentliche Möglichkeit: ein einzelner Mensch könne größer sein als sein Gott und die menschliche Moral stelle das göttliche Handeln und Verhalten in Frage, wird an dieser Stelle nur angedeutet. Es ist das letzte Wort, das Jeremia hier noch sagen kann und zu sagen hat. Danach redet Gott, und er tut's, wie es im liturgischen Stil üblich ist. Er tut's genauso, wie Jeremia soeben noch zu seinem Volk geredet hat.

Das Schema kennen wir aus der prophetischen Verkündigung selbst. Mitten in den Klagegottesdienst des Volkes hinein gingen Leute gerade wie Jeremia, oder wie nach ihm der *zweite* oder der *dritte Jesaja,* und drehten die ganze Anklage, den ganzen Vorwurf, den das Volk gegen Gott erhob, auf das Volk zurück: Sie selber sind schuldig, sie selber, nicht Gott! Ganz so macht das hier Gott mit seinem Propheten. Jeremia erlebt gewissermaßen an der eigenen Haut, was er seinem Volk zugemutet hat und noch zumuten wird. Er, der Prophet, der sein eigenes Volk die ganze Zeit über meinte ermahnen und mit Vorwürfen überziehen zu müssen, steht jetzt so da wie das Volk. Ob er's wollte oder nicht, jetzt ist er identisch mit eben dem verworfenen Volk. Im totalen Abstand eben noch, rückt er jetzt ein in das Typische für sie alle, und er erlebt es an seinem eigenen Leib.

Was Jahwe ihm zu sagen hat, ist allerdings weniger eine Bestätigung denn eine Verfestigung. Offenbar steht Gott zu dem ersten Satz des Jeremia-Buches (Jer 1,18–19), er werde dem Propheten beistehen, er werde ihn herausreißen, er werde mit seiner Faust dreinschlagen, um ihn zu retten. Man muß, in Klammern, freilich schon sagen: das ist aber auch alles. Ersparen wird Gott seinem Propheten überhaupt nichts, absolut nichts. Das einzige, was Jeremia erwarten kann, besteht darin, daß es im letzten Moment, wenn's gar nicht anders mehr geht, überraschenderweise vielleicht doch noch irgendwo ein Schlupfloch ins Leben für ihn geben wird. Bis dahin aber wird er erst einmal gehen müssen. An keiner Stelle hat Jahwe seinem Jeremia verheißen, er werde seine Hand bergend über ihn halten, daß ihm nichts passieren könne. So nie. Ja, Jeremia trägt selber die Schuld an seiner Lage. Der Grund für all die Not, in die er geraten ist, wird in diesem Gebet, im 2. Teil, jetzt dahin erklärt, daß er nicht gründlich genug, noch nicht radikal mit seiner Botschaft aufgetreten ist. Nach allem, was wir bisher gehört haben, ist dieser Vorwurf Jahwes fast unglaublich. Aber so steht es hier. Gott erklärt: *Du solltest dich nicht hinneigen zu dem Volk, sondern das Volk sollte sich hinneigen zu dir.* Mit einem Wort: »Wenn's eine Lösung für Dich gibt, mein guter Jeremia, dann mach dieselbe Sache weiter, nur noch viel rigoroser, noch viel konsequenter. Nimm nichts zurück, lege im Gegenteil noch zu.«

Alles, was Jeremia von sich sagte, findet jetzt Verstärkung. Und das ist denn nun auch der ganze »Trost«, den Gott für ihn bereithält, um ihn »herauszuholen«. Das war's schon! Die Welt wird bleiben, wie sie ist. König Jojakim wird bleiben, wie er ist. Die Priester werden bleiben, wie sie sind. Die Propheten desgleichen – wir werden von ihnen noch hören. Aber Jeremia darf denken: Es war richtig so, wie er es versucht hat. Und diese innere Geschlossenheit ist sein ganzer, sein einziger Schutz, seine innere Identität, die Geschlossenheit und Festigkeit seiner Person, die Stabilität seines eigenen Standpunktes.

Wie es dann weitergeht, erscheint als fast unvermeidlich. Wohl wird es eingeleitet als ein eigener Gottesbefehl, doch ein solcher ist durchaus nicht nötig. Das jetzt folgende Ungeheuerliche versteht sich wie von alleine: »*Du sollst dir*«, wird Jeremia gesagt, »*kein Weib nehmen, keine Kinder zeugen, keine Söhne, keine Töchter.*«

Ich habe bei all dem, was die römische Kirche über den Zölibat ihrer Priester geschrieben hat, bis heute noch niemanden gefunden, der an *diese* Stelle des Jeremia anzuknüpfen gewagt hätte, und doch wäre es die einzig ehrliche und konsequente Anknüpfung, die es für die »Ehelosigkeit« eines Verkünders Gottes in der Bibel geben könnte. Jeremia sieht eine ganze Welt zugrunde gehen, seine Welt, wie denn für jeden Menschen, dem die Welt, an die er glaubte, zerbricht, sich etwas ereignet wie ein Weltuntergang. In diese zerbrechende Welt hinein noch Kinder zu gebären ist etwas psychisch Unmögliches. Kinder für Sodom – wie soll das gehn? Töchter für Gomorra – wär' das nicht Wahnsinn? Jemand, der für die nächste Zukunft nichts weiter sieht als den Untergang, kann Gott nicht mehr glauben, wie das ganze jüdische Volk ihn zu glauben gelehrt hat: Der Messias werde kommen in der Kette der Generationen, und jeder, der Kinder zeuge, werde teilhaben an der Verheißung Abrahams: *Ich mache Dich groß, wie der Sand am Meer und die Sterne am Himmel.* (Gen 12,2; 13,16; 22,17) Eine solche Frömmigkeit ist ganz und gar irdisch, nahezu biologisch, wenngleich transponiert in die menschliche Geschichte. In den Kindern lebt man selbst fort, das ist die Überzeugung. Kein Himmel steht da zu erhoffen, aber eine große Zukunft. Wer sich dagegen sperrt, rührt an die Quelle des Lebens selber. Und genau das tut Jeremia. Was er verkündet, ist als erstes Untergang, Zerbruch und Zerstörung. Und da hinein nimmt man keine Frau, um mit ihr fruchtbar zu sein.

Sie müssen allein die Spannweite sich einmal vorstellen, die in dieser Botschaft liegt. Jeremia glaubt an seinen Gott, selbst und gerade im Angesicht der heraufziehenden Katastrophe. Später, wenn es soweit ist, wird er sogar der einzige sein, der überhaupt an eine Fortsetzung der Geschichte Judäas glaubt. Aber bis dahin, als erstes, *sieht* er die Katastrophe, und er sieht sie so total, daß sein ganzes Leben ohne Alternative dafür geradesteht und darin eingespannt ist.

Und nun sieht man den Unterschied. Jeder, der heute im Raum der Kirche so reden wollte wie Jeremia, würde unzweifelhaft vom Papst in Rom belehrt werden, daß er ein unheilbarer Pessimist, ja, ein geradewegs glaubensloser Mensch sei. Man muß zum Beispiel nur sagen: »Wir gebären zu viele Kinder auf dieser Erde, sechs Milliarden Menschen sind zu viel; vor allem, wenn sie sich in rund 30 Jahren verdoppeln und bald schon zu neun und zwölf Milliarden Menschen anwachsen, dann wird die Welt sie nicht vertragen. Da es aber mit aller Wahrscheinlichkeit so weitergehen wird, können die nächsten Jahrzehnte nur schlimm und düster sein. Und das ist der Grund, warum man niemandem mehr empfehlen kann, zu heiraten und Kinder zu zeugen«, dann wird der Papst zum Beispiel in dem volkreichsten Land Afrikas, in Nigeria, sagen, dies sei ein übertriebener Pessimismus, und natürlich wird er sich jeden Vergleich der römischen Zölibatsforderung mit dem persönlichen Schicksal des Jeremia verbitten. Aber wie denn? 50 Millionen Verhungernde jedes Jahr, ist das nicht Grund genug, um Pessimist zu werden? Wann denn darf man pessimistisch werden? Vielleicht doch schon bei 500 Millionen? Oder erst bei einer Milliarde? Vielleicht hat man in 30 Jahren schon Grund, darüber nachzudenken, was eigentlich man heute im Status vermeintlicher Unfehlbarkeit von Rom aus auf die Menschheit einredet, aber dann wird's zu spät sein.

Gewiß, der Hinweis auf das Szenario der Überbevölkerung ist nur ein ungefährer Anklang an jene Stimmung, in der wir Jeremia jetzt antreffen, aber es ist doch ein Zugang, um zu verstehen, warum es verboten sein kann, in bürgerlichem Sinne so weiterzumachen. Denn genau das ist es, was Jeremia sieht: Die Kinder, die jetzt geboren werden, werden geboren einzig in den Tod. Derselbe Mann, der sich eben noch kaum zu leben wünschte, sieht jetzt vor sich, daß es besser wäre für alle Kinder, die heute geboren werden, sie würden nicht existieren! Das ist eine Welt voller Gespenster, voller Untoter, voller Leichen, in der im Übermaß der Qual jedes Mitgefühl erstirbt.

Die stereotypen Formeln, die Jeremia hier aufgreift, geben nur wieder, was immer wieder so ist und so sein wird.

Immer, wenn ein Kind stirbt, wenn ein Mann, wenn ein Freund dahingeht, werden die Menschen trauern. Eine unglaublich feine Erzählung aus dem Leben des Buddha berichtet einmal, wie der Erleuchtete in ein Dorf kam und eine Witwe weinte um ihren Mann, ihre Kleider naß von Tränen, und der Buddha sich neben sie setzte und fragte: »Wie viele Männer gibt es in diesem Dorf?« Und sie sagte: »Etwa hundert, Herr.« Und er, der Buddha, zählt es nun durch: »Wenn in diesem Dorf ein Mann stirbt, wie viele Frauen werden dann weinen?« – »Und wenn in diesem Dorf 57 Männer sterben, wie viele Frauen werden dann sterben?« – »In diesem Dorf, mein Herr«, sagt die Frau schließlich, »wird das Weinen kein Ende finden.« Das ist die buddhistische Aufklärung über das menschliche Leben. Aber für Jeremia, der kein Buddhist ist, denkt es sich anders. Diese Welt könnte durchaus in Ordnung sein. Spielende Kinder, glückliche Menschen, friedvolle Häuser – das alles wäre doch möglich. Aber was Jeremia *de facto* vor sich sieht, ist ein Weg durch ein Tal der Tränen, ungewiß, ob er je an ein Ziel führt. Da verbietet sich's ihm, ein Trauerhaus auch nur noch zu betreten, weil das Trauern in gewissem Sinn nicht mehr lohnt, weil es die letzte nötige Energie aufzehrt. Denn fest steht: Es wird alles noch schlimmer kommen.

Da hörten wir ja schon am letzten Samstag Gott sagen: »*Wenn dir jetzt schon die Luft ausgeht beim langsamen Spazierengehen, wie dann erst, wenn du laufen mußt mit schnellen Pferden?*« (Jer 12,5) Gerade so erlebt Jeremia es jetzt. Trauern bedeutet ja, daß man den einzelnen Menschen immerhin noch wahrnimmt in seiner Kostbarkeit, in seiner Unvertauschbarkeit; aber wenn's nun wieder mal losgeht mit dem massenhaften Schlachten, das wir Kriegführen nennen, wenn wieder einmal die großen Schlachten geschlagen werden – wen interessieren dann die einzelnen? Sie besuchen irgendeinen Soldatenfriedhof in der Bretagne oder in Deutschland ..., all die anonymen Kreuze. Beim Anblick dieser Massengräber wird die Trauer kollektiv, wird alles Persönliche entwertet. Es ist nicht mehr möglich, in ein Trauerhaus zu gehen, wenn ganz Jerusalem zu einer Leichenhalle wird. Das ist es, was Jeremia sagt.

Aber alle anderen werden sagen, Jeremia sei unsensibel, er schockiere, er mokiere sich über die Menschen, er sei überhaupt kein

Mensch, er habe nicht einmal Verständnis für ganz normale Gefühle. Die Wirklichkeit ist, daß Jeremia über weit mehr Gefühl und Sensibilität verfügt als sie alle. Eben deshalb ja sieht er das Grauen vor sich. Und dieses »Gesicht« ist es, das ihn für die anderen so fremd sein läßt. Dicht neben dem Trauerhaus, natürlich, stehen die Wirtshäuser. In denen werden Beerdigungen gefeiert, Hochzeiten gefeiert, altes wie neues Leben mit Prosit besungen. Und auch von dieser Form der Gemeinsamkeit, selbstverständlich, ist Jeremia getrennt. Freundschaft? Das Normale wäre es, sich Gott nahe zu fühlen, wenn man sich dem Menschen nahe fühlt, für den man das ganze Leben lang dasein möchte. Wann je sollte Freude sonst sein? Wann je sollte sie unschuldiger sein als in den Momenten der Liebe von Bräutigam und Braut? Aber Jeremia – nein! Es gibt keine unschuldige Fortsetzung dieses Lebens mehr in seinen Augen. Es gibt überhaupt *kein Jubellied* mehr *von Bräutigam und Braut*, weil und wenn doch ohnedies alles zu Ende ist. Die grenzenlose Einsamkeit dieses Mannes ist wie von selbst in wörtlichem Sinne das »Vorbild« dessen, was sich als Schicksal eines ganzen Volkes ereignen wird.

Was dann im 20. Kapitel folgt, ist eine Kaskade der Bitterkeit, die sich nicht überbieten läßt. Es ist ein letztes Mal noch, daß der Prophet alles aufs äußerste in eine Klage setzt. Sprachlich ist dieser Text von einer solch verzweifelten Gestimmtheit, wie wir sie in der ganzen Bibel – außer im *Buche Hiob* und im *Psalm 88* – nicht finden. Doch selbst dieser Ausbruch an Verzweiflung wird ein letztes Mal noch beruhigt.

Stellen Sie sich vor, wir hielten hier einen ganz normalen Gottesdienst ab. Es wäre soeben Sonntag, sagen wir um 10.20 Uhr morgens, und wir wären gerade dabei, diese Lesung vorzutragen. Wir würden, weil wir liturgisch modern sind, bevorzugt ein Mädchen, 12jährig gerade, heranholen und zum Ambo treten lassen, und nun würde dieses Worte lesen: »*Du hast mich verführt, Jahwe, und ich ließ mich verführen. Du hast mich gepackt und vergewaltigt. Ich ward zum Gelächter alle Tage*« – kein Mensch würde hören, was da überhaupt gelesen wird. Am Ende einer solchen Lesung würde die Orgel wieder spielen, und das ganze liturgische Spiel ginge weiter. Wie aber, wenn Sie diese Worte vernähmen aus dem wortgewaltigen Mund eines erwachsenen, leidenden Mannes, der hier redet wie ein 12jähriges Mädchen, mit dem der eigene Vater Mißbrauch getrieben hat? Dann haben Sie die Beschreibung des Jeremia für sein ganzes Leben.

»Du, Gott, bist eine einzige Verführung und Vergewaltigung, und ich, ein hilfloser Narr, ließ mich verführen.« Mit derselben Unschuld, mit der ein Mädchen seinen Vater liebt, hatte Jeremia sich an seinen Gott gehängt. Eben noch hat er voller Enttäuschung gesagt: »*Du bist wie ein Trugbach.*« Aber jetzt sagt er: »Du bist ein Ungeheuer, Gott. *Vergewaltigt hast Du mich.* Die ganze Unschuld, das ganze Vertrauen, die ganze Anhänglichkeit und Liebe – ausgebeutet, für nichts! Die ganze Schönheit meiner Jugend – zerbrochen! Und ich konnte, ich durfte mich nicht wehren. Ja, mein Fehler war's, daß ich mich gegen Dich nicht gewehrt habe!«

Wie viele Frauen kennt man, die etwas Ähnliches in ihrer Kindheit erlebt haben! Sie können inzwischen so alt geworden sein, wie sie wollen, sie werden sagen: »Damals endete alles, was ich war, meine ganze Jugend, mein ganzes Leben.« Die meisten werden sogar sagen: »Seitdem habe ich meine Erinnerung verloren. Ich weiß auf Jahre nicht mehr, was damals eigentlich passiert ist. Ich wurde mir selbst damals irgendwie fremd. Ich sah meinen Körper, aber ich ging neben mir her, und ich hatte keine Sprache dafür.«

So tief geht das Erlebte nun in der Seele des Jeremia. Er lebt für einen Gott, der offensichtlich sein Feind ist. Und er spricht aus, was seine Schande ist: Nicht mehr die Leute, die ihn schmähen; die Schande ist, was Gott mit ihm gemacht hat!

Es ist, wie wenn Jeremia an dieser Stelle die Wertungen aller anderen übernähme. Ständig haben sie gesagt: »Er lügt ja nur; er projiziert seinen Wahnsinn, seine Alpträume auf alle anderen; es ist sein Menschenhaß, den er nach außen verlegt; er hält es ganz einfach bei sich selber nicht aus – drum eben fährt er aus der Haut, weil's ihn selbst dauernd sticht; er hat die Krätze, drum kratzt er an allem, was heilig ist.« Das alles tat Jeremia unrecht. Aber vielleicht haben sie recht? Er, der schwache Jeremia, sieht den Gott nicht mehr, der diese Welt in Ordnung brächte. Ein Mandelzweig, das war seine Berufung, ein Gott, der wacht, ein Gott, der's bald tut. (Jer 1,11.12) Aber er tut's nie, offenbar. Viel zu lange schon dauert das Gelächter, der Spott von jedermann, und was Jeremia sagen muß, ist: Gewalt! *Chamas!* Das ist der uns allen bekannte Name der palästinensischen Untergrundorganisation. Chamas, das ist die Gewalt, die ungerecht zugefügt wurde und die darauf wartet,

sich abzuarbeiten durch Gegengewalt. Und Bedrückung, *Amal*!
Auch diesen Namen kennen Sie aus den Zeitungen; das sind die
arabischen Milizen in Jordanien, Teile der Hisbolla, der Partei Al-
lahs. *Amal* und *Chamas*, das ist arabisch wie hebräisch dasselbe
Wort. Das schreit Jeremia heraus. Gegen die Gewalt – Gewalt! Eine
einzige Vergewaltigung, muß er sagen, bedeutete für mich Gottes
Wort.

Natürlich hat Jeremia innerlich hundertmal gesagt: »Ich will's
nicht mehr. Sie wollen's ja doch nicht hören, und warum muß
dann ich immer wieder dasselbe sagen? Ich vergesse das alles, ich
denk' nicht mehr dran. Prophet hin, Prophet her, irgendwann will
und muß ein Mensch leben dürfen.« Hingegangen sind inzwischen 30 Jahre im Leben des Jeremia. Hat ein Mensch nicht irgendwann die Chance wenigstens, auf normale Weise zu leben?
Normal – das wäre: morgens aufzustehen, sein Brot zu essen, in
die Sonne zu treten und zu warten, bis sie wieder untergeht, und
sich zu freuen an den kleinen Dingen des Lebens. Aber nein! Wenn
Jeremia es so versuchte, ging's in ihm wieder los, wie Brand, wie
Gift, wie Feuer, es ließ ihm inwendig keine Ruhe, und zwischen
diesem Widerspruch, etwas dauernd sagen zu müssen, das man gar
nicht sagen will, und etwas nicht zu wollen, das man sagen muß,
wird er wie zerrieben. »Ich bin müde! Ich kann nicht mehr!« Das
ist Jeremia.

Man kann sich literarkritisch streiten, ob das Wort, das nun
folgt, noch zu der Klage dazugehört oder bereits ein neuer Einlaß
ist; was gemeint ist, ist jedenfalls klar: »*Denn sie flüstern, die vielen*
(das ist im Hebräischen so wie *alle*, ohne Ausnahme): *Grauen
ringsum – magor missabib*.«

Es ist nicht klar, wie man dieses Wort betonen soll. Grell? Ironisch? Daß sie's *flüstern*, bedeutet allemal, daß es schon lange keine
offene Auseinandersetzung, keinen Dialog mehr gibt, da kommt
niemand mehr als Gesprächspartner für Jeremia in Frage. Er ist
umringt wie von einer Meute von Hunden, die kläffen, aber gehen
Sie auf einen zu, weicht er aus, und es kommen gleich die nächsten.
Es gibt niemanden, den Jeremia ansprechen, den er zur Rede stellen
könnte. Alles ist vielmehr atmosphärisch eingebunden. Das heißt:
die vielen, der Konsens des Allgemeinen. Hinter seinem Rücken,
anonym, versteckt, wird da geflüstert, werden heimlich die Fäden
gezogen, die Gerüchte gestreut. Man möchte denken, religiöse Aus-

einandersetzungen würden öffentlich stattfinden, zumindest, wenn Leute mit ihren Ansichten an die Öffentlichkeit treten. Wir aber sind längst bei einem Status, der für Jeremia viel gefährlicher ist. Es gibt mit ihm überhaupt keine Auseinandersetzungen mehr. Er selbst hat sich ausgesetzt und ausgegrenzt, und dabei wird es bleiben. »Flüstern« im Hintergrund, das ist die Art der Auseinandersetzung der »vielen«. Alles, was man von ihm weiß, läßt sich in einer einzigen Formel zusammenfassen, es ist der Inhalt seiner ganzen Botschaft: *Grauen ringsum*. Daraus wird nun das Witzwort für Jeremia selber. Da kommt er: das *Grauen ringsum*. Und die Folgerung jetzt: *Zeigt ihn an, wir wollen ihn anzeigen*. Bei wem, kann man sich denken: am Hof natürlich.

Eigentlich ist Jeremia ein Fall für die Polizei, für die innere Sicherheit. Eigentlich müßte längst Herr Manfred Kanther sich um solche Leute kümmern. Sie ruinieren die Staatsräson, sie unterwühlen die Verfassung, sie haben lauter Ideen, die nicht vom Konsens des Allgemeinen gedeckt sind. Es ist schließlich nicht irgendwas, daß Juda das Volk Gottes ist. Es ist der Kern des politischen und religiösen Selbstverständnisses. Wer also sagt, der Bund zwischen Gott und dem Volk sei gebrochen, der zerstört die Grundlage, auf welcher religiös der Staat Juda ruht.

Vergleichbar in unseren Tagen ist die Aussage des Jeremia in ihrer Dimension etwa mit der Behauptung, unsere Verfassung existierte gar nicht, weil es eine Demokratie überhaupt nicht gebe. Für eine solche These, weiß Gott, gäbe es durchaus gute Gründe. Man könnte zum Beispiel denken, es gebe keine Demokratie, weil wir inzwischen längst eine Plutokratie, statt einer »Volksherrschaft« eine reine Geldherrschaft hätten. Spräche für eine solche These nicht vieles? Aber wer so spräche, wäre ein Feind der Verfassung. Und genau das ist, in säkularen Worten, unter den theokratischen Voraussetzungen der Kultur seiner Zeit Jeremia.

Wir müssen ihn anzeigen – wir sollten ergänzen: als Verfassungsfeind. Das wäre die Sprache, in die wir das, was Jeremia getan hat und tut, übersetzen müßten. Es ist nicht nur, daß er aufs Geld keinen Wert legt; entscheidend ist: er pfeift sogar auf die Staatsräson! Zwar hat man noch keinen klaren Ausspruch von ihm gehört, mit dem man die Anklage hieb- und stichfest machen könnte; noch ist nichts aktenkundig in diesem Sinne über Jeremia geworden. Aber es gibt doch Verdachtsmomente, einen Anfangsverdacht, und den nötigen Beweis, den wird man schon finden. Vielleicht läßt er sich ja provozieren. Vielleicht kann man ihn zu einer Aussage reizen, die alle im richtigen Moment gehört haben, und dann lassen wir die Falle zuschnappen.

Wieder ähneln diese Szenen zum Verzweifeln den Berichten, die Sie im Neuen Testament finden. Wie man solche Fallen im Leben Jesu gestellt hat, wird zum Beispiel im 8. Kapitel des Johannes (8,1–11) erzählt. Da treibt man eines Morgens eine Frau auf den Tempelplatz zu Jesus, die man auf frischer Tat beim Ehebruch ertappt hat. Wie ertappt man eine Frau auf frischer Tat beim Ehebruch? Da muß man aufgepaßt haben! Aber das haben sie, und so haben sie jetzt ihren Köder in der Hand; denn es geht ihnen nicht um die Frau, es geht ihnen um Jesus. Was wird er sagen? Sagt er, wie Mose:»Eine Ehebrecherin gehört hingerichtet« (Lev 20,10), dann sollte er in Zukunft damit aufhören, sich als Propheten der Barmherzigkeit Gottes in Galiäa zu präsentieren. Dann bleibt's dabei: Die Gesellschaft setzt sich gegen ihre Widersacher durch, indem sie als Verbrecher ausstößt, wer immer die Ordnung zu zerbrechen droht, und Ehebruch ist allemal ein tödlicher Angriff auf die menschliche Gemeinschaft in den Augen aller bürgerlichen Kreise. Oder Jesus muß sagen:»Da ist ein Gott, der ohne Voraussetzungen sogar den Ehebruch vergibt.« Dann gehört er selber hingerichtet. Dann zerbricht er das Gesetz überhaupt und ist weit schlimmer noch als diese Ehebrecherin.

Wie kann man Fangfragen so formulieren, daß der Gegner sich selber vernichtet, moralisch oder physisch, ganz egal, wie er antwortet?

Oder:»Darf man dem Kaiser Steuern zahlen?« (Mk 12,13–17) – auch so ein schönes Beispiel. Wird Jesus sagen:»Nein, das darf man nicht«, so ist er ein Revolutionär, und man kann ihn als Staatsfeind und Aufrührer anzeigen bei den Römern. Oder wird er sagen: »Man darf es doch«, dann ist er kein Patriot, kein Nationalheld, kein Guerillakämpfer, dann ist mit ihm kein Staat zu machen und keine messiaspolitische Hoffnung zu begründen; dann ist er halt ein Weichling, der für die Freiheit Israels nichts zu tun sich getraut. Eins von beiden.

Wie antwortet man auf falsch gestellte Fragen? Fast ist das unmöglich. Aber von dieser merkwürdig doppelbödigen Art sind fast all die Fragen, die in der Öffentlichkeit, vor laufender Kamera also, gestellt werden – der größte Teil einer möglichen Antwort ginge damit hin, die Frage selber zu korrigieren, aber das ist nicht möglich in den vorgesehenen 35 Sekunden der effektiven Sendezeit; also sind Sie gezwungen, schnell, konsistent und konsequent zu antworten auf eine Frage, die in sich eigentlich unsinnig ist; aber auch von den verbleibenden 25 Sekunden Antwort lassen sich noch 15 Sekunden schneiden, bis daß nur noch ein zusammenhangloser Satz übrigbleibt, und den hat er also gesagt, und das ist ihm nicht zu verzeihen! Selbst wenn die Aussage erkennbar anders gemeint war, als sie nun kolportiert wird – *das* hat er gesagt, und auf diese Aussage hin kann man ihn fertigmachen.

Es geschieht an dieser Stelle das letzte Mal, daß Jeremia noch einmal sich sagt: »Laß sie doch machen, laß sie's verdrehn, wie sie wollen«; und betet zu Gott: »*Du kennst mich, Herr, du prüfst Herz und Nieren.*« Und er glaubt, daß seine Wahrhaftigkeit wenigstens von Gott anerkannt werde. Das allein soll ihm genügen. Selbst wenn's kein anderer wahrnimmt – daß Gott es sieht, ist genug. Und der Herr Zebaoth ist *ein schrecklicher Held* (Jer 20,11). Er wird es ihnen am Ende schon zeigen, wo die Grenzen der Willkür sind. Sie werden straucheln, und ihre Schande wird in alle Zeit nicht vergessen werden (Jer 20,11).

Vielleicht bezieht sich die Auseinandersetzung, um die es hier geht, tatsächlich noch einmal auf die Tempelrede, die wir schon miteinander gelesen haben; das 26. Kapitel jedenfalls berichtet, daß Jeremia wirklich angezeigt und den Priestern und (Hof-)Propheten vorgeführt wurde. Am Ende waren es Leute aus dem Volke, die sagten: »Er spricht doch nur, was früher schon einmal ein Prophet, *Micha von Moreschet*, unter König Hiskia gesagt hat. Eine solche Aussage, wie Jeremia sie über den Tempel gemacht hat, ist also eine göttliche Möglichkeit. Wir können sie nicht einfach als unfromm und verbrecherisch abtun und für Häresie oder Atheismus erklären.« (Jer 26,18) So ereignet sich das Erstaunliche: Nach diesem Tiefpunkt der Verzweiflung endet dieses Gebet immer noch wie rituell geformt: »*Singt Jahwe, lobpreist Jahwe, er hat das Leben der Armen errettet.*« (Jer 20,13)

Was aber dann kommt, läßt sich eigentlich nicht mehr kommentieren, es spricht auf furchtbare Art für sich selber. Es ist keine Klage mehr, es ist das Ende: »*Verflucht der Tag, an dem ich geboren wurde.*« (Jer 20,14) Nicht der Vater, nicht die Mutter werden hier verwünscht, aber *der Bote*, der es dem Vater sagte, und *der Tag* der Geburt selbst – er soll sein wie der Tag, da Gomorra unter Feuer und Schwefel zugrunde ging. Das Erschütternde an dieser Selbstverfluchung ist, daß hier ein Prophet, der nichts als Frieden, Frömmigkeit und Glück für sein Volk wollte, zu einem Maß von Selbsthaß gezwungen wird, wie wir es in der ganzen Bibel sonst nicht erleben. Er wünscht sich weg, er will nie geboren worden sein, empfindet er sich doch selbst nur noch als Belastung für sich selbst und als Belästigung für alle anderen. Wie oft hat er die Katastrophe verkündet; nun sieht er selber sein ganzes Leben so an. Wäre er abgetrieben worden, wäre er nie zur Welt gekommen, es wäre sein Glück gewesen. Niemals geboren zu sein wäre die einzige Art gewesen, ewig geborgen zu sein.

Wenn Menschen in dieser Art von sich reden, sind sie gewiß auf's äußerste verzweifelt. Was sie aussprechen, ist der Widerhall eines Gefühls, nie wirklich geliebt worden zu sein und auch niemanden finden zu können, der es tun würde. Es ist in aller Verneinung ein bettelndes Verlangen, solche Menschen möchte es trotz allem geben. Jeremia aber bettelt nicht einmal mehr, er fragt nur, warum: Warum mußte dieses Leben so sein? Seine Worte sind wie eine selbstaufgegebene Todesanzeige, wie ein Streik, noch länger zu leben. Das »Ich kann nicht mehr« von vorhin, das »Wehe mir Mutter, daß Du mich gebarst« (Jer 15,10), gelangt jetzt an sein furchtbares, trostloses Finale. Es ist, wie wenn der Himmel sich über dem Propheten geschlossen hätte und kein Gotteswort mehr von ihm zu erlauschen wäre. Es ist ein Zustand, wie Jesus ihn im Neuen Testament in Gethsemane erleidet (Lk 22,39–46). Was dem Propheten beim Blick nach vornehin bleibt, ist eben das Dunkel, das er sich, rückwärts schauend, für den Anfang seiner Existenz gewünscht hätte. Nicht zu existieren wäre besser, als so zu sein, in dieser Zeit, mit diesem Auftrag!

Wenn es ein Bild gibt für das, was wir *Verzweiflung* nennen – hier ist es! Von dem heiligen Gemälde, das wir erwartet haben, von dem Heiligenbild eines immer kühnen, gottvertrauenden, gutmütigen und gottgetrösteten Propheten, der stets in aller Anfechtung tat, was Gott ihm auftrug, und der immer geduldig und gehorsam seinen Weg ging, wie die Gemeinde, das Volk Gottes, und Gott selbst als sein Vorgesetzter und Leiter es verlangte, ist nichts, aber auch gar nichts mehr übriggeblieben. Wir aber müssen aus einem solchen Schicksal lernen, daß, unabhängig von der Spannweite einer solchen Möglichkeit des völligen Scheiterns, in alle Zukunft menschliche Existenz religiös nicht mehr zu bestimmen ist. Eine solche Grenzsituation des Daseins, in der ein Mensch irre an sich selber, irre an Gott, irre am Leben wird, ist nicht als Zeichen des »Unglaubens« zu werten, sie kann sich einstellen gerade im Leben von Menschen, die ihren Glauben ernst nehmen. Die religiöse Selbstsicherheit und Selbstherrlichkeit aber, zu sagen: Hier ist es, wir haben es, wir brauchen es nur weiterzugeben, wir teilen es aus, denn wir haben die objektive Garantie des Göttlichen in Form der Riten, der Sakramente, der Institutionen, wir lassen die Heilsmaschinerie einfach schnurren – das ist zu Ende seit diesen Texten im 20. Kapitel des Buches Jeremia. Wenn es jetzt noch einen Trost gibt, so liegt er darin, daß die Menschen menschlicher werden, indem sie etwas erlauschen, das sie inmitten dieser Welt kaum für möglich hielten – eine andere Welt, vollkommen neu, *sie* wird Jeremia lehren: Ein wirklicher König wird kommen, nicht so eine Marionette wie Jojakim; jemand, der wirklich tut, wonach die Menschen verlangen; jemand, der Frieden nicht nur verheißt, sondern lebt.

Nur einmal im Kontrast: Soeben wiederum bringen sie uns bei, daß wir den Frieden nur gewährleisten können, indem wir 25 Milliarden DM für neue Kampfjets am Himmel ausgeben; 180 Stück davon bestellt im November. Vielleicht aber wäre der Friede uns einmal ernster als die Interessen der Rüstungsindustrie, vielleicht wäre das Mitleid mit der leidenden Kreatur, die unter dem Lastgewicht des Menschen Tag um Tag mehr zerbricht, ein Motiv zum Neuanfang.

Jeremia sieht sie, die verdurstenden Esel am Wege, die klagenden Hindinnen in der Steppe, das verwüstete Land, die verheerten Städte. Und sein einziger Trost ist: Nach all dem, was nötig ist, bis Menschen es lernen, könnte dennoch und gerade erst recht so etwas beginnen wie der Tag des Herrn, ein wirklicher Neuanfang, ein *Neuer Bund*. Und Gott ließe die Menschheit kommen wie in einem neuen Exodus. Derselbe Jeremia, dieser total Verzweifelte, wird zum Propheten einer totalen Erneuerung. Nicht mehr nur etwas – *alles* muß sich ändern, wenn es jemals besser werden soll. Wir, die wir uns Christen nennen, nehmen ein solches Leben im »Neuen Bund« für uns in Anspruch, und wirklich kam

Jesus, um Jeremia endlich wahrzumachen. So viel ist deutlich: unterhalb des Niveaus der Auseinandersetzungen des Propheten aus Anatot ist die Botschaft auch des Mannes aus Nazaret nicht zu gewinnen.

15. November 1997

Du hast mich betört, und ich
liess mich betören

Wer ist der Prophet Jeremia? Und was ist das überhaupt – ein Prophet? Es gibt keinen Text in der Bibel, der diese Fragen klarer beantwortet als das sogenannte »Bekenntnis« aus dem Munde des Propheten selber. Hören wir noch einmal seine Klagen und Verzweiflungsworte, und schauen wir uns in einer Art erster Zusammenfassung das Leben dieses Mannes bis hierhin noch einmal an.

Text (in eigener Übersetzung): Jer 20,7–18
Verführt hast du, Ewiger, mich, und ich ließ mich verführen, packtest und vergewaltigtest mich, so ward ich zum Gelächter alletag, mein spottet alles. Denn so viel ich rede, schreie ich: Unrecht, Gewalttat. Ward ja des Ewigen Wort zu Schimpf und Hohn mir alletag. Sprach ich: Will sein nicht gedenken, nicht reden mehr in seinem Namen, so ward's in meinem Herzen mir wie brennend Feuer, verpreßt mir im Gebein, zurückgehalten, konnt's in mich nicht schließen, vermocht es nicht. Denn ich vernahm das Raunen vieler: Schrecken ringsumher. Verkündet's. Wollen wir's ihm künden. – Aller meiner Freundschaft Leute, die auf mein Straucheln lauern: Leicht läßt er sich bereden, daß wir ihm ankönnen und unsere Rache an ihm nehmen. Der Ewge aber ist mit mir wie ein gewaltiger Held, drum werden meine Hetzer straucheln und nicht obsiegen, sie werden arg zuschanden, da nichts sie erreichen, zu ewiger Schmach, die nicht vergessen wird. – Du, Ewiger, der Scharen, der prüft gerecht, schaut Herz und Nieren, laß deine Rache mich an ihnen sehen, denn dir hab' meinen Streit ich offenbart. Besingt den Ewigen, lobt den Ewigen, der rettet des Elenden Leben aus der Hand der Bösen. – Verflucht der Tag, da ich geboren, der Tag, da meine Mutter mich gebar, sei ungesegnet. Verflucht der Mann, der meinem Vater Frohbotschaft brachte, sprach: Geboren ist dir ein Sohn, ihn so erfreute. Es sei jener Mann so wie die Städte, die der Ewige umgestürzt, sich's nicht geleidend. Er höre Wehgeschrei am Morgen, Gelärm am Mittag. Daß er vom Schoß mich nicht getötet. Und wär' die Mutter mir zum Grab, ihr Schoß ewig tragend. Warum denn kam ich aus dem Schoß hervor? Um Mühsal zu erschauen und Kummer, daß schwinden in Schmach meine Tage.

Kann es sein, daß Gott einen Propheten beruft und ihn dann auf Jahre hin im Stich läßt? Kann es sein, daß Gott seinen Propheten zwingt, mit all seinen Freunden zu brechen und in Einsamkeit und Verachtung, unter Haß und Verspottung das Leben eines Verbannten zu führen? Kann es sein, daß auf der Seite Gottes zu stehen soviel bedeutet, wie im Widerspruch zu den Erwartungen, Interessen und Freuden aller zu leben? Kann es sein, daß Gottes Prophet zu sein bedeutet, auf einen Stern hinzuweisen, den alle anderen für ein Irrlicht halten und an den niemand in Wirklichkeit glauben will? Bei Jeremia hat es das bedeutet. Und kein Prophet des Alten Testamentes hat mehr unter seinem Gott gelitten als Jeremia; niemand hat seine Berufung mehr verwünscht und verflucht, durch keinen ist der Widerspruch und der Schmerz schneidender hindurchgegangen als durch Jeremia. Von keinem Propheten des Alten Bundes wissen wir so viel Persönliches aus seinem Leben; denn kein Prophet wurde so sehr bis zum äußersten von Gott gequält wie Jeremia; bei keinem wurde deutlicher, wie wenig Rücksicht Gott auf seinen Boten nimmt.

Denn schon als Gott sich Jeremia zum Propheten auserwählte, wurde der Priestersohn aus Anatot um seine Meinung nicht gefragt. In Wahrheit hat sich Jeremia nicht dazu gedrängt, von Gott herausgeholt zu werden; im Gegenteil: er widersprach, als Gott ihm seinen Auftrag übergeben wollte; er fühlte sich zu jung, unfähig, ängstlich, nicht geeignet; der Befehl Gottes war für ihn zu groß: Prophet über die Völker, Herold und Deuter der gesamten menschlichen Geschichte zu sein; und Gott hatte auf alle Einwände nur seinen erneuten Befehl eingeschärft: »*Du gehst, wohin ich dich sende, und du redest, was ich dir gebiete*« (1,7). Und freilich hatte ihm Gott noch dazugesagt: »*Fürchte dich nicht vor den Menschen, denn ich bin mit dir, dich zu retten*« (1,8), aber das konnte doch von Anfang an nur heißen, daß Gott gar nicht dran dachte, seinem Propheten Angst, Feindschaft und Bedrängnis zu ersparen, und mit der »Hilfe« ließ Gott oft entsetzlich lange auf sich warten.

Es geschieht eines Tages, daß Jeremia daheim seinen Kessel auf der Herdstelle dampfen sieht, wie er an der ihm zugewandten Seite, die von Norden her zeigt, überzulaufen droht. Mehr nicht. Ein Kessel! Aber der Prophet, der schon seit langem darüber nachsinnt, welch einen Auftrag Gott ihm erteilen werde, erkennt darin ein Zeichen; so unauffällig, so wenig spektakulär, so zweideutig und für Außenstehende unklar redet Gott von Anfang an mit Jeremia. Für den Propheten ist der Dampfkessel beim Überlaufen ein Zeichen für das, was Gott tun wird: von Norden her, auf der alten Einfallstraße der Assyrer, wird Gott die Feinde Israels zum Sturm gegen Jerusalem versammeln. Es graut Jeremia davor, sprechen zu müssen von Verwüstung und Zerstörung, von Unheil und Krieg; und doch ist gerade das sein Auftrag. Und Gott läßt ihm keine Wahl: *Wenn du dich vor den Menschen fürchtest*, sagt ihm Gott, *werde ich selber dich vor ihnen erschrecken.* Und Gott fährt fort: *Aber siehe, ich mache dich zu einer festen Stadt, zu einem Eisenpfeiler, zu einer Mauer aus Erz gegen das ganze Land, die Könige von Juda, seine Fürsten, seine Priester, gegen das ganze Volk des Landes* (1,18). Kampf und Zerwürfnis also mit allen – das ist das Los, das Gott für Jeremia bereithält.

Die Berufung des Jeremia geschah im Jahre 626 vor Christus, im 13. Regierungsjahr des Königs Josia. Es ist eine Zeit, in der der Staat Judäa einem neuen Frieden und einem ruhigen Wohlstand entgegenzuschwimmen scheint. König Manasse (699–43), der zuvor mehr als 50 Jahre lang regiert hatte, hatte an Assur pünktlich den pflichtmäßigen Tribut entrichtet; er hatte die Friedenszeit dazu benutzt (2 Chron 33,14 ff.), die Mauern Jerusalems stärker zu machen als je zuvor und im Lande Garnisonen anzulegen. Militärisch und wirtschaftlich war Juda wohl versorgt. Und gerade in dieser Zeit soll Jeremia die schwarzen Schatten von Vernichtung und Zerstörung an die Wand malen. Es ist klar, daß er sich nicht auf politische Tatbestände berufen kann, um seine düsteren Schreckensvisionen zu untermauern. Aber wann je hätte ein Prophet bei seiner Verkündigung sich auf die Logik der menschlichen Geschichte und das Kalkül des Berechenbaren eingelassen? Jeremia denkt von Gott her. Und vor Gott ist das Volk und die Führung Judas nicht in Ordnung. Während langer 40 Jahre muß Jeremia immer mehr erkennen, er, der Priestersohn aus Anatot, daß selbst die Tempelpriester und Propheten nicht die Wahrheit sagen und das Volk über die grausame Wirklichkeit Gottes betrügen, daß sie faule Kompromisse für das Wort Gottes verkaufen und dem Volk eine religiöse Sicherheit vorgaukeln, während Gott dabei ist, sein Strafgericht zusammenzubrauen.

Die stereotype Anklage aller Propheten gegen das Volk lautet seit den Tagen des Hosea, 100 Jahre vor Jeremia, die Treue zu Gott

durch Götzen- und Bilderopfer gebrochen zu haben, die wirklichen
Forderungen Gottes zugunsten selbstgemachter Götzendienerei
preisgegeben zu haben und an die Stelle der Verehrung Gottes etwas anderes gesetzt zu haben, das nicht Gott ist. So muß denn Jeremia sich von allem lösen, was ihn umgibt, denn so stark ist die un-
rettbare Verkehrtheit des Volkes und seiner Führer, daß es keinen
anderen Weg für Gott mehr gibt als die vollkommene Zerstörung.

Und nun erfährt Jeremia, was es heißt, auf der Seite Gottes zu stehen und zugleich Mensch zu sein. Im 16. Kapitel des Buches des
Propheten lesen wir: *Du sollst dir keine Frau nehmen und nicht
Söhne und Töchter haben an diesem Orte. Denn so spricht der
Ewige über die Söhne und Töchter, die an diesem Ort geboren werden: Qualvollen Todes werden sie sterben; sie werden nicht bestat-
tet werden; zum Dünger auf dem Ackerboden sollen sie werden,
den Vögeln des Himmels und dem Getier der Erde soll ihr Aas zum
Fraße dienen* (16,1–4). Gott läßt seinem Propheten keinen anderen
Weg: er muß an sich selbst das Schicksal Israels zum Ausdruck bringen: er darf in keine Wirtschaft mehr gehen und an keiner Feierlich-
keit noch Hochzeit teilnehmen, denn Gott steht bereit, alle Freude,
allen Hochzeitsgesang von Israel zu nehmen. Er darf nicht einmal
mehr der Sitte der Pietät folgen und an den Beisetzungsfeierlichkei-
ten eines Verstorbenen teilnehmen, denn die Zahl der Toten, sagt
Gott, wird bald so groß sein, daß es keine Beisetzungsfeierlichkei-
ten mehr gibt. Jeremia hat kein privates Leben, kein privates
Glück; alles wird von Gott beansprucht, und in allem hat er diesem
furchtbaren Verkündigungsauftrag zu dienen. In all seiner An-
lehnungsbedürftigkeit und Suche nach Freundschaft steht er ganz
allein da, völlig isoliert und vereinzelt. Als ein ständiges *memento
mori* hat ihn Gott bestellt, als eine Zielscheibe des Spotts und der
Verhöhnung – denn wie sollte man seinen Schwarzsehereien glauben, mitten im Frieden? Wie sollte man den Propheten ernst nehmen, wenn doch die gesamte Religion zu einem ungeheuren Spaß
geworden ist?

Und 40 Jahre lang rührt Gott sich nicht. Die Priester, die Propheten am Tempel und am Hof geben ihm unrecht; die Politiker nennen
ihn einen vaterlandslosen Defätisten, denn Jeremia hat die unvor-
stellbare Herausforderung begangen, das Volk dazu aufzufordern,
es solle für den babylonischen König Nebukadnezzar beten – etwa
so, wie wenn um 1942 jemand auf der Kanzel gesagt hätte, das

deutsche Volk solle für Stalin und seine Machtentfaltung beten; die Theologen nennen Jeremia einen Gotteslästerer, denn er hat die Geschmacklosigkeit und die Unverfrorenheit besessen zu behaupten, der Tempel Gottes sei nicht mehr die Wohnung Gottes, Gott wohne nicht bei einem Volk von Heuchlern und von Lügnern. Die Schriftgelehrten beweisen ihm aus den Texten des Propheten *Jesaja*, daß er unrecht haben müsse, daß Gott sich selber widersprechen müßte, wenn Jeremia wirklich Gottes Wort verkünden würde. Aber der Gott des Jeremia ist dieser widersprüchliche, unverständliche, provozierende Gott, in dessen Hand Nebukadnezzar ein Hammer ist, um damit die Stadt Jerusalem zu zerschlagen, der Mann, der Jerusalem plündern wird wie ein Vogelnest. Die Politiker nennen das Treiben des Jeremia unverantwortliche Hetze; denn als 586 die Streitmacht Babylons die Stadtmauern Jerusalems berennt und die Sturmböcke seine Wälle zerschlagen, da predigt Jeremia Kapitulation und verlangt völlige Unterwerfung. In allem redet und tut Jeremia das Gegenteil dessen, was der gesunde Menschenverstand und die normale Menschlichkeit anraten.

Und doch zeigt der Text der heutigen Lesung, wie tief Jeremia selbst unter dem Widerspruch, mit dem Gott selber seine Stadt zerstört, leidet, wie er sich selber verwünscht zu leben und mit seinem Schicksal hadert. Er gebraucht dabei Bilder von außerordentlicher Kühnheit, die nur denkbar sind auf dem Hintergrund furchtbarer Enttäuschung. Jeremia fühlt sich in der Rolle eines Mädchens, das man verführt und dessen törichte Liebe man mißbraucht hat, so daß es nun Schimpf und Schande erntet. Die von Anfang an um Vertrauen ringende Liebe ist umgeschlagen in ohnmächtige Erbitterung und Empörung gegen Gott, voller Grimm auf die eigene Torheit, sich überhaupt darauf eingelassen zu haben, und belastet mit der ständig wachsenden Furcht vor Schande, weil keines der verkündeten Worte einzutreffen scheint. Gegen alle Menschen steht er allein auf der Seite Gottes und muß sehen, wie Gottes Wort offensichtlich unwirksam bleibt, ja, wie er mit all seiner Verkündigung das genaue Gegenteil dessen erreicht, was er meinte erreichen zu sollen. So fühlt er sich von Gott genarrt und betrogen, und zwar gerade weil er sich auf der Seite Gottes weiß. Damit ist die Kluft zwischen Mensch- und Prophetsein so groß geworden, daß Jeremia daran zerbricht: er hat versucht, sich von dem Auftrag Gottes zurückzuziehen und nicht mehr zu reden, aber der Zwang Gottes in ihm ist stärker; andererseits aber vermag er auch den Folgen dieses rücksichtslosen Gehorchenmüssens nicht mehr standzuhalten. In dieser Lage ist das einzige, was er tun kann, das offene Bekenntnis vor Gott. In düsterer Ausweglosigkeit deckt er Gott die Gründe auf, warum er es nicht länger mehr erträgt, Gottes Diener sein zu müssen. Alle haben ihn verlassen, selbst seine Freunde lauern ihm auf, um ihn bei der Obrigkeit verklagen zu können; nicht mehr nur Hohn und Spott tritt ihm entgegen, sondern sarkastische Ablehnung und Haß, der sich an ihm zu rächen sucht. Vollkommen allein ist er ausschließlich auf Gott verwiesen, und an ihn wendet er sich. Nicht länger mehr fähig, die ewigen Anschuldigungen und Lügen, Verleumdungen und Bespitzelungen zu ertragen, bittet er Gott, der das Innere des Menschen prüft, als sein Rächer aufzutreten. Ja, Jeremia bittet um Rache; er will sein Recht, das nach den Vorstellungen seiner Zeit nur eine vollkommene Ahndung der Schuld des anderen sein kann. Und doch fügt er sich, indem er Gott zum Richter erhebt, dem Spruch und Handeln Gottes.

Und da nun setzt, wie in den Psalmen, in dem Gebet des Jeremia der Umschwung ein. Offenbar ist dieser Text ein Gebet, das schon im Zeichen der Rettung in der Gemeinde vorgetragen wurde. Denn so erst verdient die Not und der Zweifel, der Hader und das Ringen des Einzelnen mit Gott, der Gemeinde bekannt gemacht zu werden: als überwundene Not, als von Gott besiegter Zweifel, als Erweis und Bestätigung, daß Gott stärker ist als die Erschütterung der Krise. Der Gerettete preist seinen Gott und wird in seiner Rettung versöhnt mit allen, die auf Gott ihre Zuversicht gesetzt haben.

Und dennoch: bis zu welchen Abgründen der Gottesferne und der Verzweiflung, bis zu welchen Ausweglosigkeiten vermag Gott selbst gerade die Menschen zu treiben, die er in seinen Dienst genommen hat. *Ich mache dich zu einer Mauer aus Erz, zu einer Säule aus Eisen*, hatte er Jeremia bei seiner Berufung gesagt. Wir aber finden Jeremia schwach und aufgelöst, zerstört und hilflos am Boden. Was hat Gott nur für eine Vorstellung von der Stärke der Menschen? Wie erbarmungslos kann er Menschen in Beschlag nehmen und sie zwingen, seinem Auftrag zu dienen? Wie unverständlich, widersprüchlich und paradox vermag er zu handeln? Bis zu welch blasphemischen und gotteslästerlichen Reden vermag er selbst seine eigene Verkündigung zu steigern? Selbst die Aussichtslosigkeit und die Verzweiflung gehören offenbar mit zu den Mitteln, die Gott einsetzt, um seinen Propheten für sich zu erziehen.

Es ist dieselbe Richtung, in der uns später Jesus sichtbar werden wird, von dem nicht wenige seiner Zeitgenossen wohl geglaubt haben, er sei der wiederauferstandene Jeremia, wohl weil sein Schicksal in so vielem dem des Jeremia ähnlich war – als er im Zustand tiefster Gottverlassenheit am Kreuz in einem letzten Akt sich aufgab und in die Hände Gottes warf, in einem Augenblick, da er ihn nicht mehr sieht und ihn nicht mehr versteht. (Lk 23,46)

25. Juni 1972

Jeremia und Chananja oder: Der Prophet und sein Gegner

Es gibt in der Geschichte des Propheten Jeremia eine Szene, in der er für den Moment wie besiegt erscheint; das ist, als er seinem Gegner Hananja begegnet.

Text: Jer 27, 1c. 2. 3a.c. 4–6; 28, 1. 2. 10–13. 16–17
Es erging vom Herrn dieses Wort an Jeremia. So sprach der Herrr zu mir: Mache dir Stricke und Jochstangen und lege sie auf deinen Nacken und sende Botschaft an den König von Edom, den König von Moab und den König der Ammoniter, an den König von Tyrus und den König von Sidon durch die Gesandten, die nach Jerusalem zu Zedekia, dem König von Juda, gekommen sind. Befiehl ihnen, ihren Herren zu melden: So spricht der Herr der Heerscharen, der Gott Israels: Das sollt ihr zu euren Herren sagen: Ich bin es, der die Erde gemacht hat, die Menschen und die Tiere auf der Erde durch meine große Kraft und meinen ausgereckten Arm, und ich gebe sie dem, der mir gefällt. Und nun habe ich alle diese Länder in die Hand meines Knechtes Nebukadnezzar, des Königs von Babel, gegeben. Auch die Tiere des Feldes habe ich ihm gegeben, daß sie ihm dienen.

Im selben Jahr, im Anfang der Regierung Zedekias, des Königs von Juda, im fünften Monat des vierten Jahres, begab es sich, daß der Prophet Hananja von Gibeon, der Sohn Assurs, im Hause des Herrn in Gegenwart der Priester und des ganzen Volkes zu mir sprach: So spricht der Herr der Heerscharen, der Gott Israels: Ich habe das Joch des Königs von Babel zerbrochen!

Da nahm der Prophet Hananja das Joch vom Nacken des Propheten Jeremia und zerbrach es. Und Hananja sprach vor allem Volk: So spricht der Herr: Ebenso werde ich binnen zwei Jahren das Joch Nebukadnezzars, des Königs von Babel, vom Nacken aller Völker nehmen und es zerbrechen. Da ging der Prophet Jeremia seines Weges.

Nachdem nun der Prophet Hananja das Joch vom Nacken des Propheten Jeremia genommen und es zerbrochen hatte, erging an Jeremia das Wort des Herrn: Gehe hin und sage zu Hananja: So spricht der Herr: Ein hölzernes Joch hast du zerbrochen; so werde ich dafür ein eisernes Joch machen. Darum spricht der Herr also: Siehe, ich schicke dich weg vom Erdboden; noch in diesem Jahre wirst du sterben, weil du Abfall gepredigt hast wider den Herrn. Und der Prophet Hananja starb noch im selben Jahre, im siebenten Monat.

Immer wieder, wenn man an diese Stelle kommt, wird man von neuem erschüttert und belehrt. Jeremia ist unter den Propheten der einzige, der sich »vom Mutterleibe an« zu seinem Amte ausersehen weiß. Er hat gespürt, wie die Hand Gottes seinen Mund berührte und ihn damit befähigte, das Gotteswort zu sprechen. Er hat von Gott selber gehört, er habe ihn über die Völker, die Königreiche bestellt. Gott selber also werde ihm sagen, was sich in der Geschichte verwirklichen solle. Und nun hatte sich Jeremia ein Holzjoch auf den Hals geladen, wie Gott es ihm geboten hatte: die Macht gehöre jetzt Nebukadnezzar, dem König von Babylon, sollte das heißen. Diese furchtbare Schreckensnachricht – das war der Auftrag des Jeremia: Gott selber steht hinter Nebukadnezzar – er ist sein Instrument und seine Peitsche.

Und Jeremia folgt, gehorsam; er geht und tut, was Gott ihm aufgetragen hat.

Da kommt Chananja, zerbricht das Joch und widerspricht. Und Jeremia geht und *schweigt.* Er geht, um erneut auf das Gotteswort zu horchen. Er geht, weil er offenbar trotz allem nicht mehr Bescheid weiß, was Gott nun will. Jeremia hat Chananja reden hören wie einen, der Bescheid weiß; er aber, der Prophet, weiß offensichtlich nicht mehr Bescheid. Gewiß hat Gott vor einiger Zeit mit ihm gesprochen. Jetzt aber ist eine andere Zeit; Geschichte bedeutet, daß nichts dem anderen gleicht. Gott handelt in der Geschichte. Und Gott ist nicht ein Apparat, der aufgezogen wird und nun gleichmäßig schnurrt, bis daß er abgelaufen ist. Gott ist lebendig, und sein Wort ist kein Plakat und Schlagwort, das für alle Augenblicke paßt. Gott hat eine Wahrheit, *die* Wahrheit – aber er hat kein System. Seine Wahrheit äußert sich in seinem Willen – aber sein Wille ist kein Programm. Gott hat einen Willen für die Menschen dieser Welt; aber auch den Menschen hat Gott einen Willen gegeben; sie können anders handeln, als Gott es will, und seinen Willen durchkreuzen; dann entscheidet sich Gott anders und ändert seine Haltung. Man darf sich also auf sein Wissen nicht verlassen. Man kann nur fortgehn und von neuem horchen.

Jeremia, der Prophet, weiß um Gott nicht Bescheid. Anders Chananja. Chananja weiß Bescheid. Doch eben damit redet er die Unwahrheit, *weil* er von Gott Bescheid weiß. Er sagt, Gott habe gesprochen, er werde das Joch des Königs von Babel zerbrechen. Und das ist wahr. Gott hat das einmal gesagt. *Jesaja* hatte es etwa 150 Jahre vorher verkündet, Gott werde Assurs Joch vom Halse Judas weg zerbrechen (10,27). Daraus leitet Chananja ab, Gott habe damit auch versprochen, das Jochholz Babels zu zerbrechen. Ist nicht die Lage ganz genau die gleiche wie damals? Chananja ist kein Lügner. Chananja sagt die Wahrheit, die er weiß. Aber die Wahrheit, die er weiß, ist nicht die Wahrheit Gottes. Chananja wußte nicht, daß man bei Gott fortgehen muß und immer wieder horchen. Für ihn war Gott so ein prinzipientreuer Mann, der sich durch sein Versprechen an *Jesaja* endgültig gebunden hatte. Er hatte doch gesagt, er wolle die Stadt schützen. Chananja weiß nicht, daß sich Gott verändert, je nach der menschlichen Geschichte. Er ahnt nicht, daß es Schuld gibt, unwiderrufliche, versäumte, die nicht zu reparieren ist. Und er weiß freilich auch nicht, daß es Umkehr gibt. Er kennt die wirkliche Geschichte nicht; er sieht die Waage nicht und nicht das Zünglein an der Waage, das zittert wie ein Menschenherz; er kennt allein ein stumpfes Rad, das rollt.

Man hat Jeremia verklagt auf Vaterlandsverrat, Pazifismus und Unterhöhlung des soldatischen Wehrwillens des Volkes. Denn Jeremia nannte die Soldateska und das Militär einen Stab, der ins eigene Fleisch fährt, wenn man sich darauf stützt; er mutete dem Volke zu, sich Nebukadnezzar, diesem Stalin Babylons, zu unterwerfen, bedingungslos – kein Krieg und keine Flucht. Er hatte nur die eine Frage nach dem Grund all des Entsetzlichen: warum, warum soll diese Stadt zur Ödnis werden (Jer 27,17)? Chananja kennt *die* Sorge nicht. Er meint, das Vaterland zu lieben; er ist ein Patriot, und solche Sorgen hat er nicht, wie dieser Jeremia, dieser vaterlandslose Geselle. Chananja hat sogar politisches Format, denn es gelingt ihm kraft seiner rednerischen Begabung, in der Stunde nationaler Not die Wehrkraft des Volkes aufrechtzuerhalten. In Wahrheit aber gelingt es ihm nur, eine Illusion aufrechtzuerhalten, deren Zusammenbruch die ganze wirkliche Kraft des Volkes mitvernichten wird. Davor will Jeremia sein Volk *retten*. Er sieht im Vaterland nicht etwas Heiliges, sondern etwas Lebendiges und Sterbliches – Menschen, die sündigen und doch bereuen können. Gott will sein Volk nicht töten. Doch will er seine Umkehr. *Darum* der steile Steinpfad der Verhängnisse, auf dem die Füße bluten und der Geist zu schwinden droht.

Aber was soll die Illusion! Die wahren Propheten sind die wahren Realisten. Die falschen Propheten, alle falschen Propheten, blasen die Geschichte zu einem enormen Ballon ihrer Illusionen auf; sie haben einen guten Atem. Sie reden viel; sie machen alle Propaganda. Wie arm ist dagegen so ein Prophet. Er steht dabei – und geht. Sein leises Wort hat keine Macht.

Was ist die Wirklichkeit, gemessen an der Leuchtkraft all der Träume und der Ideologien: Gerechtigkeit im Osten, Freiheit im Westen – wir kennen all das zur Genüge. So ein »falscher« Prophet ist nicht gottlos. Er betet nur den Gott »Erfolg« an. Er bedarf selber immerzu des Erfolges und erlangt ihn, indem er ihn dem Volke zwar nicht bringt, aber verheißt.

Die wahren Propheten kennen den kleinen aufgeblasenen Götzen Erfolg durch und durch. Sie wissen, daß zehn Erfolge, die nichts als Erfolge sind, eine Niederlage ergeben können; sie wissen aber auch, daß zehn Mißerfolge, hingenommen in der Wahrheit, einen Sieg ergeben können. Sie selber können, so wie sie zum Volk reden, meist keinerlei Erfolg erringen; alles ist gegen sie, was im Volk nach Erfolg und Fortschritt ruft. Man wird sie steinigen, in die Grube werfen und verhungern lassen; aber vielleicht beginnt dennoch inmitten tiefster Not die Umkehr.

Die falschen Propheten leben vom Wunschdenken und tun, als seien ihre selbstgeschaffenen Ideen Wirklichkeiten. Die echten Propheten leben vom wahren Wort, das immer neu ergeht; sie müssen zusehn, wie man das Wort Gottes mißbraucht und entwertet für irgendeine neue Ideologie, für eine neue »Moral«, für eine bestimmte »Religion«, eine bestimmte Partei oder Clique, und wie man es der ernstgemeinten Wirklichkeit des öffentlichen Lebens vorenthält.

Zur Stunde haben wir keinen Jeremia. Wohl aber einen Chananja, mit sehr viel Wind im Mund – den trifft man überall, an jeder Straßenecke. Er ist immer derselbe, ob glänzend oder unscheinbar. Wir sollten ihm die Stirne bieten; wir sollten sagen: Dich kenne ich. Er wird nicht rot deswegen werden. Aber vielleicht das nächste Mal, wenn er erneut von seinen Ideen spricht und uns sein Wunschdenken als das Wort Gottes aufschwatzt – dann wird er sich vielleicht verheddern, vielleicht nur einen Augenblick. Doch so ein Augenblick ist wichtig. Er ist die einzige Chance zur Besinnung.

3. Sonntag im Advent 1967

Ich will mein Gesetz
in ihr Herz geben

Wir haben Texte aus dem Munde und dem Herzen einer der größten Prophetengestalten des sogenannten Alten Testamentes gehört, die zu den dunkelsten Seiten der gesamten biblischen Überlieferung zählen; Worte der Zerstörung, des Ein- und Ausreißens, wie es befohlen war schon in der Berufung dieses Mannes (Jer 1,10), ergingen dort über das Volk seiner Zeit. Selbst der Tempel, das Heiligtum, war keine Stätte mehr, in welcher Gottes Gegenwart Gültigkeit besaß (Jer 7,1–15). Die Berufung auf den Bund war einseitig vom Volk zerbrochen, und Gott steht da, an der alten Bündnistreue festzuhalten, indem er strafend einfordert, was schon lange nicht mehr besteht. Sein eigenes Volk ist wie dem Untergang geweiht. Die Qual des Propheten unter der Last seiner Verkündigung steigert sich und steigert sich bis dahin, daß Jeremia beklagt, geboren zu sein, ja, den Tag verflucht, da er das Licht dieser Welt erblickt hat (Jer 20,14). Es war das Ende, menschlich wie religiös.

Um so erstaunlicher bleibt es zu sagen, daß es derselbe Mann ist, dem wir die unglaublichsten Hoffnungsperspektiven aus derselben Zeit, für dasselbe Volk, mit Berufung auf den gleichen Gott und vertreten durch dieselbe eigene Person verdanken. Auch das ist Jeremia: der Künder eines hebräischen Advents, so kühn, wie es niemals vor ihm konzipiert wurde und, wenn man so will, auch nach ihm nicht. Nach ihm wird man im Gedankenkreis der Apokalyptik ein Reich Gottes beschwören, das kommt, wenn die ganze Welt in Schutt und Asche sinkt, ein Neubeginn *jenseits* der Geschichte. Jeremia aber glaubt für diese widersinnige, paradoxe, gewalttätige, blutrünstige Geschichte an Heil und Frieden und Wiederaufbau ohne Zerstörung – danach, nach der reinigenden Katastrophe inmitten der Geschichte. Bei den Apokalyptikern dreht alles sich im Kreise, mindestens in vier Weltzeitaltern, bis es dann endlich, nach dem Ende von allem, ein für allemal sich auf solide Füße stellt. Jeremia glaubt für die nächste Zukunft.

Natürlich hebt der Streit gleich an, wann Texte wie diese überhaupt geschrieben sein können. Wir werden das erörtern müssen. Es bleibt dabei, daß es Schöneres für den 1. Adventsonntag in der

Bibel kaum zu sagen gibt als die Kapitel 30 und 31 des Jeremia, die
wir heute abend lesen wollen.

Text: 30,1–11; 31,23–37
Das Wort, das vom Herrn an Jeremia erging: So spricht der Herr,
der Gott Israels: Schreibe dir alle die Worte, die ich zu dir geredet
habe, in ein Buch. Denn siehe, es kommen Tage, spricht der Herr,
da werde ich das Geschick meines Volkes Israel und Juda wenden,
spricht der Herr. Ich werde sie wieder in das Land bringen, das ich
ihren Vätern gegeben habe, und sie werden es besitzen. Und dies
sind die Worte, die der Herr über Israel und Juda geredet hat. Ja, so
spricht der Herr: Schreckensgeschrei haben wir vernommen, frie-
deloses Entsetzen. Fraget doch und sehet, ob ein Mannsbild ge-
biert! Warum sah ich denn einen jeden, die Hände an den Hüften
wie ein gebärendes Weib, und alle Gesichter in Leichenblässe ver-
wandelt? Wehe! groß ist jener Tag, keiner ihm gleich! eine Zeit der
Not ist's für Jakob; doch wird er daraus errettet! An jenem Tage,
spricht der Herr der Heerscharen, da zerbreche ich das Joch, das
ihren Nacken drückt, und zerreiße ihre Bande, und Fremden sollen
sie nicht mehr dienen. Dem Herrn, ihrem Gott, werden sie dienen
und David, ihrem König, den ich ihnen erwecken will. Du aber,
fürchte dich nicht, mein Knecht Jakob, spricht der Herr, erschrick
nicht, Israel! Denn siehe, ich errette dich aus der Ferne und dein
Geschlecht aus dem Lande der Gefangenschaft; und Jakob wird
heimkehren und Ruhe haben, wird sicher leben, und niemand soll
ihn aufschrecken. Denn ich bin mit dir, spricht der Herr, dir zu hel-
fen: ich will den Garaus machen allen Völkern, unter die ich dich
zerstreut habe, nur dir will ich nicht den Garaus machen. Ich will
dich züchtigen nach Billigkeit, doch gänzlich ungestraft kann ich
dich nicht lassen.
So spricht der Herr der Heerscharen, der Gott Israels: Noch wird
es dazu kommen, daß man im Lande Juda und in seinen Städten,
wenn ich ihr Geschick wende, dieses Wort spricht: Der Herr segne
dich, du Flur der Gerechtigkeit, du heiliger Berg, und die Bewohner
Judas zu Stadt und Land insgesamt, die Ackerbauer und die mit der
Herde ziehen. Denn ich tränke die ermattete Seele, jede schmach-
tende Seele sättige ich. – Darüber erwachte ich und sah auf, und
mein Schlaf war mir süß gewesen.
Siehe, es kommen Tage, spricht der Herr, da besäe ich das Haus

Israel und das Haus Juda mit Saat von Menschen und Vieh, und wie ich über ihnen gewacht habe, auszureißen und niederzureißen, zu zerstören und zu verderben und wehe zu tun, so werde ich über ihnen wachen, zu pflanzen und aufzubauen, spricht der Herr. In jenen Tagen wird man nicht mehr sagen: »*Die Väter haben saure Trauben gegessen, und den Kindern werden davon die Zähne stumpf*«*, sondern ein jeder wird um seiner eigenen Schuld willen sterben; einem jeden, der die sauren Trauben ißt, sollen die eignen Zähne stumpf werden.*

Siehe, es kommen Tage, spricht der Herr, da schließe ich mit dem Hause Israel und mit dem Hause Juda einen neuen Bund, nicht einen Bund, wie ich ihn mit ihren Vätern schloß zu der Zeit, da ich sie bei der Hand nahm, sie aus dem Lande Ägypten herauszuführen; denn sie haben meinen Bund gebrochen, ich aber habe sie verworfen, spricht der Herr. Nein, das ist der Bund, den ich nach jenen Tagen mit dem Hause Israel schließen will, spricht der Herr: Ich werde mein Gesetz in ihr Inneres legen und es ihnen ins Herz schreiben; ich werde ihr Gott sein, und sie werden mein Volk sein. Da wird keiner mehr den andern, keiner seinen Bruder belehren und sprechen: »*Erkennet den Herrn!*« *sondern sie werden mich alle erkennen, klein und groß, spricht der Herr; denn ich werde ihre Schuld verzeihen und ihrer Sünden nimmermehr gedenken.*

So spricht der Herr, der die Sonne gesetzt hat zum Licht am Tage, den Mond und die Sterne zum Licht für die Nacht, der das Meer erregte, daß seine Wogen brausten – Herr der Heerscharen ist sein Name –: So gewiß diese Ordnungen vor mir niemals vergehen, spricht der Herr, so gewiß werden auch die Geschlechter Israels nimmermehr aufhören, vor mir ein Volk zu sein für und für. So spricht der Herr: So gewiß die Himmel droben nicht zu ermessen und die Grundfesten der Erde drunten nicht zu ergründen sind, so gewiß will ich die Geschlechter Israels nicht verwerfen um all ihrer Taten willen, spricht der Herr.

Vermutlich haben Sie's schon einmal so erlebt: Sie waren am Meer und waren überrascht, wie weithin der Horizont sich öffnete – gedehnt über Kilometer kleine Inseln, vorbeiziehende Schiffe, wie mühelos waren sie zu sehen und schienen fast nahe gerückt, so klar war der Himmel. Dann aber erklärte Ihnen jemand von den Einheimischen, der sich auskennt, dies sei das Zeichen dafür, daß es bald regnen werde. Das Wetter schlage um.

Oder: Sie sahen, wie über dem Meer die Sonne zwischen den Wolken unterging, wunderschön, gelbfarben, wie ein Feuer, das noch einmal auflodert, um die Welt zu erwärmen für die Stunden der Nacht. Und wieder sagte so ein desillusionierter Einheimischer, der sich auskennt, es komme Sturm auf.

Jemand, der mitten unter klarem Himmel die Regenfront kommen sieht und mitten in die Schönheit hinein den Sturm weissagt, das war uns bisher Jeremia. Jetzt plötzlich aber stoßen wir auf ein Heilsbüchlein, auf zwei Kapitel, die er, so scheint es, all die Zeit, wie ein Vademekum der Hoffnung, eingenäht im Mantelsaum gewissermaßen, mit sich getragen hat.

Natürlich sind der Forscher viele, die sagen, kein einzig Wort in diesen Texten sei von Jeremia historisch wirklich gesprochen worden; das könne überhaupt nicht sein. Das Axiom der Ausleger lautet: Wenn von Heil die Rede geht, dann ist diese Sicht nachträglich eingefügt, im Fall, daß man wieder mal Glück gehabt hat und davongekommen ist; dann dankt man Gott auf den Knien, und dann wußte man's immer schon, und dann hat man auch Propheten zum Zeugnis, die es gesagt haben sollen und wollen. Zumal diejenigen, die ursprünglich von dem gepriesenen »Heil« gar nichts wissen wollten, die werden postum zu Kronzeugen der Hoffnung umstilisiert. Alle Aussagen an dieser Stelle wären dann geschichtliche Lüge.

Aber vielleicht verhält es sich anders. Vielleicht hat der Schüler des Jeremia, *Baruch*, tatsächlich Texte noch aus der Frühzeit des Jeremia zusammengestellt. Diese Annahme scheint mindestens im *Kapitel 30* zuzutreffen, wo nicht die Rede ist von Juda, sondern wo nur von dem verlorengegangenen Nordreich gesprochen wird, von Israel im engeren Sinne; es ging durch die Assyrer zugrunde. Vorausgesetzt wird in diesem Kapitel noch nicht die Zeit des Exils, vorausgesetzt werden nicht die beiden Deportationswellen, mit denen die Babylonier Jerusalem und Judäa heimsuchten. Wovon Jeremia spricht, ist an dieser Stelle das Nordreich. Dieses verloren gegangene Gebiet, dieses Terrain abgeschriebener Hoffnung, könnte für ihn in der Frühphase seines Denkens den Gegenstand kühnster Erwartungen gebildet haben. Möglich wäre es, daß Jeremia ursprünglich gehofft hat, wie er es im 33. Kapitel schildert: Gott würde das

scheinbar Unmögliche bewirken: eine Wiedervereinigung des be-
setzten Israel und des noch gerade freien Juda.

Diese Hoffnung läßt sich vielleicht sogar zeitlich festmachen.
633 v. Chr. stirbt der assyrische König Assurbanipal. Die assyrische
Macht neigt sich dem Ende. Die Sklerose der Militärmaschinerie
der Supermacht wird allzu deutlich sichtbar. Politische Anzeichen
sprechen dafür, daß das riesige Imperium assyrischer Gewalt auf
tönernen Füßen steht und bald zusammenbrechen wird. Doch wie
stets bei Jeremia, ist kein einziges Wort seiner Gedanken rein politisch oder zeitgeschichtlich in engerem Sinne motiviert. Daher wissen wir nicht, wann er diese Visionen der Hoffnung geäußert und
niedergeschrieben hat. Es könnte aber sein, daß um jene Zeit, um
630 v. Chr., in den Tagen Josias, als der König seine religiös-politi-
schen Reformen begann, Jeremia die Hoffnung schöpfte, die Hin-
wendung zu Gott selber müsse einlösen, was an ältesten Weissagungen doch über *das ganze Haus Israel*, den Norden wie den
Süden, gesprochen war, und es komme das Zerrissene und Ge-
trennte wieder zusammen. Möglich auch, daß Josia selber gehofft
hat, beim Schwächerwerden des assyrischen Zwinggriffs seine eigene Herrschaft wieder auf den Norden ausdehnen zu können – er
selber ein zweiter David, ein zweiter Salomo. Es steht dahin, ob und
wann so gedacht wurde.

Tatsache ist, daß das *Kapitel 31* sich nicht auf Israel bezieht, sondern auf Juda und daß man beide Aussagerichtungen nebeneinander lesen muß, um das Ganze zu verstehen. Dann steht im Zentrum
dieses Textes eine der kühnsten Aussagen des ganzen – ja, wie soll
man nun sagen: des *Alten* Testamentes? So zu sprechen wäre ja
überhaupt erst von dieser Stelle her möglich, da der Gedanke eines
Neuanfangs konzipiert wird, der das Alte fortführt, allerdings vollkommen verwandelt. Alles, was der Prophet bis dahin an Schrecknissen vor sich sah, hätte dann nur den Zweck, dieses Ungeheuere
an Reifung, dieses vollkommen Neue zu ermöglichen, das er den
Neuen Bund nennt. Man schaudert fast, wenn man das Wort ausspricht, so viel Unheil hat es dem Volk gebracht, aus dem Jeremia
kam, dem Volk der Juden, dem er diesen Neuen Bund verhieß.

Wir, die wir uns Christen nennen, laufen mit dem Wort vom
Neuen Bund herum wie mit eisernen Stiefeln: selbstsicher, eindeutig, klar: Wir sind der Neue Bund; Jeremia hat ihn *uns* (!) verkün-
digt, Jesus hat ihn begründet und uns geschenkt, und Israel, es tut

uns leid, ist seither nun der Alte Bund. Dieser »Alte Bund« mag der frühere, in gewissem Sinne deshalb sogar der ehrwürdigere gewesen sein, ohne Zweifel jedenfalls sind die Juden die eigentlichen Söhne Abrahams, aber nun bilden sie doch eben nur den Alten Bund. Selbst wenn dieser Bund neuerdings in der Sprachreform der Exegeten der *erste* Bund heißt, bedeutet die Begriffsänderung doch nur, daß entscheidend alles hinläuft auf den zweiten, den eigentlich richtigen Bund.

Das Mißliche bei solchen Wortklaubereien liegt darin, daß die ganze existentielle Aufregung, wie man denn nun von dem einen zum anderen, von dem Alten zum Neuen Bund kommt, im Leben eines Mannes wie Jeremia in historischen Auskünften und institutionellen Zuordnungen verlorengeht. So viel steht fest: Jeremia ging es nie um Fragen der Religionsgeschichte oder gar der Religionsstatistik, wie viele Menschen welch einer Bezugsgruppe zuzurechnen seien. Zeichnet man seine Gedanken noch einmal nach, so wirken sie in sich selber wie ein Leitfaden der inneren Entwicklung, und so heterogen die einzelnen Stücke des Jeremia-Buches von Baruch (oder von wem auch immer) zusammengetragen worden sein mögen, so weisen sie doch eine fast absurde Folgerichtigkeit auf; sie beschreiben einen Stufenbau, der in einen neuen Tempel, eben in diese Idee eines Bundes, den Gott *neu* begründet, hinüberführt. Dieser Neue Bund gilt wohlgemerkt keinem anderen Volk, er gilt demselben Volk, den Juden also. Jeremia denkt überhaupt nicht daran, daß aufgrund dieses Neuen Bundes das »Volk«, mit dem er geschlossen wird, national, rassisch oder religiös ausgetauscht werden könnte oder müßte. Worum es Jeremia geht, ist eine existentielle Erneuerung, eine Wandlung der Lebensform, ist ein Bruch mit der bisherigen Einstellung, nicht ein Austausch der äußeren Identität; es geht um ein Paradox, das nur eine einzige Erklärung besitzt: daß Jahwe es so will, und das nur eine einzige Bedingung voraussetzt: daß wir Menschen es begreifen. Freilich, den Weg dahin, daß wir's begreifen könnten, müssen wir mit Jeremia noch einmal durchgehen.

Da soll die Rede sein von Hoffnung, und doch ist es, wie wenn es Jeremia die Sprache verschlüge: Die Einleitung zu den kostbarsten Sätzen seiner gesamten Prophetie lautet: »*Angst hör' ich, Schrekken, nicht Heil.*« Es ist wie eine Rede mitten in die Feuersbrunst hinein oder mitten in den Sturm, den das Feuer entfacht; und dieses

Feuer und dieser Sturm ist unsere sogenannte Wirklichkeit, unsere uns so vertraute Realität. Es geht, wie es immer geht: Bisher wußten die Männer, wie man Geschichte macht, wie die Vernunft sie stenographiert, wie man kernige, tapfere, eiserne Beschlüsse faßt. Diese *»Männer von Kraft«*, diese Stolzen, auf die es bislang ankam, die schreien jetzt wie Frauen bei der Geburt, nur, diese bekommen keine Kinder, sie haben sie auf dem Gewissen, will Jeremia sagen. Jetzt packt's und schüttelt sie's. Da legen sie die Hände auf die Hüften wie eine Frau beim Kreißen, doch es kommt nichts dabei raus. Das ist der Zustand, das ist das Ist. Jeremia spricht von der Notzeit für »Jakob« und hat dabei vor Augen, wie die Assyrer im Norden, in Israel, wüten. Aber dann, völlig im Kontrast dazu, setzt er den »Gerichtstag« Gottes an. Das ist der Augenblick, da Gott Abrechnung hält und die Menschen unter den Worten seines Richtspruchs erschauern, der Strafe gewärtig; doch so grausig auch immer – für die Propheten bedeutet es den Inhalt aller Hoffnung, daß dieser Tag möglichst bald komme. Entscheidend ist deshalb, daß für Jeremia dieser Gerichtstag Vergangenheit ist! All das Schreckliche ist in seinen Augen längst geschehen; und vor allem: Gott ist sich dabei gleichgeblieben. Er hat, in den Augen des Jeremia, seine Abrechnung gehalten, er hat gezüchtigt nach Gebühr, er hat seine Gerechtigkeit eingelöst. Was jetzt bleibt, ist die andere Seite Gottes: seine reine, geduldige, ausdauernde Liebe, sein Ringen um ein Volk, das sich so schwertut, es zu begreifen.

Es gilt als erstes deshalb anzusagen, daß die Knechtschaft und Fremdherrschaft ihr Ende gefunden haben. Im Bannkreis der Abhängigkeit waren die Menschen, so schildert's Jeremia, wie Vieh, das man unter dem Joch dressiert hat. Jeder Schritt, den es tat, war Fronarbeit für die Zwingherrn. Man muß Jeremia an dieser Stelle in etwa so lesen wie im 19. Jahrhundert Georg Büchner im *Hessischen Landboten*: »Im Jahr 1834 siehet es aus, als würde die Bibel Lügen gestraft. Es sieht aus, als hätte Gott die Bauern und Handwerker am 5ten Tage, und die Fürsten und Vornehmen am 6ten gemacht, und als hätte der Herr zu diesen gesagt: Herrschet über alles Getier, das auf Erden kriecht, und hätte die Bauern und Bürger zum Gewürm gezählt. Das Leben des Vornehmen ist ein langer Sonntag, sie wohnen in schönen Häusern, sie tragen zierliche Kleider, sie haben feiste Gesichter und reden eine eigene Sprache; das Volk aber liegt vor ihnen wie Dünger auf dem Acker. Der Bauer geht hinter dem Pflug, der Vornehme aber geht hinter ihm und dem Pflug und treibt ihn mit den Ochsen am Pflug, er nimmt das Korn und läßt ihm die Stoppeln. Das Leben des Bauern ist ein langer Werktag; Fremde verzehren seine Äcker vor seinen Augen, sein Leib ist eine Schwiele, sein Schweiß ist das Salz auf dem Tische des Vornehmen ...«

Da geht ein ganzes Leben hin im Schatten von Entfremdung, Ohnmacht und Auslieferung. Man kann arbeiten und arbeiten, und es wird nie etwas nützen – das Schicksal der *working poor*. Das Leben ein Zwangsdienst, der die Herrschaft derer, die die Unterdrückung regulieren, nur noch stärkt. Doch damit ist jetzt Schluß, erklärt Jeremia, und zwar nicht, weil die erschöpften Menschen die Kraft hätten, ihr Joch zu zerbrechen, sondern weil Gott es leid ist, es sich noch länger mit anzusehn. Dieses Maß an Leid hat kein Mensch mehr verdient! Deshalb muß und wird damit Schluß sein. So hofft, so denkt Jeremia. *Ich, Jahwe, zerreiße meine Bande, sie werden nicht mehr Knechte sein für Fremde*, sondern Gott dienen. Das ist ein Gedanke, der gerade weil er zeitlich sich nicht fest einordnen läßt und der gerade weil er so unklar adressiert scheint, über alle Jahrhunderte hinwegspricht. Er besagt, daß wir zu allen Zeiten zu wählen haben, wem wir wirklich dienen: Menschen oder Gott. Allein in dieser Wahl liegt unsere Freiheit oder unsere Unfreiheit. Wählen wir *Gott* im Sinne des Jeremia, so hat niemand uns mehr in allem, was Menschen wesentlich ist, etwas zu sagen. Bildhaft ausgedrückt, entsteht die Erwartung, ein zweiter David käme hervor und aus seinem Samen entstünde ein neuer Herrscher – für Jakob, für das Nordreich, nicht für den Süden, wohlgemerkt, nicht für Jerusalem, sondern für das verlorene Israel. Symbolisch gelesen, geht es nicht darum, von neuem nationale Herrschaft anzupreisen, es geht, psychologisch betrachtet, darum, daß hier ein neues sakrales Zentrum entsteht, ein neues Selbstbewußtsein von Souveränität und sakrosankter Autonomie, eine königliche Würde, die Menschen sich zusprechen vor dem Hintergrund einer alles tragenden religiösen Erfahrung.

Jeremia redet dabei den Worten nach nicht ausdrücklich von dem *Königreich Gottes*, wie Jesus es später tun wird, aber sein Gedanke ist genau dieser: Wenn und weil Gott König ist, sind die Menschen von königlicher Würde, indem sie einzig ihm dienen, und dann gibt es niemanden mehr, der mit seiner Herrschaft das Recht hätte, sich zwischen Mensch und Gott und zwischen Mensch und Mensch zu stellen. Was dieses Bewußtsein ausmacht, kleidet sich bei Jeremia an dieser Stelle in die unglaublichsten Trostworte: »*Erschrick nicht mehr, ich bin's der dich rettet aus der Ferne*« – soll heißen, aus der Verbannung, aus dem Exil im Zweistromland. »*Fürchte dich nicht, ich bin mit dir*« – das heißt, es gibt einen Beistand gegen alle Widerfahrnisse. Es bedeutet, keine Angst mehr haben zu müssen, sich nicht mehr fürchten zu müssen, so daß nie mehr der Punkt erreicht wird, da man die Abhängigkeit förmlich wünscht, nur um sein Überleben zu retten. Vielmehr besagt es, daß Gott selber auf der Seite eines jeden Menschen steht. Dies ist der erste große Gesang der Hoffnung in dieser alles verändernden Vision des Jeremia.

Im folgenden 31. Kapitel dann knüpft Jeremia mit der Blickrichtung auf Israel *und* auf Juda an Gedanken an, die aus dem Kult stammen; er bewegt sich in Bildern, die er liturgisch beim Bundeserneuerungsfest gelernt hat. Indem er die archaische Vorstellungswelt des Ritus zeitlos setzt, deutet er nunmehr konkret die Not seiner Zeit. »*Es wird geschehen*«, sagt er, wie wenn noch einmal ein neuer Exodus stattfände, da spricht Gott selber das Wort des Bundes: »*Ich will Israels Gott sein, und sie werden mein Volk sein.*« Das ist in sich bereits die Grundsatzerklärung für alles weitere. Aber nun greift Jeremia zurück in die Zeit, die ihm als Vorbild die kostbarste ist: der Auszug aus Ägypten damals hinüber zum Berg der Gottesoffenbarung, zum Sinai. Das alles spielte vor unvordenklich langer Zeit, vor weit mehr als einem halben Jahrtausend, und auch räumlich rund ein halbes Tausend Kilometer weit entfernt. Jeremia aber holt die alte, entlegene Erfahrung wieder hervor; er aktualisiert existentiell, was das Ritual nur festlich alle Jahre wieder von neuem aufführt. Wenn Gott sich am Sinai gezeigt hat als zuverlässig und schützend und treu, zeigt das dann nicht, daß er überhaupt so ist und immer wieder von neuem so handeln wird?

In dieser Idee liegt der unglaubliche Trost des Jeremia: es wäre möglich, daß Gott noch einmal sein Volk aus einer quasi ägyptischen Gefangenschaft herausführt und die Leidenden tröstet.

Ausgehen müßten wir dann von einem Grundgefühl, wie es im 2. Buche Mose beschrieben wird: Man lebt in »Ägypten« auf einem Boden, der keine Heimat ist – man hat kein Recht, dort überhaupt zu existieren –, man muß die Erlaubnis, dort zu leben, sich förmlich verdienen, indem man den Willen der Zwingherrn erfüllt; die aber zerstören mit ihrer Despotie jegliche Zukunft, sie befehlen – wiederum bildlich gelesen – die Ermordung aller männlichen Nachkommen – die Zerstörung aller Produktivität und Fruchtbarkeit. Irgendwann, bei Nacht und Nebel, mitten in Angst und ständiger Furcht vor Verfolgung, findet unter dem Druck der Not ein Aufbruch statt hinüber in ein Gebiet, von dem man nicht weiß, wie Leben dort sein soll – die reine Wüste! Sie ist der Durchgangskorridor zu einer möglichen Freiheit. Und dieser Korridor muß beschritten werden bis zu dem Punkt, wo es kein Weiter mehr gibt – am Roten Meer, am Schilfmeer. Und schon nahen in Gestalt der Reiterwagenabteilungen des Pharao die äußeren wie inneren Verfolger, um die mühsam riskierte Freiheit sogleich wieder einzufordern. Es ist wie ein Wunder, daß Schritt für Schritt gerade jetzt in dem scheinbar Unbegehbaren ein Weg sich zeigt, und es wird dieses Wunder am Schilfmeer den Kern des gesamten Glaubensbekenntnisses Israels bilden: Gott ist es, der im Ausweglosen trotz aller Angst und Bedrohung den Weg in die Freiheit weist. Am anderen Ufer dann lernt ein ganzes Volk das Leben noch einmal, ohne Planung diesmal, ganz und gar aus den Händen Gottes, aufsammelnd, was er ihnen gibt, immer wieder voller Angst vor möglichen Auseinandersetzungen, und doch sammelt es sich schließlich am Gottesberg und empfängt dort Gesetz und Weisung, Halt und Ordnung.

Ganz nach diesem Vorbild stellt Jeremia sich nun die Lösung all der Rätsel, die er schaut, für die Zukunft vor. Die babylonische Gefangenschaft gilt ihm für gerade so viel wie die ägyptische Fremdherrschaft vormals, der Feuerofen am Nil ist ihm vergleichbar mit dem Desaster des Zusammenbruchs im Norden oder vielleicht sogar auch schon im Süden. Doch alles, was unter den Assyrern oder den Babyloniern geschieht, geschieht nur, um das Volk, das ganz und gar in fremde Hände gegebene, daran zu erinnern, daß es einzig ruht und lebt in und aus den Händen Gottes; davon ist Jeremia fest überzeugt. Nur das gilt es zu lernen. Es ist die einzige noch verbleibende Hoffnung. Nicht, was sich *tun* läßt, nicht die Kalkulation militärischer Stärke oder politisch-diplomatischer Verstärkung bietet die Rettung. Auf dieser Ebene gibt es nichts mehr zu machen. Doch um so mehr gilt es zu lernen, wer man selber im Gegenüber Gottes ist. Und dann wird es sein, schildert Jeremia in den Bildern eines Neuanfangs und Neuaufbaus, daß die *Jungfrau Israel* von Gott als seine Geliebte *geschmückt wird* mit Kleidern und Kettchen und sie die Freude wieder lernt *im Reigen der Tanzenden.* Und es werden *Weinberge bepflanzt* werden, diesmal nicht zum Luxus und zur Freude anderer, sondern für den eigenen Gaumen, auf den Hügeln und *Bergen Samarias.* Die die Pflanzungen angelegt haben, *sollen sie genießen.* Und es wird *Jubel sein,* überall. Der ganze Heerzug der Verbannten aus dem Zweistromland, der ins Nordreich zurückströmen soll, so sieht's Jeremia, wird umfassen auch *die Blinden und die Lahmen,* Menschen, die keine Aussicht haben, die selber keine Orientierung wissen, Menschen, die alleine zu laufen gar nicht vermögen, und sogar *die Schwangeren und Wöchnerinnen,* Menschen, die überschwer tragen an künftigem Leben, belastet in ihrem eigenen Dasein – die alle wird Gott schützen und behüten. Gerade sie.

Es ist, daß die Schwachen, die Hilflosen, von Jeremia geschildert werden als ganz und gar begleitet von Gott. Er allein ist für Israel *Vater,* und sein Volk, das scheinbar abgeschriebene Samaria, gilt als sein Erstgeborener; zugehörig ist gerade auch er. Und Jeremia sieht kommen, daß *die Jungen und die Alten* ihr Glück schauen. Was für eine Weissagung: die Jungen und die Alten (Jer 31,13) –: die Menschen, die das Leben vor sich haben, sehen mit Freude in die Zukunft ihrer Jahre, und die zurückblicken auf das Gewesene, behalten ihren Stolz und ihre Würde. Da ist in all dem Zerbrochenen so etwas gelungen wie eine innere Kohärenz und Kontinuität.

Aber noch einmal wendet sich's an dieser Stelle. Ein Klagelied, das wir aus dem Neuen Testament anläßlich der Ermordung der Kinder in Bethlehem im Zitat des Matthäus (Mt 2,18) kennen, spricht von dem Weinen und Wehklagen Rachels in Rama. Der kleine Ort Rama liegt in der Nähe von Anatot, dem Heimatstädtchen des Jeremia. Es ist der Ort, da Rachel, die Lieblingsfrau des Patriarchen Jakob, am Wege nach Bethlehem das Kind gebar, bei dessen Geburt sie verstarb, und nannte es Ben Oni, Sohn meiner Qualen (Gen 35,16–20). Es ist, wie wenn Jakob es dem Jeremia vorgelebt hätte. Denn Jakob, die Liebste an seiner Seite verlierend und ein mutterloses Kind in seinen Händen, weigerte sich, dem Kind gewissermaßen die Schuld zu geben an der Zerstörung des Lebens seiner Mutter. Nicht Ben Oni, Sohn meiner Qualen, sondern Benjamin, Sohn meiner Rechten, Kind meines Glücks, willkommenes Kind, soll es heißen, weil in ihm doch das Bild der verstorbenen Mutter weiterlebt. Eine Lokalerzählung in Rama hat daraus das

Bild geformt, wie Rachel weint und klagt um ihre Kinder; ihre Kinder – das ist Samaria, das Nordreich. Alle dort sind sie dahin, seit dem Jahre 722, zerbrochen im Krieg gegen den Assyrerkönig Salmanassar V., und sie kehren nicht wieder. Das jedenfalls ist es, was Jeremia in der Volksklage, in der Volkssage anklingen hört: das Weinen der Ahnfrau Rachel zu Rama um ihre Kinder.

Wie tröstet man Mütter über das Leid, daß das, was sie mit so viel Sorge und Sorgfalt in die Welt schickten, von der Welt so undankbar aufgenommen wird? Es ist hier Gott, der seinem Propheten sagt, was er sich selbst und allen, die ihm zuhören, weitergeben soll: *Da gibt es kein Weinen mehr und in den Augen keine Tränen mehr*, sondern *all die Qual und Mühsal* hätte ihren *Ertrag: Rückkehr aus Feindesland.* Die Worte, die Jeremia hier kommen, erinnern sehr an den *Psalm 126*, dem vielleicht schönsten Wallfahrtslied und Heimkehrpsalm der Bibel: *Wenn Gott die Gefangenen Zions wiederkehren läßt, werden wir sein wie Träumende. Dann wird unser Mund des Lachens voll und unsere Zunge des Jubels, denn unter den Heiden wird man sagen: Großes hat Gott an ihnen getan. Ja, Großes hat Gott getan an Israel ... Die da säten unter Tränen, werden ernten in Freude. Sie streuten aus, während sie weinten, aber nun kommen sie wieder, die Garben gebunden in Freude und Jubel.*

Ein Musiker wie Brahms hat gerade diesen Text in sein Requiem genommen mit der Frage, wie tröstet man am offenen Grab die Tränen von Trauernden. Er hat darin als erstes das Wort Jesu aus der Bergpredigt genommen: *Glücklich sind die Trauernden, denn Gott wird sie trösten* (Mt 5,4); doch unmittelbar danach diese Sätze aus dem *Psalm 126.* Sie sind die Umkehrung eigentlich des *Lieds vom Schnitter Tod*, wie es in dem schwermütigen ostpreußischen Lied anklingt: *»Es dunkelt schon in der Heide. Nach Hause laßt uns gehn. Wir haben das Korn geschnitten mit unserem blanken Schwert. Ich hörte die Sichel rauschen, sie rauschte durch das Korn. Ich hört' mein Feinslieb klagen, sie hätt' ihr Lieb verlorn.«* Das ist ein Gesang der Todesnähe und der Schattenumdunkelung. Aber hier, im Psalm 126, die Umkehrung: Alles Aussäen mag erscheinen wie ein Vergeuden in Traurigkeit und Mißerfolg; aber die Ernte, das Schneiden des Korns, ist wie ein Danktag, des Reichtums des Ertrags wegen.

Wär's möglich, über alle Zerstörung so zu denken: sie wäre nur ein Sammeln, ein Reifen, am Ende sogar ein Wachsen und ein Einfahren in die Scheuer? Jeremia zitiert dieses Gegenlied zum Schnitter Tod offenbar in Anlehnung an die Bußgottesdienste, die es in Israel gab – in gewissem Sinne sind Worte dieser Art vorgegeben. Aber jeder, der in der katholischen Kirche irgendeinmal einen Bußgottesdienst erlebt hat, wird niemals Worte gehört haben wie diese dichterischen, prophetischen Beschwörungen: *»Laß mich umkehren, daß ich mich bekehre.«* (Jer 31,18) Ein solches Wort ist erschütternd, weil es den ganzen Unterschied der Lebensauffassung zeigt. In einer katholischen Bußandacht müßte der Betende Gott geloben: »Ich bekenne die Bekehrung«, und die entsprechende Überzeugung besagte: Es liegt bei mir, mich zu Gott zu wenden, da ich ein freier Mensch bin; ich habe gesündigt, aber nun, souverän, wie ich bin, erkläre ich, mich zu bessern. Jeremia war es, der wenige Texte zuvor noch gesagt hat: *Man ändert dem Panther nicht die Streifen und dem Mohren nicht die Farbe.* (Jer 13,23) Es liegt, mit einem Wort, *nicht* bei den Menschen, was sie tun. Sein vorsichtiges: *»Laß mich umkehren, daß ich mich bekehre«* könnte insofern das Schlüsselwort für Martin Luthers gesamte Rechtfertigungslehre abgegeben haben. Allein dieses eine Wort verrät einen unerhörten Niveauunterschied gegenüber aller moralisierenden Oberflächlichkeit. Wenn ein Mensch zu sich zurückfindet, so geschieht es einzig aus Gottes Hand, in einem Vertrauen, das sich nicht »machen« oder befehlen läßt, sondern das nur wachsen kann. Man kann Reue fühlen, man kann verzweifelt sein, aber das Entscheidende muß *gegeben* werden – ein Stück Achtung vor sich selbst –, die Wiedereinsetzung des »Königs«, wenn wir es mit dem Bild, das Jeremia soeben gebraucht hat, zu artikulieren versuchen. Die Rückkehr, Heimkehr, Heim*findung* zu sich selbst – wie sollte sie zu bewerkstelligen sein mit Plan und Absicht und Kalkül?

Jahwes Kommentar an dieser Stelle ist und bleibt paradox und hätte erneut Martin Luther gefallen. Denn fast ironisch redet da Gott: *Ja, ist denn Ephraim ein so treuer Sohn? Ja, mein Lieblingskind,* ich muß schon sagen ... (Jer 31,20) Aber so oft Gott von Ephraim redet, ist's, daß er's nicht anders kann, als *treulich seiner zu gedenken* – soll heißen: er kommt nicht los, dieser Vater der Blinden und der Lahmen und der Schwangeren, von seinem Volk, sowenig wie eine Mutter von ihrem Kind, sowenig wie ein Vater von seinem Sohn. Ja, ist es möglich zu sagen, diese Aue sei *ein heiliger*

Berg (Jer 31,23), auf welchem der Segen Gottes ruhe; und diese neue Wirklichkeit wäre zu lernen, wie ein Mensch schläft, und es ist ihm zur Erquickung, und wie er erwacht, erholt durch die Stunden der Nacht (Jer 31,26)? Alles geschieht hier wie in Nachtgesichten, in Traumbildern. »*Da waren wir wie Träumende*«. (Ps 126,1) Uns ist nicht recht klar, was da Realität ist, was Hoffnung, es geht ineinander, wenn Gott wirkt; es ist, was da kommen wird, nicht auszurechnen, nicht abzuleiten aus irgendeiner geschichtlichen Gesetzmäßigkeit. Sicher ist nur, daß alles sich umkehrt: *Wie ich über sie gewacht habe, auszuwurzeln und einzureißen, zu vernichten und zu zerstören*, so, mit derselben Konsequenz, *wird nun gebaut, gepflanzt und neu errichtet.* (Jer 31,28)

Es gibt gegen all diese Bilder nur einen Einwand, der freilich auf der Hand liegt, ein altes Zitat – *Ezechiel*, im Kapitel 18, wird es auf seine Weise exegesieren: *Die Väter haben saure* (unreife) *Trauben* (Herlinge) *gegessen, und den Kindern* (in der vierten Generation, Ex 20,5) *wurden die Zähne davon stumpf.* Das soll in diesem Zusammenhang heißen, daß es Hoffnung gar nicht geben kann; denn alles, was sich abgespielt hat, liegt inzwischen so weit zurück, alle Fehler haben sich so weit aufgetürmt, daß sie die Kindeskinder noch nicht werden abtragen können; nach den Niederschlägen der vergangenen Tage sammelt sich überhaupt erst das Wasser, und der Fluß am Hang steigt immer höher.

Man braucht nur die Tageszeitung zu lesen und weiß, wie recht so ein Sprichwort auch in unseren Tagen haben kann, indem eine Generation Fehler begehen kann, die womöglich auf viele Generationen hin jede Zukunft verderben und eine unheile Welt hinterlassen, in der kein Leben mehr möglich ist. So etwas kann zweifellos sein. Doch was Jeremia hier vor Augen hat, ist der Beginn einer völlig neuen Art, über die geschichtlichen Zusammenhänge zu denken. Natürlich gibt es in der Geschichte so etwas wie eine kollektive Haftung der heute Lebenden für die Taten ihrer Väter, und stets ist das Gegenwärtige die Folge dessen, was einmal war. Aber entscheidend ist nun, daß Gott sich nicht länger im Gang der Geschichte, sozusagen als Weltvernunft im allgemeinen, ausrechnen läßt. Gott schaut auf den Menschen, auf jeden einzelnen, und nur was jemand selber in den Mund nimmt, wird auf seine Zähne wirken, um im Bilde des Jeremia zu bleiben. Nur was ein Mensch selber tut, dafür steht er vor Gott wesentlich gerade. Alles andere trägt nicht den

Namen der Gerechtigkeit Gottes. Was vor Gott gilt, ist nicht mehr im kollektiven Sammelpaket als geschichtstheologische Interpretation über Völker und Zeiten hin weiterzureichen. Was man sich einzig bei der Deutung geschichtlicher Ereignisse getrauen kann im Sinne des Propheten Jeremia, beschränkt sich darauf, wenigstens für den Einzelnen die Folgen seines Tuns und Denkens zu erörtern. Nicht eine Geschichtsdeutung über viele Generationen hinweg, wohl aber Halt zu geben im Leben jedes einzelnen ist das Werk eines Künders Gottes von nun an.

Erst wenn wir so weit sind, gelangen wir zu dem Kern dieses Heilsbüchleins des Jeremia: Gott wird, wie damals, als er sein Volk in Ägypten bei der Hand nahm und durch Meer und Wüste und Angst, des Nachts als Feuersäule, des Tags im Rauch der Lagerfeuer, führte, so jetzt in eine Welt geleiten, die frei ist in sich und offen nach vornhin, eine Welt, die mit allem bricht, was vordem war.

Alles, was bis dahin Religion geheißen hat, gründet sich auch in den Augen des Jeremia auf die Tradition. Sie war ihm heilig und ehrwürdig; aber, so seine alles entscheidende Entdeckung, man darf bei ihr nicht stehenbleiben. Sie gründete sich auch in den Augen des Jeremia auf die Institution, auf die Priester im Tempel, auf die Riten und Opfer, die sie zelebrierten, sie gründete sich auf die herrschende Macht des Königshauses, sie gründete sich auf die Erklärungen der Schriftgelehrten, die gerade über das neu gefundene Gesetzesbuch aus dem Jahre 622 ihre Kommentare abgaben. All das wurde dem Volk vorgelegt. Der König befahl, der Priester segnete, die Propheten weissagten, die Theologen kommentierten und ordneten durch Verordnung und Anordnung. Das Volk war religiös augenscheinlich bei so viel Verwaltung bestens versorgt. Aber was Jeremia, dieser Prophet der glühenden Hoffnung auf einen neuen Zusammenschluß des Nordreichs mit dem Süden vor sich sah, war der deutliche Eindruck, daß das alles, der ganze offizielle Religionsbetrieb, in die Irre ging. Die Propheten reden nichts weiter als ihre Wunschgedanken, die Könige vertun sich mit dem Kalkül ihrer Macht, die Priester haben sich längst davon entfernt, auf Gott noch zu hören, wo sie ihn ja kennen, wo sie ihn verwalten. Sie haben ihre Formel, und mehr wollen sie nicht wissen.

Wer eigentlich will wissen?

Jeremia, so unglaublich schmerzhaft es ihm selber ankommen mußte, hoffte förmlich darauf, daß Gott all das entfernte, was da wie eine ellenlange falsche Rechnung an der Tafel stand; mit einem riesigen Schwamm mußte und sollte Gott es möglichst bald wegwischen. Denn jeder einzelne Schritt war verkehrt, und das Ergebnis konnte nur die Summe aller Fehler sein. Die Situation ist nicht deshalb so verfahren, weil etwa Gott sich geirrt hätte oder weil die Religion an sich selber verkehrt wäre, auch nicht deshalb, weil das, was in der Tradition überliefert wurde, die Geschichten vom Exodus aus Ägypten zum Beispiel, an sich selbst Lüge wäre. Das Überkommene könnte ganz richtig sein, doch damit es zur Geltung kommt, müßte sich alles ändern, das heißt, Gott müßte alles noch einmal ganz neu schreiben, und zwar jetzt in das Herz der Menschen, nicht mehr auf Stein, nicht mehr in den Mund äußerer Ausleger, vielmehr müßte und könnte ein jeder in seinem Herzen Gott vernehmen. Der ganze Betrug liegt wesentlich in der Außenlenkung des Religiösen, und sie wird ein Ende haben.

Verdeutlichen wir uns die »Hoffnung« des Jeremia nur einmal im Kontrast zu der zentralen Ideologie der römisch-katholischen Kirche. Sie lautet: Die Menschen können irren, doch glücklicherweise gibt es von Amts wegen Bischöfe, die, wenn sie versammelt sind mit dem Bischof von Rom, nicht irren können, sondern in ihrer Gesamtheit unfehlbar sind. Alle Menschen suchen nach Gott und seiner Wahrheit, aber wir, die Gottesbeamten als Gottes Stellvertreter, haben die Wahrheit, ja, wir sind die Wahrheit. Stets muß man deshalb hören auf diese Wahrheitsbesitzer des immer schon fertigen, des immer schon gewußten Offenbarungswissens. Deshalb gibt es von Gott im Grunde nichts mehr zu lernen. Gott ist längst mundtot durch die Geschwätzigkeit seiner Erklärer. Genau diesen Zustand sah Jeremia, 600 Jahre vor Jesus von Nazaret, vor sich, und so fand er die Zerstörung des Nordreichs durch die Assyrer, die Vision oder schon den Eintritt der Deportation des Südens durch die Babylonier als Vorarbeit Gottes, alles Religiöse ein für allemal *innerlich* werden zu lassen.

Erst an dieser Stelle, aus dieser Blickrichtung bekommen die unglaublichen Gebete Jeremias für den König Nebukadnezzar, für diesen Hammer Gottes, ihren Sinn (Jer 27,5–8): Alles *muß* zerstört werden und sich auflösen, damit es endlich von innen kommt!

Man hat im Neuen Testament Jesus immer wieder mit Jeremia verglichen. Matthäus tut das im 16. Kapitel (Vers 14) sogar ausdrücklich. Das Lukas-Evangelium tut es auf seine Weise, indem es

diese Worte vom Neuen Bund aufgreift und sie in die Abendmahls-
zene hineinsetzt: Im 22. Kapitel bei Lukas (Vers 22) läßt der Evan-
gelist Jesus in seinen »Einsetzungsworten« über das Abendmahl
den Propheten Jeremia zitieren, gewissermaßen als Zusammenfassung seiner ganzen Botschaft und seines ganzen Wirkens – mit eben
diesem Gedanken eines Neuen Bundes: Alles kann zerstört werden,
alles muß zerstört werden, selbst die physische Existenz Jesu wird
man zerbrechen, aber der Sinn von all dem wird in alle Zeiten darin
liegen, daß Gott im Inneren des Menschen wohnt und nirgendwo
sonst. Der Kern von allem, die *Innerlichkeit* Gottes, wird von Jeremia eingefaßt in diese Formel: *Denn ich vergebe ihre Schuld und
gedenke ihrer Sünden nicht mehr.* (Jer 31,34) Das also ist jetzt der
Inhalt, die Erfahrung einer wahren Religion. Alles, was Jeremia sagen will – und wovon wir überzeugt sein dürfen, daß es ins Zentrum auch der Botschaft des Jesus von Nazaret gehört – besteht in
diesem Konzept des Neuen Bundes, der identisch ist mit der Hoffnung auf Vergebung.

»*Laß mich umkehren, damit ich umkehre!*«

Plötzlich erhalten all diese Worte ihren inneren Zusammenhang.
Denn einzig von der Vergebung leben Menschen. Nicht, daß sie
perfekt sind, daß sie gut sind, daß sie Musterknaben werden, bildet
die Basis ihrer Existenz, über all das kann Gott nur lachen oder
seine Scherze treiben; aber daß wir leben von der Vergebung, das
entscheidet über alles. Dieser Neue Bund einer vollständigen Amnestie besitzt laut Jeremia keine Grenzen mehr; er wird bewirken,
daß der Norden wie der Süden wieder zusammenkommen. Wohl,
was hier behauptet wird, ist so unbegreiflich, *wie den Himmel zu
erforschen oder die Abgründe der Erde.* (Jer 31,37) Aber es ist genau so sicher, meint Jeremia, wie daß *das Meer unter dem Sturm
brandet und daß die Sterne am Himmel stehn.* Wenn Gott das eine
tun kann, so kann er genauso zuversichtlich wohl auch das andere –
wie in der Natur, so in der Kultur, wie in der Welt, so in der Geschichte.

Aber was sich in der Vision des Jeremia verändert, besitzt in der
Moderne außerordentlich viele Facetten. Ja, es scheint, daß seit 200
Jahren, seit den Tagen der Aufklärung, Jeremia moderner und mo-
derner wird und jeden Tag an Aktualität gewinnt. Denn was man
erkannt hat bereits vor 200 Jahren in Königsberg, in den Schriften
Immanuel Kants, in den Tagen Voltaires in Paris, ist eben dies, daß

eine Religion, die äußerlich bleibt, nichts weiter sein kann als Aberglaube und Götzendienst. Solange man irgend jemanden braucht, der zwischen Gott und den Menschen vermittelt mit heiligen Riten, so lange ist alles verkehrt. Solange man noch Moralgesetze benötigt, die man von außen dekretiert und die man wie mechanisch für jeden Einzelfall kasuistisch zurechtlegt, solange bringt man das menschliche Leben nicht in Ordnung, sondern in Unordnung. Autonomie – das war der Kampfruf des Immanuel Kant; Gott, meinte er, sei zu finden einzig in der Freiheit des Menschen. Der Ermöglichungsgrund der Menschlichkeit, das sei Gott, und die ganze Frömmigkeit bestehe darin, sie zu leben.

Jeremia hat den Worten nach sich so nicht ausgedrückt. Er hat in dieser Kühnheit vielleicht nicht einmal die Konsequenzen seiner eigenen Lehren bedacht. Aber das Leben Jesu zieht auf seine Weise grade diese Konsequenzen. Das Markus-Evangelium, im 13. Kapitel, legt ihm zum Beispiel die Vision des Untergangs der Heiligen Stadt in den Mund. Soeben noch kommen die Jünger und sagen zu ihm: »Siehst du den Tempel, die schönen Bauten ...«, und Jesus wird sagen: »Kein Stein bleibt hier auf dem andern!« Wie man eine Religion findet, *jenseits* der Tempel, *jenseits* der Priester, *jenseits* der weihrauchduftenden Mysterien, *jenseits* der leise gemurmelten Fremdsprachenformeln einer bloßen Sakramentenmagie, wie man in aller Klarheit, in Güte aufeinander zugehend, *Vergebung* lebt als Grund eines erneuerten Lebens, das war's, was Jesus wollte. Der Mann aus Nazaret hatte kein anderes Buch als das, was wir die Bibel nennen – ein Buch voller Scheußlichkeiten, voller Unmenschlichkeiten, voller Monstrositäten, möchte man meinen, Jesus aber hat dieses Buch auf seine Weise gelesen, daß es sich filtert. Und dies hier ist sein wunderbarer Filter: mit den Augen der Vision des Jeremia – der Neue Bund einer Generalamnestie, einer Vergebung von Grund auf.

Natürlich steht es jedem frei zu sagen, selbst die Propheten könnten irren –; ein Neuer Bund, wo ist er denn? Genauer für Theologen gesprochen: Es gibt die Kirche, und sie nennt sich selber der Neue Bund; es gibt ein neues Buch, das heißt das Neue Testament. Alles das bezieht sich auf Jeremia und verdankt sich Jeremia, doch gelebt wird davon in der Wirklichkeit nur wenig oder geradewegs gar nichts. Selbst der Gedanke des Neuen Bundes ist zur Ideologie des römischen Kirchenstaates verkommen, selbst der Gedanke der Vergebung ist durch Priesterautorität und durch eine beamtete Lossprechungsvollmacht veräußerlicht worden. Alles kann man um seinen Sinn bringen. Und war die Hoffnung Jesu nicht schon genauso utopisch wie die Vision des Jeremia, das Nord- und das Südreich, Israel und Juda, Samaria und Jerusalem könnten wieder zueinanderfinden? Alles kam anders. Ein halbes Jahrhundert nach Jeremia schon, um 520 v. Chr., war es, daß die Samariter dem Süden anboten, den zerstörten Tempel gemeinsam wieder aufzubauen. Wirtschaftliche Hilfe aus dem Norden wurde da dem bedrängten Süden angeboten – aber man war zu stolz. Man wollte das nicht; *keine* Einheit zwischen Nord und Süd; die Gegensätze, die schon unter David und Salomo sich gezeigt hatten, kamen in den beiden Kulturräumen nicht zusammen. Historisch betrachtet, ist all das, was Jeremia vor sich sah, eine uneingelöste Vision geblieben, in der Tat seine Utopie. Und als Jesus kam und hielt es mit den Samaritern wie in seinem berühmten Gleichnis (Lk 10,25–37), da verdammte man ihn selber als Samariter, der einen bösen Geist habe (Joh 8,48). Doch vielleicht ist es überhaupt falsch und ein immer noch verbleibender Rest von Äußerlichkeit, die Wege Gottes in kollektiven Zusammenhängen über den Geschlechtern geschichtlich zu verrechnen; offenbar gilt es, die Wahrheit des Jeremia im Leben jedes einzelnen zu suchen.

Wäre es dann nicht noch einmal möglich, sich Geschichten und Visionen, wie die des Jeremia, zu erzählen auf jeden einzelnen hin? Bilder wären es dann, die uns zeigten, wie Menschen sein müßten, um dem Vorbild des Göttlichen zu entsprechen. Die Trennung und Wiedervereinigung von »Norden« und »Süden« ließe sich dann konkret assoziieren damit, daß in der Seele eines Menschen psychologisch ein Teil des Lebens abgesprengt wurde und in fremde Hände und in Unterdrückung geraten ist, während der andere, noch verbliebene, um sein Überleben fürchtet. Nehmen wir dieses Bild einmal als die Grundbefindlichkeit eines Menschen. Dann müßte man denken, daß ein solcher Mensch sich wie zerstört fühlt, unfähig, noch so fortfahren zu können wie bisher, auf der Suche nach sich selbst, ohne zu wissen, wo das denn sei – seine Heimat, ein fester Grund unter seinen Füßen. Eine solche in sich gespaltene Persönlichkeit arbeitet sich ab, sie tut alles nur mögliche, was sie kann, und doch verstärken sich dadurch die alten Fehler nur immer neu. Es wird lange dauern, bis ein Mensch es lernt: Nicht alles muß man richtig machen, aber nötig ist es, an Güte zu glauben. Nicht Perfektion ist das Ziel, aber so etwas wie Vergebung. Und am allerwichtigsten: Nicht nach außen ist zu hören, auf das, was sie alle sagen und wollen, sondern nach innen, ins eigene Herz. Dann kann so ein Neuer Bund wiederbeginnen, daß das, was ein Mensch tut, zu ihm zurückkehrt als sein eigenes, und es erwacht eine neue Freude in ihm; ein wirklicher Beginn von vorne setzt ein, eine Art Wiederaufbau geschieht unvermutet. – Es kann durchaus sein, daß so etwas mitten *im Alter* geschieht. War es nicht Jeremia, der sagte, *die alten Leute* würden sich freuen? Es kann natürlich auch sein, daß man so etwas erlebt wie eine *zweite Jugend* oder mitten *in der Jugend*. Auf jeden Fall beginnt jetzt das Gefühl, ein ganzes Leben läge noch vor einem. Und selbst wenn die »wirkliche« Geschichte einer solchen Vision widerstreitet – da ist eine Perspektive, kraft derer man aufhört, an der Wand zu kleben und keinen Ausweg zu sehen; da endlich fällt Licht in das Dunkel über dem Wegpfad.

Wir haben die Hoffnungsvision des Jeremia notwendigerweise Schritt für Schritt von ihrem historischen Anlaß und ihrem historischen Inhalt gelöst – rein historisch ist es zu der erwarteten Reichseinheit von Samaria und Judäa niemals gekommen, im Gegenteil, unmittelbar in der Zeit nach dem babylonischen Exil radikalisierte sich, wie gesagt, die Ablehnung der Samariter im Norden durch die Juden im Süden noch mehr; von nun an war es nicht bloß keine göttliche Hoffnung mehr, auf eine solche Wiedervereinigung zu hoffen, jetzt wurde es sogar ein göttliches Verbot, eine solche Einheit zu erstreben. So können Propheten irren und Theologen ihre Meinung über Gott ändern. Psychologisch aber, als Bild, reden die Texte des Jeremia weiter.

Ein Mann, der sich ähnlich zerrissen empfand, wie Jeremia damals sein Volk und sich selbst erlebte, mag uns als Beispiel dienen, wie wir die Prophezeiungen des Jeremia als Bilder der Hoffnung zur Deutung des Lebens von einzelnen religiös verstehen können.

Er hatte – wie Jeremia in seiner Zeit – in seinem Leben den Zusammenbruch von vielem, worin er seine Hoffnung gesetzt hatte, erfahren müssen. An seine Frau hatte er geglaubt – man muß es so sagen. Er wollte sie lieben, und er hatte sie geliebt, auf seine Weise. Es gab eine besondere Verbundenheit zwischen den beiden; sie lasen bestimmte Texte gemeinsam, sie hörten Musik gemeinsam, geistig bestand ein Band kulturellen Interesses zwischen ihnen. Dann aber war dieses Band zerrissen. Alkoholexzesse, ein völlig abgespaltenes Leben zwischen Tag und Nacht, zwischen bewußter Klarheit der Lebensführung im Beruflichen und einem unbeherrschbaren Chaos im Privaten rissen ihn hin und her, ein Loch öffnete sich unter seinen Füßen, in das zu versinken Lust wie Strafe ihm gleichermaßen war. Heute, wenn man ihn vor sich sieht, hat man es mit einem Mann zu tun, der sehr langsam, fast tonlos redet, dunkel gewandet sich kleidet, überaus ernst wirkt und fast flehentlich auf der Suche nach Halt und Orientierung ist. Mit seiner Frau schreibt er sich seit vielen Jahren nicht mehr, aber er denkt fast jeden Tag an sie, und es bildet eine Hauptschwierigkeit in seinem Leben, wie er weiterexistieren soll, ohne daß sie ihm vergibt. Aber, muß sie ihm vergeben? Kann sie ihm überhaupt vergeben? Und wie soll es dann weitergehen? – Inzwischen ist er dabei, eine andere Frau mit diesen seinen Widersprüchlichkeiten und Abgründen geradewegs zu peinigen. Sie ist viel lebenslustiger, sie möchte ihn verlocken zum Weintrinken, zum Sitzen in den Bergen Samarias, gewissermaßen, aber darf er das? Jetzt schon?

Im Hintergrund von all dem steht eine Kindheit, die man nach den bisherigen Angaben fast wie blind bereits in wesentlichen Zügen rekonstruieren kann: »Du bist nicht gut genug; es ist ein Schaden, daß du auf der Welt bist; du bist gekommen, als deine Mutter dich nicht brauchen konnte, du hättest besser gar nicht leben sollen! Also, wenn du schon lebst, dann kümmere dich. Dann mußt du in der Schule, dann mußt du zu Hause, dann mußt du in der Freizeit alles Können und Mühen zusammennehmen, um als berechtigt zu erscheinen, damit ich, dein Vater, wenigstens stolz sein kann auf dich, damit ich, deine Mutter, mich nicht zu lange mit dir aufhalten muß.« Aus Erfahrungsinhalten solcher Lehren hatte seine Kindheit sich geformt. Er hatte gelebt mit dem Gefühl, machen zu können, was er wollte, es würde doch nie gut genug sein. Auf diese Weise bildete sich das Lebensgefühl eines ständigen Widerspruchs zu allen eigenen Wünschen. Die einseitige Leistungsforderung zur Existenzbegründung zwang ihn dazu, immer tiefer gegen sich selber anzuleben. Immer mehr mußte er hören, was sie alle von ihm wollten: seine Frau, die er liebte, sein Chef im Betrieb, die Leute, mit denen er zu tun bekam; allen hatte er zu entsprechen, nur wann lebte er selber? In den Bildern des Jeremia befand seine halbe Existenz sich in »assyrischer Gefangenschaft«. Sein Kopf paßte nicht zu seinem Herzen, seine Gedanken nicht zu seinen Gefühlen, das Sollen nicht zum Wollen, seine ganze Person war eine einzige Zerrissenheit, ein einziger Selbstwiderspruch.

Und sollte man nun denken, ein Jeremia hätte recht: diese beiden »Reiche«, der Norden und der Süden, der Kopf und das Herz, kämen trotz allem wieder unter *einem* »König«, unter einem geeinten Selbstbewußtsein zusammen? Dann allerdings müßte es so etwas geben wie *Vergebung*. Dann wäre es jetzt ein und für allemal nicht mehr die Frage, was richtig, was falsch ist, die entscheidende Frage lautete einzig: Wie bist du geworden, was du bist? Und über allem stünde das Bemühen um Verstehen, keine Verurteilung mehr wäre zu fürchten. Die neue Lebensvoraussetzung, der Neue Bund, wird gebildet allein durch eine grundlose Güte, die nicht zu verdienen ist, die aber dankbar zu leben und weiterzugeben ist.

Erst wenn die Gefühlsvoraussetzung in allem sich in dieser Weise wandelt, wird eine innere Einheit zusammenwachsen können. Und es geht dabei, wie Jeremia sagt, um ein Hören nach innen, denn nur dort wird Gott reden. Seine Stimme wird sein wie ein Neuanfang und wie der Beginn einer Freude, die nie so gekannt ward. Es wächst mit einem Mal sogar ein Gefühl, in gewisser Weise liebenswert zu sein. Nie konnte man so etwas jemals glauben.

Ähnliche Geschichten kann man immer wieder erzählen, von allen möglichen Menschen. Verbreitern wir also den Erfahrungsraum der prophetischen Bilder des Jeremia noch ein wenig durch ein weiteres Beispiel.

Eine Frau, ein fast junges Mädchen noch, steht vor mir, das mit keinem Menschen auskommt, weil es immer wieder wie zwanghaft von dem andern, von einem Mann, den es liebt, hören möchte, geliebt zu sein; versucht aber der andere von seinen Gefühlen zu reden, so scheitert er augenblicklich, denn nie ist die Liebe für diese Frau glaubhaft. Sie möchte gewissermaßen ständig von dem anderen die Worte hören, die sie sich selber niemals zu sagen wagt, die sie zu sich selber niemals hat sagen dürfen. Und der Grund? »Ich hatte nie eine Mutter«, sagt sie; »die Mutter, die ich hatte, war nicht vorhanden; sie war eine Trinkerin, eine Haltlose. Ich selber wurde herumgereicht, von der Großmutter zur Tante.« Wie soll ein Kind unter solchen Voraussetzungen jemals glauben, Heimaterde unter den Füßen zu haben und irgendwo hinzugehören? Diese Frau bettelte um eine Liebe, die sie nie bekommen hatte, und sie erlebte immer wieder nur den gleichen Kreislauf der Ablehnung. – Eine Therapie kann unter solchen Bedingungen eigentlich nur so aussehen, daß man den Spiegel an der Wand auswechselt. Es ist, mit Verlaub gesagt, wie auf der Kirmes: Da gibt es Spiegelkabinette, die mit Absicht aus verzerrten Glaswänden bestehen; die zeigen das rundeste Gesicht als eckig, das schmalste als Vollmond, und natürlich soll das verformte Konterfei lustig wirken, indem die Zerrfigur so weit weg ist von der Wahrheit, daß man nur erleichtert sagen kann: So seh' ich ganz bestimmt nicht aus! Für Menschen aber, die ewig sich in einem solchen Zerrspiegel betrachten mußten, ist ein solcher verzerrter Anblick keine Karikatur mehr, sondern der Ausdruck einer Wahrheit, die sie immer schon kannten. »Genau so«, darauf bestehen sie, »sehe ich aus!« Die therapeutische Frage lautet: Wann kommt man endlich dahin, diesen Zerrspiegel von der Wand zu nehmen? Der ganze Protest: dieser Mann oder diese Frau liebt mich (auch) nicht, ist doch zumindest negativ bereits eine Klage darüber, es eigentlich *anders* verdient zu haben, und zwar seit Kindertagen es anders verdient zu haben. Ließe sich daraus nicht ein Leitfaden entwickeln, mit sich freundlicher, schöner, auch wahrheitsgemäßer zu reden?

Wir müssen die Geschichte des Jeremia uns noch einmal daraufhin anhören, was sein Israel, was sein Juda alles »verdient« hat an Strafe, an Qual, an Deportation, an Unheil, an Entfremdung, an Arbeit, die sich nicht lohnt! Und trotz allem verkündet dieser Prophet eine Amnestie, einen Neuanfang, eine Wiedervereinigung und ein Verhältnis der Innerlichkeit und der Gottunmittelbarkeit! Nichts von alledem läßt sich »verdienen«, und doch beginnt hier etwas, das dem eigenen Wesen endlich entspricht. Das Alte wird nicht ungeschehen gemacht, aber es verändert total seine Form, damit sein Inhalt aus der Äußerlichkeit herausgeholt und zu seiner Wahrheit gebracht wird. Und eben in dieser Erfahrung besteht der Neue Bund: nichts von außen mehr hat eine entscheidende Kraft; es gibt keine religiöse »Beratung« mehr, die dem andern sagt: »So mußt du sein, so mußt du werden!« Vielmehr beginnt jetzt eine langsam reifende Bereitschaft, auf die leise Stimme mehr und mehr zu hören, mit welcher Gott im Herzen jedes Menschen redet.

Da würde es möglich, die Biographie von Menschen zu lesen als die Art, in welcher Gott ins Herz der Menschen schreibt, und es gestalten sich darin ganze Romane, Novellen, Gedichte, Tragödien, Dramen, Komödien – die gesamte Literatur des lieben Gottes findet sich, sobald man einem Menschen nur einmal wirklich zuhört. Und eben: *zuzuhören*, das wäre fortan die ganze Religion! *Innerlich* wäre sie und eben deshalb *frei*, *ungebunden* gegen jede Äußerlichkeit, und doch gerade darin ganz und gar *verbindlich* in ihrer Menschlichkeit und Güte; der Anfang eines Advents wäre sie, der längst gekommen ist. Nichts stünde mehr zu hoffen, alles wartete nur darauf, endlich anzufangen. Nichts zu erwarten wäre mehr, alles nur endlich zu leben. Die Texte hier sind vermutlich genau 2631 Jahre alt; sie sind nicht geschrieben an die Wände des Jüngsten Tages, sondern sie wurden geschrieben in unser Herz.

Die größte Lüge, die sich die Institution erlaubt, die wir mit dem kostbaren Wort »Kirche«, das heißt doch: »was dem Herrn gehört«, *Kyriakä*, bezeichnen, lautet eben, daß Gott uns zwar wunderbare Botschaften, Visionen und Weissagungen gegeben habe durch die Propheten, welche in besonderer Weise bereits erfüllt worden seien in Jesus Christus, der das Reich Gottes, den »Neuen Bund« als »gekommen« verkündete (Mk 1,15), daß man nun aber feststellen müsse, daß das gekommene Reich Gottes eben doch noch nicht »da« sei, vielmehr daß zwischen dem »schon jetzt« und »noch nicht« – die Kirche walte, weil Gott eben doch noch nicht eingelöst habe, was er in Jeremia, in Jesus anfanghaft schon und im ganzen doch auch in der Fülle seiner Wahrheit und heilsökonomischen Weisheit in Gang zu setzen begonnen habe. Dauernd herrscht in der theologischen Lehre von der Kirche die Phantasterei, daß Gott irgendwo sitze und sich verschlafen habe, ganz so, als sei die schöne Sprache vom Aufwachen aus dem Traum, die wir soeben gehört haben, auf Gott zu beziehen – so als müßte er irgendwo aus dem Orient zurückkehren und nun suchen, was aus seiner Heimat geworden sei. Das Problem des Jesus von Nazaret bestand niemals darin, daß wir auf Gott zu warten hätten. Ganz im Gegenteil. Die Geschichten, die Jesus erzählt, lauten genau umgekehrt: Gott hat gerade sein Gastmahl fertig bereitet, Ochs und Mastkalb sind geschlachtet, alles steht fertig auf dem Tisch, die Einladung ist längst ergangen; und es nimmt jetzt nur Wunder, wie viele dummdreiste Ausreden wir vorzubringen haben, *nicht* zum Königsfestmahl zu erscheinen. Ausreden wie: ich habe gerade ein Weib genommen, ich muß noch zuvor ein paar Ochsen auf dem Felde ausprobieren, irgendwas Dämliches dieser Art fällt uns allemal ein. Das ist die ganze »Verzögerung« des lieben Gottes. (Mt 22,1–10) So im Sinne Jesu. »Man spielt Trauerlieder, und sie wollen nicht klagen. Man spielt auf zur Hochzeit, und sie wollen nicht tanzen.« (Lk 7,32) Sie haben immer etwas anderes im Kopf; das ist das einzige Problem. Der Neue Bund ist längst Wirklichkeit; alles ist längst erkannt. Nur wieviel Mut wir brauchen oder, besser, wieviel Vertrauen, um uns unabhängig von der Angst zu machen, ist die Frage. Wir müßten nicht länger das Material theokratischer Rechthaberei in den Händen der Mächtigen bilden, die Gott gebrauchen, um ihre Tyrannei heiligzusprechen und die Außenlenkung des Religiösen zu vervollständigen. Wenn's erst mal glaubhaft wird, daß wir zu Gott nur kommen können, indem wir auf unfehlbare Instanzen uns verweisen lassen, dann ist die Freiheit Gottes endgültig am Ende. Dann haben wir keinen Neuen Bund, sondern die schlimmste Form des allerältesten Bundes, der je im alten Orient zwischen den Menschen und ihren Götzen geschlossen wurde. Dann haben wir eigentlich gar keinen »Bund« mehr, denn ein solcher kann nur geschlossen werden unter Gleichberechtigten, nicht aber zwischen einem orientalischen Herrscher und seinem Vasallen oder Sklaven. So hat sich selbst der Gott am Sinai das nicht ausgedacht. Sein »Erstling«, sein »Kind«..., könnte er denn anders, als es liebzuhaben? Alles, was Jesus wollte, war dieses: Wir wären wie Kinder, wie Söhne und Töchter eines unsichtbaren Königs, Prinzen also, Prinzessinnen, über alles Maß liebenswert, schon weil *er* uns gemacht hat; und alles, was für Israel und Juda gilt, würde zur Menschheitsbotschaft für einen jeden. Sogar wir, die wir aus den »Heiden« sind, dürfen mit Berufung auf Jeremia, auf Jesus teilhaben an der Wallfahrt zum Zion.

29. November 1997

UND HAST IHNEN DAS LAND GEGEBEN

Was kommt auf uns zu? Diese Frage stellt sich der Prophet im Jahre 586 vor Christus, wissend und unwissend zugleich, was aus ihm persönlich werden wird, aber mit einer recht klaren Vermutung, wie es Jerusalem ergehen wird, dabei wider alle Hoffnung darauf vertrauend, daß Gott das Geschick seines Volkes, das er dabei ist zu zerstören, trotz allem zum Guten zu wenden imstande und willens sei. Wir lesen miteinander heute das 32. Kapitel des Propheten Jeremia.

Eigentümlich wirken mag dabei die thematische Monotonie dieser Texte. Ich bin, hat Theresa von Avila einmal gesagt, wie ein Vogel, den Gott nur ein einziges Lied gelehrt hat. So sind sie alle, die religiösen Charaktere: – immer von demselben sprechen sie, nur unter verschiedenen Umständen. So dieses 32. Kapitel des Propheten Jeremia. Es ist paradox verschieden von all dem, was wir bisher von diesem Mann aus Anatot gehört haben, aber im Grunde ist es nur die Wiederkehr des gleichen. Um es paradox zu sagen: Derselbe Gott, den Jeremia bis dahin als strafend schilderte, spricht jetzt seit dem 30. Kapitel Hoffnung schenkend, ja, tröstlich; dabei verfügt er zur Erklärung, wie Sie jetzt hören werden, nur über die Umkehrlogik eines analogen Vergleichs: So wie ich gestraft habe, sagt dieser Gott, so werde ich jetzt aufrichten. Einzureißen und *aufzubauen* wurde Jeremia berufen (Jer 1,10); jetzt soll der zweite Teil der Berufung sich artikulieren und erfüllen.

Text: Jer 32,1–44
Das Wort, das vom Herrn an Jeremia erging im zehnten Jahre Zedekias, des Königs von Juda – das ist das achtzehnte Jahr Nebukadnezzars. Damals belagerte das Heer des Königs von Babel Jerusalem. Der Prophet Jeremia aber saß gefangen im Wachthofe, der sich im Palast des Königs von Juda befand. Zedekia, der König von Juda, hatte ihn nämlich gefangensetzen lassen, indem er sprach: Warum weissagst du also: »*So spricht der Herr: Siehe, ich gebe diese Stadt in die Hand des Königs von Babel, der wird sie einnehmen; und Zedekia, der König von Juda, wird den Chaldäern nicht entrinnen, sondern, fürwahr, er wird dem König von Babel in die*

Hände fallen, und er wird von Mund zu Mund mit ihm reden und Auge in Auge ihn sehen. Und er wird den Zedekia nach Babel führen, und dort wird er bleiben, bis ich mich seiner annehme, spricht der Herr. Wenn ihr mit den Chaldäern kämpft, werdet ihr kein Glück haben.« Jeremia nun sprach: Der Herr hat so zu mir geredet: Siehe, Hanameel, der Sohn Sallums, deines Oheims, wird zu dir kommen und sagen:»Kaufe dir meinen Acker, der in Anatot liegt; denn dir steht es nach dem Einlösungsrecht zu, ihn zu kaufen.« Und Hanameel, der Sohn meines Oheims, kam gemäß dem Worte des Herrn zu mir in den Wachthof und sagte zu mir:»Kaufe doch meinen Acker, der in Anatot im Lande Benjamin liegt; denn dir steht es nach dem Eigentumsrecht und dem Einlösungsrecht zu. Kaufe ihn dir!« Da erkannte ich, daß es das Wort des Herrn war. Und ich kaufte Hanameel, dem Sohne meines Oheims, den Acker zu Anatot ab und hatte ihm siebzehn Lot Silber darzuwägen. Ich schrieb den Kaufbrief und versiegelte ihn, zog auch Zeugen zu und wog ihm das Silber auf der Waage dar. Und ich nahm den Kaufbrief, den versiegelten samt dem offenen, und übergab ihn Baruch, dem Sohne Nerias, des Sohnes Maasejas, vor den Augen Hanameels, des Sohnes meines Oheims, und vor den Augen der Zeugen, die den Kaufbrief unterschrieben hatten, und vor den Augen aller Juden, die im Wachthofe saßen. Und ich gab Baruch vor ihren Augen den Auftrag: So spricht der Herr der Heerscharen, der Gott Israels: Nimm diese Briefe, nämlich diesen versiegelten Kaufbrief und diesen offenen Brief, und tue sie in einen irdenen Behälter, damit sie lange Zeit erhalten bleiben. Denn so spricht der Herr der Heerscharen, der Gott Israels: Man wird in diesem Lande wieder einmal Häuser und Äcker und Weingärten kaufen.

Nachdem ich nun den Kaufbrief Baruch, dem Sohne Nerias, übergeben hatte, betete ich zum Herrn: Ach, Herr, siehe, du hast Himmel und Erde geschaffen durch deine große Kraft und deinen ausgereckten Arm; für dich ist kein Ding unmöglich – der du Gnade übst an Tausenden und die Schuld der Väter ihren Kindern, die nach ihnen kommen, heimzahlst, du, der große und starke Gott, dessen Name ist »Herr der Heerscharen«, groß an Rat und mächtig von Tat, dessen Augen offenstehen über allen Wegen der Menschenkinder, einem jeden zu geben nach seinem Wandel und nach seinem Verdienen; der du Zeichen und Wunder getan hast im Lande Ägypten, [denkwürdig] bis auf den heutigen Tag, an Israel *und an den anderen Menschen und dir so einen Namen gemacht hast, wie es heute am Tage ist; der du dein Volk Israel mit Zeichen und Wundern, mit starker Hand und ausgerecktem Arm und großem Schrecken aus dem Lande Ägypten herausgeführt und ihnen dieses Land gegeben hast, wie du ja ihren Vätern geschworen hattest, es ihnen zu geben, ein Land, das von Milch und Honig fließt. Und sie zogen ein und nahmen es in Besitz, aber sie hörten nicht auf deine Stimme und wandelten nicht nach deinem Gesetze; nichts von alledem, was du ihnen zu tun geboten, haben sie getan. Darum ließest du all dieses Unglück über sie kommen – siehe, die Dämme [der Belagerer] reichen schon bis an die Stadt, sie einzunehmen, und die Stadt ist in die Hand der Chaldäer gegeben, die wider sie streiten durch Schwert und Hunger und Pest, und was du gedroht hast, ist eingetroffen; du siehst es ja. Und da sagst du zu mir:* »*Kaufe dir den Acker um Geld und ziehe Zeugen zu*« *– wo doch die Stadt in die Hand der Chaldäer gegeben ist!*

Da erging an Jeremia das Wort des Herrn: Siehe, ich bin der Herr, der Gott alles Fleisches; sollte für mich etwas unmöglich sein? Darum spricht der Herr also: Siehe, ich gebe diese Stadt in die Hand der Chaldäer und in die Hand Nebukadnezzars, des Königs von Babel, und er wird sie einnehmen. Die Chaldäer, die wider diese Stadt streiten, werden hineinkommen und die Stadt anzünden und die Häuser verbrennen, auf deren Dächern man den Baal geopfert und fremden Göttern Trankopfer ausgegossen hat, um mich zu erzürnen. Denn die Israeliten und die Judäer haben von Jugend auf immer nur getan, was mir mißfiel; ja, die Israeliten haben mich immer nur erzürnt mit dem Machwerk ihrer Hände, spricht der Herr. Ja, zum Zorn und zum Grimm hat diese Stadt mich gereizt von dem Tage an, da man sie baute, bis auf diesen Tag, so daß ich sie mir nun aus den Augen schaffe wegen all des Bösen, das die Israeliten und die Judäer verübt haben, mich zu erzürnen, sie selbst und ihre Könige und Fürsten, ihre Priester und Propheten, die Männer von Juda und die Bewohner Jerusalems. Sie haben mir den Rücken zugekehrt und nicht das Angesicht. Und ob ich sie auch lehrte früh und spät, sie wollten nicht hören, wollten nicht Zucht annehmen. Sie stellten in dem Hause, das nach meinem Namen genannt ist, ihre Scheusale [d. h. Götzen] auf, es zu verunreinigen, und bauten die Baalshöhen im Tale Ben-Hinnom, ihre Söhne und Töchter dem Moloch zu verbrennen; und doch habe ich ihnen das

*niemals geboten, und nie ist es mir in den Sinn gekommen, daß sie
solche Greuel tun sollten, um Juda zur Sünde zu verleiten.*

*Und nun spricht der Herr, der Gott Israels, von dieser Stadt, von
der ihr sagt, daß sie durch Schwert und Hunger und Pest in die
Hand des Königs von Babel gegeben sei: Siehe, ich werde sie [d. h.
die zerstreuten Juden] sammeln aus allen Ländern, in die ich sie in
meinem Zorn und Grimm und großen Groll verstoßen habe, und
werde sie wieder an diesen Ort bringen und sie da sicher wohnen
lassen. Und sie werden mein Volk sein, und ich werde ihr Gott sein.
Ich werde ihnen ein andres Herz und einen andern Wandel geben,
daß sie mich fürchten allezeit ihnen selbst zum Heil und ihren
Kindern, die nach ihnen kommen. Und ich werde mit ihnen einen
ewigen Bund schließen, daß ich mich nie von ihnen abwenden, sondern ihnen Gutes tun will, und die Furcht vor mir werde ich ihnen
ins Herz legen, daß sie nicht von mir weichen. Es wird mir eine Lust
sein, ihnen Gutes zu tun, und ich werde sie in dieses Land einpflan-
zen in Treuen, von ganzem Herzen und von ganzer Seele. Denn so
spricht der Herr: Wie ich über dieses Volk all dies große Unheil gebracht habe, so bringe ich über sie nun all das Heil, das ich ihnen
verheiße. Und man wird wieder Äcker kaufen in diesem Lande, von
dem ihr sagt: Es ist eine Wüste ohne Menschen und Vieh, dahinge-
geben in die Hand der Chaldäer. Äcker wird man kaufen um Geld,
den Kaufbrief schreiben und versiegeln und Zeugen zuziehen im
Lande Benjamin und in der Umgebung Jerusalems, in den Städten
Judas und in den Städten auf dem Gebirge, in den Städten der Niederung und in den Städten des Südlands. Denn ich werde ihr Geschick wenden, spricht der Herr.*

Das zehnte Jahr des Königs Zidkija (597–586), ist das Jahr 587 vor
Christus. Seit einem Jahr ist Jerusalem eingekesselt von den Truppen des babylonischen Königs Nebukadnezzar. Eine kurze Weile
lang war die Soldateska des neubabylonischen Reiches von der
Hauptstadt Judäas abgezogen worden – ein Ersatzheer der Ägypter
sollte im Anmarsch gewesen sein; die Kunde genügte den Babyloniern, um sich militärisch auf die Ablenkung zu konzentrieren, um
die ägyptische Streitmacht gründlich zu schlagen und gestärkt
zurückzukehren. In dieser kurzen Zwischenzeit muß Jeremia versucht haben, ein Stück Land in Anatot zu kaufen.

Er hatte sich aufgemacht, so wird im 37. *Kapitel* des Buches des

Propheten Jeremia (Vers 11–16) wohl von seinem Schüler Baruch überliefert, um sich auf sein Landgut, auf sein Vätereigentum, hinüberzubegeben, als man ihn als vermutlichen Überläufer aufgriff. Er, der Verräter, der ewige Künder des Gottesgerichts, war sich wohl zu schade, an dem Ort, an den er gehörte, patriotisch, ausdauernd, nationalbewußt und tapfer dem Feind, wie alle anderen, die Stirn zu bieten. Dieser Mann wollte sich, so lautete die Anschuldigung, aus der heiligen Stadt Gottes offenbar nur entfernen, um beim Feinde, den er für stärker hielt als den Gott Israels, Unterschlupf zu suchen.

Jeremia wurde vorgeladen zum König Zidkija, und offensichtlich sind die Worte, die Baruch hier überliefert, für historisch zu nehmen: Jeremia muß dem König ins Angesicht gesagt haben, er *glaube* nicht nur, er *sehe* unter den Augen und mit den Augen Gottes die Stadt Jerusalem als ein Flammenmeer vor sich, die Häuser zerbrochen und verwüstet; selbst er, der König, werde zum Sklaven seiner falschen Hoffnungen – unabwendbar werde er in die Hände des Königs von Babylon gegeben, bis Gott selber ihn »heimsuchen« werde. Was dieser Ausdruck konkret bedeutet, ist schwer zu sagen, außer, daß alles, was geschieht, als von Gott gewirkt zu nehmen ist.

Historisch wird der Hergang der Ereignisse sich wohl in etwa so abgespielt haben, wie das Kapitel 37 es schildert: Zidkija wollte dem Propheten im Grunde nicht übel. Dieser schwache Herrscher, im Kräftespiel von Jerusalem ein Zünglein an der Waage zwischen den nach verschiedenen Richtungen ziehenden Gewichten, mochte dem Propheten kaum widersprechen; aber die Einpeitscher am Hofe: die Nationalpartei, die Militärs, die Priester, die Hofpropheten, erklärten Jeremia militärisch für einen Vaterlandsverräter, politisch für einen Defätisten, religiös für einen Ungläubigen und ließen ihn in die Zisterne werfen; dort sollte er verhungern und verdursten und im Moder des Brunnens bei lebendigem Leibe verfaulen. Eine Kröte, die nur quakt, sollte just genauso sterben, froschmäulig im Schlamm krepierend – ein Jus talionis, so hatte man sich's ausgedacht. Wäre nicht der Kuschiter (Äthiopier) Ebed-Melech gekommen und hätte den Propheten aus dem Brunnen herausgeholt, er wäre elend gestorben. (Jer 38,1–13)

Das allem Anschein nach bildete den Hintergrund für den Landkauf in Anatot.

Wie er äußerlich zustande kam, war wohl juristisch eine einfache Angelegenheit. Jeremia, dem Brunnen entronnen, vollzieht den

Kaufvertrag im Wachthof in aller Form. Der Kontrakt selber sieht vor, daß, wenn jemand ein Landgut veräußern will, er zunächst den eigenen Verwandten das Objekt zum Verkauf anbieten muß, damit es nach Möglichkeit im Sippeneigentum verbleibt. So kommt Jeremia dazu, von seinem eigenen Neffen ein Erbstück seiner Sippe zu übernehmen. Es mag sein, daß die Lage des babylonischen Heeres vor Jerusalem selber die Landbevölkerung arg bedrückt hat und daß dadurch die Sippe des Jeremia selber in Not geraten ist. Merkwürdigerweise hat der Prophet in seiner Situation offensichtlich ungemünztes Silber genug zur Hand, um den Kaufkontrakt zu vollziehen. Er tut es in aller Form – nicht nur öffentlich im Dabeisein von Zeugen, er tut es so, wie wir es mit Hilfe archäologischer Funde in allen Einzelheiten rekonstruieren können: Man schreibt den Text eines Vertrages zweifach auf ein und dasselbe Stück Papyrus; die Hälfte davon, den einen Text, versiegelt man, so daß er durch keinerlei Zusätze mehr verändert werden kann, der andere Text bleibt unversiegelt, damit er jederzeit nachlesbar ist; beide Texte steckt man in einen Tonkrug, damit sie vor Wasser geschützt sind und keine Feuchtigkeit ziehen; in dem trockenheißen Klima Israels bleiben solche Vertragstexte in diesem Zustand für lange Zeit erhalten. Für Jeremia aber liegt gerade darin ein Zeichen für die Unzerstörbarkeit und die Unvergänglichkeit des Kontraktes, den Gott zum Erwerb des Landes Israel und Judäa abgeschlossen hat. Gerade angesichts der Angst und der Enttäuschung all der Erwartungen der vermeintlich so Gottvertrauenden bekannte Jeremia sich in dieser Stunde der Not zu den Hoffnungen und Weissagungen seines Gottes!

Was heißt, an Gott zu glauben?

Paradoxer als an dieser Stelle des Jeremia-Buches läßt es sich kaum bestimmen.

Vielleicht, um aus unserem Jahrhundert für uns als Deutsche einen nicht unzutreffenden, zumindest anschaulichen Vergleich zu gebrauchen, mag man erinnern an das Jahr 1943 und sich fragen, was es damals bedeutet hätte, »gläubig« zu sein.

Das Jahr 1943 war begonnen mit der Einnahme von Stalingrad durch die Rote Armee. Jeder vernünftig Denkende in Deutschland wußte, daß dieses Ereignis die Wende des Krieges darstellte; fortan würde die Stunde der Geschichte Deutschlands nicht mehr von der Kuckucksuhr markiert, sondern vom Gedröhn der Stalinorgeln. Jeder wußte, daß das Flammenmeer über die deutschen Großstädte: über Nürnberg, Köln, Berlin, Lübeck, nur das Vorspiel sein würde für das Dauerbombardement des Ruhrgebiets, der Ansiedlungen der Schwerindustrie, kurz, von allem, was als rüstungswichtig erschien oder was der Nazipropaganda zum Symbol diente. Selbst die Häuser, die Straßen, die Kinderspielplätze, die Schulen, die Kirchen, die Schrebergärten würden bald schon genauso aussehen wie damals bereits Hammabrook in Hamburg, wie der Stadtkern von Nürnberg, wie ganze Straßenmeilen von Berlin. Doch wer das sagte, galt als Volksverräter, als Volksfeind; der zuständige Blockwart hatte die Pflicht, ihn anzuzeigen als jemanden, der an den Endsieg nicht glaubte; ein guter Deutscher hatte die Pflicht, an den Endsieg zu glauben, die versprochenen Wunderwaffen zu preisen und den totalen Krieg, »grausamer und schrecklicher, als ihr ihn euch überhaupt vorstellen könnt«, wie Goebbels, im Sportpalast, ihn ein Jahr später verkündete, förmlich herbeizuwünschen. Und, was hieß es, an Gott zu glauben? Man sollte denken, es hieße zu glauben, was die Kirche predigte. Die aber hielt sich, statt an das Neue, lieber an das Alte Testament, vorzüglich an *Deuteronomium* 20,1–4: »Wenn du in einen Krieg ziehst gegen deine Feinde und siehst Rosse und Wagen eines Heeres, das größer ist als du, so fürchte dich nicht vor ihnen; denn der Herr, dein Gott, der dich aus Ägyptenland geführt hat, ist mit dir. Wenn ihr nun auszieht zum Kampf, so soll der Priester herzutreten und mit dem Volk reden und zu ihnen sprechen: Israel, höre zu! Ihr zieht heute in den Kampf gegen euere Feinde. Euer Herz verzage nicht, fürchtet euch nicht und erschreckt nicht und laßt euch nicht grauen vor ihnen; denn der Herr, euer Gott, geht mit euch, daß er für euch streite mit euren Feinden, um euch zu helfen.« Ganz entsprechend erklärten die »Militärgeistlichen« der römisch-katholischen Kirche den Soldaten der Wehrmacht, daß es Gottes Wille sei, ihre Pflicht zu tun, notfalls bis zum Tode ... – auch Christus habe ja gelitten! Und an der Heimatfront hieß es zu beten, daß Gott sein Volk beschützen möge, daß er unsere Soldaten in ihrem heroischen Ringen an der Front behüten und ihnen den Sieg schenken möge. Was denn sonst ist's, an Gott zu glauben und an seine Gerechtigkeit, wenn nicht um den Beistand in eigener Sache zu beten? Keine heilige Messe, keine Andacht, kein Bittgottesdienst daher ohne diese bischöflich abgesegnete Zuversicht! Wer sie nicht hatte, glaubte nicht an Gott, der glaubte nicht an den Führer, der war kein guter Deutscher, der war ein Volksfeind, der war ein Verräter, der war ein Verführer, der fiel der Front in den Rücken, der war schlimmer als die »Novemberverbrecher« ... Und genau so einer, nur deshalb sprechen wir davon, war im Jahre 586 vor Christus der Prophet Jeremia. Er glaubte nicht an den Gott der Nationalisten und der Militaristen; er glaubte nicht an die Reichseinheit von Tempel und Altar; er glaubte nicht an den Endsieg – ganz im Gegenteil! Er glaubte daran, daß, wenn der Spuk erst einmal anhübe, er nur ein schreckliches Ende haben könnte.

Woran also glaubt Jeremia?

Könnte man sich denken, daß es damals im Jahre 1943 nicht wenige Menschen gab, die so ähnlich gedacht hätten wie dieser Mann in Judäa, ohne daß sie deswegen groß als Propheten in die Geschichtsbücher eingegangen wären? Sie dachten genauso wie Jeremia damals: All das Unheil muß wohl so kommen, und vielleicht, hoffentlich, kommt's sogar gründlich und schnell, denn je schneller, desto kürzer wird das Grauen sein. Aber, möchte man so zu Gott beten dürfen? Sollte man in den »Händen«, die in Gestalt von Phosphorbomben die Erde versengen, Gottes »Hände« erkennen müssen? *Die* Hoffnung jedenfalls blieb damals vielen, wenn alles vorbei sei, könne man die zerstörten Häuser wieder aufbauen. Das allein schon würde genügen. Kein großes Reich wollte man mehr, nur die zerstörte Wohnung wiederherstellen, die Häuser, den Garten, wenn Gott *das* schenken würde, wär's viel. Man hätte es überlebt, und das allein wäre wunderbar.

Wir haben in Jeremia einen Propheten vor uns, der sich dafür entscheidet, an Gott anders, tiefer zu glauben. Alle anderen erklären, Gott stehe auf seiten Judas als Staatsmacht, der jüdische Glaube sei gebunden an den Tempel und an die Priesterschaft als Institution; die Tradition in geheiligter Konsequenz und Konsistenz werde sich garantiertermaßen unverändert durchhalten durch alle Zeiten. Jeremia glaubt, daß das, was Gott mit dem Bundesschluß am Sinai begonnen hat, sich durchhalten wird, aber erst jenseits einer alles verändernden Katastrophe.

Vermutlich ist das Gebet Jeremias und die Antwort Jahwes in diesem Text in etwa historisch. Immer wieder erinnert sich Jeremia, wie um sich selber zu beruhigen und nach Gründen für ein tieferes Hoffen zu suchen, an den Aufenthalt Israels im Lande Ägypten.

Der »Glutofen Ägyptens« war längst vor Jeremia zum Sinnbild äußerster Entfremdung und Erniedrigung geworden, identisch mit dem Sklavenelend des gesamten Volkes; und doch hatte Gott es vermocht, seinem Volk die Freiheit zu schenken und ihm sogar eigenen Boden unter die Füße zu geben. Der Gott, der das getan hat – könnte der nicht auch der gegenwärtigen Krise standhalten? Dann aber müßte man nicht auf das schauen, was der König tut oder was die Priester sagen, dann müßte man schauen auf das, was Gott möglich ist. Und ganz so fällt die Antwort aus, die Jahwe an dieser Stelle seinem ringenden Propheten gibt. Jeremia versteht seinen Gott nicht, er begreift nicht, wieso er einen Acker kaufen soll in einem Land, das in absehbarer Zeit schon den Feinden gehören wird. Aber es ist Gott, der zu ihm absolut und apodiktisch spricht: *Ich bin der Herr alles Fleischs* (Jer 32,27) – und will damit sagen: alles Leben, die ganze menschliche Geschichte, liegt in meiner Hand; alles Fragen und Klagen der Menschen ist deshalb vor meinem Angesicht wie eine Vermessenheit. – Diese Antwort ist so schroff und steil, wie sie im *Buche Hiob* dem Manne wird, der das ganze Theologengerede von der gerechten Art Gottes, das menschliche Schicksal zu fügen, nicht länger zu glauben vermag. Hiob wird nicht ein besseres Verständnis der göttlichen Gerechtigkeit zuteil, nur ein tieferes Vertrauen in die auf unendliche Weise alles überragende Größe Gottes. – Ganz ähnlich hier Jeremia.

Eine Reihe von Texten, die noch einmal aufgreifen, wie Jeremia sich zu Gott gewandt haben soll und wie Gott dann zu ihm gesprochen haben mag, ist in diese Darstellung eingeschoben worden. Texte sind dies aus späterer Zeit: Wenn ein Volk erst einmal für schuldig befunden wird, wenn überhaupt ein Mensch erleben muß, wie über ihn der Stab gebrochen wird, dann kommen alle Vorurteile beieinander; und so hat ein späterer Schreiber hier Jeremia aus dem Munde Gottes hören lassen, daß sein Volk, das Volk Israel, das Volk Juda, schlimm und schlecht war, seit es existiert; es hat nie etwas richtig gemacht, es war grundverderbt. Ja, so etwas hat Jeremia selber gesagt: *Kann man dem Panther die Streifen wechseln? Kann man dem Mohr die Hautfarbe ändern?* (Jer 13,23) Ein Panther oder ein Mohr können nur sein, wie sie sind, kein Mensch vermag ihre Farbe und Zeichnung zu ändern; so seine eigene Erfahrung. Aber hier nun sollte man denken, daß aus vielerlei zeitgeschichtlicher Kritik alles nur Erdenkliche in vorwurfsvollem Predigtton zusammengefegt wird, was irgend an Staub sich im Verlauf der Jahrhunderte abgelagert hat.

Ein Stück weit lohnt es sich gleichwohl, die anklingenden Themen zu aktualisieren, warum denn der Zorn Gottes, seine Strafe über das Volk ergeht. Es hat stereotyp dem Baal gedient (Jer 32,35). Das kann, übersetzt in unsere Tage, so viel bedeuten, wie daß man der Fruchtbarkeit, sagen wir dem Reichtum, sagen wir dem Götzen Mammon (Mt 6,24) mehr vertraut hat als allem, was Religion je sein könnte; ja, daß man im Namen Gottes eine ganz neue Religion aufgemacht hat, eine, die fremd ist für die Menschen und die die Menschen unfehlbar zur Entfremdung führen muß. Sie lautet: Gott ist mit denen, die stark sind, die über genügend Macht und Geld verfügen, um ihren Einfluß und ihre Stellung zu finanzieren und entsprechend ihren Interessen auszuagieren; Gott steht auf der Seite der Fettesten, der Reichsten, der am meisten Opulenten; er ist geradewegs identisch mit dem äußeren Glück, egal, wie es zustande kam.

Man kann nur denken, ein solcher Gott sei außerordentlich modern; wohl ist er aus jüdischer Sicht ein *heidnischer* Gott, aber offensichtlich handelt es sich um ein menschheitlich tief verankertes Gottesbild. Die Frage ergeht deshalb quer durch die Jahrtausende, an welch einen Gott wir in Wirklichkeit glauben. Wenn wir die Nachrichten sehen, wenn wir die Kommentare hören, was jetzt wichtig und richtig zu tun sei, um die Weltgeschichte mal wieder in Ordnung zu bringen, ist's dann nicht immer wieder der Tenor, daß wir leider doch noch nicht reich genug sind, um uns Menschlichkeit leisten zu können? O ja, wir würden in Deutschland menschlich sein, wir würden den Obdachlosen im Winter helfen, gerade jetzt, in den Vorweihnachtstagen, ganz gewiß, nur wir müßten doch ein bißchen reicher sein; den Arbeitslosen würden wir helfen, wenn wir nur das Geld dafür hätten; den Asylanten würden wir beistehen, wenn wir nur könnten, aber es fehlt uns eben das nötige Geld dazu; auch den Entwicklungsländern würden wir helfen, wenn nur das Wirtschaftswachstum um 1,2 Prozent höher läge. – Immer können wir uns Mitleid anscheinend nur leisten in Funktion des Reichtums, den wir leider noch nicht haben und den wir, wie jeder weiß oder wissen könnte, durch die Ausbeutung just derer verdienen, denen wir dann helfen würden ... – wenn wir erst einmal das Geld hätten! Ist das nicht die Spirale des Gottes Baal, das Opfern von Menschen im Tale Ben-Hinnom? Da gehen ganze Generationen durchs Feuer in Anbetung dieses Gottes oder Götzen der »Fruchtbarkeit«. Unsere Geldwirtschaft hat lediglich den Stoffwechselkreislauf der Natur durch die Zirkulation von Kapital und Kommerz ersetzt. Jeremia sah offenbar, daß dies nichts zu tun hat mit dem Gott, den er liebt und für den er eintreten möchte; doch eben deshalb steht alles, was er sagt, im Widerspruch zu dem, woran »man« glaubt im Schatten von Thron und Altar. Hat man im »Tempel« wirklich Gott im Sinn oder nicht längst schon den »Baal«? Götzendienst wird dort getrieben, klagt Jeremia, man hat sich Bilder von Gott gemacht. Aber ja, Jeremia, was denn sonst? In der gesamten Religionsgeschichte wird Gott veräußerlicht zum Objekt magischer Praktiken und Bedürfnisse, wird er in den Händen der Priester zum Fetisch reduziert durch ein Ritual, das sich aufführt wie ein Trommelwirbel: – immer wieder, nach gleichem Rhythmus, in der gleichen Einteilung der Zeit, in den immer gleichen festgelegten Worten, nur kein unbekanntes Wort, nur keine neue Rede, unbedingt stets nur das Ableisten des immer schon Gewesenen; nur so soll es wirken, nur so sichert man sich Gott; nur so bringt man ihm wirksame Opfer dar und veranlaßt ihn, das Richtige zu tun. All diese Vorwürfe, so sekundär diese Einschübe an dieser Stelle auch sein mögen, sind nicht weit entfernt von dem, was Jeremia historisch wirklich dachte, wenn er meinte, dies alles könne Gott nur zum Widerstand reizen, so etwas räche sich selbst, so etwas bestrafe sich von ganz allein. Betrachtet man dieses Negativbündel von Vorwürfen, so weiß man, woran Jeremia religiös seine Hoffnung und sein Vertrauen setzen mochte.

Für mich ist es jeden Samstag fast erschütternd, daß wir hier in diesem Kreise solche Texte miteinander lesen, denn wo in irgendeiner christlichen Kirche sonst ließen sie sich lesen? Wo könnte man von irgendeiner Kanzel sagen: »Worauf es zu hoffen gilt, ist das Ende eines ganzen Typs von Religion! Nicht irgend etwas machen wir hier falsch, sondern alles! Das ganze Arrangement, die gesamte Grundlage, der äußere Rahmen, all das ist, religiös betrachtet, eine einzige Lüge.« – Nirgendwo könnte man so etwas sagen. Man könnte nicht sagen: »Wir müssen darauf hoffen, daß das alles abgeschafft wird, und ganz sicher wird es abgeschafft, es ist nur noch eine Frage nach dem Tempo, nach dem Zeitraum, innerhalb dessen es geschieht; an sich selber geht die Religion der Außenlenkung zugrunde, es muß so kommen, und es ist gut, wenn es so kommt. Denn nur danach kann Gott ein wirklich Neues, seinen Bund in die Herzen der Menschen schreiben!« Das, was hier steht, ist literarkritisch sekundär, insbesondere durch seine Anlehnung an das 31. Kapitel mit dem Gedanken von dem Neuen Bund, den Gott mit seinem Volke schließen wird. Und doch ist die Erweiterung hier ein Stück weit kostbar. Denn sie legt die Auffassung nahe, Gott müsse, um sich selbst treu zu bleiben, all die Entfremdungen, die in seinem Namen kirchlich etabliert wurden, schlicht und einfach beiseite schaffen; dann freilich sei etwas Wunderbares zu lernen, gerade aus der offenbar unvermeidlichen Katastrophe. Sobald die Religion aufhört, sich in Institutionen und Traditionen selber zu zerschleißen, sobald sie aufhört, äußerlich sich zu verkünden, werden die Menschen nicht einfach andere, aber sie erleben die Grundlage ihres Lebens tiefer und neu. Es ist, daß Gott hier selber erklärt, er werde an seinem Volke *Freude* haben (Jer 32,41) und er werde ihm treu sein auf ewig. Gott handelt so, weil er Gott ist, einen anderen »vernünftigen« Grund gibt es dafür nicht. Ein Prinzip der »Gerechtigkeit«, auf das diese Geschichtsdeutung des Jeremia sich theologisch oder philosophisch berufen könnte, läßt sich durchaus nicht finden. Doch was sich auf der Seite des Menschen hier ändert, ist das Grundgefühl im Leben. Es wird den Menschen endlich möglich sein zu glauben, sie wären nicht länger mehr die Verfluchten, nicht mehr diejenigen, die in ihren Sünden voller Angst um eine stets ungewisse Vergebung ringen müßten, nicht mehr Wesen, die in ständiger Strafangst ihr Leben wie in einem unentrinnbaren Gefängnis absitzen müßten. Was für ein Gedanke, da sei ein Gott, dem die Menschen erfreulich wären! Sie selber also trügen dazu bei, in den Augen Gottes, der sie gemacht hat, angenehm zu sein, und sie könnten nie mehr aus den Händen Gottes herausfallen! In dieser Änderung des Grundgefühls liegt der »Neue Bund«, den Jahwe mit seinem Volk schließen wird.

Machen wir einfach die Probe einmal aufs Exempel, was eine solche Wandlung bedeuten kann. Stellen wir uns die Zeit von 1948/ 1951 in Deutschland vor und nehmen wir an, wir hätten nach dem Desaster des verlorenen Kriegs soeben erfolgreich damit begonnen, unsere Häuser aus dem Trümmerhaufen wieder neu zu errichten; das Unkraut in den Gärten lichtete sich allmählich, nach und nach würden die Straßen zwischen den Schutthaufen wieder passierbar, und nach der Währungsreform begönne wieder ein geordneter Einkauf und Verkauf; die Zeit des Schwarzmarktes wäre vorüber; die Bundesrepublik und schließlich die DDR würden soeben gegründet; kurz, wir wären noch einmal davongekommen. *Einen* Trost besäßen wir nicht, der in diesen sekundär hinzugefügten Texten gegeben wird: Gott richte einen jeden nach seinem Werk (Jer 32,19). Davon kann nicht die Rede sein. In dem Massensterben von Krieg, Vertreibung und Not sind so viele umgekommen, die es gewiß nicht »verdient« haben, die ganz sicher nicht schlechter waren als wir, die »Geretteten«. Doch die Frage bleibt: Wir, die wir davongekommen sind, was haben wir aus all dem gelernt? Sollten wir einmal versuchen, im Abstand von fast einem halben Jahrhundert die deutsche Geschichte noch einmal umzuschreiben, und dabei voraussetzen, irgendwann müsse die Prophezeiung des Jeremia von einem Neuanfang unter den Augen Gottes doch in Erfüllung gegangen sein, wie würde die Nachkriegszeit damals dann zu beschreiben sein?

Im Jahre 1951 waren die Deutschen wirklich dabei, zu hoffen auf *Häuser und Gärten und Weinberge* (Jer 32,15) – viel mehr wollten sie eigentlich gar nicht. Sie hatten gelernt, daß sie sich nicht länger von irgendeinem Diktator mißbrauchen lassen sollten; bei allem, was der Staat tut, gilt es, kritisch und skeptisch zu bleiben, doch wenn man selber privat Glück hat – man findet einen Arbeitsplatz, man bringt den ersten Lohn nach Hause – dann sollte man damit zufrieden und in Frieden leben. Ist denn das nicht genug auf Erden? Will man denn überhaupt noch mehr? Man tat sich damals sehr schwer, sich vorzustellen, daß wenige Jahre danach, fünf, sechs Jahre später schon, die ersten Jugendrevolten mit der Frage an die Eltern begannen: »Was habt ihr menschlich aus dem sogenannten Dritten Reich gelernt? Wo wart ihr, als das alles passierte, was wir jetzt im Geschichtsunterricht über euch lernen? Wie habt ihr euch in der Zeit damals und mit der Zeit damals auseinandergesetzt? Damals wußtet ihr's nicht, beteuert ihr, aber jetzt, wo ihr's wißt, im Rückblick ... – was habt ihr gelernt, was habt ihr gemacht? Häuser, Gärten, Weinberge – das soll's gewesen sein?«

Im Zusammenhang einer solchen Frage erscheint die Erinnerung des Jeremia beziehungsweise seine Weissagung für die Zukunft ungeheuer wichtig: zu lernen gilt es ein neues Prinzip, das die gesamte Existenz verändert; zu lernen ist ein Leben aus reiner Gnade und Vergebung; deutlich wird, wie unverdient jede Rettung ist, und wie von selber ergibt sich das Bedürfnis, die ganze Menschheit zu umarmen für die Gunst, leben zu dürfen! In einem solchen Gefühl der Freude und Dankbarkeit beginnt eine völlig neue Einstellung zu sich selbst und zur Welt.

Stellen wir uns einmal vor, wir Deutschen hätten 1948/1951, in der Zeit, wo die großen richtungweisenden Entscheidungen fielen, uns gesagt: »Wir lernen aus dem Desaster des Nationalsozialismus einen verantwortlichen Kosmopolitismus und einen universellen Pazifismus.« O ja, gerade zu einem solchen Gedanken waren damals viele bereit; Hunderttausende gingen damals auf die Straße und weigerten sich, die Aufrüstungspolitik Adenauers und der katholischen Kirche zu akzeptieren. Aber nun muß man die Geistesart jener Tage sich vielleicht einmal an einem kleinen bizarren Beispiel verdeutlichen.

1951 lief ein amerikanischer Film aus dem Jahre 1949 in Deutschland an, der zu einem biblischen Thema gedreht worden war. Gezeigt wurde die Geschichte Samsons, eines Freiheitshelden aus den Tagen der Richter in Israel, der die Philister jagte und der, noch als er starb, 2000 von ihnen mit in den Tod riß, indem er mit seiner übermenschlichen Kraft die Säulen ihres Palastes zum Einsturz brachte. Das war ein amerikanischer und ein biblischer Held zugleich! »*Samson und Delilah*« war so gut und so schlecht, wie Hollywood bis heute Bibelfilme zu drehen pflegt; der Streifen hätte in Deutschland gewiß keinerlei Anstoß provoziert, wenn nicht Konrad Adenauer die Sache moralisch zur Chefsache erklärt hätte. Ihm gefiel das Filmplakat nicht, auf welchem die gebürtige Österreicherin Hedy Lamarr als Delilah in einer Pose abgebildet war, die ihren hohen Busen unter dem enganliegenden Kleid zu deutlich abbildete. Das war dem Bundeskanzler zuviel. Er verbot kurzerhand die Plakatwerbung des Films, und er hatte Erfolg damit. *Gleichzeitig*, nachdem er auf diese Weise die katholische Moral im Lande gestärkt hatte, erklärte er, daß Deutschland, sechs Jahre nach dem verlorenen Krieg, nichts Dringlicheres zu tun hätte, als wieder aufzurüsten. Noch befanden sich Hunderttausende von deutschen Soldaten in russischer Gefangenschaft, aber Deutschland mußte gegen den Kommunismus aufrüsten. Man hatte nichts gegen den Freiheitshelden Samson, nichts gegen die Wiederkehr von allem alten Schwindel, aber eine Frau in aufreizender Haltung, der selbst ein Samson offenbar hätte erliegen können – das war das Schreckliche, das war das zu Meidende, und es gab damals offensichtlich zu wenige, die erkannten, wie deutlich eine bestimmte Art von Zwangsdenken und Sadismus psychologisch entlang einer bestimmten Moral eine Einheit bilden: Männer müssen sich opfern im Feld, und Frauen müssen sich opfern im Kindbett – so die uralte Zuordnung seit den Tagen der Steinzeit; und genau so sollte es nunmehr mit staatlichem Anspruch wieder von vorn weitergehen.

Was aber wäre gewesen, wir hätten damals als ganzes Volk gesagt: »Wir, die Deutschen, von deren Territorium der schrecklichste aller Kriege in diesem Jahrhundert ausgegangen ist, wir halten uns jetzt an das, was wir 1945 geschworen haben: Ein für allemal nie wieder Krieg! Unter keinem Vorwand! Wir werden nicht länger mehr die Symptome von Kriegen bekämpfen, indem wir immer wieder versuchen, stets noch schrecklicher im Töten von Menschen zu werden, als derjenige bereits ist, den wir bekämpfen, sondern wir bekämpfen die Ursachen des Krieges – sozial, psychologisch, politisch, in jeder Form. Krieg? Nie mehr mit uns! Schon daß wir noch leben, bedeutet uns die Verpflichtung, nie mehr auf Befehl Menschen zu töten.«

Doch bereits 1952 waren wir im deutschen bundesrepublikanischen Parlament so weit: Wir setzten die Wiederaufrüstung Deutschlands gegen alle Proteste auf den Straßen schon damals durch. An den Franzosen lag es, das zu verhindern, sie trauten uns noch nicht über den Weg, sonst wäre die sogenannte Europäische Verteidigungsgemeinschaft bereits sieben Jahre nach dem Zweiten Weltkrieg unter Adenauer Wirklichkeit geworden.

Oder denken wir uns ein anderes Zeitmoment aus: 1989, die Wiedervereinigung. Wie wäre es, wir hätten damals gesagt: »Die große Gunst der Geschichte, daß wir, die Deutschen, wieder ein Volk werden, legt uns förmlich die Pflicht zu einem Umdenken auf. Ihr im Osten habt den Krieg gewissermaßen zweimal verloren. Ihr habt seine ganze Last schlimmer getragen als wir hier im Westen; ihr habt es durchmachen müssen, von einer Diktatur in die andere zu wechseln, und so erklären wir, daß wir im Westen kein Recht haben, über euch zu Gericht zu sitzen und zu urteilen – in keiner Weise!« Der Friedenspreisträger Friedrich Schorlemmer in Wittenberg konnte das sagen: »Wir müssen«, meinte er, »irgendwann lernen, daß man nur gemeinsam leben kann und Einheit nur möglich ist durch *Vergebung*; wenn wir jetzt anfangen, uns zu zerteilen in die Stasi-Opfer und in die Stasi-Täter, so wird die Spaltung noch lange, zu lange weiterbestehen.« Diese Äußerung hat man ihm sehr übelgenommen; es zeige, so die C-Parteien, daß er nicht genügend politischen Sachverstand besitze. Sein Amtsbruder hingegen, Herr Gauck, ebenfalls ein evangelischer Pfarrer, verwaltet seitdem nach schwarz und weiß die Listen; denn es muß nach dem Willen der Bundesregierung Gerechtigkeit exekutiert werden statt Barmherzigkeit, und man fürchtet, Amnestie müsse gleichbedeutend sein mit Amnesie. Wie aber, wenn erst der ausdrückliche Verzicht auf Schuldspruch und Strafe ein Klima schafft, in dem ein offener Umgang mit Fehlern und wirklicher Schuld überhaupt möglich ist?

Es bleibt die Hoffnung des Jeremia, man wartete nach einem verlorenen Krieg nicht nur auf ein materiell leibliches Wohlergehen, sondern man sehe andere, verwandelte Menschen vor sich, die von einem Gott lebten, der unverdientermaßen zu ihnen *mit ganzem Herzen* steht. Ein einziges Mal in der Bibel wird diese Redewendung an dieser Stelle (Jer 32,41) auf Gott angewandt. Gott selber erwartete jetzt von den Menschen nichts anderes, als daß auch sie *mit ganzem Herzen* aufeinander zugingen. Jesus später, im 12. Kapitel des Markus-Evangeliums, wird, als der zweite Jeremia, gefragt, worauf's im Leben ankäme, nichts weiter sagen als: *Gott lieben von ganzem Herzen* und einander, man müßte sagen, ohne Grenzen. Das wäre die Hoffnung eines wirklich Neuen Bundes, das wäre ein wirklich christlicher Advent.

Sie mögen sagen: aber das sind doch schon weit zurückliegende Geschichten, die überhaupt nur Leute verstehen, die 60 Jahre alt und älter sind; was geht uns das überhaupt an, der Zweite Weltkrieg und die Nachkriegszeit ... – was sagt man den 30jährigen, den 15jährigen; was sagt man der Jugend, die heute heranwächst? Die glauben an nichts, die interessieren sich auch nicht für Jeremia; und was der Gott Jahwe gesagt hat um 586 vor Christus – schön und gut; aber was sagt er heute, im Jahre 1997 nach Christus? Vielleicht gibt es ihn ja überhaupt nicht, den lieben und den bösen Gott der Bibel, und wenn es ihn gibt, in welchen Worten redet er dann?

Vielleicht kann man Geschichten wie diese auch ganz anders erzählen, gewissermaßen profan, jedenfalls sehr persönlich. Übertragen wir die damalige Situation auf das Leben eines einzelnen, so stellt sich die Frage: Was lernt ein Mensch, wenn ihm die Welt zusammenbricht, an die er geglaubt hat, auf die er stolz war, in der er sich wie selbstverständlich bewegt hat, in der die letzten Werte seines Daseins verankert schienen; was kann er tun, wenn er zu der Erkenntnis gelangen muß, daß er betrogen wurde – um sein ganzes Leben, um seine Gesundheit, um seine Arbeitskraft, daß alles, wie man sagt, wohl für die Katz war – was dann? Was soll er in einer solchen Situation anderes lernen, als sein Leben auf eine neue Grundlage zu stellen, und die hieße womöglich buchstäblich: ein bißchen Freude im *Haus* und im *Garten* und im *Weinberg*. Aber natürlich lernt er nicht nur, in der Gartenlaube herumzusitzen, sondern was er begreift, ist die Tatsache des völlig unverdienten Geschenks des Lebens; sie wirkt wie von selbst als Aufforderung, milde zu werden und eine Güte zu pflegen ohne Grenzen. Alles in ihm würde in den Tagen des Umbruchs in ihm rebellieren und schmerzen, und doch wäre es die einzige Form, einen Weg in die Zukunft zu finden. Der »Garten« selber läßt sich symbolisch als eine »Erinnerung« an die »Zeit« deuten, da die Welt im Vertrauen auf Gott als Garten, als Paradies, zu erleben war (Gen 2,4b–25); hinweisen läßt sich bei diesem Wort auch auf den griechischen Philosophen Epikur, dessen Denken man als »Gartenphilosophie« abqualifizierte, während er in Wahrheit die Menschen dahin bringen wollte, ohne Sorgen und Reue glücklich zu sein. Wie kann man sich überhaupt denken, daß Gott zu seinem Volk, das so geschunden und gequält wurde wie Israel und Juda, nach wie vor steht? Läßt sich eine solche Erfahrung nicht als erstes aus dem persönlichen Leben beschreiben?

Vor einer Weile erzählte mir ein Mann, wie er vor vielen Jahren gelebt hat. Er war als Waisenkind irgendwo bei Fremden aufgewachsen. Er muß zweifellos ein intelligenter junger Mann gewesen sein, aber es gab unter den Umständen, in denen er lebte, keine Ausbildung, keine weiterführende Schule; man schickte ihn dahin, wo damals die Strafe für all diejenigen wartete, die im Ruhrgebiet zu tief auf die Welt gekommen waren; er kam »unter Tage«, in den Pütt. »Ich war nie ein Bergmann«, sagte er, und das sah man ihm an. Sein rechter Arm war vom Kohlenhobel abgerissen worden, etwa drei Jahre nach seiner ersten Seilfahrt.»Nach diesem Unfall«, erzählte er, »rettete mich meine Freundin. Ich hatte sie auf irgendeiner Party kennengelernt und nie von ihr geglaubt, sie sei zu etwas anderem als zum Vergnügen da. Sie erklärte mir, dem Krüppel, der ich doch war, daß sie zu mir stünde.« Der Mann erzählte diese Begebenheit sehr bewegt; für ihn bedeutete sie den Anfang seines heutigen, wirklichen Lebens. »Ich wäre sonst«, sagte er, »im Schlendrian verkommen. Ich hätte meine Schicht abgefahren, mich abends hingesetzt und vom Leben nichts begriffen; ich hätte resigniert; ich wäre im Grunde wie die Seilscheibe im Förderturm um mich selbst gekreist, und im Schacht wäre mal wieder großes Hängen gewesen. Die Worte meiner Freundin damals, als ich siebzehn war, veränderten mein ganzes Leben.«

Ich erzähle Ihnen diese Geschichte, weil sie mehr oder minder deutlich macht, wie relativ unnötig es ist zu fragen, woran dieser Mann glaubt. Er geht nicht in die Kirche, er liest nicht die Bibel, hat keine Ahnung, was der Pastor sonntags auf der Kanzel sagt. Er ist Gewerkschaftsfunktionär geworden und lebt inzwischen auf verlorenem Posten; alles an Steinkohlenbergbau im Ruhrgebiet wird abgebaut, und er kann dagegen nicht viel machen; er muß damit zufrieden sein, daß der Stellenabbau geordnet vonstatten geht, das heißt, daß es nicht zum Aufstand kommt und daß die Kumpels unter Tage nicht ihre eigenen Schachtanlagen abfackeln; die Wut ist groß. Aber er glaubt daran, daß Menschen für Menschen geradestehen können und daß man verdient, geliebt zu werden, selbst wenn man aussieht wie ein geprügelter Hund. – Und ist diese Erfahrung nicht der ganze Jeremia, nur völlig säkular erzählt? Und bedeutet diese Einsicht nicht zugleich einnen wunderbaren »Advent«, wenn man so will? Für alle Leute, die durch eine vergleichbare Krise hindurchgegangen sind, wartet nach dem, was von außen wie eine Katastrophe aussieht, wenn es denn überhaupt weitergehen soll, eine neue, so nie gekannte Zukunft. Die Frage ist freilich nur individuell zu beantworten, wie viel sich lernen läßt aus solchen Zusammenbrüchen, wie viel an Menschlichkeit sich daraus entwickeln läßt.

Vermutlich hat niemand die Botschaft Jesu und damit die Botschaft der ganzen Bibel so tief verstanden wie der russische Dichter Fjodor Michailowitsch Dostojewski. Bis zu seiner Einlieferung in das Strafgefangenenlager von Omsk hatte er an die Gedanken der Slawophilen geglaubt, an die Bedeutung Rußlands für die Weltgeschichte, an den Christus der slawischen Völker. Es hat lange gedauert, bis er in der Katorga, geschunden, frierend, hungernd, voller Verachtung für sich selbst und voller Haß auf seine Mitgefangenen, nach und nach begriff, was es bedeutet zu leben. Seine ganze Entdeckung war, daß jeder vor einer Alternative steht: entweder er bleibt dabei, die Menschen einzuteilen nach gut und nach böse, dann wird ihm die ganze Welt als unbegreifbar erscheinen: sie ist zutiefst ungerecht, schon weil er selber nicht verdient hat, was man ihm zugefügt hat, und er wird immer wieder auf die anderen herabschauen, nur um für sich selber, für sein Selbstbild, ein bißchen Nahrung zu gewinnen; – *oder* lernt, den anderen zuzuhören; dann macht er die Entdeckung, daß *kein* Mensch verdient hat, was er erlebt, daß er aber in dem, was er durchmacht, etwas Unvergleichbares zu sagen hat. Selbst diese Leute, die als Schwerverbrecher vom Gericht verurteilt waren, entdeckte Dostojewski, besaßen ihre eigene Geschichte; und wer eigentlich steht dann da, um sie zu verurteilen? Wo ist überhaupt ein Gott, der noch so weitermachen könnte, daß er ganze Städte in Klumpatsch schlägt, daß er über ganze Völker den Krieg verhängt, daß er die Weltgeschichte als Weltgericht inszeniert? Braucht da nicht jeder den Gott, den Jeremia im Zusammenbruch von Jerusalem findet? Einen Gott, der sagt: »Ich hör damit auf!« Und der hinzufügt: »Dies, mein Volk, soll mir zur Freude sein, und leben sollen sie alle fortan aus nichts anderem als aus Vertrauen, Vergebung und Glück; denn das ist ihre wahre Lebensgrundlage.« – Für Dostojewski bedeutete eine solche Erfahrung den Anfang seiner Auferstehung, sie war seine Osterentdeckung, seine Initiation als Christ.

Sollten wir in diesem Zusammenhang noch ein wenig darüber nachdenken, wie unsere Kirche aussähe, wenn die Vision des Jeremia die Grundlage bildete? Eine Kirche nach dem Vorbild des Jeremia benötigte keine Grenzen mehr, weil die Fragen des Glaubens aufhören würden, mit bestimmten Glaubensformeln identisch zu sein. Wir könnten im Sinne des Jeremia die Menschen nicht mehr einteilen in Kirchgänger und Nicht-Kirchgänger, in Orthodoxe und Nicht-Orthodoxe; all diese Unterschiede schmölzen als vollkommen unbedeutend zusammen. Wichtig aber wäre es, ob Menschen aus Evidenzen einer Dankbarkeit leben, die sich mitteilt aus einem Vertrauen jenseits der Angst und aus einer unzerstörbaren Treue zu den Geschundenen; ob sie, bildlich gesprochen, dazu imstande sind, den Acker in Anatot zu kaufen und zu bestellen – das ist die ganze Frage im Umgang eines jeden mit dem andern.

Wiederum völlig säkular hat mir *seine* Jeremia-Botschaft einmal ein Psychoanalytiker erzählt, der formell im Kirchensinne an nichts glaubt und sich häufig wundert, was die Leute, die zu ihm kommen, so alles für wahr halten. Er findet es unglaublich und hält es zumeist für neurotisch, für projektiv, für ödipal besetzt, für symptomatisch mit einem Wort. Aber einmal berichtete er, wie er Psychoanalytiker geworden sei. Es war 1951; er hatte gerade sein Medizinstudium abgeschlossen, und all seine Kollegen fingen an, jetzt Geld zu verdienen. Kranke gab es nach der Epoche von Krieg und Hunger mehr als genug; es war eine Zeit, in der man von einem »Doktor« fast ehrfürchtig sprach. Dieser Arzt aber dachte sich, die Seele der Menschen sei noch viel wichtiger als ihr Körper. Wenn erst einmal die Häuser, hoffentlich bald, wieder aufgebaut seien, dann würden die Menschen schon von alleine entdecken, daß sie allzu lange hatten leben müssen wie ohne Seele. Sie hatten ja all die Zeit nur ertragen können, indem sie sich gezwungen hatten, an sich selbst gar nicht mehr zu denken; ständig hatten sie nach außen sich orientieren müssen – was man von ihnen wollte, was man ihnen vorschrieb, was man ihnen befohlen hatte; und dann waren die äußeren Zwänge der »Realität« hinzugekommen. Was aber würde in diesen Familien passieren, sobald auch nur ein bißchen Ruhe einkehrte? Was, wenn sie wirklich *im Garten* sitzen würden – ihr Häuschen notdürftig zusammengeflickt, die ersten Blumen neu angepflanzt zwischen Kartoffeln und Gemüse –, was würde vor sich gehen in ihrer Seele? Wie krank würden sie sein, und wie redete man dann mit ihnen, so daß sie selbst beginnen könnten, sich nach und nach zu begreifen? *Das* bildete für diesen Arzt den Grund, Psychoanalytiker zu werden. Sein Motiv, wie man sieht, hat mit »Glauben« in religiösem Sinne eigentlich nichts zu tun; aber war nicht gerade er auf der Suche nach dem Inneren, in dem Gott seine Gesetze schreibt? Tat er auf seine Weise nicht gerade das, was den »Neuen Bund« ausmacht?

So einfach könnte die Botschaft des Jeremia sich übersetzen lassen. Zwischen Baal und Jahwe, zwischen draußen und drinnen, zwischen Macht und Ohnmacht, zwischen Gewalt und Güte, zwischen Krieg und Frieden gibt es für Jeremia nur ein Entweder – Oder. Man muß nicht denken, Gott strafe, sondern viel richtiger ist es zu denken, eine bestimmte Einstellung sei ruinös für sich selber. Gott »tut« in diesem Sinne eigentlich gar nichts; das Wunderbare ist ganz allein, daß er zu uns Menschen steht und mit uns durch dick und dünn geht.

Dann sollten wir nur noch auf eine Konsequenz der Visionen des

Jeremia hinweisen, die, je nachdem, nicht unbedenklich ist. Was Jeremia für die menschliche Geschichte, im Grunde nur für die nächsten Jahre, seines eigenen Volkes konzipiert hat, das wurde vom 2. Jahrhundert v. Chr. an in den Schriften der Apokalyptik und dann auch in der Sprache des Neuen Testamentes generalisiert, universalisiert und als Aussage über das ganze menschliche Schicksal genommen. Die Strafe Gottes wurde absolut gesetzt als die *Hölle*, und das Heil Gottes wurde absolut gesetzt als der *Himmel*. Nehmen wir aber Jeremia beim Wort, so gibt es keinen Gott, der auf immer verwirft. Eine solche Vorstellung ist unmöglich zu vereinbaren mit dem Gedanken dieses Neuen Bundes, den Gott mit dem Menschen schließt. Wenn man schon innergeschichtliche, weltimmanente Erfahrungen ins unendliche projiziert und transzendiert, dann muß man es tun in Richtung der Korrektur, die der Landkauf des Jeremia und seine Hoffnung auf einen Neuen Bund für alle Zeiten bedeutet.

Ein Mann, der nie hochgekommen war in seinem Leben, war, um 1800, der Vater des dänischen Dichters Hans Christian Andersen. Auch er war ein intelligenter junger Mann, aber außerstande, sich fortzubilden, also eine weiterführende Schule zu besuchen. Sein Sohn Hans Christian überliefert, daß irgendwann einmal jemand den Schusterladen seines Vaters betrat und Schuhe zum Besohlen brachte, während er in der Hand eine lateinische Grammatik hielt. Für Hans Christian Andersens Vater war das ein erschütterndes Erlebnis. »Das hätte ich auch gesollt«, hat er zu seinem Sohn gesagt. Die ganze Freude der Familie Andersen bestand darin, einmal im Jahr in den Wald zu gehen. Dann zog die Mutter ein braunes Kattunkleid an und sammelte Zweige, um das Haus zu schmücken. Hans Christian Andersens Vater war ein vernünftiger Mensch; er las in der Bibel, und was er darin las, muß für gescheiter gelten als die Ausführungen, die der katholische Katechismus im Jahre 1992, 170 Jahre danach, für 900 Millionen Menschen auf dieser Welt heute noch vorschreibt: eben daß es eine Hölle gibt und einen Teufel und daß die Menschen böse sind, weil eine Gruppe aufsässiger Engel vom Himmel auf die Erde gestürzt wurde und die Menschen zur Sünde verführt hat ... Hans Christian Andersens Vater schloß eines Tages die Bibel zu und erklärte: »Es gibt keinen Teufel, sondern der Teufel wohnt in uns selber; und es gibt auch keine Hölle; es gibt nur eine Hölle auf Erden.« Hans Christian Andersens Mutter,

eine ganz liebe, einfache Frau, zog ihrem Jungen schnell den Rock-
schoß über die Ohren. »Das hat ihm der Teufel selber gesagt«, flü-
sterte sie; aber Hans Christian Andersen hat in einem seiner Mär-
chen seinen Vater mit einer Art Jeremia-Geschiche verteidigt. In der
Erzählung *Eine Geschichte* berichtet er von einer Frau, deren Mann
ein Pastor war. Diese Frau starb, und eigentlich wäre sie glücklich
im Himmel gewesen, hätte sie nicht immer wieder über das Wesen
oder soll man sagen: das Unwesen, ihres frommen Mannes zu
leiden gehabt. Der nämlich, mitten im Frühling, während draußen
die Blumen blühten und die Vögel sangen, stand auf der Kanzel und
erklärte Mal um Mal, wie es in der Hölle aussehe und wie viele
Menschen da hineinkommen müßten. Diese Frau konnte nicht im
Himmel bleiben, ohne ihren Mann in irgendeiner Weise zu befra-
gen, woher er denn all sein Wissen habe. Also wurde ihr die Gnade
zuteil, ihren Mann aufsuchen zu dürfen und ihn zu fragen, ob er
denn zweifelsfrei angeben könne, welcher von den Menschen denn
nun wirklich in die Hölle gehöre. Für unseren Pastor schien das kein
Problem: Um die Ecke wohnte doch da eine Dirne, die das ganze
Dorf verführte; die ganz fraglos gehörte in die Hölle. Doch als der
Pastor sie besuchte und ihre Geschichte hörte, fand er nichts als
einen armen Menschen, der nicht in die Hölle kommen mußte, sondern längst schon in der Hölle lebte. Und so ging es ihm mit allen,
die er traf. Alle Leute, die seiner Meinung nach ganz sicher als
öffentliche Sünder verurteilt gehörten, erwiesen sich als Menschen,
die nichts waren als Leidende.

Ja, bei genauerem Hinsehen wird man bemerken, daß die
schlimmsten Dinge unter uns Menschen sogar in der Absicht geschehen, das Böse endgültig auszurotten. Der Jude Isaac Bashevis
Singer, wie zum Kommentar dazu, hat einmal die Geschichte eines
frommen Rabbi erzählt, der jede Nacht lauschte, ob die Geräusche
auf seinem Dach, die er vernahm, nicht vom Teufel verursacht seien.
Den wollte er packen und ein für allemal besiegen. Und so kam es
auch. Wieder hörte er eines Nachts diese seltsamen Geräusche, stieg
hinauf und überfiel dieses Unwesen, band es, fesselte es und ging
zufrieden hinab in seine Kammer. Doch am anderen Morgen, als er
nachschaute, fand er, daß er einen armen Landstreicher ermordet
hatte im Wahn, den Teufel dingfest zu machen.

Es ist nicht anders möglich, als sich mit den Menschen zu versöhnen, und sogar Gott selber wird nichts anderes übrigbleiben, als zu

lernen, mit den Menschen, mit uns Menschen zu leben, bis daß er an uns *Freude* gewinnt und wir ihm unsere Erfreulichkeit glauben. Das Leben noch einmal von vorn zu lernen aus einem unverdienten Glück, das ist der ganze Jeremia, das ist der ganze Advent.

6. Dezember 1997

Von Treue und Untreue –
die Rechabiter zum Beispiel; und:
Chananja und Jeremia – der ewige Kampf

Heute abend, zum Jahresbeginn, fragen wir uns nach der Zeit. Wie gehen wir Menschen mit der Vergangenheit um, und wie verhalten wir uns gegenüber einer im Grunde unplanbaren, unvorhersehbaren Zukunft? Das Bemühen der Propheten geht dahin, aus dem Verhalten der Menschen heute die Perspektiven zu gewinnen, die zu Heil oder zu Unheil aus den Entscheidungen im Augenblick jetzt unter den Augen Gottes sich abzeichnen. Es stehen aber, wie wir heute abend hören werden, womöglich grundverschiedene Deutungsmöglichkeiten der geschehenden Geschichte einander gegenüber, und zwar jeweils mit demselben Anspruch, gestützt auf das gleiche Wort Gottes, in der gleichen Stärke der Beherrschung symbolischer Aktionen: Chananja und Jeremia, ein ewiger Kampf. Dahinter steht die Frage, was zu glauben ist. Am Ende ergibt sich eine Alternative: entweder die Krise, in der ein Mensch sich befindet, in allem Ernst und im ganzen Ausmaß sich vor Augen zu halten, bis daß eine Heilung möglich wird, oder aber selbst das offenbare Desaster noch schönzureden und sich mit Wunschdenken und Ausreden über den Ernst der Lage hinwegzutäuschen. Zwei Szenen wollen wir auswählen; die erste erscheint in der Reihenfolge des Buches Jeremia relativ spät, im Kapitel 35, aber sie spielt wohl bereits in den Ereignissen des Jahres 601 vor Christus. Damals bedrohten die Heere der »Chaldäer und Aramäer«, wie sie genannt werden, der *Babylonier* also, die Hauptstadt Jerusalems. Im Norden angesiedelt war der Stamm der Rechabiter, und von ihnen handelt diese erste Geschichte.

Text: Jer 35,1–19
Das Wort, das vom Herrn an Jeremia erging in den Tagen Jojakims, des Sohnes Josias, des Königs von Juda: Gehe hin zur Familie der Rechabiten und rede mit ihnen und führe sie ins Haus des Herrn in eines der Gemächer und gib ihnen Wein zu trinken. Da holte ich Jaasanja, den Sohn Jeremias, des Sohnes Habazinjas, und seine Brüder und Söhne, die ganze Familie der Rechabiten, und führte sie in das Haus des Herrn, in das Gemach der Söhne Hanans, des Soh-

nes Jigdaljas, des Gottesmannes, neben dem Gemach der Fürsten, das sich über dem Gemach Maasejas, des Sohnes Sallums, des Schwellenhüters, befindet. Hier setzte ich den Angehörigen der Rechabitenfamilie Becher und einen Krug voll Wein vor und sprach zu ihnen: Trinket Wein! Sie aber erwiderten: Wir trinken keinen Wein; denn Jonadab, der Sohn Rechabs, unser Ahn, hat uns geboten:»Ihr sollt niemals Wein trinken, weder ihr noch eure Söhne! Ihr sollt auch kein Haus bauen, keine Saat aussäen und keinen Weinberg pflanzen noch besitzen; sondern in Zelten sollt ihr wohnen euer Lebtag, damit ihr lange lebet in dem Lande, wo ihr als Fremdlinge weilt.« Und wir gehorchten dem Befehl Jonadabs, des Sohnes Rechabs, unsres Ahns, in allem, was er uns geboten hat: wir trinken keinen Wein unser Leben lang, wir und unsere Frauen, unsere Söhne und unsre Töchter; wir bauen auch keine Häuser, darin zu wohnen, und haben weder Weinberge noch Äcker noch Saatfelder, sondern wir wohnen in Zelten und tun gehorsam alles, was Jonadab, unser Ahn, uns geboten hat. Als aber Nebukadnezzar, der König von Babel, wider das Land herangezogen kam, da sprachen wir:»Kommt, laßt uns vor dem Heer der Chaldäer und dem Heer der Syrer fliehen und nach Jerusalem hineingehen!« So haben wir uns denn in Jerusalem niedergelassen.

Da erging das Wort des Herrn an Jeremia also: So spricht der Herr der Heerscharen, der Gott Israels: Gehe hin und sage zu den Männern Judas und den Bewohnern Jerusalems: Wollt ihr nicht Zucht annehmen und meinen Worten gehorchen? spricht der Herr. Noch wird das Gebot befolgt, das Jonadab, der Sohn Rechabs, seinen Söhnen gegeben hat, daß sie keinen Wein trinken sollten: bis auf den heutigen Tag haben sie keinen getrunken, sondern sind ihres Ahns Gebot gehorsam gewesen. Ich aber habe zu euch geredet früh und spät, doch ihr habt nicht auf mich gehört. Und ich habe alle meine Knechte, die Propheten, zu euch gesandt früh und spät und habe euch sagen lassen:»Kehret doch um, ein jeder von seinem bösen Wege, bessert eure Taten und laufet nicht fremden Göttern nach, ihnen zu dienen; dann dürft ihr wohnen bleiben in dem Lande, das ich euch und euren Vätern gegeben habe.« Doch ihr habt mir kein Gehör geschenkt und mir nicht gehorcht. Denn die Söhne Jonadabs, des Sohnes Rechabs, haben das Gebot, das ihr Ahn ihnen gegeben hat, treu befolgt, dieses Volk aber hat nicht auf mich gehört. Darum spricht der Herr, der Gott der Heerscharen,

der Gott Israels, also: Siehe, ich bringe über Juda und über alle Be-
wohner Jerusalems all das Unheil, das ich ihnen angedroht habe;
denn ich habe zu ihnen geredet, aber sie haben nicht gehört, ich
habe ihnen gerufen, aber sie haben nicht geantwortet. Zur Familie
der Rechabiten aber sprach Jeremia: So spricht der Herr der Heer-
scharen, der Gott Israels: Weil ihr dem Gebot Jonadabs, eures
Ahns, gehorcht, alle seine Gebote gehalten und nach allem, was er
euch geboten, getan habt, darum spricht der Herr der Heerscharen,
der Gott Israels, also: Es wird Jonadab, dem Sohne Rechabs, nie an
einem [Nachkommen] fehlen, der mir diene.

Die Art, wie der Prophet Jeremia die Welt und die menschliche Geschichte betrachtet, mutet uns in der Rückschau von 2600 Jahren
überaus modern an. Betrachtet man die Kultur im 19. und im
20. Jahrhundert im Abendland, so läßt sich das Zerbrechen aller
gesellschaftlichen, religiösen und künstlerischen Formen wohl am
deutlichsten beobachten. Es beginnt in der Musik, setzt sich fort in
der Malerei, dann in der Dichtung, dann in den Sozialwissenschaf-
ten – scheinbar nur noch nicht erreicht hat die Schockwelle die kir-
chengebundene Theologie, die die Erschütterung, gestützt auf den
Propheten Jeremia, eigentlich am ehesten hätte begreifen müssen,
doch eben darin gleicht sie genau dem Typ von religiöser »Glau-
bensgewißheit«, in der Jeremia sie bereits antraf. Hier wie dort sind
die Probleme dieselben.

Noch das 19. Jahrhundert glaubt mehr oder minder daran, daß
man den Weltenplan schon rein naturwissenschaftlich durch Physik
und Biologie mit Newton und Darwin in der Vergangenheit erfas-
sen und in die Zukunft vorhersagen könne. Musik im Erbe Beetho-
vens vollzieht sich um 1800 noch in großen Kompositionen, in ein-
heitlichen Werken, die als ein Ganzes überschaubar und gestaltbar
sind. Heute glauben wir nicht mehr an die Vorhersehbarkeit der
Welt. Musik im 20. Jahrhundert zum Beispiel ist in keinem Moment mehr »vorhersehbar«. Sie ist eine Reaktion jeweils auf sich
selbst, auf das, was gerade ausgedrückt wurde, in zerreißenden Widersprüchen, dann in sich auflösenden Harmonien – niemand wird
wissen, wie lange diese währen, dann wieder ein jäher Ein- und Ab-
bruch, erneut ein Aufschwung, eine neue Tiefe; und gerade so wird
diese Art von Musik zu einem Bild für die menschliche Geschichte,
wie wir sie erfahren. Gerade so fühlen wir uns selber im Raum von

Natur und Geschichte; und eigentümlicherweise liegt in diesem Lebensgefühl die deutlichste Entsprechung zu dem Propheten Jeremia. Wir nennen ihn einen Propheten, und wir verbinden damit die Vorstellung eines Mannes, der mehr sieht als wir und der die Zukunft ansagt, schon um die Gegenwart zu retten. Aber was weiß er wirklich? Und woher nimmt er sein Wissen? Die nächste Szene schon, die Begegnung zwischen Jeremia und Chananja wird uns alle Fragen neu vorlegen, denen auch der Prophet fast hilflos gegenübersteht. Doch zunächst die Episode der Rechabiter.

Man könnte denken, daß, so ungewiß die Zukunft, so eindeutig wenigstens die Vergangenheit sein sollte. Sie wenigstens ist unabänderlich, und so könnte man sie für eindeutig beschreibbar halten. Doch das ist sie nicht. Wie brüchig ist bereits unser Gedächtnis im Umgang mit der Zeit, die hinter uns liegt? Und wie stark verfälschen Gefühle wie Stolz und Scham die Erinnerung? Den Stamm der Rechabiter zum Beispiel würden wir kaum kennen, gäbe es nicht diese eine Szene im Buche des Propheten Jeremia. Was eigentlich wird dem Gedächtnis der Geschichtsschreibung als erinnerungswert überliefert? Welche Menschen, welche Völkergruppen, welche Kulturen treten ein in das Gedächtnis der Menschheit? Wie ein Sieb ist unser historisches Bewußtsein in seiner Einseitigkeit und Zufälligkeit.

Von den Rechabitern hören wir in der Bibel noch gerade im 2. Buch der Könige, 10. Kapitel, ab Vers 15, daß ihr Stammvater Jonadab an der Seite derer stand, die die Revolte des Jehu, man sollte nicht sagen, eines Propheten, eher eines Revolutionärs, eines politischen Umstürzlers, am Rande eines Bürgerkrieges unterstützt haben gegen die Dynastie Omri im sogenannten Nordreich in Israel. Den Rechabitern scheint es bei dieser Entscheidung gegen das Königshaus nicht gefallen zu haben, daß man sie in staatliche Strukturen eingliedern mochte; das, was sie an Einwänden gegen das Nordreich geltend machten, richtete sich natürlich auch gegen das Südreich, nur daß man ihnen dort ein Stück weit toleranter begegnete. Merkwürdig ist dieses Volk der Rechabiter, das in der Vergangenheit so sehr verwurzelt ist, daß es sich gewissermaßen jeglichem Fortschritt verweigerte. Es folgte dem Nomadenideal; es blieb ein Zigeunerstamm mitten im »Kultur«land. Und ausgerechnet bei diesem Volk knüpft der Prophet Jeremia an!

Schon wenn man diese Tatsache erwähnt, liegt der Vorwurf gegen den Propheten auf der Zunge, er sei in Wirklichkeit fortschrittsfeindlich, er sei erzkonservativ, er sei rückwärtsgewandt und vor Angst erstarrt wie die Frau Lots, die sich beim Anblick des Untergangs von Sodom und Gomorra der Legende nach in eine Salzsäule verwandelte (Gen 19,26). Ist nicht Jeremia schreckgelähmt, unfähig, die Zukunft zu erobern, pessimistisch in einer Weise, die die Zukunft gar nicht gewinnen *kann* und im Grund auch gar nicht mehr gewinnen will? Ein ewiger Schwarzseher, der natürlich nostalgisch, regressiv, feindlich gegenüber jeder politischen, gesellschaftlichen oder kulturellen Bewegung eingestellt sein muß. So ein ewig Gestriger sympathisiert selbstredend mit den Rechabitern. Selber verhält er sich kritisch gegenüber allem, was die Könige, die Priester, die Tempelpropheten, kurz, alle staatstragenden Kreise dem Volke an Entscheidungen vorlegen. So ein Mann, gewiß, hat es nötig, ausgerechnet diesen kulturell völlig abständigen und randständigen Stamm der Rechabiter im Heiligtum Gottes seinem Volk als Beispiel anzupreisen!

Freilich, in gewissem Sinne war das Nomadenideal in Israel nie gänzlich ausgestorben. Es ist, wenngleich in verschwindenden Gruppen, noch heute im Vorderen Orient gegenwärtig. Man muß die Landschaft ein wenig vor sich sehen, um zu begreifen, was faszinierend daran sein kann, *nicht* Häuser zu bauen, *nicht* Felder zu bestellen, *nicht* Weinberge anzulegen, sondern als Kleinviehnomade, als Beduine, unabhängig, quer über alle Grenzen, in Zelten zu wohnen. Es gibt eine einzige Lockspeise für die Härte einer solchen Lebensform, das ist, frei zu sein. Einem Nomaden dieser Prägung gehört nichts, außer was er fähig ist, in Zelten unterzubringen und auf den eigenen Schultern und auf dem Rücken seiner Tragtiere transportabel zu halten. Mehr braucht er nicht, und mehr kann er auch nicht gebrauchen. Schon dadurch, daß er mehr *an Besitz* nicht benötigt, ist er ein freier Mensch. Und sehen Sie sich, im heutigen Jordanien, diese Kamelnomaden, diese Schafzüchter an: – mit welchem Stolz sie herabblicken auf die Städtebewohner, die als Sklaven schon dadurch gekennzeichnet sind, daß sie, statt nach dem Sonnenlauf, sich richten müssen nach der Armbanduhr, dieser Fessel, die jede Minute und Sekunde termingerecht festschreibt, statt voller Geduld auf das Längerwerden der Schatten am Abend und auf ihr Kürzerwerden am Morgen zu warten. Dabei sind die Tage gar nicht die Zeit der Nomaden; ihre Zeit ist die Nacht des silberleuchtenden Mondes und des Heeres der Sterne. Das ist die Freude der Nomaden der Wüste, wenn der Wind kühler wird und der Tau sich über die Steine legt und der Himmel auf die Erde zu kommen scheint. In solchen Stunden erschien den Rechabitern Jahwe selbst als ein Wanderer, als ein Wegbegleiter, ähnlich dem Mondgott, und seine Sterne am Himmel galten, wie wir's in den Kinderliedern noch heute besingen, als eine Schafherde, die gehütet wird vom himmlischen Vater. Da projiziert und malt man sich in den Himmel und an den Himmel, was Abend für Abend auf Erden stattfindet.

Man kann sich fragen, inwieweit eine solche romantische Sehnsucht nach einer vergangenen Zeit überhaupt realistisch ist. Was hat man zu lernen von Völkern, die im großen Gang der Geschichte nun wirklich keine Rolle mehr spielen und schon zu ihren Lebzeiten sich überlebt hatten? Wer im 20. Jahrhundert eine Kultur ausmachen wollte, von der die Menschheit lernen müßte, würde ohne Zweifel die nordamerikanische Kultur anempfehlen, nicht aber die Kultur von Nomaden auf der Sinaihalbinsel im Grenzgebiet nach Jordanien. Wer das tun wollte, müßte den Vereinigten Staaten von Amerika allen Ernstes die Kultur der Indianer, die da irgendwo in den Reservaten auf den Plains in Nordamerika mehr als Touristenattraktion denn als freie Völker gehalten und gehandelt werden, als Korrektiv entgegenhalten.

Und doch gibt es ein paar Dinge, auf die Jeremia Wert legt, weil auch sie, die Rechabiter, auf diese Punkte Wert legen. Drei Momente eigentlich sind es in den Augen des Propheten, die als wertkonservativ wert sind, gehört zu werden, da, wer sie nicht ernst nimmt, vermutlich alle Zukunft verspielt, schon weil er das Vergangene verleugnet.

Der erste Punkt scheint ganz äußerlich und wird doch als ein zentrales Kriterium für den Wert einer Kultur von Jeremia eingeführt. Die Szene, die im 35. Kapitel geschildert wird, muß historisch sein, aber, wie's fast immer wieder in der Bibel zugeht, die Jahreszahl 601 v. Chr., in der sie sich zugetragen haben könnte, ist nur hypothetisch rekonstruierbar. Mit einer unglaublich bemühten Präzision wird wohl der Ort bestimmt, an dem nun im Tempel, vermutlich im Tempelvorhof, diese Auseinandersetzung mit den Rechabitern gespielt haben soll, doch selbst diesen Ort können wir nicht genau lokalisieren; – wir kennen den salomonischen Tempel in seiner Architektur nicht genau genug. Offenbar ist das aber auch nicht das

Wesentliche. Wesentlich für die Rechabiter und die Probe, die Jeremia mit ihnen macht, ist eine scheinbare Nebensache; die Frage lautet, wie eine Kultur *Rauschmitteln* gegenübersteht, hier speziell dem Weingenuß.

Vielleicht ist zum Verständnis dieser Frage der kulturgeschichtliche Hintergrund nicht nebensächlich. Man muß denken, daß Wein zu trinken in jenen Tagen nicht nur eine genußvolle Zeremonie an feierlichen Abenden war, sondern identisch geradezu gesetzt wurde mit der Verehrung des Gottes des Weins. In diesem Rauschgetränk verbarg sich eine göttliche Kraft für alle, welche den Dionysos und seine vergleichbaren altorientalischen Kultur- und Kultgötter verehrten. Die Bibel selbst spricht davon, im 9. *Kapitel der Genesis*, damals, nach der Sintflut, habe Noah damit begonnen, Wein anzubauen, und übel sei's ihm davon geworden und seinen Söhnen übel davon gegangen; denn kaum davon genießend, lag Noah halbnackt im Zelt, berauscht und hilflos ausgeliefert den üblen Späßen eines Teils seiner Söhne. Wäre damals nicht Sem gekommen, der treue, und hätte, rückwärts schreitend, um den Entblößten nicht anschauen zu müssen, den Vater bedeckt und von der Schande befreit, so hätte zwischen allen drei Söhnen und ihrem Vater ein Fluch gestanden auf immer und ewig, wie er erging über den schamlosen Ham, den Vater der Hamiten und aller Kanaanäer. In dieser Urzeitmythe der Genesis wird eine Kultur, die den Wein als religiöses Mittel einsetzt, getrennt von einer Kultur, die das nicht tut, und dazu zählt die israelitische. Der Aufstand gegen den Dionysoskult ist religionsgeschichtlich identisch mit dem Kampf gegen die Vegetationsriten, religionspsychologisch aber identisch mit dem Kampf gegen die Versuchung, das Bewußtsein des Menschen durch äußere Ekstasemittel hinwegzunehmen, um in der Aufhebung der Individualität und der Persönlichkeit die Nähe des Göttlichen zu suchen. Immer wieder ist das in der Geschichte der Menschheit praktiziert worden mit allen möglichen Instrumentarien. Ob Pilze dafür verwandt wurden oder ob der Rauschtrank im alten Orient dafür diente oder ob man so lange tanzte, bis das Blut aus dem Gehirn wich und schon dadurch Trance und Bewußtlosigkeit eintraten – egal, wie – dieser Typ von Religion suchte das Göttliche zutiefst im Unbewußten, im Getriebenwerden, im Vergessen der Zeit, in der Unverantwortlichkeit, einfach nur da zu sein. Genau *dagegen* richtet sich die gesamte biblische Religion und

Kultur. Sie möchte den Menschen aus dem Versteck der Anonymität herausziehen; sie möchte ihn lehren, ein Mensch mit persönlicher Verantwortung zu werden; und dazu gilt es, klar zu sehen und die Augen offenzuhalten. Nicht der Schlaf ist da die Sphäre der Begegnung mit Gott, sondern die helle, klare Bewußtheit. Schon deswegen sind Jahwe und Dionysos einander feind. Und die Rechabiter haben kompromißlos diesen alten Gegensatz aus den Tagen des Noah noch in sich bewahrt. – Vor allem im Islam wird dieser Zug sich fortsetzen. Weder das Judentum noch das Christentum wird der Sekte der Rechabiter folgen, aber Mohammed, aber die Koreischiten auf der arabischen Halbinsel im 7. Jahrhundert n. Chr. Da wird Gott verehrt in den Freuden der Liebe von *Tausendundeiner Nacht* und in dem Rausch religiöser Mystik, in der Begeisterung über das Wort des Koran. Das ist die Art, Gott zu verehren als ein Muslim, als einer, der in Gott Frieden gefunden hat, aber nicht Wein zu trinken und im Rausch der Gottheit zu danken.

Ich selber entsinne mich noch, wie ich in einem Vorort Kairos, vor jetzt schon über 35 Jahren, den Film *My fair lady* sah und die Leute in rasende Begeisterung gerieten, als sie schauten, wie Elisa Doolittles Vater sich betrank. Welch eine Parodie der Briten auf sich selber! So kennt man den dekadenten Westen! Die Leute dort sind nicht recht bei Troste, und daß sie immer wieder sich betrinken müssen, zeigt schon, daß sie keine sittliche und charakterliche Geradheit besitzen. Ein ordentlicher Muslim kann darüber nur lachen ...

Ich vermute, so ähnlich müssen vor 2600 Jahren die Stadtbewohner den biederen Rechabitern erschienen sein. Das freie Atmen des Windes, aber nicht die Umnebelung des Geistes war ihr Stolz. Und Jeremia führt diese Gruppe ganz einfach als unbestechlich vor. Natürlich weiß er, wie sie antworten wird: sie wird wie ganz selbstverständlich die Verführung zum Weingenuß von sich weisen. Doch die Begründung, die sie gibt, fällt eigentümlich aus, ja, sie scheint mit der Frage des Rauschtrankes eigentlich gar nichts zu tun zu haben. Ihre Begründung lautet: »Wir haben, unserem Stammvater folgend, niemals Weinberge angebaut.« Das heißt soviel wie: wir werden niemals Produkte benützen, die wir nicht selber hergestellt haben! Diese Erklärung ist seltsam und nachdenkenswert.

Aller kultureller und wirtschaftlicher Fortschritt scheint darin zu liegen, daß man Austausch treibt, indem man *nicht* alle Produkte selber erarbeitet, sondern sie eintauscht gegen die Dinge, die anderswo hergestellt werden mußten, weil nur dort die Bodenschätze oder die handwerklichen Künste sich finden. Die Rechabiter aber bestehen darauf, daß man durchaus nicht mehr benutzen soll, als wie man selber durch eigener Hände Arbeit kennengelernt hat. Kein Wein für den, der keinen Weinberg anbaut! Aber auch das ist wieder nur ein Detail vom Ganzen. Das Ganze lautet: »Wir haben keine Häuser gebaut, wir wohnen in Zelten«, und das bedeutet: »Wir haben niemals Grenzen gezogen, wir haben niemals einen Teil der Erde für unser Eigentum erklärt.« Und merkwürdig, an dieser Stelle sagen sie, Jonadab habe ihnen erklärt: »So müßt ihr handeln, damit ihr lange lebt auf Erden.« Diese Formulierung haben Sie als Kinder kennengelernt im Zusammenhang mit dem vierten Gebot: Wer gehorsam ist gegen Vater und Mutter, der wird lange leben auf Erden (Ex 20,12). Vater und Mutter – das sind für die Rechabiter aus dem Munde ihres Stammvaters Jonadab offenbar die Fluren der Erde selber! *Sie* darf man nicht besitzen!

Haben wir wirklich, so muß man sich fragen, einen kulturellen Fortschritt gemacht an dieser Stelle? Worum, wenn Sie hinschauen, führen Menschen bis heute Krieg, außer um Landbesitz? Jeder Mensch braucht ein paar Meter Boden unter seinen Füßen; aber eben diese paar Meter trennen Menschen von Menschen, spalten sie in die Landbesitzer und in die Landlosen; mit Landkarten in der Hand führen die Mächtigen ihre Kriege, treiben sie Hunderttausende in den Tod, machen sie aus unschuldigen Bürgern Mörder, bestellen sie ihre Soldateska und ihre Polizeieliten zum Überfall und zum Abschlachten von Wehrlosen – so in Chiapas im Süden Mexikos noch dieser Tage: Landlose Bauern, welche die Felder bestellen müssen, um ihre Kinder zu ernähren, werden vernichtet von denen, die vermeintlich die Besitzer und Eigentümer des Bodens sind. Und so eigentlich allerorten auf Erden. – Nehmen Sie den indischen Bundesstaat Bihar an den Ufern des Ganges. Wieviel Rupien kann ein Mann verdienen, indem er den Rücken in die Erde krümmt? Alles, was sie durch seine Arbeit hervorbringt, wird nicht ihm gehören. Die Frucht seiner eigenen Arbeit darf er nicht verzehren, denn er ist der Lohnsklave des Bodenbesitzers, des Menschenhalters; er ist unfrei, einfach weil es Menschen gibt, die erklären, die Erde gehörte ihnen.

An dieser Stelle müssen die westlichen Kulturen wirklich etwas lernen von den Kindern der Natur, von den Indianern zum Beispiel. Ein Indianerhäuptling wie der berühmte Tecumseh konnte einmal fragen: »Wieso kann man die Erde kaufen? Warum denn nicht gleich«, fügte er voller Wut hinzu, »den Wind und die Sterne und die Sonne, warum nicht das Meer?« Wieso nur die Erde? Sie gehört allen. Nomaden wissen das. Die Welt hat keine Grenzen, darf keine Grenzen haben, denn sonst werden die Menschen ihre Freiheit, ihre Würde und ihre Gemeinsamkeit verlieren.

In den Augen von Stadtbewohnern mögen Nomaden und Zigeuner primitiv und roh, fast als barbarisch erscheinen. Ihre Gesetze des Zusammenlebens weichen in vielem von den staats- und stadtgegebenen Gesetzen ab – aber findet sich in dieser »Abweichung« nicht ein wichtiges Stück Menschlichkeit? In *einem* rühmt man sie zu allen Zeiten und Zonen, die Zigeuner und Nomaden – in dem Hauptgesetz ihrer Gastfreundschaft. Wo irgendein Fremder bei ihnen bettelt um Unterkunft und Unterhalt, wird ein Nomade diesem Anspruch folgen und ihn aufnehmen als einen Bruder und Freund und ihn erst wieder ziehen lassen, wenn er weiß, wohin er möchte und bis wohin er kommen kann. Sollte das Denken der Rechabiter in diesem Punkte nicht ein Stück unerhörter Aktualität in unseren Tagen besitzen, interpretiert durch den Mund des Jeremia?

Gastfreundschaft? Offene Grenzen? Universelle Menschlichkeit? Da genügt's, daß aus einem Bürgerkriegsland wie Algerien, Afghanistan oder Sri Lanka oder aus einem Gebiet der Kultur- und Volksunterdrückung wie aus dem Gebiet von Kurdistan, Menschen dem befohlenen Massenmord der Soldateska zu entkommen suchen, Frauen und Kinder, Arbeitslose und Hungernde, und sie setzen das Äußerste ein, was sie haben, all ihr Gespartes, das Erbe ihrer Eltern, ja, sie nehmen alles in Kauf, Hunger und Durst, Elend und Ausgesetztheit, um unter entwürdigenden Bedingungen in die Freiheit zu fliehen – was wird dann geschehen? Wir drehen heute Filme, wie das war, als Juden auf dem Schiffe *Exodus* versuchten, Aufnahme zu finden in Europa, in Südamerika, und sie nicht fanden. Erschütternd ist dieses Dokument internationaler Unmenschlichkeit, finden wir im Rückblick heute, und das zu Recht! Aber wie finden wir's in unseren Tagen? Da genügt's, daß etwa 300 bis 400 Kurden angelandet werden als Heimatlose an den Küsten Italiens, und es wird unser Innenminister, Manfred Kanther, erklären, daß wir die Grenzen Europas streng bewachen und undurchlässig halten müssen. Wie viele Soldaten, wie viele Grenzschutzbeamte, wie viele Polizisten braucht man, um die gesamte Südgrenze Deutschlands zu verteidigen gegen 300, 400 Kurden, die, man weiß nicht, wo, dann doch »durchkommen« könnten? In Österreich, in der Schweiz oder in Frankreich könnte es sein, und dann kämen sie zu uns! Leider haben wir noch keinen so praktischen Zaun errichtet, wie ihn 1961 die DDR an den Grenzen aufgebaut hat. Es bleibt uns nichts anderes, als die Grenzkontrollen um so schärfer zu halten. Kommen wir unter diesen Umständen mit 3000 Aufsehern aus? Oder benötigen wir 30 000? Und wie lange werden die Aufpasser aufpassen müssen? Eines kann man vorhersehen: Die Kosten, die allein die Bewachung der Grenzen gegen 300 bis 400 Kurden betragen, werden bei dem Zehn- oder Hundertfachen liegen von dem, wovon diese Asylsuchenden zehn Jahre lang gratis in Deutschland leben könnten. Aber das darf nicht sein.

Wir können die Travestie auf die Humanität sogar noch steigern. Soeben feiern wir das Fest der »Heiligen Drei Könige«. Das Fest basiert auf einer Legende, mit welcher der Kölner Dom sich in der Zeit der salischen und staufischen Kaiser selber hervorzutun suchte; doch immerhin erklärt die Legende, einer von diesen »Königen« sei ein Mohr gewesen. Da ist es rührend und schön, wenn alle Jahre wieder die Sternsinger sich beim Bundeskanzler zu Bonn versammeln und, wie in diesem Jahre, von ihm ausgeschickt werden, um für das notleidende Äthiopien zu sammeln. Was nur könnte man auch gegen so viel Volksfrömmigkeit haben, außer, daß wir beim Bundeskanzler ein Kind, das man mit schwarzer Schuhcreme übermalte, willkommen finden, wohingegen ein wirklich dunkelhäutiges Kind aus Äthiopien bei demselben Bundeskanzler schon durch die Anwesenheit seines Innenministers höchst unwillkommen wäre. Und nicht nur in Deutschland leben wir derart widersprüchlich, sondern nach dem Schengener Abkommen mittlerweile in ganz Europa. Da sind Herrn Kanther die Italiener halt noch nicht hart genug; sie haben offenbar noch nicht genügend Kontingente ihrer Truppen in den adriatischen Häfen und entlang der Küste mobilisiert. Wenigstens die Flugaufklärung könnten sie einsetzen. Das wäre Ordnung! Und so müßte es bleiben auf lange Sicht.

Denn sollten wir glauben, die Massenflucht aus den Ländern des Elends nähme ab in den nächsten 200 Jahren? Globalisieren werden wir in den nächsten Jahrzehnten schon die Märkte und den Kapitaltransfer; doch eben deswegen kann Globalisierung nicht darin bestehen, die Menschen zusammenzuführen, im Gegenteil, sie muß dahin führen, die Menschen nur immer wirkungsvoller zu zersplittern zwischen den Interessen der Habgierigen und den Interessen der Opfer des Systems. Und dieses System scheint unentrinnbar. Wir müssen immer mehr haben, um gerade noch zu überleben. Das Wirtschaftswachstum wird erzwungen durch die Zinsknute, die uns voranpeitscht. Wir kommen nicht aus ohne den tödlichen Kreislauf von Kreditaufnahme, Investition, Produktion, Marketing und noch höheren Schulden. Schon der Gedanke, daß wir uns nur erhalten können durch ständiges Wachstum, bedeutet, medizinisch betrachtet, soviel wie eine Wucherung mitten im Magen oder wie eine Hypertrophie bis zum Herzinfarkt. Das ständige Wachstum ist identisch mit Zerstörung, aber es ist die einzige Philosophie, die wir wirtschaftlich, politisch und gesellschaftlich beigebracht bekommen.

Den Rechabitern war es vergönnt, im Gleichmaß zu leben. Ihre Anspruchslosigkeit war ihr Stolz, ihre Rettung. Sollten wir deshalb noch hinzufügen, daß ihre Kultur der Gastfreundschaft und der offenen Grenzen sie dahin bestimmte, unmittelbar zu sein zu Gott und keine Mittler zu brauchen, die sie priesterlich hätten verwalten müssen, indem sie zentrale Opferaltäre errichteten und als Gottesexperten ein Monopol auf jede Kulthandlung erhoben? Noch in den Tagen, als Mohammed starb und die Koreischiten überlegten, wen sie zum Nachfolger wählen sollten, sprachen sie zu Abu Bakrin: »Wir haben doch nicht an Allah zu glauben gelernt, damit wir jetzt den Sohn einer Kamelstute, eben Abu Bakrin, uns zum König wählen!«

Das sind »Nomaden«. In Europa sind die einzigen, die konsequent dieser Kulturform folgen, diejenigen, die wir am wenigsten unter uns wünschen, die Sinti und Roma. Ihrer gedachten wir in Düsseldorf vor eineinhalb Monaten; da erwähnten wir feierlich ihre Leiden; Folgen aber für den Umgang mit ihnen hinterläßt ein solches Gedenken erkennbar nicht. Würden sie doch einfach verschwinden nach Ungarn, irgendwo im Osten, dort, woher sie gekommen sind, wie zufrieden wären wir dann! Eine Wiedergutmachung für das Massaker der Nazis an ihnen ist bis heute »kein Thema«, wie man so sagt. Ihre Anschauungen über das, was Eigentum ist, sind zu unterschiedlich von den unseren, erklärte Konrad Adenauer 1952, so daß sie eine Entschädigung für das erlittene Unrecht nicht beanspruchen könnten. Ein Volk, das nur teilen will und Privateigentum nicht kennt, ist das nicht wirklich gefährlich für uns? Eine Bedrohung geradezu? Identisch mit Diebstahl und Unsicherheit?

Wieviel müßten wir in Wahrheit von diesen Rechabitern lernen, um menschlich zu sein!

Was im Kulturvergleich hier als Korrektiv dienen kann, mag eine Hilfe sein auch für jeden einzelnen. Die Frage stellt sich ganz simpel, wer wir einmal waren, als wir die Welt noch so sahen, daß wir in ihr »zu Hause« sein konnten, nicht überfremdet, nicht in gewissem Sinne wegerzogen von unserem eigenen Wesen, sondern ursprünglich uns selbst gegenüber und mit uns identisch. Welch eine Berufung, welch eine Vision trugen wir damals in uns als Kinder schon, eh sich's vor lauter Angst verformte und uns durch die Zielvorgaben unserer sogenannten Erzieher aus der Hand genommen wurde? Wie kehren wir zurück, um wieder das zu werden, was wir einmal waren? Wo atmen wir wie durch die Luftlöcher dieses Betons, der uns in einem lichtlosen Kerker fest umschlossen hält, wenigstens für Momente ein wenig von der Luft der Freiheit? Wo gibt es die Momente, da wir selber einmal uns ganz gehören? Ist es in solchen Augenblicken nicht deutlich, was die Rechabiter durch den Propheten Jeremia nun aller Welt zu sagen haben?

Nomaden sind nicht allein die Rechabiter, sondern indem sie so leben, sind sie ein Symbol für das Menschsein insgesamt. Alle sind wir nur Gäste auf Erden. Keinem gehört irgend etwas von seinem Leben. Es ist ein Diebstahl, und es ist eine Frechheit, zu denken, irgend jemand von uns hätte es erworben, indem er sich's nahm! Schaut man genau hin, hat er es allenfalls anderen weggenommen. Erst wenn er sich ersessen hat, was seine Beute war, wird es vermeintlich sein gutes Recht, bildet sich sein »Rechts«-Anspruch. Aber so verhält es sich nicht. Würden wir begreifen, wie sehr wir alle in Armut zusammengehören, es wäre so leicht, Mitleid zu üben, und es gäbe niemanden mehr, der es uns verbieten würde. Wieviel muß man schon auf ein Kind einreden, daß es nicht jedem Bettler etwas gibt, daß es nicht jeden Hund streichelt, daß es nicht hinter jedem Eichhörnchen herläuft, weil es so schön aussieht! Wie lange muß man ein Kind dressieren, daß es sein spontanes Mitleid

als unvernünftig und undiszipliniert empfindet entsprechend der
Logik der sogenannten Erwachsenen? Diese Kinder des Rechab werden konsequent in ihrer Welt eine
Form von Glück pflegen, über deren Untergang die Menschheit in
Trauer geraten ist.

Jeremia ist die letzte Stimme, die erklärt, ihre Treue gegenüber
dem, was einmal war, bedeute, etwas zu spüren von dem, was Gott
allen Menschen sagen wollte und immer schon zu sagen hatte. Eben
darin liege der Maßstab für alles Zukünftige. Es gebe keinen Fortschritt, der nichts weiter darstelle als eine Abweichung vom Wesentlichen. Es gebe eine Entwicklung in der Zeit, die darauf hinauslaufe,
das zu zerstören, was unvergänglich uns Menschen ausmacht; es
gebe ein Wissen, das durch keine Wissenschaft oder Schlaumeierei
verlorengehen dürfe.

Im Stamme der Rechabiter wird es niemals fehlen, daß jemand
da ist, der Gott versteht und ihn lebendig sein läßt unter dem Volk.
Anders, muß man denken im Sinne des Jeremia, geht es zu in Jerusalem. In Jerusalem kann man sagen, was man will, es wird vergeblich sein.

Es gibt im *28. Kapitel* eine Szene, in der Jeremia selber auf das
äußerste konfrontiert wird mit seinem Widerpart, mit dem Propheten Chananja, einem Mann, der fast aus derselben Gegend stammt
wie Jeremia selber. Die Szene spielt, so darf man denken, etliche
Jahre später, vermutlich im Jahre 594. Drei Jahre zuvor haben die
Babylonier Jerusalem zum ersten Mal geplündert; sie haben den
Tempel entleert, die heiligen Geräte hinweggeschleppt. Eine erste
Deportationswelle hat eingesetzt. Aber die brennende Frage erhebt
sich, ob die Babylonier daran ihr Genügen haben werden? Gibt es
womöglich eine Hoffnung, den alten Zustand wiederherzustellen?
Und mit welchen Mitteln wäre das zu bewerkstelligen? Was ist im
Schatten derer, die gerade noch einmal davongekommen sind, für
die nächste Zukunft zu erwarten?

Jeremia wird den schon Verbannten erklären, sie sollten Ruhe
bewahren und Geduld an den Tag legen. Mindestens drei Generationen würden sie in Babylon bleiben müssen. Drei Generationen –
das ist fast ein ganzes Jahrhundert! Der Aufschrei der eigenen
zurückgelassenen Angehörigen richtet sich voller Zorn und Empörung gegen diesen Defätismus, gegen diesen unheilvollen Schwarzseher Jeremia. Und ihm zum Widerpart nun, in den Augen so vieler

in Dankbarkeit, daß Gott es so fügen wird, tritt auf Chananja. Die Geschichte liest sich wie folgt:

Text: 28. Kapitel, 1–17
Im selben Jahr, im Anfang der Regierung Zedekias, des Königs von Juda, im fünften Monat des vierten Jahres, begab es sich, daß der Prophet Hananja von Gibeon, der Sohn Assurs, im Hause des Herrn in Gegenwart der Priester und des ganzen Volkes zu mir sprach: So spricht der Herr der Heerscharen, der Gott Israels: Ich habe das Joch des Königs von Babel zerbrochen! Binnen zwei Jahren werde ich an diesen Ort alle Geräte des Hauses des Herrn zurückbringen, die Nebukadnezzar, der König von Babel, von diesem Ort weggenommen und nach Babel gebracht hat. Auch Jechonja, den Sohn Jojakims, den König von Juda, und alle Verbannten Judas, die nach Babel gekommen sind, werde ich an diesen Ort zurückbringen, spricht der Herr; denn ich werde das Joch des Königs von Babel zerbrechen. Da sprach der Prophet Jeremia zu dem Propheten Hananja vor den Priestern und vor allen Leuten, die im Hause des Herrn standen – der Prophet Jeremia also sprach: So sei es! Möchte der Herr das tun! Möchte der Herr deine Worte, die du geweissagt hast, erfüllen und die Geräte des Hauses des Herrn und die Verbannten alle von Babel an diesen Ort zurückbringen! Nur höre dieses Wort, das ich dir und allem Volke zu sagen habe. Die Propheten, die vor mir und vor dir gewesen sind von uralters her, die haben über viele Länder und große Königreiche geweissagt von Krieg und Unheil und Pest. Wenn aber ein Prophet von Frieden weissagt, so wird man daran, daß sein Wort eintrifft, erkennen, daß in Wahrheit der Herr diesen Propheten gesandt hat. Da nahm der Prophet Hananja das Joch vom Nacken des Propheten Jeremia und zerbrach es. Und Hananja sprach vor allem Volk: So spricht der Herr: Ebenso werde ich binnen zwei Jahren das Joch Nebukadnezzars, des Königs von Babel, vom Nacken aller Völker nehmen und es zerbrechen. Da ging der Prophet Jeremia seines Weges.
Nachdem nun der Prophet Hananja das Joch vom Nacken des Propheten Jeremia genommen und es zerbrochen hatte, erging an Jeremia das Wort des Herrn: Gehe hin und sage zu Hananja: So spricht der Herr: Ein hölzernes Joch hast du zerbrochen; so werde ich dafür ein eisernes Joch machen. Denn so spricht der Herr der Heerscharen, der Gott Israels: Ein eisernes Joch lege ich auf den

Nacken all dieser Völker, daß sie Nebukadnezzar, dem König von Babel, dienen sollen, und sie werden ihm dienen; und auch die Tiere des Feldes gebe ich ihm. Und der Prophet Jeremia sprach zum Propheten Hananja: Höre, Hananja! Der Herr hat dich nicht gesandt; du aber hast dieses Volk verführt, auf Lüge sich zu verlassen. Darum spricht der Herr also: Siehe, ich schicke dich weg vom Erdboden; noch in diesem Jahre wirst du sterben, weil du Abfall gepredigt hast wider den Herrn. Und der Prophet Hananja starb noch im selben Jahre, im siebenten Monat.

Diese Szene, die einen jeden von uns fragt, wie wir mit Zukunft umgehen, zählt zu den erschütterndsten der ganzen Bibel und ganz gewiß im Leben des Jeremia. Nirgendwo sonst gleichen zwei Verkünder einander so sehr wie die linke und rechte Hand. Genau so, wie Jeremia redet und auftritt, tritt auf und redet sein Widerpart Chananja. »Gott hat gesprochen.« Mit dieser Berufung, mit dieser Botengewißheit, mit diesem Spruch des Allmächtigen, steht Chananja da, dessen Name schon so viel bedeutet wie: Gott hat Gnade geschenkt. Das ist sein Programm, dies sein Inhalt, und er möchte, ganz wie *der zweite Jesaja* etwa ein halbes Jahrhundert danach, die Wunden der Niedergepeitschten und Gequälten heilen und von ihren Schmerzen erlösen. Er möchte den hoffnungslos Zerbrochenen durch eine Vision der Hoffnung Kraft und Stärke in die Glieder senken. Ist das nicht, was ein seelsorglich verantwortlicher Mann Gottes dem Volk gegenüber tun sollte und müßte? Worauf wartet denn Israel, das Volk von Judäa, anderes, als daß jemand käme und nach dem Zerbruch wieder anknüpfen würde an die Botschaft der Kraft und der Stärke Gottes, die sich erweisen wird gegen seinen Widersacher König Nebukadnezzar von Babel? Ist nicht Jahwe größer als Marduk? Kann es der Herr der Heerscharen dulden und ansehen, wie sein Volk, das an ihn glaubt, in die Fremde geführt wird? Und es bedeutete damals doch, daß den Fuß auf fremde Erde zu setzen soviel war, wie heimatlos zu sein und wurzellos in der ganzen Existenz zu werden.

Vielleicht können in Europa nur Slawen und unter ihnen vielleicht am eindringlichsten Russen begreifen, was es heißt, vom eigenen Boden vertrieben zu werden. Die Rußlanddeutschen zum Beispiel, die wir in Deutschland aufgrund blutsmäßiger Zugehörigkeit, nicht aufgrund ihrer persönlichen Not aufnehmen, wähnen wohl, in ein Paradies zu ziehen. Aber hören Sie ihnen zu, ist das Problem ihres Heimwehs fast stets unlösbar. Die Literatur im zaristischen Rußland des 19. Jahrhunderts wird bereits gestaltet von Westlern, auf der Sehnsucht nach dem, was sie verloren hatten: Iwan Turgenjew in Deutschland, Dostojewski in Deutschland und der Schweiz – besonders Dostojewski wird in *Der Idiot* gleich zu Beginn die Heimreise des Fürsten Myschkin auf russische Erde schildern; nur dort liegt bei der Heimatverwurzelung dieser Menschen die Kraft, sich selber wiederzufinden, sich treu zu bleiben und Gott nahe zu sein. Was hat ein Mann wie Alexander Solschenizyn schreiben können an der Westküste der Vereinigten Staaten – nicht eine einzige gültige Zeile! Aber, was war er als Dichter der Opposition im Rußland der Bolschewiki!

Deportiert zu werden nach Babylon im Jahre 597, das ist für die Juden in den Tagen des Jeremia ein einziger Schrei nach Heimat, nach Jerusalem. Und nun kommt dieser Mann daher und erklärt, die Rückkehr werde gewiß noch lange auf sich warten lassen. Ja, er fügt am Ende sogar noch in einem eigenen Brief an die Deportierten im 29. Kapitel hinzu: »*Baut Häuser und wohnt darin, pflanzt Gärten und eßt ihre Frucht, nehmt Frauen und zeugt Söhne und Töchter und nehmt euren Söhnen Frauen und euren Töchtern gebt Männer, daß sie Söhne und Töchter gebären, damit ihr euch dort vermehrt. Sucht das Heil des Landes, wohin ich euch weggeführt habe, und bittet für es zu Jahwe.*« (Jer 29,5–7)

Ist man mit solchen Worten nicht endgültig als ein vaterlandsloser Geselle erkennbar? Jemand, der das Volk der Deportierten auffordert, für die eigenen Zwingherren sogar noch zu beten und die Entfremdung selber entgegenzunehmen als etwas, das Gott verfügt habe, Jahwe über sein Volk ... – woran eigentlich glaubt noch ein Mann wie Jeremia, der nicht einmal die Größe seines Gottes mehr zu verkündigen sich zu getrauen scheint?

In dieser Stunde tritt Chananja ganz so auf, wie Jeremia selber es liebt und wie es die großen Propheten immer wieder getan haben: durch Zeichenhandlungen. Jeremia hat ein Joch sich aufs Haupt gelegt wie ein Tragtier, wie einer der Deportierten selber, und hat in diesem Bilde Teil an ihrem Schicksal. So geht er gebeugt durch die Gassen der Heiligen Stadt. Da tritt bewußt und entschlossen Chananja ihm entgegen.

Franz Werfel, als er diese Szene malte, hat beide Propheten, schon rein äußerlich, einander wie Licht und Schatten gegenübergestellt: Chananja, ein feingliedriger Mann, mit einer weißen, zarten Haut, mit rundlichen Wangen, wohlgenährt, ein Mann, der aus der Verkündigung des Gotteswortes in gewisser Weise Vorteil zu ziehen wußte für sich, für seine Familie und für sein Fortkommen, das er nicht ohne eigene Planung, aber dann doch aus den Händen des Göttlichen dankbar entgegennahm. Ganz anders, hohlwangig, trist und finster dreinschauend, dieser Jeremia, dieses gestaltgewordene Unglück, dieses Schreckgespenst einer dunklen Zukunft. Zu wem von beiden, glauben Sie, wird das Volk in Jerusalem sich wenden? Wen wird man auspfeifen, wenn er auch nur den Mund aufmacht, und wem wird man begeistert zuklatschen, wenn er so wohl spricht, daß es träufelt wie Honig? Auch andere Propheten, Schemaja von Nechelam etwa (Jer 29,24–32), reden wie Chananja: positiv, konstruktiv, affirmativ, wie es erwartet wird. So tritt er heran, Chananja, und zerbricht das Holzjoch des Jeremia. Eine solche Symbolhandlung ist wie eine magische Vorwegnahme der Zukunft. So wird es geglaubt!

Franz Werfel schildert, wie die Adern schwellen bei diesem Kraftakt im Gesicht des Chananja, wie er alles in der Feistigkeit seiner Gestalt daransetzt, das morsche Holz des Jochs, des Kummet, auseinanderzubrechen, und er schafft's. Für diesen Augenblick ist er der Sieger. Ganz steht das Volk zu ihm, und wie denn auch nicht! Ist nicht das, was das Volk braucht und hören möchte, in sich schon identisch mit dem, was Gott sagt? Volkes Stimme – Gottes Stimme!

Jeremia weiß buchstäblich an dieser Stelle nicht weiter. Es ist eine Situation eingetreten, in welcher er sich geschlagen geben muß. Seine Lage ist wesentlich schlimmer, als wenn er vor einem Wahlkampf eine Fernsehdiskussion verlorren hättte. Alle haben es gesehen, seine Niederlage ist vor aller Augen erfolgt, es gibt keine Rückkehr mehr. Er hat ausgespielt, Jeremia. Wenn er jetzt wiederkommt und beginnt, seinen ewigen Defätismus, seine Miesmacherei, seine elende Tristesse zu verbreiten, wird man sagen: »Das kennen wir. Was du zu sagen hast, haben wir so oft schon gehört – es hat uns die Ohren verstopft! Es wirkt wie Wasser unter der Dusche: man hört nicht mehr, wie es plätschert. Was wir gehört haben von Chananja, das hat Mark und Kraft; das ist's, was wir glauben.«

Religion und Politik, wie hätten sie je anders einander zugearbeitet, als indem die Politiker, die die Zukunft gestalten, ein Volk benötigen, das an die Zukunft glaubt, und eben dazu nützlich sind »Propheten«, die eigentlich die Funktion des Regierungssprechers oder des Propagandaministers einnehmen. Jetzt vor der Wahl im Herbst 98 zum Beispiel müssen wir glauben, daß die Arbeitslosenzahl nicht steigen wird, wie gerade eben auf 4,5 Millionen, sondern daß sie sich in den nächsten zwei Jahren halbieren wird. Wir können jetzt schon wissen, daß es den Arbeitgebern gelingen wird, spätestens im Juli Statistiken vorzulegen, aus denen hervorgeht, daß doch ein gewisser Anstieg bei der Beschaffung von Arbeitsplätzen zu verzeichnen ist und daß dieser sichtbare Erfolg unbedingt eine Fortsetzung der jetzigen Koalition verlangt. Man kann nur mit Optimismus regieren. Und nur mit hoffnungsvollen Bürgern kann man Staat machen.

Jeremia indessen ist ein ständiger staatspolitischer Negativist und Nihilist. Er ist chronisch eingestellt gegen all diejenigen, von denen er zu wissen glaubt, sie schwätzten sich eine Zukunft zurecht, die es nicht gibt. Was sie Gott nennen, ist in seinen Augen nichts als ein Wunschtraum, der bald schon zum Alptraum werden wird. Jetzt aber ist es für ihn wie eine neue Offenbarung, eine Entdeckung, in der er sich selbst wiederfindet.

Jeremia hat, man muß das noch einmal hören, als Chananja zu reden anfing, wie schön alles schon in zwei Jahren kommen werde, geantwortet wie Jesus im Neuen Testament: *»Amen! So möge Gott es doch tun!«* (Jer 28,6) Ja, wäre es nicht auch sein eigener Wunsch, es möchte das Schicksal Judas bald sich schon wenden? Alles, was Jeremia sagt, wird nicht von Revanche, von Haß oder Neid diktiert. Er versteht sehr, daß man so wünschen kann, wie Chananja und das ganze Volk mit ihm es tut. Was ihn hindert, ist einzig die Tatsache, daß er *sieht*, wie nahe die Katastrophe schon ist. Wer *sie* sich jetzt immer noch wegredet, wird wie blind und rettungslos in sie hineinstürzen. Das Joch aus Holz hat Chananja zerbrochen, aber die Folge wird sein, daß die kleinsten Regungen des Widerstands gegen den König von Babylon eine erzene Maßnahme endgültiger Bestrafung nach sich ziehen werden. Nicht Holz mehr, sondern Eisen zum Kummet!

Franz Werfel hat den Zug der Deportierten im Jahre 586 so beschrieben, wie wir's aus Archivaufnahmen noch kennen beim Marsch der Reste der 6. Armee aus Stalingrad – ein endloser Treck des Elends, der sich hinüberbewegt ins Nichts. Die Besiegten sind die Sklaven. Wie viele werden auf dem Wege umkommen – den Herrschenden ist es egal. Stattfinden wird unterwegs bereits eine natürliche Selektion, und sie ist erwünscht: ankommen sollen überhaupt nur die kräftigsten, die tauglichsten. So werden durch die Härte des Weges, wie von selber, die Leute sortiert, die durch Körperkraft später bei der mechanischen Arbeit wie sprechende Tiere am nützlichsten sind. Alle anderen sind ohnehin überflüssig und nutzlos. Es wird ein Treck in die Rechtlosigkeit sein, verhängt von Menschen, die selbst sind wie Eisen, mitleidlos, wie zu sein es einzig der Krieg lehrt, der Krieg, wie Jeremia ihn immer sah, ein Massaker, das sich austobt, bis einer der Kombattanten unter den Schlägen zusammenbricht. Dann werden ihn eher die Geier am Himmel erhören als die Augen eines Menschen, der als der Sieger ihn ansieht. Diese Situation ist es, die Jeremia vorschwebt. Und Chananja selber wird sterben, weil das, was er in dem verzweifelten Durchhaltewillen einer trügerischen Hoffnung redet, für alle tödlich sein wird – ein *Jus talionis*, das ihn ereilt.

Natürlich wissen wir im Rückblick, daß Jeremia mit seinen düsteren Prophezeiungen recht hatte; er war der »wahre« Prophet Gottes; *der* Prophet spricht wahr, dessen Worte auch eintreten. Aber das Unglaubliche an der Existenz eines Jeremia liegt darin, daß er mit seinen Worten eintreten muß zu einem Zeitpunkt, da er nicht weiß, wie's ausgeht. Das ist das Entscheidende an dieser Stelle mit dem Blick auf die Zukunft: Jeremia verfügt über kein anderes Wissen, als Chananja es auch besitzt. Der Vorwurf, Jeremia projiziere nur seine eigene desasträse Psychologie in die Zukunft, liegt so dicht bei der Hand, aber er trifft nicht zu. Im Gegeneil. Allein, daß es möglich ist, eine Krise so ernst zu nehmen, daß sie *durchgearbeitet* werden kann auf Sein oder Nichtsein, macht den ganzen Unterschied zwischen einem Jeremia und einem Chananja.

Vielleicht ist das, was Jeremia hier seinem ganzen Volk gegenüber tut, am besten vergleichbar dem Ernst, mit dem etwa ein Psychotherapeut um die Gesundung, ja, um das Leben eines seelisch Erkrankten ringt. Immer ist das Gerede der Ausflucht leicht bei der Hand. Solange es noch irgendwie geht, wird man versuchen und geneigt sein, so weiterzumachen, wie's immer war, denn man hat Angst vor der Zukunft, man hat Angst vor dem Neuen, man hat Angst vor dem Draußen. Also möchte man bleiben, wie man immer war, und die entsprechenden Wunschphantasien werden immer wieder zur Rechtfertigung dafür herhalten müssen, tatsächlich auch noch so bleiben zu können. Es ist Jeremia, der den Mut aufbringt zu sagen, daß man mit der Parole »Weiter so« sich nur endgültig jegliche Zukunft verbaut. Das Entscheidende seines Auftretens besteht darin, daß für ihn Angst kein Grund mehr ist, sich die Wahrheit ausreden zu lassen, sondern daß sie ihm hilft, vor etwas Schlimmerem noch in die richtige Richtung zu weisen. Es ist, wie wenn Jeremia Pferde, die sich im Feuer verrannt haben und mitten in den Herd der Gefahr zu fliehen suchen, mit der Peitsche über die Nüstern schlüge, damit sie aus Angst endlich die brennende Scheune verlassen.

Das Bittere ist, daß Jeremia machen kann, was er will. Keines seiner Worte hat man je gehört. Drum wird Jerusalem sterben, wie Chananja, stellvertretend im voraus, sterben wird. Und er, Jeremia, wird seine Treue zum verbrannten Boden der Heiligen Stadt unter Beweis stellen durch den Ackerkauf in Anatot, wie wir schon hörten (Jer 32). Und doch können wir heute von Jeremia etwas überaus Wichtiges lernen: Es ist möglich, daß die Rettung eines Menschen gerade darin besteht, nicht seine Ängste als unberechtigt hinzustellen, sondern ihm gerade ihre letzten Konsequenzen vor Augen zu führen, um dann die richtige Folgerung daraus zu ziehen.

So wird Jesus später im Neuen Testament predigen. Er wird immer wieder ein Entweder – Oder beschreiben: Entweder wir lernen, unserem Herzen zu folgen und uns gütig zu verhalten dem Fremden gegenüber, dem Kranken gegenüber, dem Bettler gegenüber, seelisch ebenso wie sozial, oder wir werden uns bis dahin verhärten, daß wir am Ende uns selbst nicht mehr kennen (Mt 25, 31–46). Entweder, wird er sagen, wir versuchen, die ganze Erde zu gewinnen, nur um am Ende gar nichts in Händen zu halten, weil es uns selbst gar nicht mehr geben wird, oder wir lernen es, offene Augen, ein offenes Herz und offene Hände zu bekommen, bis daß wir merken, wie reich uns das Mitleid zu machen vermag (Mt 6,24). Es gibt nur einen Weg zum Glück: daß wir die Angst nicht länger beruhigen mit Manipulationen der Geschichte, sondern sie überwinden in einem größeren Vertrauen. Der Gott Israels, den Jeremia lehrt, ist nicht »schwach«. Er ist stark genug, uns durch die Krise hindurch zu führen. Der »Herr der Heerscharen« ist bei Jeremia gewiß kein Triumphator mehr im Himmel, aber er ist ein Begleiter, der die Gebrochenen tröstet. Er ist ein Gott, der uns nichts erspart im Leben, aber der uns leben läßt mit so vielem, das uns sonst unerträglich scheinen müßte. Er ist die Liebe, die es wagt, dem anderen das Leid, in das er geht, nicht auszureden, sondern sich zu ihm zu stellen und mit ihm hindurchzugehen bis zu dem Punkt der Überwindung. Ein besseres Beispiel für das, was wir Seelsorge oder Seelenheilkunde nennen könnten, gibt es gar nicht. Alle seelische Krankheit besteht in Verdrängungen, in Vermeidungen, im Augenzumachen, im Weglaufen. Alle seelische Gesundung beginnt damit, daß man, furchtsam, wie auch immer, zitternd womöglich, hineingeht in gerade die Gebiete, die am meisten Angst machen. Aber diese Stärke sucht Jeremia; die nennt er seinem Gott als Grund dafür, trotz allem standzuhalten.

10. Januar 1998

Im Brunnen oder:
Der Prophet

Wir haben jetzt so viel bereits über Jeremia gehört, daß es richtig scheint, am heutigen Abend einmal die Szene vom Brunnen, auf die wir schon mehrfach zu sprechen kamen, zum Anlaß zu nehmen, um eine Art Gesamtbild des Propheten zu malen.

Text: Jer 38,4–10
Da sprachen die Fürsten zum König: Diesen Mann sollte man töten! Er lähmt ja nur die Hände der Kriegsleute, die in dieser Stadt noch übrig sind, und die Hände des ganzen Volkes, wenn er solche Worte zu ihnen redet; denn dieser Mann will nicht das Heil, sondern das Unheil dieses Volkes. Der König Zedekia antwortete: So sei's denn! er ist in eurer Hand. Denn der König vermochte nichts gegen sie. Da nahmen sie Jeremia und warfen ihn in die Zisterne des Prinzen Malchia, die sich im Wachthofe befindet. Sie ließen Jeremia an Seilen hinunter; aber es war kein Wasser, sondern nur Schlamm in der Zisterne, und Jeremia sank im Schlamme ein.
Als aber der Äthiopier Ebedmelech, ein Kämmerer, der im Königspalaste war, vernahm, daß sie Jeremia in die Zisterne geworfen hätten – der König aber saß gerade im Benjamintor –, da ging er aus dem Palast hinaus und sprach zum König: Mein Herr und König, diese Männer haben übel gehandelt in allem, was sie dem Propheten Jeremia angetan; sie haben ihn in die Zisterne geworfen, damit er an Ort und Stelle vor Hunger sterbe. Es ist ja kein Brot mehr in der Stadt. Da gebot der König dem Äthiopier Ebedmelech: Nimm von hier drei Männer mit dir und ziehe den Propheten Jeremia aus der Zisterne herauf, bevor er stirbt.

Die Stunde, da man Jeremia in den Brunnen des Prinzen Malkija wirft, ist nicht nur die dunkelste im Leben des Propheten, sondern zugleich die Schicksalsstunde Jerusalems.

Im Jahre 587 vor Christus stehen die Truppen Nebukadnezzars von Babel zum zweiten Mal vor der Heiligen Stadt. In einem weiten Belagerungsring haben sie, von den Stadtmauern her unangreifbar, alle Versorgungswege abgeschnitten. Schon lange kämpft Jerusalem eigentlich nicht mehr gegen chaldäische Soldateska, sondern gegen

Hunger und Durst. Ein großer Strom von Flüchtlingen hat sich vor den Babyloniern her in die Heilige Stadt ergossen, die durch die starken Befestigungsanlagen des jungen tatkräftigen Königs Zidkija als uneinnehmbar gilt. Jetzt aber sind ihre Vorratskammern leer, ihre Zisternen vertrocknet, und im Gefolge des Elends wütet die Pest. Politisch steht Jerusalem ganz und gar isoliert da. Die letzten Hoffnungen auf militärischen Entsatz durch die Armee des ägyptischen Pharaos Hophra hat Nebukadnezzar zunichte gemacht, indem er die erste Belagerung Jerusalems beim Herannahen der Ägypter abbrach, dem Pharao entgegenzog und mit ihm ohne Schlacht einen Waffenstillstand aushandelte. Seine ganze Macht wirft er nun erneut gegen Jerusalem, das er bereits zehn Jahre zuvor noch als babylonischer Kronprinz im Handstreich genommen und unter die Herrschaft Babels gebracht hat. Der Aufstand des kleinen jüdischen Volkes soll ein für allemal und endgültig niedergetreten werden.

In dieser Stunde äußerster politischer Not rät Jeremia, was er sein ganzes Leben lang geraten hat: er fordert das Volk zur bedingungslosen Kapitulation auf. Nur wer sich ergibt, bleibt am Leben. Doch man macht mit Jeremia, was man sein ganzes Leben lang mit ihm gemacht hat: man zeigt ihn als Verräter an, man verlangt seine Aburteilung und versucht, seine Stimme zum Schweigen zu bringen. Es ist der letzte Anschlag auf das Leben des Propheten. Wenige Tage danach besteht Jerusalem nicht mehr. Nur Asche und Trümmer bedecken die Gottesstadt, wie es Jeremia Jahrzehnte zuvor prophezeit hat: »Über die Berge hin erhebt wehklagendes Weinen, über die Auen der Trift ein Leichenlied. Verheert sind sie, keiner durchwandert sie mehr, sie hören nicht mehr der Herden Laut. Von den Vögeln der Luft bis hinab zum Vieh ist alles geflohen, auf und davon. Zu Trümmern mach' ich Jerusalem, zum Aufenthaltsort den Schakalen: Judas Städte zur Wüstenei, die ohne Bewohner bleibt ... Ihr Frauen ... lehrt eure Töchter die Klage und eine die andre das Leichenlied: In unsere Fenster stieg der Tod, in unsere Paläste drang er ein, von der Straße raffte er fort das Kind, vom Freiplatz die Jugend hinweg. Der Menschen Leichen liegen gefällt wie auf dem Felde der Dung, wie Garben hinter dem Schnitter; keiner ist da, der sie aufliest.« (Jer 9,9–10. 19–20)

Die Klage über Jerusalem verhallte ungehört. Sie erreicht uns, zweieinhalbtausend Jahre später, als stumme Zeugen eines fremden Leids und eines tragischen Verlöschens. Längst sind die Fußtritte des babylonischen Marschalls Nebusaradan und seiner Abteilungen im Staub der Geschichte verweht; längst sind die Signaltrompeten des chaldäischen Angriffs verhallt, längst die Klageschreie der Verwundeten, Verelendeten, Verschleppten, Hingerichteten, der Heimatlosen, Waisen, Witwen und der auf dem Sklavenmarkt wie Vieh Versteigerten im Getöse der Zeiten erstorben. Und dennoch bleiben über die Kluft der Jahrtausende hin die Augen des Mannes unverwandt auf uns gerichtet, der all das Unheil als erster am Nordhimmel heraufziehen sah; und dennoch dringen die Worte seiner Warnungen mit unverminderter Schärfe an unser Ohr und fordern unsere Aufnahme.

Niemals kann die Gestalt des Propheten Jeremia vor uns auftauchen ohne eine tiefe Unsicherheit uns selbst gegenüber, ohne schwere Zweifel an der Richtigkeit alles Bestehenden und ohne eine nicht endende Unruhe Gott gegenüber auszulösen. Denn selbst wenn es sich in der Geschichte Gottes mit den Menschen nur ein einziges Mal zugetragen hätte, daß ein einzelner Mann von Gott gegen die Unwahrheit und den Selbstbetrug aller gestellt ward, ein einziger gegen das ganze Volk, wo bleiben dann all die menschenfreundlichen Theorien und transzendentalen Deduktionen, die uns auf die Schulter klopfen und versichern, daß wir im Grunde immer schon der Wahrheit teilhaftig oder doch mindestens nach ihr begierig seien? Die Erfahrung des Jeremia war es, daß keiner, kein einziger in Jerusalem die Wahrheit ertragen konnte. Wenn in der Geschichte Gottes mit den Menschen auch nur ein einziges Mal der Fall eingetreten sein könnte, daß ein einzelner um der Wahrheit willen zum Gezisch und Gespött aller anderen ward, wo bleiben dann die Hoffnungen der Sozialpsychologen und der politischen Demokratieidee, daß der Mensch, wenn man ihn nur gewähren läßt, in der Gruppe, im Kollektiv der Wahrheit näher kommt als ein einzelner Außenseiter, daß der Spruch der Mehrheitsentscheidung mithin auch schon das Richtige, das Wahre, das Gültige, das jedermann Verpflichtende sei? Ich frage: Wo bleibt diese hochgemute Beruhigung in der Masse, wenn auch nur ein einziges Mal in der Geschichte Gottes mit den Menschen ein ganzes Volk von einem einzigen der Lüge und des Selbstbetruges überführt werden konnte?

Man sagt in der Physik, daß eine einzige Ausnahme ein ganzes Gesetz über den Haufen zu werfen vermöge, selbst wenn dieses Gesetz bis dahin als noch so sicher und bewährt erschienen sei. Wie aber, wenn in der Geschichte, die Gott mit dem Menschen führt, es nicht nur die Ausnahme, sondern geradezu die Regel darstellt, daß die Wahrheit Gottes in den Zeiten der Entscheidung nur in ganz wenigen vereinzelten, verachteten, dem Volk verhaßten Sonderlingen wohnt, daß es sie nur gegen die Menge, niemals mit ihr gibt, daß ihre Stimme schwach und leise ist, wenngleich wirklicher als der tosende Lärm des Applauses, und wenn ihre Verkünder eher scheue Besiegte als glänzende Sieger sind? Sollte man dann nicht den Schluß ziehen, den Jeremia selbst gezogen hat: daß wir Menschen Wesen sind mit unbeschnittenen Ohren, die das Wort des Herrn nur zum Hohn vernehmen (Jer 6,10)? Sollten wir dann nicht von unüberwindlichem Mißtrauen erfüllt werden gegenüber all den wohlfeilen Leichtfertigkeiten, mit denen uns versichert wird: »Heil, Heil« – es ist aber kein Heil (Jer 6,14)! Worauf wird dann noch Verlaß sein, wenn das Urteil aller in einer solch katastrophalen Weise mutwillig in die Irre gehen kann, wie es Jeremia erleben muß?

Und um die Sache endgültig zuzuspitzen: was eigentlich bleibt noch vom Menschen übrig, wenn Jeremia seinerseits nicht eine einmalige und vorübergehende zufällige Entgleisung einer bestimmten geschichtlichen Epoche gegenüber der Offenbarung Gottes erleben mußte, sondern wenn man es sogar schon als Gesetz aufstellen kann: je unmittelbarer und unverfälschter ein Wort von Gott kommt, um so heftiger wird es von den Menschen abgelehnt und angefeindet werden, desto mehr Angst und Unruhe wird es erregen, desto mehr wird es aufwühlen und umstürzen, desto mehr wird man wünschen, daß es in den Ruinen des Menschlichen begraben werde.

So jedenfalls das Neue Testament, wenn es die Gestalten des Elija, des Jeremia, des leidenden Gottesknechtes bei Jesaja gemeinsam auf das Schicksal Jesu hinweisen sieht. Spätestens dort ist die Erschütterung komplett: was wir als Menschen sind, das ist der tödliche, der mörderische *Widerspruch* zu Gott. Und umgekehrt: die Wahrheit Gottes *tötet* erst, ehe sie uns von neuem leben läßt. Sie widerspricht all unseren vertrauensvollen Selbstverständlichkeiten. Sie richtet uns erst auf am Ende des Zusammenbruchs!

Die Wahrheit Gottes widerspricht der Macht des Menschen. Wie sehr hat Jeremia das erfahren müssen! Die ganze Denkweise in den berechnenden Kalküls von Taktik und Strategie, von Planbarkeit und Machbarkeit, diese ganze menschliche Vernünftigkeit ist vor Gott Lug und Trug! Man muß diese Tragödie der Macht einmal

wirklich begriffen haben: wie gerade die Verantwortlichen, die Gut-
willigen, nach Möglichkeiten und Handlungsspielraum suchen –
irgend etwas ist man ja verpflichtet zu tun – und dabei nur immer
mehr verstrickt werden. Es geht nicht um den selbstherrlichen
Machtmißbrauch. Zwar: auch damit hat Jeremia es zu tun: es gibt
auch Könige von der Art Jojakims (608–598), die die Macht an sich
reißen, indem sie den rechtmäßigen Thronfolger und eigenen Halb-
bruder (Joachas) mit Hilfe ausländischer Macht (Ägypten) stürzen
und in die Verbannung schicken, die sich hernach am Volk schadlos
halten und ihre eigenen Prunkpaläste errichten. Ihnen muß Jeremia
sinngemäß sagen:»Besteht denn darin dein Königtum, daß du dich
aufspielst im Zedernholzbau?«(Jer 22,15) Auch solche Leute sind
fähig, ein Volk in den Abgrund zu reißen. Aber die Katastrophen
der kleinlichen Laster haben nicht allzu großes Format: Der Sturz
Jerusalems, den Jojakim verschuldete, zehn Jahre vor der endgültigen Niederlage, war mehr die Andeutung des Endes als das Ende
selbst. Worum es wirklich geht, ist die Tragödie der Macht, die Könige vom Schlage des Zidkija (597–587) trifft, eines Mannes, der
unermüdlich tätig war, Jerusalem nach dem Zusammenbruch der
Mißwirtschaft des Königs Jojakim zu neuem Ansehen und zu neuer
Selbständigkeit hinzuführen. Gerade an diesem hervorragenden
Politiker und Staatsmann reibt sich Jeremia auf. Gerade Zidkija,
der alles richtig macht, was menschenmöglich ist, macht alles
falsch. Geschickt bemüht er sich, gestützt auf die Planungen seiner
Ratgeber, um ein Dreiecksbündnis mit syrischen und transjordani-
schen Königen sowie dem Pharao von Ägypten, im Falle eines babylonischen Angriffs zsammenzustehen (Jer 27,3). Aber statt die
Gefahr abzuwenden, wird sie in Wahrheit nur heraufbeschworen.
Denn kaum daß Israel sich wieder aus der Unterwürfigkeit Babels
löst, bricht die Vernichtungswelle des chaldäischen Heers über Jerusalem herein, und kein ägyptischer Pharao hilft dem kleinen
Reststaat Juda. Zweifellos hätte man diese Entwicklung politisch
voraussehen können; die ganzen 150 Jahre vor der Zeit des Jeremia
sind eine lange Sammlung von Beispielen, daß Israel bei jedem Versuch, seine alte Größe zurückzuerobern, nur immer kleiner zusam-
menschrumpfte. Tatsächlich haben auch wohl bestimmte Kreise in
Jerusalem, z. B. Gedalja, der Sohn des Kanzlers Achikam, Bedenken
geäußert, sich aufs neue mit den Babyloniern anzulegen. Aber politische Argumente können im Rahmen eines rein politischen Den-

kens nur Vorschläge zu einer besseren Taktik sein; ihre Überzeugungskraft ist durch Debatten aushöhlbar; und so steht am Ende alles einmütig hinter den Koalitionsplänen des Königs Zidkija.

Es bleibt das Sonderbare am Auftreten eines Propheten wie Jeremia, daß er sich nicht nur bestimmten politischen Taktiken, sondern der ganzen Denkweise in den Bahnen der Machterhaltung oder Machtausdehnung widersetzt. Nicht die Tatsache, daß er die militärische Überlegenheit des neuen babylonischen Reiches in etwa zutreffend beurteilt, macht ihn zum Propheten, sondern daß er das ganze menschliche Verhalten von Gott her beurteilt sehen will. Und so wirft er den Politikern Jerusalems als ganz entscheidend vor, daß sie Bündnisse suchen, statt den Bund mit Gott zu achten; daß sie über ihre politischen Rechnungen die Rechenschaft vor Gott vergessen; daß sie mit ihren diplomatischen Sicherungen die Sicherheit verspielen, die daraus entsteht, allein der Wahrheit treu zu sein und das zu tun, was vor Gott stimmt.

Unablässig z. B. verlangt Jeremia, daß man, wie Gott es geboten hat, die Sklaven im 7. Jahr freiläßt (Ex 21,2) – als wenn an dieser Forderung das ganze Überleben Israels hängen würde (Jer 34,8–22). Und wirklich hängt nach Jeremias Meinung alles daran, einfachhin zu tun, was vor Gott bestehen kann. Er verlangt, daß die Frage des Überlebens zweitrangig werde, und er behauptet, daß es ein Volk Israels nur geben kann, wenn man sich ohne Einschränkung an das hält, was von innen heraus stimmt und vor Gott richtig ist, ohne jede Rücksicht auf politische Klugheit und taktische Vernunft. Ja, Jeremia steht nicht an, den totalen Bankrott des taktischen Denkens vorauszusagen; denn er weiß, daß bei einem Denken in den Bahnen der Macht der Schwächere zum Untergang verurteilt ist. Und er weiß auch, daß niemand sklavenmäßiger gebunden, ohnmächtiger und unfreier ist als der Vertreter und Repräsentant irdischer Macht. Die ganze Macht des Königs Zidkija in dem Prozeß gegen Jeremia ist die schwächliche Willensohnmacht, mit der er offen heraus seinen Ratgebern sich fügt und erklärt: »Der König vermag doch nichts gegen euch.« (Jer 38,5) Er liefert den Propheten aus, wie alle Mächtigen in der Geschichte die Wahrheit Gottes gegen ihren Willen ausliefern müssen, bis hin zu Pontius Pilatus, der, um im Amt der Macht zu bleiben, der Menge zu Gefallen sein muß und seine Hände in Unschuld wäscht, während er Jesus kreuzigen läßt. Aber die eigentlichen Widersacher des Propheten sind nicht die ohnmächtigen Mächtigen, die Könige Jerusalems, die Jojakims und die Zidkijas, denen er Gottes Willen vorhält, sondern die amtsmäßigen Ausleger des Willens Gottes. Die Wahrheit Gottes widerspricht den *Priestern* von Jerusalem. Keine Erkenntnis wird Jeremia, dem Sohn des Priesters Hilkija aus Anatot, schwerer und bitterer geworden sein, als ansagen zu müssen: »Entsetzliches und Scheußliches geschieht im Land: ... die Priester leben auf eigene Art, und meine Leute lieben es so. Doch, was tut ihr am letzten Ende?« (Jer 5,31) Kein Wort ist uns aus dem Munde des Propheten überliefert, in dem er einen einzelnen Priester am Tempel zur Rede stellt. Wir hören richtig: der ganzen Zunft, dem ganzen Stand des Priesters macht der Prophet den Vorwurf, Gott verraten zu haben. Daß der ganze Dienst im Tempel ein gottloser Betrieb ist, einzig dazu bestimmt, den drohenden Zusammenbruch mit heiligem Ritual zu verschleiern, ihn aber selbst damit nur um so sicherer herbeizuführen, daß die Priester Gott im Munde führen und den Anschein erwecken, als sei die Gegenwart, der Beistand Gottes schon garantiert durch ihre Feiertagsaufführungen, als sei das Spiel um Gott schon dazu angetan, den Menschen vor dem Ernstfall Gottes zu bewahren, dieses ewige Gerede: »der Tempel des Herrn, der Tempel des Herrn, der Tempel des Herrn ist dies« (Jer 7,4) – das treibt den Künder Gottes bis zum äußersten: »Spruch des Herrn: Ich mache mit diesem Hause, das nach meinem Namen benannt worden ist, auf das ihr euer Vertrauen setzt, ... wie ich mit (dem Heiligtum von) Silo verfuhr.« (Jer 7,14. vgl. 26,6)

Bis heute kann kein Priester einem solchen Wort zustimmen. Silo galt als das Reichsheiligtum Israels, gleichwertig wie Jerusalem. Aber als das Nordreich unterging und Silo vernichtet wurde, tröstete man sich in Jerusalem damit, die Sünden der Könige des Nordreiches seien schuld an der Zerstörung Silos; dem Tempel von Jerusalem könne ein gleiches nicht passieren.

Es ist gerade dieselbe Priesterlogik, mit der unsere heutigen Theologen erklären, daß Gott die jüdische Synagoge verworfen habe, seiner Kirche aber, seinem Neuen Bund, habe er ewigen Bestand und Beistand zugesichert. Wohl: auch in der Kirche seien die Menschen Sünder, aber die Kirche selbst sei das reine Werk Gottes, sie sei heilig, ihre Ordnungen könnten nicht vergehen, ihre Ämter selber garantierten Gottes Gegenwart und Nähe. Gerade dieses Denken verstopft jedem Wort, das Jeremia redet, die Ohren. Silo, sagt man, war Silo, aber dem Bund mit Jerusalem könne Gott nicht untreu werden. Gott würde sonst ja, erklären die Priester, sich selber preisgeben, wenn er Jerusalem preisgäbe. Der Fall Jerusalems wäre nichts anderes als die Ermordung Gottes durch sich selbst. Ein Priester, ganz gleich ob im Alten oder Neuen Bund, kann nicht anders denken. Er muß glauben und lehren, daß Gott und Mensch wechselseitig aneinander gebunden sind, daß Gott am klarsten und eindeutigsten in den heiligen von ihm selbst verordneten Riten und Sakramenten lebt und daß es daher ganz unmöglich ist, daß Gott selbst dieses reinste Bild seiner Wesensart auf Erden zerstört. Jeremia aber hält gerade das für längst ausgemacht. Er erwartet und verlangt, daß Gott jenseits des Kultes im Leben der Menschen sichtbar wird. »Nur wenn ihr euren Lebenswandel bessert«, sagt er, »lasse ich euch an dieser Stätte wohnen.« (Jer 7,5–7) Der Tempel an sich gilt ihm nichts; der lebende Gott will das Leben der Menschen.

Dieser ungeheure Gedanke: der ganze Tempeldienst sei praktisch Atheismus, dieser Verdacht, all dieses Hantieren mit Gott habe mit Gott nicht das geringste zu tun, diese Gewißheit, der Tempel des Herrn sei in Wahrheit eine Räuberhöhle (Jer 7,11), in der Gott den Menschen gestohlen werde unter dem Vorwand, ihm zu dienen, diese Anklage, die Jesus später sich zu eigen machen wird (Mk 11,17) und mit der auch er sich wie Jeremia das Todesurteil aller zuziehen wird – dies muß das Priestertum für alle Zeiten bis in seine Grundlagen hinein erschüttern. Seit den Worten des Jeremia kann niemand mehr sicher sein, daß Gott wirklich da ist, wo ein Priester ihn gegenwärtig setzt. Und dagegen natürlich wehrt sich die ganze Priesterschaft. Ein Priester wäre kein Priester, wenn er dieses Erdbeben unter seinen Füßen selbst für ein Werk Gottes halten könnte. Sie schreiten also ein, die Priester von Jerusalem, Paschchur, der Hüter der Schwelle, voran. In den Block sperrt er Jeremia, in der Hoffnung, den unerwünschten Propheten durch die pflichtgemäße Folter gefügig zu machen (vgl. Jer 29,26). Er, der wie alle Priester im Tempel um das Heil des Volkes betet, muß sich von Jeremia sagen lassen, daß er selbst am Unheil schuld ist, das Jerusalem ereilen wird: »Nicht mehr Paschchur nennt dich der Herr, sondern ›Grauen ringsum‹.« (Jer 20,3)

Vermutlich liegt hier der entscheidende Punkt in der Konfrontation des Propheten mit den Priestern Jerusalems. Die Existenz des *Priesters* hängt daran, und sie besteht darin, zu segnen und zu heiligen, was ist, zu bitten und zu flehen, daß erhalten und bewahrt bleibe, was ist; ein Priester rechtfertigt schon durch sein Dasein das Bestehende. Nie kann er den völligen Umsturz, die radikale Infragestellung von allem für möglich halten, geschweige denn, darin etwas von Gott erkennen. Die Priester Jerusalems danken Gott, daß er 597 den Tempel stehen ließ und Jerusalem nicht gänzlich zerschlagen hat. Und sie sehen darin einen Beweis, daß Gott zu Jerusalem steht, ja, daß er selber Rache an den Babyloniern üben werde. In den Augen des Propheten wird damit die letzte Chance zur Besinnung und inneren Erneuerung vertan, indem die Priester die Illusion schüren, Gott werde unverändert weiter die menschlichen Bemühungen um die Größe und Würde Jerusalems fördern. Gott selber spricht nach Jeremias Meinung in Wirklichkeit davon, daß er endgültig sein Haus im Stich lassen werde. »Ich verstoße mein Erbteil, in die Gewalt seiner Feinde gebe ich mein Volk, das ich mit ganzem Herzen liebte.« (Jer 12,7) So sagt Gott in Wirklichkeit nach des Propheten Meinung.

Während daher im Tempel weiter zu Gott gebetet wird um Segen für das Volk, um Segen für den König, um Segen für das Land, verbietet Gott seinem Propheten, noch weiter Fürbitte für dieses Volk einzulegen. »Ich erhöre sie nicht mehr, wenn sie mich ihrer Not wegen anrufen.« (Jer 11,14) »Und selbst wenn Moses und Samuel vor mein Antlitz treten möchten – diesem Volke würde mein Herz sich nicht mehr zuwenden. Sende sie fort von mir, sie sollen gehen.« (Jer 15,1; vgl. 14,10) Während alle Priester weiter von Amts wegen Heil und Gnade, Hoffnung und Trost spenden, klagt Jeremia sie an, daß sie segnen, was nicht mehr zu segnen ist, daß sie heiligen, was nur noch Unheil bringen kann, und daß sie sich auf einen Gott berufen, der nicht mehr hinter ihnen steht. Während die Priester mit beschwörenden Gebeten die Angst vor den Menschen beschwichtigen möchten, indem sie eine falsche Beruhigung in das Verhältnis zu Gott hineinschmuggeln, lehrt Jeremia, daß es jetzt gilt, sich den Menschen wehrlos auszuliefern und ganz schutzlos nur noch das zu tun, was Gott will: politische Kapitulation, nationale Selbstpreisgabe, um wirklich ganz von vorn beginnen zu können. Jerusalem könne nur gerettet werden, wenn man nicht mehr an die Rettung Jerusalems denke, sondern nur noch daran, wie man tun könne, was vor Gott richtig sei (Jer 15,19). Nichts soll dem Menschen bleiben außer Gott.

Gewiß: die Priester werden fragen, wie man denn nur einem Volke solch ein Denken zumuten könne; wie denn ein Mensch leben, arbeiten und Gott dienen solle, wenn er von Jeremia hören müsse, daß er und die Seinen morgen schon zerschmettert sein würden wie Töpfergefäße (Jer 18,19). Jeremia aber denkt so. Er kennt nur eine Hoffnung jenseits der Zerstörung. Er, dem Gott die Fürbitte für Jerusalem verbietet, fordert die Deportierten im Zweistromland auf, für das Land ihrer Unterdrücker zu Gott um Wohlergehen zu beten (Jer 29,7). Erst wenn Gott alles Menschenwerk zerschlagen hat, erst wenn alles erneut von ihm her kommt und stimmt, nach dem Zusammenbruch des ganzen Lügengebäudes, wird Gott auch wieder Königtum und Priestertum zulassen und in Geltung bringen (Jer 33,14–26). Wenn das Leben in sich stimmt vor Gott, werden auch wieder Kult und Macht, die Organisationen und Institutionen dieses Lebens sinnvoll.

So verkündet Jeremia, der Prophet, im Namen Gottes. Aber das Volk antwortet mit der einmütigen Erklärung:»Denken wir uns doch gegen Jeremia einen Plan aus. Denn nicht gewichen sein kann die Weisung vom Priester und der Rat vom (königlichen) Ratgeber und das Wort vom Propheten.« (Jer 18,18) Zu dieser Sicherheit und Selbstgewißheit des gesunden Menschenverstandes nimmt die Masse ihre Zuflucht; bei diesen allgemein anerkannten Garanten des Bewährten und Richtigen sucht sie ihren Halt. Was aber soll für ein Halt bei den Führern zu suchen sein, wenn diese dem Volk nur vorreden, was es hören möchte? Werden dann nicht aus den Führern Verführer? So sieht es Jeremia:»Propheten und Priester sind in Wirklichkeit gottlos ... Ihr Weg ist wie ein schlüpfriger Pfad; im Dunkeln stürzen und fallen sie drauf ... Ein Sinn der Gottlosigkeit geht von den Propheten Jerusalems aus über das ganze Land.« (Jer 23,11–15) Ja, der Prophet Gottes steht nicht an, von den Propheten zu sagen:»Auf Prophetenworte höret nicht mehr; sie betören euch nur; sie verkünden ihre eigenen Wunschträume; mit dem, was Gott sagt, hat das nichts zu tun. Sie sichern denen, die sich um Gottes Wort nicht kümmern, zu: Es wird euch Heil zuteil ... Wer von ihnen, die da beraten, hat denn mein Wort vernommen und kann es verkünden? Fürwahr, ein Sturm des Herrn bricht los, ein heftiger wirbelnder Wind ... Ich sandte diese Propheten nicht ... Ich redete nicht zu ihnen, sie aber spielen Verkünder Gottes.« (Jer 23, 16–19.21)

Unter allen Vorwürfen des Propheten ist dies der schwerste. Könige mögen in guter Absicht oder aus Schwäche das Falsche tun, Priester unfähig sein, sich selber, ihr Amt in Frage zu stellen. Aber die Verlogenheit und Frechheit, sein eigenes Wort, seine eigene Meinung für das Wort Gottes auszugeben, die Unverschämtheit, das, was man selber hören möchte, den anderen als Wahrheit, als von Gott gegeben, vorzusetzen – das heißt nichts anderes, als die absolute Grenze zu verwischen, die zwischen Gotteswort und Menschenwort besteht. Jeremia zieht diese Grenze rigoros: »Die Propheten, die … den Trug ihres Herzens weissagen, die den Plan haben, durch ihre Träume, die sie einander erzählen, meinen Namen bei meinem Volke in Vergessenheit zu bringen, bin ich denn in deren Herzen? Der Prophet, der einen Traum hat, erzähle doch seinen Traum, wer aber mein Wort hat, rede mein Wort in zuverlässiger Treue. Was hat denn das Stroh mit dem Korn zu tun? So spricht der Herr. Ist nicht mein Wort wie ein brennendes Feuer, wie ein Hammer, der Felsen zerschmettert? … Darum will ich die Propheten bekämpfen, die ihre eigene Zunge nehmen und einen Spruch aufsagen.« (Jer 23,26–29.32; vgl. Jer 14,13) Daß solche Leute nur ein Ballast, eine Zumutung für Gott sind (Jer 23,33), indem sie stets so reden, daß dem Volk die Zumutung Gottes erspart bleibt, und daß sie damit sich selbst und dem Volk die Chance nehmen, wirklich auf Gott hinzuhören – das bringt Jeremia immer wieder in einen tödlichen Konflikt mit diesen Lügnern von Propheten.

Es geht nicht darum, daß man die Geschichte gerade in Krisenzeiten, in deren Entscheidungen notwendig sind, mißverstehen kann, daß uns ihr Verlauf dunkel sein mag und daß wir zu Irrtum neigen; es geht auch nicht darum, daß wir so gut wie nie über eine bestimmte Mischung aus Irrtum und Wahrheit hinauskommen werden. Aber es geht darum, nicht als sicheres Wort Gottes zu verkünden, was man nur selbst so sehen möchte.

Natürlich, welches Volk möchte nicht hören, was diese Lügenpropheten sagen: »Ihr werdet kein Schwert schauen, Hungersnot wird euch nicht begegnen, wahrhaftigen Wohlstand verleihe ich euch …« Aber die Leute, denen sie so etwas weismachen, werden bald schon tot in den Gassen Jerusalems liegen (Jer 14, 13–16).

Es sind dies ja Propheten, wie ich selber im Süden Marokkos vor Jahren einen von ihnen traf: am Nordrand der Sahara morgens bei der Abfahrt von der Oase Mhamid – es war unerträglich heiß, des

Nachts waren Sandstürme über den Ort hinweggegangen, das Wasser schmeckte faulig, der eigene physische Zustand kam einer Art Erschöpfung gleich –, da weissagte mir dieser Mann ein schönes Wetter, kühl und lieblich, Wasser und Orangen werde es geben, eine gute Fahrt und freie Wege; und als er mir alles, wovon ich selber träumte, vorgebracht hatte, hielt er die Hand auf, um seinen Bakschisch zu bekommen. – Was hier nur lächerlich und hilflos wirkt, ist keineswegs mehr harmlos, wenn es im Namen Gottes und zur Irreführung eines ganzen Volkes geschieht.

Man vergleiche nur einmal das Verhalten dieser Propheten mit dem Verhalten des Jeremia. Während diese Leute immerzu etwas zu sagen haben und immerzu noch etwas Günstiges wissen, während sie nett und heiter mit allen gut auskommen und wohlgelitten sind, treibt es Jeremia dahin, sein eigenes Dasein zu bedauern, weil er sich empfindet als ein »Mann des Streites und des Zankes für alle Welt« (Jer 15,10). Denn gerade daß er für Gott eintritt, macht ihn verhaßt bei allen anderen. »Fanden sich Worte von dir«, so sagt er zu Gott, »so verschlang ich sie, zur Wonne ward mir dein Ausspruch ... (Doch:) Ich sitze nicht in der Fröhlichen Kreis, einsam sitze ich im Banne deiner Gewalt ...« (Jer 15,16–17). Daß über Jeremia das Wort Gottes wie ein ehernes Muß, wie eine eiserne Verpflichtung liegt, der er sich nicht entziehen kann, daß er rufen muß, ohne es selbst zu wollen: »Gewalt« und »Unrecht«, dies zerreißt ihn selber ganz und gar. Er fühlt sich wie vergewaltigt, wie mißbraucht, wie geschändet von Gott (Jer 20,7), aber er kann Gott nicht entrinnen. »Dacht' ich, ich will nicht mehr denken an Gott und nicht mehr reden in seinem Namen, so ward es in meinem Innern wie brennendes Feuer.« (Jer 20,9)

Jeremia selber widerstrebt es ganz und gar, immer wieder von Krieg, Verwüstung und Untergang zu sprechen, und doch muß er davon sprechen, weil er es so deutlich vor Augen sieht und weiß, daß alles das todsicher hereinbrechen wird, wenn nicht in letzter Minute noch eine Wendung eintritt. Es zerreißt den Propheten, sein Volk, das er liebt, immer weiter der Vernichtung entgegenstürzen zu sehen und selbst für all seine Warnungen nur Spott und Hohn zu ernten. Jahrelang bedrückt Jeremia die quälende Vorstellung von der verheerenden Katastrophe, die Jerusalem unabwendbar ereilen muß. Er geht in kein Gasthaus mehr, er meidet jeglichen Frohsinn und Tanz, er nimmt sich keine Frau (Jer 16,1–9) – alles überschattet die unausweichliche Vision vom Ende. Die Last, die Gott ihm auferlegt, geht so weit, daß er selbst es verflucht, überhaupt geboren zu sein. »Warum doch verließ ich den Mutterleib, um Mühsal zu sehen und Herzeleid, daß meine Tage vergehen in Schmach.« (Jer 20,18) So sieht das Leben eines *Propheten* aus, der bedingungslos nur das sagt, was sein muß und stimmt, was wahr ist und sich mit Gewalt aufdrängt. Während alle anderen das sagen, was sie möchten, muß Jeremia immer wieder filtern, prüfen, reinigen, was *sein* Wort ist und Gottes Wort. Ja, es kommt vor, daß der ewig zurückgestoßene, bitter gewordene, verfolgte und mißachtete Prophet selber auch seinen Feinden all das wünscht, was er sonst als Gericht Gottes verkündet: (Die mir eine Grube gegraben haben) – »Gib ihre Söhne dem Hungertod preis und überliefere sie des Schwertes Gewalt! Kinderlos seien ihre Weiber und die Männer von der Seuche erwürgt« (Jer 18,21). An solchen Stellen kommt es wirklich dahin, daß der Prophet auch in dem Gefühl persönlicher Rache herbeiwünscht, was er androht! Aber dies ist doch nur die Reaktion auf jenen Haß, der ihm entgegenschlägt, sobald er wirklich von Gott spricht. Jeremia weiß, wie schwer es ist, ein Wort von Gott zu sagen ohne die Beimischung seines eigenen Hoffens, Wünschens und Fürchtens (vgl. Jer 17,18).

Franz Werfel hat in seinem Roman »Jeremias« in dieser Stunde, da man Jeremia in den Brunnen des Prinzen Malkija wirft, ein Gleichnis für diese Schwierigkeit gesehen. Werfel läßt den Propheten im Schlamm des Brunnens über seine Lage nachdenken; er schreibt: Jeremias' »Geist begann sehr schnell wieder, wie er's gewohnt war, zu arbeiten, das heißt den Sinn seiner Lage auf Gott hin zu durchdringen. Nicht hatte der Herr ein abscheuliches, aber nichtssagendes Leiden über ihn verhängt. Alles sprach sich aus. Jedes Geschehen war ein Sprechen, das durch sich selbst seinen Sinn bekanntgab wie der Ton in des Töpfers Hand. Der ganze Weltlauf, ob Mückenflug, ob Kriegsgetümmel, beichtete, indem er sich ereignete, das ihm innewohnende Geheimnis. Daß er, der Ausgesonderte, ohne Schuld im Stinkpfuhl bis zu den Knien im Kote stand, auch dies sagte etwas Bedeutendes aus, dadurch, daß es geschah ... (Jeremias verstand mit einem Mal) das Grauen und den Ekel, die den Herrn erfüllen mußten, wenn er sein Wort herabsandte, daß es aus einem menschlich-leiblichen Gehäuse ertöne. Jeremias' eigene schlimme Lage in diesem Kotgrabe entsprach der

schlimmen Lage des göttlichen Wortes, das unermüdlich immer
wieder niederstieg, um Israel zu retten, und immer wieder ungehört
verschmachten mußte. Dabei war der Ekel, den der Kot verbreitete,
gewiß nur ein gedämpftes Abbild des göttlichen Ekels, der durch
den Kot des Geistes hervorgerufen wurde, durch Abfall, Untreue,
Sünde, Götzendienst, Greuel, Liebesverrat, durch alles, was sich
von der urersten Freude haßvoll entfernte. Da überflutete den Her-
abstürzenden in seinem Pfuhl ein warmes Erbarmen mit dem leidenden Allerbarmer, und er hob seine Hände aus der Tiefe zu ihm
empor mit großer Innigkeit« (488–489).

Die Existenz im Brunnen als Sinnbild für den tödlichen Widerspruch des Gotteswortes im Menschen, den Widerwillen Gottes
vor der Unreinheit des Menschen, an dem Gott seinen eigenen Propheten teilnehmen läßt durch den Widerwillen der Menschen –
wenn man es so sieht, ist der Augenblick im Brunnen wie eine
sinnbildliche Zusammenfassung des Lebens des Propheten Jeremia.
Und so könnte es auch sein, wenn nicht noch etwas anderes
Wesentliches über ihn und seinen Retter Ebed-Melech zu sagen
wäre. Jeremia hat viele Monate und Jahre des Wartens und der
Qual hinter sich gebracht. Allen ringsum hat er mit seinen Worten,
mit seinem Dasein ein Grauen eingeflößt. Immer wieder und immer wieder hat er erleben müssen, wie sich das Volk in der Angst,
die er auslöst, die Ohren zuhält und nichts hören und sehen will. Es
ist, wie wenn er ein scheu gewordenes Pferd durch sein Erscheinen
erst recht in die verkehrte Richtung treibt. Tatsächlich wußte ja der
Prophet auf alle Anfragen hin die Gründe der Angst nur zu bestätigen; stets vermochte er nur immer erneut die Endgültigkeit des Endes darzustellen.»Der Herr sprach zu mir: ... Fragen sie dich: Wohin sollen wir gehen?, so sage zu ihnen: Also spricht der Herr: Wer
für den Tod bestimmt ist, zum Tod, wer für das Schwert bestimmt
ist, zum Schwert, wer für das Verhungern bestellt ist, zum Verhungern, wer der Verschleppung verfallen ist, zur Verschleppung.« (Jer
15,2) Wie wenn man dem Kapitän eines Schiffes, das mit voller
Fahrt auf ein Riff zuhält, erklärt, daß bei der jetzigen Geschwindig-
keit das Schiff zerschellen muß: das Steuer werde bei jeder Kursän-
derung brechen, es gebe jetzt nur noch die Möglichkeit, mit voller
Kraft auf den Felsen zuzuhalten – so unnachgiebig, so ausweglos
stellt Jeremia das Ende dar.

Aber jetzt, wo die Katastrophe vor den Mauern der Stadt sich zusammenbraut, jetzt, wo auch dem letzten in Jerusalem klar ist, daß es nicht mehr weitergeht, da denkt Jeremia Gedanken des Heiles. Daß der Zusammenbruch Gottes eigenes Werk ist, daß die Verzweiflung des Volkes göttliche Absicht sei – niemand wagte so zu denken. Aber liegt nicht gerade darin jetzt alle Hoffnung? Es gibt jetzt nur noch zwei Möglichkeiten, die Dinge zu sehen: entweder man bleibt bei der alten Gesinnung, man verlangt weiter den Gott der Tempelpriester und der Hofpropheten, dann ist jetzt wirklich alles aus; dann hat Gott seinen Bund gebrochen, oder er ist zu schwach gegen die Götter Babylons; sieht man hier nur, daß Nebukadnezzar Jerusalem vernichtet, dann bricht in diesen Augenblicken Israel zusammen. Oder es gibt eine andere Möglichkeit, das Furchtbare der Geschichte, das Entsetzliche des eigenen Lebens zu verstehen, und *sie* ist es eigentlich, von der Jeremia sprechen wollte. Wenn Gott selber den König von Babel gegen Jerusalem geschickt hat, wenn Nebukadnezzar wirklich, wie Jeremia meint, ein »Knecht Jahwes« ist, dann hat doch das grauenvolle Ende einen Sinn, dann ist es doch möglich, aus diesem Schrecken etwas mitzunehmen, dann ist hier zwar eine bestimmte Art, zu denken und zu leben, am Ende, aber nicht Gott selbst ist hier zu Ende. Der Prophet, der wie kein anderer Verkünder des Alten Testamentes die Menschen zur Verzweiflung trieb – jetzt, wo die Panik ausbricht, spricht er als einziger Worte des Trostes, der Ermutigung, der Hoffnung. Man solle, sagt er, dieser Stätte treu bleiben, dem Ort des verwüsteten Jerusalems; man brauche sich nicht mehr zu fürchten vor den Babyloniern, man solle nicht fliehen nach Ägypten (Jer 42; 43).

Aber es scheint so zu sein, daß wer nicht zur Verzweiflung fähig ist, auch nicht zum Glauben finden kann. So wie man sich vorher vor dem Gedanken der Ausweglosigkeit des Endes herumdrückte und sich weigerte, die tödlichen Konsequenzen aus dem Bestehenden zu ziehen, so ist man jetzt nicht mehr fähig, an Gott zu glauben, wo diese Konsequenzen eintreten. Daß man an einen Gott des eigenen Wunschdenkens glaubt, wo man verzweifeln müßte und verzweifelt ist, wo man glauben und alles Verlogene von sich abtun müßte – diese Verkehrtheit macht Jeremia bis zuletzt zum ungeliebten und verhaßten Künder. Bis zuletzt schallt es ihm entgegen: »Der Herr, unser Gott, hat dich nicht gesandt. Du schwatzest Lügenzeug.« (Jer 43,2) Denn nie hört dieses Volk auf, seine Selbstberuhigung und seinen Selbstbetrug für wahr zu halten. Und nie erhebt es sich über seine eigene Angst. Nie lernt es, daß Gott nur ängstigt, wenn man ihm aus Angst vor den Menschen ausweicht, daß er aber ein sicherer Grund ist unter den Füßen, wenn man im Glauben an ihn die Angst um sich selbst und den eigenen Untergang verliert. Man wird nicht untergehen, wenn man sich in Gott hinabstürzen läßt. Die von Gott zerschlagenen Reste der Bevölkerung der Stadt Jerusalem ziehen in einem langen Flüchtlingstreck hinunter nach Ägypten, und sie beweisen nur, daß sie nach wie vor nichts gelernt haben. Ihre Furcht vor den Menschen ist ebenso groß wie ihr Vertrauen auf die Menschen. Gerade dies ist ihr Unheil. Sie fliehen vor Babel, sie fliehen nach Ägypten. Aber auch Ägypten wird zerschlagen werden, und dann gibt es gar kein Entrinnen mehr. Nur Gott, nur Gott, kein Mensch ist Sicherheit. Nur was bei *ihm* stimmt, läßt uns leben.

Es zeugt von der Art des Jeremia, daß er sich trotz aller Vorbehalte diesem Treck der Flüchtenden auf dem Zuge nach Ägypten anschließt. Es bleibt sein Schicksal, als ein Sehender die Blinden auf dem Wege in ihr Unglück bis zum Ende zu begleiten und den Verlorenen im Widerspruch aus Mitleid und Verfluchung zur Seite stehen zu müssen. Noch einmal wird er wiederholen, was er bereits beim Untergang Jerusalems gesagt hat: »Wer zum Tode bestimmt ist, verfällt dem Tode, wer für die Gefangenschaft, der Gefangenschaft, wer für das Schwert bestimmt ist, dem Schwert.« (Jer 43,11) Man wird ihn ein letztes Mal nicht hören. Das göttliche Muß wird bis zum Ende gehen.

Die Wege dieses leidgequältesten, zerrissensten, umdüstertsten, aber auch hoffnungsvollsten aller Gotteskünder verlieren sich spurlos im Elend und im Staub Ägyptens. Aber sein Wort, nach seinem Ende aufgeschrieben, bleibt, zum Ärger, zur Beunruhigung, zum Anstoß und zur Wandlung, zum Untergang, zur Auferstehung – wie Simeon im Tempel später von Jesus sagen wird, den seine Zeitgenossen für den neuen Jeremia hielten (Mt 16,14): »Siehe, dieser ist bestimmt zum Falle und zum Auferstehen vieler in Israel und zu einem Zeichen, dem man widersprechen wird.« (Lk 2,34)

Es ist wie ein Vermächtnis ein einzelnes Wort des Jeremia uns erhalten, das er nach seiner Rettung aus dem Brunnen, während die Stadt bereits in Flammen steht, zu Ebed-Melech spricht und das alles zusammenfaßt, was Jeremia uns zu sagen hat: »So spricht der Herr der Heere, der Gott Israels: Wie du siehst, lasse ich meine

Worte über diese Stadt in Erfüllung gehen, aber nicht zum Heil, sondern zum Unheil ... An jenem Tag will ich dich aber retten, damit du jenen Männern nicht in die Hände fällst, vor deren Gegenwart dich graut. Ja, aus aller Gefahr will ich dich retten, du wirst nicht durch das Schwert fallen, sondern du behältst dein Leben als Beute, weil du auf mich vertrautest – Spruch des Herrn.« (Jer 39,16–18) Es ist ein Wort, das Jeremia allen in Jerusalem, den Königen, den Priestern, den Propheten, dem Volk so gerne hätte sagen mögen. Er durfte und er konnte es nicht, weil die Könige auf die Macht, die Priester auf die Religion, die Propheten auf ihre Wunschträume und ein jeder auf seine Weise an sich selber glaubte, bis daß es zu spät war, und weil dann, als man nicht mehr an sich selber glauben konnte, man immer noch dabei blieb, seiner eigenen Angst zu trauen und zu glauben an andere Menschen. Nur einer glaubte an den wahren Gott, nur ihm weissagte Jeremia Rettung. Und dieser eine, Ebed-Melech, war ein »unreiner« Eunuch, ein kastrierter äthiopischer Sklave, der unterste von allen.

18. August 1974

JEREMIA IN DER ZISTERNE

Ein letztes Mal am heutigen Samstag wollen wir uns, ausgehend von der Passionsgeschichte des Jeremia, fragen, worin die Widersprüchlichkeit und der Widerspruch im Leben dieses Propheten besteht.

Text: Jer 38,4–10

Da sprachen die Fürsten zum König: Diesen Mann sollte man töten! Er lähmt ja nur die Hände der Kriegsleute, die in dieser Stadt noch übrig sind, und die Hände des ganzen Volkes, wenn er solche Worte zu ihnen redet; denn dieser Mann will nicht das Heil, sondern das Unheil dieses Volkes. Der König Zedekia antwortete: So sei's denn! er ist in eurer Hand. Denn der König vermochte nichts gegen sie. Da nahmen sie Jeremia und warfen ihn in die Zisterne des Prinzen Malchia, die sich im Wachthofe befindet. Sie ließen Jeremia an Seilen hinunter; aber es war kein Wasser, sondern nur Schlamm in der Zisterne, und Jeremia sank im Schlamme ein.

Als aber der Äthiopier Ebedmelech, ein Kämmerer, der im Königspalaste war, vernahm, daß sie Jeremia in die Zisterne geworfen hätten – der König aber saß gerade im Benjamintor –, da ging er aus dem Palast hinaus und sprach zum König: Mein Herr und König, diese Männer haben übel gehandelt in allem, was sie dem Propheten Jeremia angetan; sie haben ihn in die Zisterne geworfen, damit er an Ort und Stelle vor Hunger sterbe. Es ist ja kein Brot mehr in der Stadt. Da gebot der König dem Äthiopier Ebedmelech: Nimm von hier drei Männer mit dir und ziehe den Propheten Jeremia aus der Zisterne herauf, bevor er stirbt.

Denn selbst angesichts dieses Textes bleibt es dabei: Gott will unser Heil und unseren Frieden; nur: wieviel an Unheil, Unfrieden und Zerstörung gehört oft dazu, ehe wir zu unserem Frieden und zu unserem Heil finden!

Man kann die Botschaft des Jeremia mit dem Eingriff in eine Krankheit vergleichen: je schwerer sie ist, um so schmerzhafter wird meist die nötige Behandlung sein. Aber gerade hier wehrt sich unsere instinktive Scheu gegen Schmerzen aller Art; denn unsere

Nerven sind von alters her gewohnt, den Schmerz als das Übel selber zu betrachten und entsprechende Flucht- oder Angriffsmaßnahmen anzuordnen. Unser Hund, wenn er sehr zahm ist, kommt vielleicht zu uns, wenn er sich einen Dorn in den Fuß getreten hat; aber wenn wir ihm weh tun müssen, um den Schaden zu beheben, wird er wünschen, nie zu uns gekommen zu sein, und sogar sein Herrchen anknurren und beißen. Im schlimmsten Falle müssen wir ihn erst mit einer Spritze bewußtlos stellen, um ihm zu helfen. Wir Menschen reagieren im Grunde nicht viel anders als unser Hund. Wenn wir Schmerzen haben, beißen wir die Zähne zusammen und möchten eigentlich denjenigen beißen, der uns vermeintlich die Schmerzen zugefügt hat. Darum muß man auch uns, wenn es ganz arg kommt, erst in Narkose versetzen, um uns zu heilen.

Aber da liegt nun die ganze Schwierigkeit: nur im Falle einer körperlichen Krankheit kann man mit narkotischen Mitteln auskommen. Die Krankheit unserer Seele läßt sich nur unter Einschaltung und Zuhilfenahme des Bewußtseins heilen. Alle Schmerzen, die dazugehören, müssen gerade ganz bewußt ertragen und ausgehalten werden; ja, sie entstehen überhaupt erst dadurch, daß wir bestimmte Tatsachen zum ersten Mal in unserem Leben bewußt zur Kenntnis nehmen müssen! Es kostet uns so viel, auch nur ein Stückchen negativer Wahrheit an uns heranzulassen. Unser ganzes Leben lang sind wir irgendwo auf der Flucht vor ein paar unangenehmen Entdeckungen über uns selbst. Wir wollen im Grunde unsere Ruhe haben und in Ruhe gelassen werden. Aber gerade dadurch kann es sein, daß wir immer mehr in Unruhe und Unfrieden hineingeraten. Denn wenn wir das Unangenehme in uns immer nur zudecken, wegschieben und verdrängen, muß sich das über kurz oder lang rächen; der Aufwand, den wir zur Verdrängung treiben müssen, wird immer teurer, der Kräfteverschleiß immer höher, bis daß es nicht mehr weitergeht. Nur: wenn uns jemand vor der Katastrophe, die wir so sehr fürchten, vor dem Zusammenbruch, den wir um alles in der Welt verhindern wollen, sagen würde, woran wir mit uns sind – wir würden ihn am liebsten umbringen mögen, wir würden mit ihm am liebsten in der gleichen Art verfahren mögen wie mit allem, was uns bislang peinlich und mißliebig war: wir würden ihn verstecken, lebendig eingraben, auf jeden Fall verschwinden lassen mögen.

In diesen kurzen Andeutungen finden Sie bereits die ganze Situation des Propheten Jeremia und unseres eigenen Lebens beschrieben. Jeremia trat auf in einer Zeit und in einem Volk, das sich seit Jahrzehnten etwas vormachte, das voller Angst der Wahrheit über seine eigene Lage aus dem Wege ging und statt dessen um so mehr nach offiziellen Verlautbarungen über die Fortschritte in der inneren und äußeren Sicherheitspolitik gierte, nach Trendanalysen über den bevorstehenden Wirtschaftsaufschwung und nach Expertengutachten über die zu erwartenden Erfolge der königlichen Stabilitätsmaßnahmen. Alle Leute am Hof, das Militär, die Priester am Tempel, die Propheten auf den Marktplätzen verdienten ihren Lebensunterhalt damit, das Volk in seinen Illusionen zu bestärken.

Man sollte meinen, jeder damals hätte wissen können, was die Stunde geschlagen hatte. Von allen Seiten war Jerusalem bereits von den Babyloniern eingekesselt; man hatte nichts mehr zu essen und zu trinken. Aber so geht es ja zu: je folgenschwerer, je furchtbarer die Wahrheit ist, desto weniger will man sie hören, selbst bis zum letzten nicht; gerade da, wo das Ende schon von allen Seiten hereinbricht, haßt man denjenigen am allermeisten, der die Wahrheit manifest macht, als wenn ein solcher sogar mit die Hauptschuld an der sich deutlich abzeichnenden Katastrophe trüge.

Der Schmerz, den die Worte des Jeremia verursachten, veranlaßte alle, buchstäblich mit ihren Zähnen über ihn herzufallen und ihn totzubeißen: durch Verleumdung, Klatsch, soziale Ächtung, Hohn und Verachtung. All das half natürlich nichts. Gegen die Wahrheit gibt es auf die Dauer keinen anderen Schutz, als sie anzunehmen. Aber in dem Moment nun, wo sich die Wahrheit der Worte des Jeremia einfach nicht mehr abweisen ließ, mußte man zum äußersten Verdrängungsmittel greifen und mit ihm so verfahren, wie mit all den unliebsamen Wahrheiten vorher: man mußte ihn vom Erdboden verschwinden lassen, im Schlamm ersäufen, aushungern, töten um jeden Preis. Die drohende Katastrophe durfte einfachhin nicht wahr sein. Man hatte sich schlechterdings zu lange etwas vorgemacht, um aus dem Netz der Illusionen und der angstbesetzten Selbstbetrügereien freiwillig noch herauszukommen. Und der Grund dafür ist offensichtlich: Man mußte glauben, daß der Zusammenbruch Jerusalems, die Zerstörung der bisher vertrauten Welt, etwas Letztes und Endgültiges sei, über das hinaus es nichts mehr gebe. Weiter als bis zum Einsturz des gesamten Kartenhauses konnte niemand denken; eben deshalb mußte jeder dieses Kartenhaus für ein Meisterwerk der Stabilität und Sicherheit ausgeben. Schließlich kann man sich nicht ein ganzes Leben lang selbst belügen, ohne am Ende die eigenen Lügen für das einzig Gewisse und Zuverlässige zu halten.

So viele Menschen es gibt, so viele Varianten wird es geben, das Drama zwischen Jeremia und Jerusalem zu wiederholen. Ein jeder von uns ist vor sich selber irgendwie auf der Flucht wie Jerusalem vor den Babyloniern, bis er sich in seiner Angst von allen Seiten eingekesselt sieht.

Jemand sucht z. B. sein Leben lang, sich durch moralische Rechtschaffenheit und religiöse Sorgfalt zu bestätigen, daß er ein guter Mensch ist. Und da soll er etwa die Zumutung akzeptieren, daß er in Wahrheit auf dem besten Wege sei, ein gemeiner Pharisäer zu werden, ein Mensch, der nur sich selber liebt und mit Gott überhaupt nichts zu tun hat? Sie können sicher sein: jemand, der einem so etwas offenbaren würde, den müßten wir leidenschaftlich hassen. Aber gerade so war das bei Jesus, gerade so war das bei Jeremia.

Oder: Ein anderer lebt ganz ohne alle Religion; seine Weltanschauung besteht darin, zu denken, was alle denken; so wird er ein moderner, lebensoffener, tüchtiger Boy, der sich in der Welt des Busineß und Happy life schon durchsetzen wird; und da soll er es akzeptieren zu hören, daß er in Wahrheit ein oberflächlicher Prahlhans ist, der aus lauter Gedankenfaulheit jede tiefere Einsicht über sich vermeidet! Macht, soziale Geltung und Prestige ist doch nicht das, wofür man leben kann, wenn man ein Mensch sein will! Das sagte Jeremia, das sagte Jesus; und gerade dafür haßte man sie gründlich.

Es ist einem jeden überlassen, woran er sich selber verdeutlichen will, wie und wo er sich selbst ausweicht. Klar ist nur, daß dieses Ausweichen von Aufschub zu Aufschub nicht immer weitergehen kann, daß wir damit um der Ruhe des Augenblicks willen in Wahrheit nur die ständige Unruhe im ganzen vermehren. Daran liegt es, daß Jeremia sogar die »Bosheit« (wie seine Zeitgenossen denken mußten) besitzen konnte, von der Kanzel im Tempel herunter das Volk aufzufordern, es solle beten für das, was es zerstört, es solle beten für Nebukadnezzar, durch den Gott den Untergang Jerusalems herbeiführen wolle – offenbar weil ein baldiger und gründlicher Zusammenbruch immer noch besser ist als das ewige aussichtslose Weiterlarvieren, weil der offene Ausbruch einer Verzweiflung oft unendlich viel gnädiger ist als die ständige Flucht in die Hysterie, weil man unter Umständen die Katastrophe sogar wünschen muß als die absolut unerläßliche Voraussetzung zu einem Neubeginn in Wahrheit und in Ehrlichkeit. Es hilft ja nichts, Jeremia umzubringen; es geht im Gegenteil einfach darum, das eigene Ende auszuhalten – und zu glauben, daß Gott in allem Schmerz über die Kraft einer Lebenserneuerung, einer Auferstehung (ins Leben) verfügt.

Das ist der entscheidende Unterschied zwischen Jeremia und der Bevölkerung von Jerusalem, daß er gerade in der Katastrophe die Möglichkeit sieht, die falschen Vorstellungen und unwahrhaftigen Formen des Lebens aufzugeben und von vorn zu beginnen. Als die Babylonier Jerusalem erobern, als die Rauchsäulen aus den verbrannten Häusern und Äckern der Stadt aufsteigen, als die Marschkolonnen der Deportation sich in Bewegung setzen, da kauft sich Jeremia ein Landgut in Anatot. Das Ende ist für ihn nicht das Ende. Der Einbruch der Verzweiflung ist für ihn nicht das letzte. Das grauenhafte Unheil ist für ihn nur das Eingeständnis und die Folge einer jahrelangen falschen Buchführung – jetzt endlich kann man wieder mit reellen Zahlen rechnen; jetzt endlich kann man ungehindert so beginnen, daß es stimmt. Jetzt endlich hat Gott seine grausame Bitte erhört, man möge endlich doch verzweifeln, weil nur in der Verzweiflung der bedingungslose Mut erwächst, die Wahrheit zu ertragen. Hier mitten in der Katastrophe sieht Jeremia den Beginn eines neuen, wahren, inneren Verhältnisses zwischen Gott und Mensch; jetzt, wo mit ungeheurer Gewalt alles zerstört wird, was noch bislang die längst fällige Einsicht aufschob, da nimmt er in der Tiefe einen Aufbruch richtiger und eigentlicher Hoffnung wahr.

Erst wenn man mit der Krankheit einfach nicht mehr leben kann, wird man bereit sein, sich der notwendigen Operation zu stellen. Bis dahin lebt jeder von uns mit einem gerüttelt Maß an barmherzigen Lügen. Bis zum Jüngsten Tag sieht niemand seine Wahrheit ganz. Aber irgendwo hört die Barmherzigkeit der Lügen auf; irgendwo wird es grausam, in der Lüge fortzufahren; und dann ist die Zerstörung wie ein Akt höheren Mitleids. Im Grunde kommt in den Momenten solcher Krisen, solcher äußerster Anspannungen alles darauf an, Gott mehr zuzutrauen als den Willen, uns zu quälen und zu zerstören; im Grunde kommt es in solchen Augenblicken darauf an, zu denken, daß Gott uns gerade durch das, was uns im Moment vernichtet, ein Stück weit tiefer zu uns selbst erschaffen will.

Grund dazu haben wir. Es ist die ungeheuerlichste Überzeugung der gesamten Bibel, daß Gott Verständnis hat sogar für unseren instinktiven Widerstand gegen das Leid, das doch so nötig ist, wenn wir uns allzu lange selber in der Lüge eingerichtet haben. Es ist die sichere Gewißheit insbesondere des Neuen Testamentes, daß sogar unser Widerstand gegen das Leid, unser wütender, grausamer Protest bis hin zur Tötung Jesu, am Ende Gutes für uns schafft. Es bleibt dabei, gerade angesichts des Unheils, des Unfriedens und des Leids: Gott will in Wahrheit unser Heil, unseren Frieden, unser Glück; nur nicht so eingeengt in unserer Angst; nur nicht so faul in unserem allerseits verkürzten Leben; nur nicht so kleinlich in den Dunstbahnen von Lust und Unlust; nur nicht so grundverlogen in den Fluchtbewegungen des Selbstbetruges, des Selbstverlustes, der sublimen Selbstzerstörung. Gott will in allem Leid in Wahrheit, daß wir endlich anfangen zu leben. Nur deshalb brauchen wir an sich sogar die Katastrophe nicht zu fürchten. Gott mutet allerdings uns zu, daß wir in den Tausenden von Jahren seiner Offenbarung inzwischen bis dahin für ihn genug »gezähmt« sind, daß wir bewußt den Schmerz ertragen können, der nötig ist, die Dornen, die uns hindern, richtig aufzutreten, aus dem Fuße zu entfernen. Und selbst, daß wir vor Schmerz dabei oft heulend um uns beißen – gerade gegen den, der uns die Wahrheit sagt, verhindert nicht, daß schließlich doch die Heilung insgesamt zustande kommt.

13. August 1977

Als Überläufer wirst du
am Leben bleiben

Eine zentrale Stelle des Jeremiabuches erklärt uns mittelbar die Entstehung der Tradition, die uns auf biblischem Boden über den Propheten insgesamt erhalten geblieben ist. Es ist Jeremias letzter Versuch, sich sprachlich und schriftlich noch einmal vor dem Volk, vor dem König, zu äußern, und es ist ein vergeblicher Versuch. Unmittelbar vor der Geschichte von der Einnahme Jerusalems steht der Bericht Baruchs über das Martyrium des Jeremia. Auch daraus wollen wir die entscheidenden Passagen, vor allem das Gespräch schließlich zwischen dem Propheten und dem König in der letzten Stunde einer gerade noch möglichen Entscheidung, miteinander durchgehen.

Text: Jer 36,1–32; 38,1–28
Im vierten Jahre Jojakims, des Sohnes Josias, des Königs von Juda, erging vom Herrn an Jeremia dieses Wort: Nimm dir eine Buchrolle und schreibe darauf alle Worte, die ich zu dir geredet habe wider Jerusalem, wider Juda und wider alle Völker von dem Tage an, da ich [zum erstenmal] zu dir geredet habe, seit den Tagen Josias bis auf diesen Tag. Vielleicht hört das Haus Juda darauf, wieviel Unheil ich über sie zu bringen gedenke, daß sie umkehren, ein jeder von seinem bösen Wege, und ich ihnen Schuld und Sünde vergebe. Da rief Jeremia den Baruch, den Sohn Nerias, und Baruch schrieb nach dem Diktate Jeremias alle Worte, die der Herr zu ihm geredet hatte, auf eine Buchrolle. Dann gab Jeremia dem Baruch Weisung und sprach: Ich bin verhindert; ich darf das Haus des Herrn nicht betreten. So gehe nun du hinein und lies aus der Rolle, die du nach meinem Diktate geschrieben hast, dem Volke im Tempel die Worte des Herrn an einem Fasttage vor; auch allen Judäern, die aus ihren Städten hereinkommen, sollst du sie vorlesen. Vielleicht werfen sie sich dann flehend vor dem Herrn nieder und kehren um, ein jeder von seinem bösen Wege; denn groß ist der Zorn und der Grimm, mit dem der Herr dieses Volk bedroht hat. Und Baruch, der Sohn Nerias, tat ganz, wie ihm der Prophet Jeremia befohlen hatte: er las aus dem Buche die Worte des Herrn im Tempel vor. Es geschah nämlich im fünften Jahre Jojakims, des Sohnes Josias, des Königs

von Juda, im neunten Monat, daß man in Jerusalem ein Fasten vor dem Herrn ausrief – alles Volk in Jerusalem und alles Volk, das aus den Städten Judas hereinkam. Da las Baruch aus dem Buche die Worte Jeremias dem ganzen Volke im Tempel vor, in dem Gemach Gemarjas, des Sohnes des Kanzlers Saphan, im obern Vorhof am Eingang des neuen Tempeltors.

Als nun Micha, der Sohn Gemarjas, des Sohnes Saphans, alle die Worte des Herrn aus dem Buche gehört hatte, ging er hinab in den Palast des Königs, in das Gemach des Kanzlers. Dort waren gerade alle Fürsten zu einer Sitzung versammelt: der Kanzler Elisama, Delaja, der Sohn Semajas, Elnathan, der Sohn Achbors, Gemarja, der Sohn Saphans, Zedekia, der Sohn Hananjas, und alle die anderen Fürsten. Und Micha meldete ihnen die Worte alle, die er gehört hatte, als Baruch sie dem Volke aus dem Buch vorlas. Da sandten alle Fürsten den Jehudi, den Sohn Nethanjas, des Sohnes Selemjas, des Sohnes Chusis, zu Baruch und ließen ihm sagen: Nimm die Rolle, aus der du dem Volke vorgelesen hast, und komme damit her. Und Baruch, der Sohn Nerias, nahm die Rolle und kam damit zu ihnen. Dann sprachen sie zu ihm: Setze dich doch und lies sie uns vor. Und Baruch las ihnen vor. Als sie nun alle die Worte gehört hatten, sahen sie einander entsetzt an und sprachen: Wir müssen unbedingt dem König alle diese Worte kundtun. Den Baruch aber fragten sie: Sage uns doch: wie hast du alle diese Worte aufgeschrieben? Baruch antwortete ihnen: Jeremia selber hat mir alle diese Worte diktiert, während ich sie mit Tinte in das Buch schrieb. Da sprachen die Fürsten zu Baruch: Geht und verbergt euch, du und Jeremia! Niemand darf wissen, wo ihr seid.

Dann gingen sie zum König in den Palasthof, nachdem sie die Rolle im Gemach des Kanzlers Elisama verwahrt hatten, und berichteten dem König die ganze Sache. Da sandte der König den Jehudi, die Rolle zu holen, und der holte sie aus dem Gemach des Kanzlers Elisama. Und Jehudi las sie dem König und allen Fürsten in seiner Umgebung vor. Der König aber saß im Winterhause – es war ja im neunten Monat –, während vor ihm das Feuer im Kohlenbecken brannte. Wenn nun Jehudi drei oder vier Spalten gelesen hatte, schnitt der König sie mit dem Federmesser ab und warf sie in das Feuer auf dem Kohlenbecken, bis die ganze Rolle im Feuer des Kohlenbeckens verzehrt war. Und niemand erschrak und zerriß sein Kleid, weder der König noch seine Diener, die alle diese Worte mit anhörten. Wohl drangen Elnathan, Delaja und Gemarja in den König, die Rolle nicht zu verbrennen; aber er hörte nicht auf sie. Alsdann befahl der König dem Prinzen Jerahmeel, Seraja, dem Sohne Asriels, und Selemja, dem Sohne Abdeels, den Schreiber Baruch und den Propheten Jeremia zu holen; aber der Herr hielt sie verborgen.

Nachdem nun der König die Rolle mit den Worten, die Baruch nach dem Diktat Jeremias aufgeschrieben, verbrannt hatte, erging das Wort des Herrn an Jeremia also: Nimm dir wieder eine andre Rolle und schreibe darauf alle die Worte, die auf der Rolle standen, welche Jojakim, der König von Juda, verbrannt hat. Über Jojakim aber, den König von Juda, sollst du sagen: So spricht der Herr: Du hast diese Rolle verbrannt und gesagt: »Warum hast du darauf geschrieben, der König von Babel werde kommen und dieses Land verwüsten und Menschen und Vieh darin vertilgen?« Darum spricht der Herr über Jojakim, den König von Juda, also: Er soll keinen [Nachkommen] haben, der auf dem Throne Davids sitze, und sein Leichnam soll daliegen, preisgegeben der Hitze bei Tage und dem Frost in der Nacht. Und ich werde an ihm und seinem Geschlecht und seinen Dienern ihre Verschuldung ahnden; ich werde über sie und über die Bewohner Jerusalems und die Männer von Juda all das Unheil bringen, das ich ihnen angedroht habe, ohne daß sie darauf hörten. Da nahm Jeremia eine andere Rolle und gab sie dem Schreiber Baruch, dem Sohne Nerias; der schrieb darauf nach dem Diktat Jeremias alle Worte des Buches, das Jojakim, der König von Juda, verbrannt hatte, und es wurden ihnen noch viele ähnliche Worte hinzugefügt.

Sephatja aber, der Sohn Matthans, und Gedalja, der Sohn Pashurs, und Juchal, der Sohn Selemjas, und Pashur, der Sohn Malchias, hörten von den Worten, die Jeremia zu allem Volke redete, indem er sprach: So spricht der Herr: Wer in dieser Stadt bleibt, der wird durch Schwert, Hunger oder Pest umkommen; wer sich aber den Chaldäern ergibt, der wird davonkommen, er wird sein Leben als Beute davontragen und am Leben bleiben. Denn so spricht der Herr: Diese Stadt wird sicherlich in die Gewalt des Heers des Königs von Babel gegeben werden, und er wird sie einnehmen. Da sprachen die Fürsten zum König: Diesen Mann sollte man töten! Er lähmt ja nur die Hände der Kriegsleute, die in dieser Stadt noch übrig sind, und die Hände des ganzen Volkes, wenn er solche Worte zu ihnen redet; denn dieser Mann will nicht das Heil, sondern das

*Unheil dieses Volkes. Der König Zedekia antwortete: So sei's denn!
er ist in eurer Hand. Denn der König vermochte nichts gegen sie.
Da nahmen sie Jeremia und warfen ihn in die Zisterne des Prinzen
Malchia, die sich im Wachthofe befindet. Sie ließen Jeremia an Sei-
len hinunter; aber es war kein Wasser, sondern nur Schlamm in der
Zisterne, und Jeremia sank im Schlamme ein.*

*Als aber der Äthiopier Ebedmelech, ein Kämmerer, der im Kö-
nigspalaste war, vernahm, daß sie Jeremia in die Zisterne geworfen
hätten – der König aber saß gerade im Benjamintor –, da ging er aus
dem Palast hinaus und sprach zum König: Mein Herr und König,
diese Männer haben übel gehandelt in allem, was sie dem Propheten Jeremia angetan; sie haben ihn in die Zisterne geworfen, damit
er an Ort und Stelle vor Hunger sterbe. Es ist ja kein Brot mehr in
der Stadt. Da gebot der König dem Äthiopier Ebedmelech: Nimm
von hier drei Männer mit dir und ziehe den Propheten Jeremia
aus der Zisterne herauf, bevor er stirbt. Und Ebedmelech nahm die
Männer mit sich und ging in den Palast, in den Raum unter der Vor-
ratskammer, holte dort Lappen von abgetragenem und zerschlis-
senem Zeug und ließ sie an Seilen zu Jeremia in die Zisterne hinunter. Und der Äthiopier Ebedmelech sagte zu Jeremia: Lege das
abgetragene und zerschlissene Zeug zwischen deine Achselhöhlen
und die Seile. Jeremia tat das; dann zogen sie ihn an den Seilen aus
der Zisterne herauf, und Jeremia blieb im Wachthof.*

*Der König Zedekia aber sandte hin und ließ den Propheten Jere-
mia zu sich holen an den dritten Eingang am Hause des Herrn. Und
der König sprach zu Jeremia: Ich will dich etwas fragen; verhehle
mir nichts. Jeremia antwortete dem Zedekia: Wenn ich es dir sage,
wirst du mich da nicht töten lassen? und wenn ich dir rate, so hörst
du ja doch nicht auf mich. Da schwur ihm der König einen Eid: So
wahr der Herr lebt, der uns diese unsere Seele geschaffen hat, ich
werde dich nicht töten und dich nicht in die Hände jener Männer
geben, die dir nach dem Leben trachten. Nun sprach Jeremia zu
ihm: So spricht der Herr, der Gott der Heerscharen, der Gott Israels: Wenn du dich den Fürsten des Königs von Babel ergibst, so
bleibt dein Leben erhalten, und diese Stadt wird nicht verbrannt,
und du bleibst mit den Deinen am Leben. Wenn du dich aber den
Fürsten des Königs von Babel nicht ergibst, so wird diese Stadt in
die Hand der Chaaldäer gegeben; die werden sie verbrennen, und
du selbst wirst ihrer Hand nicht entrinnen. Da sprach der König zu*

Jeremia: Mir bangt vor den Judäern, die schon zu den Chaldäern abgefallen sind; man könnte mich ihnen ausliefern, daß sie ihr Gespött mit mir treiben. Jeremia antwortete: Man wird dich nicht ausliefern! Höre doch auf die Stimme des Herrn in dem, was ich zu dir rede; dann wird es dir wohl ergehen, und du wirst am Leben bleiben. Wenn du dich aber weigerst, dich zu ergeben, so vernimm, was der Herr mich hat schauen lassen: Siehe, alle Frauen, die im Palast des Königs von Juda noch übrig sind, wurden hinausgeführt zu den Fürsten des Königs von Babel, und sie sangen dabei:»Verführt, überwältigt haben dich deine Vertrauten, haben deine Füße im Sumpf stecken lassen und sind entwichen.« Ja, alle deine Frauen und Kinder wird man zu den Chaldäern hinausführen, und du selbst wirst ihrer Hand nicht entrinnen, sondern du wirst von der Hand des Königs von Babel ergriffen, und diese Stadt wird verbrannt werden. Da sprach Zedekia zu Jeremia: Niemand darf von diesem Gespräch erfahren; sonst wäre es dein Tod. Wenn aber die Fürsten vernehmen, daß ich mit dir geredet habe, und sie zu dir kommen und sagen:»Tue uns kund, was du mit dem König geredet hast: verhehle es uns nicht, sonst töten wir dich! Und was hat der König zu dir geredet?« so antworte ihnen:»Ich habe den König angefleht, mich nicht wieder in das Haus Jonathans bringen zu lassen, daß ich dort sterbe.« Und wirklich kamen alle Fürsten zu Jeremia und fragten ihn. Er aber gab ihnen Bescheid genau mit den Worten, die ihm der König befohlen hatte. Da ließen sie ihn in Ruhe; es hatte ja niemand das Gespräch gehört. So blieb denn Jeremia im Wachthof bis zu dem Tage, da Jerusalem eingenommen wurde.

Wie entsteht ein Buch? Es ist stets ein Versuch, mit Menschen zu reden, die wie unerreichbar scheinen entweder durch ihre räumliche, ihre zeitliche oder ihre geistige Ferne. Bücher entstehen zur Überwindung der Distanz von Raum und Zeit und Leben. Das ist normal. Kaum aber gibt es den Bericht von der Entstehung eines Buches, der so verzweifelt anmutet wie das Diktat des Propheten Jeremia für seinen Schüler Baruch an dieser Stelle. Es handelt sich um eine Zusammenfassung von allem, was Jeremia, der Priestersohn aus Anatot, über den Tempel, über die Heilige Stadt, über ihre Priester und ihre Kultpropheten, über ihre Könige und über ihre Obersten, im Namen Gottes, als Gericht, dunkel dräuend am Horizont, erschaut und warnend ausgesprochen hat.

Wir stehen im Jahre 604. König Jojakim (609–598) hat miterleben müssen, daß im Jahr zuvor der ägyptische Pharao Necho bei Karkemisch von den Babyloniern unter dem Kronprinzen Nebukadnezzar vernichtend geschlagen wurde. Die Balance des Machtgleichgewichts zwischen dem Zweistromland und der Niloase, zwischen Mesopotamien und Ägypten, löst sich auf. Es gibt nur noch eine Großmacht, die Chaldäer, und sie rücken nach, um den Freiraum zu besetzen; sie tun es, wie sie es gewohnt sind: gnadenlos überrollt ihre Militärmaschinerie jeden Widerstand. Genau das, was Jeremia all die Zeit vor sich sah, aber was man nicht wahrhaben wollte, findet jetzt statt, präzise, seelenlos, brutal, mit einer Machtgier ohne Grenzen. Die Lage wäre zum Verzweifeln, sähe nicht gerade Jeremia in all dem Unheimlichen und Furchtbaren Gott selber am Werke, wie er sein Volk heimsucht, um ihm die Chance zu geben, sich in der Tiefe seiner Grundeinstellungen zu regenerieren und damit um den Preis einer totalen Katastrophe die Chance eines Neuanfangs zu gewinnen. Und diese Botschaft ist es, die Jeremia vermitteln möchte, ehe es zu spät ist. Kapitulation aus Einsicht gilt ihm als das Gebot der Stunde.

Schreiben, das heißt damals, auf Papyrus oder Pergament mit Tinte abschnittweise einzutragen, was nach Diktat vorgelegt wird. So tut es Baruch. Wir dürfen denken, daß Jeremia Teile seines Vortrags selber vormals schriftlich aufgezeichnet hatte. Traditionsgeschichtlich dürfen wir entsprechend an dieser Stelle davon ausgehen, daß große Teile des Jeremia-Buches wirklich aus dem Munde des Propheten stammen, freilich losgelöst oft aus der chronologisch richtigen Reihenfolge, zusammengeschnitten auf einen einzigen, endgültigen Vortrag.

Noch einmal soll in dieser Stunde alles auf eine Karte gesetzt werden. Es ist der neunte Monat, also Dezember, des Jahres 604. Zu einem Fasttag hat sich das Volk im Tempel versammelt, und dort, in der Halle Gemarjas, soll Baruch all die Texte des Jeremia, von den Tagen des Josia (641–609) an bis auf den jetzigen Tag, zur Verlesung bringen. Jeremia selber kann das nicht tun; er würde von den Priestern nach seiner Tempelrede (Jer 26) ins Heiligtum Gottes nimmermehr hineingelassen werden. Allenfalls sein Schüler kann, in seinem Namen, seine Worte verlesen. Der Prophet persönlich ist zu diesem Zeitpunkt längst eine *Persona non grata*; ja, es muß erstaunen, daß die Priester Baruch tatsächlich all diese Texte vortragen lassen, ohne ihm den Mund zu verbieten – dort, wo nur Gott redet, und zwar doch in ihrem Sinne, wie sie's erwarten! Aber Baruch liest und liest, und das heißt doch wohl, daß zumindest der Staatsschreiber Schafan und mit ihm eine Gruppe von Leuten im Rang von Ministern Jeremia nicht unbedingt abhold gewesen sind. Gerade die Dunkelheit der Visionen Jeremias scheint Schafan eine im ganzen korrekte Lagebeschreibung, eine Warnung von hohem Realitätssinn gewesen zu sein. Aus dieser Gruppe jedenfalls geht man hinüber in den Rat der Obersten, dorthin, wo das Militär tagt zur Lagebesprechung. Offenbar möchten sie ein Gegengewicht zu dem Durchhaltewillen und der Großmannssucht der Generalität bilden. So tragen sie dem König die Botschaft des Jeremia vor; der aber handelt, wie die Obersten, bis auf wenige Ausnahmen, es erwarten! Die Buchrolle wird aufgerollt, zwei bis drei Spalten werden zur Lektüre freigegeben, und abschnittsweise nimmt der König selber das Messer, zerschneidet die verlesenen Teile und wirft sie ins Kohlenfeuer, damit es ihn wärmt.

Es ist schwer denkbar, daß man einen Propheten, der glaubt, das Wort Gottes zu verkünden, schlimmer verhöhnen könnte als durch eine solche Vorgehensweise. Aber ist nicht, was Jeremia dem König sagt, gleichermaßen eine Verhöhnung? Nur die Kapitulation, nur die Unterwerfung soll Rettung bieten? Kann denn das wahr sein? Soll's wirklich sein, daß Gott nichts anderes plant als die Vernichtung all dessen, was so mühevoll ein halbes Jahrtausend lang von David bis heute aufgebaut wurde? Kann es sein, daß Gott selber seine eigenen großartigen Verheißungen widerruft, daß er dabei ist, die Bindung seiner eigenen Machtfülle an die Größe seines auserwählten Volkes zunichte zu machen? Ist das alles nicht eine aberwitzige Form von Gottesrede? Muß sie nicht den gesunden Nationalstolz des auserwählten Volkes vollkommen aushöhlen? Läßt sie nicht die natürlichen Hoffnungen der Menschen vollkommen ins Leere greifen? Schon allein der Entmutigung wegen, die Jeremia verbreitet, schon aufgrund der aussichtslosen Düsternis, mit der er von Gott her den Himmel wie ein Gewand der Nacht über die Erde breitet, muß man ihm widersprechen. Ist es der König nicht seiner eigenen Rolle schuldig, Hoffnung zu verkörpern? Und Hoffnung, weiß Gott, redet anders; sie sieht Aussichten gerade dort, wo dieser depressive und deprimierende Prophet überhaupt keine Zukunft mehr wahrnehmen will oder zumindest nicht wahrnehmen kann.

Aber kann denn, darf denn der Prophet anders handeln, als er es tut? Es ist weder Starrheit noch Sturheit, es ist vielmehr eine letzte Tat der *Treue*, wenn man so will, daß Jeremia noch einmal, nach dem Vorbild schon des Jesaja (Jes 8,16), alles, was er zu sagen hat, später noch einmal, ein zweites Mal, auf eine neue Buchrolle dem Baruch diktiert, jetzt nicht mehr, um von seinen Zeitgenossen verstanden zu werden – allenfalls von den Zukünftigen. Ihnen zu später, allzu später Erkenntnis eine Lehre zu geben, die, je nach den Umständen, dann vielleicht von neuem rettend sein kann, ist der ganze Zweck dieser trotzigen Neuaufzeichnung.

Vor diesem Hintergrund mutet es besonders erschütternd an, daß Jeremia den Baruch zum Verlesen der Texte im Heiligtum Gottes ursprünglich mit einem zweifachen »Vielleicht« auffordert: *vielleicht* werden sie hören, *vielleicht* werden sie umkehren (Jer 36,7). Es war in den Augen des Jeremia grade nicht Defätismus, nicht Pessimismus, nicht quälende Aussichtslosigkeit; – es bedeutete für ihn den letzten Rettungsversuch, zur rechten Zeit um des Überlebens willen die Kapitulation anzuempfehlen. Freilich, das »Überleben« um diesen Preis stellt die Forderung nach Lebenserneuerung. Nichts kann, nichts darf so bleiben, wie es bisher war. Man würde Gott fortan suchen müssen in der Kleinheit, im Geringen, im Schwachen, im Inwendigen, im Wahrhaftigen. Dem König ins Angesicht wird Jeremia sogar erklären, daß es mit ihm aus ist, mit ihm und der gesamten davidischen Dynastie. Ihn, der jetzt noch lebendig auf dem Thron sitzt, sieht er bereits wie einen lebenden Leichnam, als einen Auswurf bei Tag und bei Nacht. Und es wird keinen Nachfolger mehr geben. Es wird das Ende des ganzen Königshauses sein, und Jeremia wird recht behalten. Unter Zidkija (597–586), dem Sohne Josias, wird sich das, was Jeremia vor sich sah, ein wenig zeitverzögert, Punkt für Punkt vollenden.

Die Frage, die Jeremias Auftreten hier stellt, lautet, wie weit ein Mensch imstande ist, seinen eigenen Auftrag durchzuhalten. Man sollte denken, es lohnt nur, etwas Provokantes, Kritisches zu sagen, wenn es wenigstens eine gewisse Aussicht auf Erfolg hat. Formal hat Jeremia bekannt, daß er eine solche Aussicht noch hegt; aber kann er selber noch daran glauben? Dem Mann, der früher schon sagte, man ändert dem Mohren doch nicht die Hautfarbe und dem Panther nicht die Streifen (Jer 13,23), wäre es möglich, daß er im letzten Moment noch eine Chance zur Wende erblickte? Vermutlich kann man Jeremia nur verstehen in einer bestimmten Form von Treue zu sich selbst: er will nichts mehr »bewirken«, er will nur getan haben, was möglich ist. So sind sie alle, die wir »Propheten« nennen in Israel. Der Gegensatz ist deutlich.

Insbesondere in der katholischen Kirche erwartet man, daß jemand nur das sagt, was von der Gesamtheit der »Gläubigen« akzeptiert wird. Auch im Staat erwarten wir von einem Politiker, daß er die Dinge so ausspricht, daß sie von der Mehrheit mitgetragen werden. Propheten indessen scheren sich um den Meinungsproporz so gut wie gar nicht. Sie sprechen unverkürzt und unmittelbar die Dinge aus, die sie für wahr halten. Darinnen können sie sich irren. Es kann zum Beispiel sein, daß sie die Dimensionen im Ablauf der Zeit nicht richtig einschätzen, indem sie voller Ungeduld und Qual, mitunter auch voller Hoffnung und Sehnsucht, Dinge vorwegnehmen, die um Jahrhunderte, vielleicht um Jahrtausende später sich ereignen. Aber das, was sie sehen, ist das, was sie sagen, und dazwischen gibt es keinen Unterschied. Entweder es wirkt aus sich selber und schafft durch seine eigene Glaubwürdigkeit eine Entscheidung zu Heil, Frieden, innerer Übereinstimmung und menschlicher Größe, oder es richtet sich selbst, indem es zugrunde richtet, weil es keinen Glauben findet.

Vor eine solche Alternative stellen die Propheten jeden einzelnen Menschen und das ganze Volk mitsamt seinen Lenkern und Leitern.

Auch an dieser Stelle sind wir gewohnt, im Unterschied zu der Haltung der Propheten die kollektive Verantwortung zu betonen. Ist der Einzelne wirklich stark genug, sein Leben in die Hand zu nehmen und in Freiheit über sich selbst zu verfügen? Ist nicht der Einzelne wie ein treibender Holzspan im Fluß, ein Spielball der Strömung und der Wellen? Kann er sich überhaupt die Richtung vorgeben, in welche er sich bewegen will? Vermag der Korken gegen den Strom zu schwimmen, wenn sogar die Versuche, auch nur die Strömungsgeschwindigkeit zu verlangsamen, durch die überbordenden Wellen hinweggespült werden? Es sind die Propheten, die diese Sicht im Kollektiv niemals gelten lassen. Sie als einzelne stellen die Menschen als Individuen vor ihren Gott, und all ihre Rede besteht darin, keine Ausrede, was alle getan haben, was die anderen getan haben, zuzulassen. Sogar was der König beschlossen hat, ist für den Beschluß dessen, der vor Gott gerufen ist, unmaßgeblich. Was militärische Oberste befehlen, ist für ihn noch lange kein Grund zu Gehorsam, im Gegenteil. Was Priester für heilig vortragen, be deutet ihm noch lange nicht, ihnen zu folgen. Was die Gewohnheit und die Tradition nahelegen, enthält für ihn kein Argument; wenn sich's erweist als langer Irrtum, verdient es unbedingt und möglichst schnell verlassen zu werden! Wie groß ist der Abstand zwischen einem Propheten und den Menschen, die er aus der Menge herausruft, unwissend noch, wo hinein eigentlich!

Kann man sich unter diesen Umständen wundern über das Schicksal des Jeremia, wie es uns zwei Kapitel darauf (Jer 38) berichtet wird?

Wir machen einen zeitlichen Sprung in das Jahr 586. Jerusalem, das schon belagert ist, wird noch einmal von den Babyloniern für eine Verschnaufpause verlassen, um ein Entsatzheer der Ägypter zurückzuschlagen. In dieser Zeit ging Jeremia, wie wir schon hörten (Jer 32; 37,12–16), hinüber zum Ackerkauf von Anatot, als man ihn verhaftete und als Deserteur verklagte. Im Hause Jonathans, das man in einen Kerker verwandelt hatte, dort, im Zisternenraum, naßkalt und schlecht versorgt, wie wir annehmen müssen, war Jeremia gefangengehalten worden. Zidkija, der König, hatte natürlich gesehen, daß die Anklage so nicht zu Recht bestand. Er ließ den Propheten im Wachthof unterbringen, unter ermäßigten Bedingungen gewissermaßen. Den Scharfmachern aber genügte diese Maßnahme keinesfalls. In ihren Augen war alles Verrat, war es Wehrkraftzersetzung, was dieser Mann sagte. Es ist ein Vorwurf, der selbst 2600 Jahre später, auch heute noch, in jedem Staat absolut identisch aufgegriffen werden würde.

In Kriegszeiten und Notsituationen zumal schart jede Gruppe, jedes Volk sich um sich selber, verlangt nach einer straffen Ordnung; jeder hat Angst vor dem Feinde draußen, also müssen alle untereinander im Inneren zusammenhalten. Die Angst will sich trösten durch die Hoffnung, die man in die eigene Stärke setzt. Wer in diesen Gruppenkonsens nun spaltend hineinredet und Zweifel sät, der destabilisiert gerade die mühsam errungene Identität aller im Kampf gegen den Gegner, der vor den Mauern steht. Ein solcher muß betrachtet werden voller Haß, schon weil er offen das ausspricht, was man untergründig selber fühlt, aber nicht zu sagen sich getraut. Er muß verachtet werden, so, wie man sich selber dafür verachten würde, mutlos zu sein; jetzt, wo es auf Tapferkeit ankommt, wo sie alle darum ringen, daß der Endsieg errungen wird, ist derjenige, der die Katastrophe an die Wand malt, selber als eine Katastrophe zu empfinden und mit dem Tode zu bestrafen.

Jeremia indessen verhält sich bei seinen Mahnungen und Warnungen keineswegs »zynisch«, wie Jahrhunderte später der griechische Kyniker Diogenes; *der*, bei der Belagerung von Korinth, als alle Leute voller Unruhe ihre Habseligkeiten in Sicherheit zu bringen suchten, stieg aus seiner Tonne und fing an, sie die Straße auf und ab zu rollen; gefragt von den Leuten, was der Unfug solle, gab er zur Antwort, er wolle doch unter so vielen Beschäftigten nicht als der einzig Unbeschäftigte erscheinen.

Jeremia will sein Volk nicht im Sinne der Kyniker verhöhnen. Er möchte die vom wirklichen Untergang Bedrohten durch einen letzten verzweifelten Hinweis retten. Dieser Hinweis lautet: überlaufen, desertieren!

Können Sie sich vorstellen, daß es eine Armee der Welt gäbe, die von den eigenen Leuten dazu aufgefordert würde, die Waffen niederzulegen und zum Feinde überzulaufen, ohne daß ihre Generäle in einem solchen Falle unmittelbar das Kriegsgericht einberufen würden? In seinem Buch *Mein Kampf* hat Adolf Hitler 1925 auf seine Weise formuliert, was in diesem Falle passieren würde. »Soldaten können sterben, Deserteure müssen sterben.« So wurde es praktiziert, so wird es noch heute praktiziert. Jeremia wurde schon als Deserteur verhaftet. Daß er in der Tat zur Desertation aufgerufen hat, dafür haben wir seine eigenen Worte zum Zeugnis. Und diese seine eigenen Worte machen ihn todesschuldig, denn sie bedrohen im Sinn der Generalität das Überleben der Nation Judäa.

Was in dieser Lage tut König Zidkija? Er erklärt Jeremia für vogelfrei. Er handelt wie im Neuen Testament Pilatus gegenüber den Anklägern Jesu (Mt 27,24). »Was richte ich aus gegen euch« (Jer 38,5) – das ist höhnisch genug. Der Mann an der Macht ist der ohnmächtige Spielball seiner eigenen Generalität!

Es ist eine Situation, wie wir sie aus der Geschichte auch im 20. Jahrhundert kennen. Der japanische Kaiser Hirohito zum Beispiel – vollkommen abhängig von den Entscheidungen seiner Militärs! Oder bei Ausbruch des Ersten Weltkrieges der habsburgische Kaiser Franz Joseph – abhängig vom Stolz seiner Militärs! Der deutsche Kaiser Wilhelm II. nicht anders. In Zeiten der Not machen allemal die Militärs die Politik. Sie haben die Macht zu töten; das ist jetzt ihre Stärke. Ihr ständiges Spiel auf Leben und Tod galt als

Ruhm wohl schon in Friedenszeiten, nun aber will es sich bewähren. Der König, dem man zu dienen vorgab, ist ganz offensichtlich nichts weiter mehr als die Attrappe, die sie brauchen, um sich selber zu legitimieren. Zidkija erkennt diese Zusammenhänge sehr genau. Und Jeremia ... – will er ihn retten? Kann er ihn retten? Man wirft ihn in die Zisterne des Prinzen Malkija, wo er versinkt in Moder und Schlamm.

Der Retter ist, paradoxerweise, ein Ausländer, ein Äthiopier, Ebed-Melech, der »Diener des Königs«, wenn man's wörtlich übersetzt, des Königs *im Himmel* allerdings, nicht des Zidkija; zu diesem freilich begibt er sich unverzüglich. Soeben ist der König am Benjamintor, bei der Inspektion offenbar der Verteidigungsstellungen an der bedrohtesten Frontstelle, da kommt zu ihm mit dieser bedeutenden Nebensache der Kuschit Ebed-Melech: »Retten muß man Jeremia, ehe er stirbt!« (Jer 38,9) Und der König gibt's ihm frei. Die Szene zeigt deutlich, daß ihm der Prophet nicht gleichgültig ist. Doch was für ein Bündnis: zwischen einem Nichtisraeliten, einem Nichtjuden, und einem, der als König das Judentum seiner Zeit in der eigenen Person verdichtet! Dabei sind sie beide isoliert: der König ist faktisch ein Ausgeschlossener in seinem eigenen Volk, und der Kuschiter ohnedies ein Fremdling. Doch dieser Pakt zwischen zwei Außenseitern am Hof rettet jetzt Jeremia.

Psychologisch ist die Parteinahme eines Äthiopiers für den Propheten vielleicht nicht so erstaunlich. Ausgeschlossene fraternisieren am einfachsten mit Ausländern. Sie verstehen sich untereinander am besten. Sie sind gemeinsam in einer natürlichen Form der Opposition zusammengeschlossen. Beide halten sie es nicht mit denen da oben, vielmehr halten die dort drunten untereinander zusammen. Ebed-Melech versteht ganz offenbar Jeremia. Er hat all die Wahnideen von der nationalen Größe und dem Heiligen Krieg, den der Gott Zebaoth führt, nicht im Kopf. Er ist ein einfacher Mensch, und so sieht er nur Menschen, vor allem weiß er, was das bedeutet, wenn ein Prophet im Namen Gottes sagt: »Es geht um euer Leben! Rettet's, indem ihr aufhört zu kämpfen! Alles ist besser, als daß man euch totschlägt. Das Leben läßt euch doch wenigstens noch die Chance einer Besinnung, eines Neuanfangs.«

Jeremia verfügt über keinen Glauben, wie das Christentum ihn ein halbes Jahrtausend später verkünden wird, einen Glauben an ein anderes Leben, an eine Läuterung jenseits der irdischen Existenz. Jeremia kennt nur die paar Jahrzehnte, die wir hier auf Erden sind. In diesen entscheidet sich für ihn alles. Diese Jahre können brutal verkürzt werden, aber wir können sie auch nützen. Ebed-Melech versteht das.

Es spricht von einer erschütternden Fürsorglichkeit, wenn Baruch schildert, wie sorgfältig Ebed-Melech als erstes die Lumpen holt, die man braucht, um Jeremia in seiner Schwäche aus der Zisterne und dem Schlamm zu ziehen, ohne daß die Stricke seine Schultern und Arme verletzen.

Wie wird Jeremia da drunten in der Nacht und im Morast sich gefühlt haben?

Franz Werfel, als er darüber in seinem *Jeremia*-Roman nachdachte, schildert den Ekel, den Gestank, das Ungeziefer dort drunten in dem Morast der Zisterne. Aber dann läßt er Jeremia, fast in einer Ekstase der Qual, darüber nachsinnen, wie er doch selber, das personifizierte Gewissen und Wort Gottes, hinabgesunken ist in den Schlamm, und ist es nicht Gott selbst, der geschändet wird, wenn er zum Menschen in so viel Vergeblichkeit, in so viel abgründige Leere, in so viel Widerwärtiges hineinredet, wie um darin unterzugehen? Jeremia kann kaum anders, als sich selber im Abgrund als Sinnbild des Gotteswortes über dem Abgrund zu verstehen. Es wäre, nach Werfels Meinung, die einzige Deutung, die dem Propheten in seiner Lage hätte als Trost dienen können.

Jetzt aber ruft der König Jeremia selber zu einem Geheimgespräch – keiner der Obersten darf von dieser Unterredung etwas erfahren. Ein letztes Mal möchte der König hören, ob Jeremia nicht doch wenigstens den Hauch von Gunst und günstiger Auskunft von Gott her dem Regenten Jerusalems zu sagen vermag. Vielleicht gibt es doch Zwischentöne im Leisen, Verborgenen. Jeder Redner, der eine Menschenmenge erschüttern will, steigert sich zu dramatischen Effekten; er übertreibt. Aber Jeremia hat nicht übertrieben. Nur noch einmal, jetzt auf den König hin, kann Jeremia lediglich wiederholen, was er dem ganzen Volk, einer ganzen Generation, immer wieder gesagt hat. Auf den Monarchen hin lautet die Botschaft: Er, der König, könne sich retten und werde eine Chance zum Überleben haben, wenn er freiwillig sich auslieferte in die Hände seiner Feinde; mit einem Wort: Kapitulation ohne Bedingungen, konkretisiert in der Führungsgestalt Jerusalems selbst, das bedeutete persönliche Rettung, das bedeutete Rettung für die Frauen, das bedeutete Rettung der ganzen Heiligen Stadt mitsamt aller darin Lebenden. Nur dies wäre vonnöten: Der so ohnmächtige König müßte zu seiner Ohnmacht stehen. Das wäre alles, was von ihm verlangt wird.

Aber der König fürchtet sich gerade davor. Was wäre zum Beispiel, wenn Nebukadnezzar ihn den Juden, die vor ihm desertiert sind, übergeben würde? Sie würden ihn lynchen, den König, weil er zu spät gekommen ist!

Auch diese Sorge ist so merkwürdig nicht, wie sie klingt. Sie ist sogar außerordentlich modern.

27. April 1945. Mussolini und seine Lebensgefährtin Clara Petacci werden im Konvoi von den Partisanen, den Überläufern schon der Gegenseite, aufgegriffen und erschossen; ihre Leichen werden an einer Tankstelle bei Mailand zur Schau gestellt. Die Fotos sollen um die ganze Welt gehen; sie sollen sagen und beweisen: So rächen sich diejenigen, die sich früh genug auf die Seite der Sieger geschlagen haben, an denen, die ihre Lage zu spät begriffen haben.

Das ist Geschichte. Das ist etwas, das Zidkija nicht zu Unrecht fürchtet: in die Hände des eigenen Volkes zu fallen wäre, wie die Dinge jetzt liegen, noch schlimmer, als in die Hände des Feindes zu geraten. Wovor ihm graut, ist die Möglichkeit, daß man ihn seinen eigenen Leuten wie den Löwen vorwirft. Das will er nicht, und das kann er nicht. Er ist unsicher. Franz Werfel schildert ihn als einen suchenden Menschen, als einen reflektierenden Charakter, sozusagen als einen aufgeklärten Kopf, der nicht einfach für bare Münze nimmt, was man ihm sagt, nur weil ein Prophet mit Berufung auf ein »Gotteswort« ihm in eindeutiger Klarheit die Zukunft vor Augen führen will. Wer garantiert schon die Richtigkeit eines »Gotteswortes« in den Stunden eines solchen Chaos im menschlichen Herzen, inmitten solcher Angst! Was tut es, daß Jeremia Wort für Wort die Alternative noch einmal wiederholt: »Gehst du nicht hinaus und gibst dich freiwillig in die Hände Nebukadnezzars, wird man deine Frauen hinausführen; alle wird man sie schänden; und stehen deine Füße erst einmal im Morast, wirst du bald merken, wie deine vermeintlichen Freunde sich von dir abwenden.«

Einfach weil Zidkija sich nicht entscheiden kann, bleibt er da, wo er ist, bewegungslos im Getto einer Angst, die sich am meisten jetzt auf seine eigenen Obersten richtet sowie auf die Juden der Gegenseite im Heerlager der Babylonier. Ein König, der im Grunde längst abgedankt hat, das ist Zidkija in diesem Augenblick bereits. Und doch liegt auf ihm die Rolle des Führers. In den Augen des Jeremia ist Angst kein Argument. Der König, so sieht's der Prophet, ist dabei zu verzagen, weil er sich selbst den Mut zu einer persönlichen Entscheidung versagt; er ist der Betrogene seiner eigenen Schrecknisse. Wohl, schrecklich ist es, in die Hände der Babylonier zu fallen, das glaubt und weiß auch Jeremia, aber viel schrecklicher ist es, immer wieder der Angst in die falsche Richtung auszuweichen. Das ist die wirkliche Katastrophe, das tatsächliche Ende: aus lauter Angst am Ende sich zu verhocken und zu versteinern, statt sich zu bewegen in die Richtung, die Leben verhieße.

Am Ende geht die Angst des Königs sogar so weit, daß Zidkija Jeremia unter Strafandrohung aufnötigt, von diesem Gespräch nicht ein einziges Wort nach draußen verlauten zu lassen. Der König selbst ist es, der dem Propheten erklärt, was er sagen muß, wenn die Obersten ihn danach fragen sollten, was er bei dem König getan hat. Zidkija kennt seine Militärs, die Tricks ihrer Spionage. Natürlich werden sie wissen wollen, was da beredet wurde, ob und in welchem Sinne Jeremia Einfluß genommen hat auf Zidkija. Keiner soll und darf wissen, daß der König es selber war, der in seiner Angst und Not ein letztes Mal den Propheten zu sich lud. Denn wenn das bekannt würde, so würde es die Stellung des Königs endgültig korrumpieren, ja, geradezu lächerlich machen vor diesen Profis der Tapferkeit, vor diesen Berufshelden, vor diesen allzeit siegreichen Totschlägern vom Dienst. Drum anempfiehlt er, Zidkija, dem Propheten die Lüge, die er als Ausrede vorbringen soll: Er sei es gewesen, soll er sagen, der in seiner Feigheit und Angst, die man ja sattsam kennt, bei Zidkija um Schutz nachgesucht habe; er wolle nicht wieder zurück in die Zisterne oder in den Kerker Jonathans; und so habe er um sein Leben gewinselt.

Nicht also der König, sondern der Prophet hat um das Geheimgespräch nachgesucht, so soll es aussehen. Und Jeremia tut's. Merkwürdig, wir ertappen einen Propheten beim Lügen. Wir ertappen ihn auf frischer Tat. Für die Ausleger, vor allem in moraltheologischer Absicht, bedeutete diese Bibelstelle stets ein schweres Problem. Kann ein Gottesmann, um seine Haut zu retten oder um die Rolle seines Königs als untadelig erscheinen zu lassen, sich auf diese Art, mit einer Lüge, aus der Affäre stehlen? Freilich, der König hat dem Propheten die Lüge aufgetragen, aber das entschuldigt nun wirklich nichts, nach allem, was wir von Jeremia über Jeremia gehört haben. Darf man so lügen? Die Moraltheologen sind sich sicher, daß man es nicht darf. Aber, wenn es ein Gottesmann tut? – An dieser Stelle geraten sie ins Stocken.

Man müßte, um das Verhalten des Propheten zu verstehen, über Gut und Böse im Sinn des Jeremia wohl einmal gründlicher nachdenken, als es die kirchlichen Moraltheologen in ihrer Schwarzweißmalerei für gewöhnlich tun. Man sollte meinen, Jeremia mache an dieser Stelle auch für sich selbst einmal Ernst mit seiner Überzeugung, das blanke Leben sei wichtiger, als an falscher Stelle Zeugnis abzugeben. Er, Jeremia, *hat* Zeugnis abgegeben überall, da, wo es drauf ankam. Das ist Wahrhaftigkeit in der Existenz; eine solche Wahrhaftigkeit gilt unerbittlich und klar; von ihr ist kein Abweichen möglich. Doch etwas vollkommen anderes ist die Frage nach der situativen Ehrlichkeit vor den Menschen in jedem Augenblick. Nach kirchlicher Überlieferung ist als Wahrheit die Übereinstimmung von Aussage und Sachverhalt zu verstehen, Lüge umgekehrt ist Irreführung durch bewußte Abweichung von Aussage und Sachverhalt. Eine solche Definition ist logisch klar und einfach, doch ist sie viel zu abstrakt, um hilfreich zu sein. Eher müßte man mit Arthur Schopenhauer sagen: Die Lüge ist ein Kampfmittel, und sie ist so erlaubt, wie Gegengewalt gegen Gewalt insgesamt für erlaubt gilt. Wenn der Prophet selber sich zu Unrecht angegriffen fühlt, warum soll er dann nicht mit den Mitteln seiner Gegner antworten? Sie wollen belogen sein, so sollen sie belogen werden! Ehrlichkeit ist nur möglich, wo Menschen sie verdienen, denkt Jeremia; sie ist möglich unter menschlichen Voraussetzungen, doch sie ist Unsinn unter unmenschlichen Voraussetzungen. Man muß unterscheiden zwischen dem äußeren Verhalten zu Menschen und dem, was ein Mensch selber ist. Noch einmal: Wahrhaftigkeit der Existenz ist weit entfernt von den Fragen der Aussageehrlichkeit in jedem Augenblick! Darf man, um die Probe aufs Exempel zu machen, etwa einem Gestapo-Beamten sagen, daß man an den Führer glaubt, auch wenn man davon überzeugt ist, daß der Führer ein Wahnsinniger ist? Darf man ihm sagen, man habe nicht im Traum einen Juden versteckt, selbst wenn man es in der Wirklichkeit tut? Darf man ihm sagen, man habe einen bestimmten Artikel nicht geschrieben, selbst wenn man ihn geschrieben hat? »Natürlich wird man das dürfen!« So wird jeder moralisch Unverbildete antworten. Gegen die Gewalt der Gestapo darf man antworten mit der Gewalt der Lüge. Kann man unter Zwang überhaupt ehrlich bleiben? Man kann es nicht, und man braucht es nicht, denkt der König und denkt sein Prophet. An dieser Stelle sind sie sich einig. Unendlich voneinander entfernt aber bleiben sie bis zum letzten im Wesentlichen.

Ich bin darauf vorbereitet, daß Sie sagen werden, es sei auf die Dauer schwer, einem Jeremia zuzuhören. Was geht uns all das an, was da im Jahre 605 oder 604 v. Chr. oder im Jahre 586 v. Chr. spielt, jetzt, wo wir heute leben, 1998 nach Christus? Müssen wir immer wieder an diese alten Geschichten um Jerusalem, um Jeremia, um die Babylonier erinnern? Und was lernen wir nun aus all dem für uns selber? Man muß wahrhaftig sein, schön und gut; aber wie kann man das überhaupt, wahrhaftig leben? Ist die ganze Vorstellung von einem Gott, der die menschliche Geschichte gestaltet, nicht in sich selber schon Mythologie, also auch in gewisser Form Lüge und Selbsttäuschung? Wie soll des Jeremia Sicht von Welt und Geschichte sich in unseren Tagen verbindlich erneuern lassen?

Richtig ist: Jeremia redet am tiefsten zu uns, wenn wir die Perspektiven, die sich unter den Bedingungen seiner Zeit abzeichnen, *bildhaft* in unser Leben übertragen und als *Symbole* nehmen für unser eigenes Erleben. Die geschichtliche Seite der Darstellung muß unwiederholbar für alle Zeiten bleiben, solange wir sie als äußeres Faktum stehenlassen; doch wenn wir das Geschehene selber als etwas in sich Zeichenhaftes verstehen, wenn wir es lesen mit den Augen Franz Werfels oder wenn wir es betrachten mit den Augen Rembrandts, dann löst es sich auf in eine Botschaft, die immer wieder unter veränderten Bedingungen etwas Identisches, Unverwechselbares zu sagen vermag.

Die Botschaft dieser Texte hier lautet, so betrachtet: Man muß, um Gott treu zu sein und um sich selbst lebendig zu halten, unter Umständen aus Überzeugung überlaufen zu den Feinden; es ist mitunter nötig, die Dinge zu tun, die wie eine völlige Kapitulation erscheinen müssen und die doch nichts sind als ein Standhalten gegen die Angst.

Läßt sich eine solche Aussage übertragen in unser Leben?

Ich glaube, daß die Vision des Jeremia in ihrer Modernität bis in die Details der individuellen Lebenserfahrungen Geltung besitzt.

Geistesgeschichtlich zum Beispiel, bei der Bestimmung unseres religiösen Standortes im ausgehenden 20. Jahrhundert, scheint es geradezu nötig zu sein, um des Glaubens willen zu den Gegnern des Glaubens »überzulaufen«, um dort, im anderen, das eigene kennenzulernen. Nehmen wir zur Verdeutlichung am Anfang dieses Jahrhunderts die Person einer der großen theologischen Forschergestalten, Albert Schweitzer. Wie, werden Sie fragen, man muß überlaufen zu den Feinden Gottes, um Gott treu zu sein? Kann es denn solche Paradoxien geben? Albert Schweitzer meinte das. Er war als glühend frommes Kind groß geworden, in bester protestantischer Tradition. Aber er durchlitt in seinem Leben eine Entdeckung, die ganze Generationen von Exegeten, von Bibelauslegern, historisch forschend in der Bibel finden mußten, daß nämlich die Bibel gerade an den religiös wichtigsten Stellen Geschichte deutet, aber nicht erzählt. Albert Schweitzer litt an all den Zweifeln, die von den Atheisten, von den aufgeklärten Philosophen, von den Kirchengegnern, von den Nichtchristen bei der Bibellektüre mitunter schon 150, 200 Jahre vorher aufgeworfen worden waren, und er fand, es sei nicht möglich, Gott zu dienen, wenn man wissenschaftlich unredlich und unwahrhaftig werde, nur um seinen Beruf als Dozent weiter ausüben zu können. Besser, man übernimmt das, was von den »Feinden« Gottes ehrlich erarbeitet wurde, als daß man mythennahe Erzählungen vor den Leuten wider besseres Wissen als historische Tatsachenbehauptungen ausgibt. Albert Schweitzer erhielt Predigtverbot; er galt als ungläubig, seine *Leben Jesu-Forschung* war absolut liberal und ließ von der kirchlichen Dogmatik kaum etwas übrig. Aber gerade aus dieser Wahrhaftigkeit wurde eines der schönsten Beispiele der Menschlichkeit im Sinne Jesu im 20. Jahrhundert. Alles durchdachte dieser Mann tiefer, um das wieder glauben zu können, was man ihn als Kind schon zu glauben gelehrt hatte. Überlaufen zu den Feinden aus Wahrhaftigkeit, um sich selbst zu erhalten!

Oder ein anderes Beispiel, wie es nötig sein kann, gerade an dem sich zu vertiefen, was den eigenen Vorstellungen am meisten widerspricht. Dieser Tage, in einem Rundfunkgespräch, anläßlich der Geschichte von den »drei Königen«, die der Legende nach Gold, Weihrauch und Myrrhe zum Jesuskind gebracht hatten, als es um die Frage ging, was ein Geschenk sei, antwortete ein Mann, er habe gut verstanden, was ich gemeint hätte, als ich erklärte, mit einem solchen Geschenk sage man dem anderen: »Du bist soviel wert wie Gold«; man sage zu ihm: »Du darfst sein, so hilflos und krank, daß man's heilen muß mit Myrrhe. Und in beidem, in deiner Größe und in deiner Tiefe, entdeckt sich's wie Weihrauch, der aufsteigt zum Himmel.« »Das haben Sie schön gesagt«, meinte der Mann, »aber ich bin seit zwei Jahren arbeitslos, und das Merkwürdige ist, ich habe gespürt, daß ich jetzt, wo ich keine Arbeit mehr habe, Menschen mehr bedeute als früher und Menschen auch mir ›Myrrhe, Gold und Weihrauch‹ sind. Schon weil ich keine acht Stunden am Tage mehr arbeiten muß, habe ich jetzt vor Weihnachten zum ersten Mal so viel Post verschrieben wie noch nie; ich habe kleine Geschenke gebastelt, lauter Dinge, die nichts kosten. Und ich rede mit Menschen – ich hab' ja die Zeit dazu! Andere haben viel weniger Zeit. Ich tue die Dinge, die andere nicht tun können. Vor zwei Jahren, als ich arbeitslos wurde, dachte ich, das sei mein Untergang, danach gehe es nicht mehr weiter. Arbeitslosengeld und dann das Sozialamt, das sei ein unaufhaltsamer sozialer Abstieg, den ich nie hätte akzeptieren wollen. Arbeitslosigkeit – das war das genaue Gegenteil all der Wunschträume meiner Eltern für mein Leben. Aber jetzt, wo es soweit ist, merke ich, was für eine Chance darin liegt.« – Könnte es nicht sein, haben wir uns schließlich geeinigt, daß man die Menschen völlig falsch definiert in unserer Gesellschaft? Man erklärt ihnen, sie seien so viel wert, wie sie durch Leistung bei der Vermehrung des Bruttosozialprodukts bewirken. Nach dieser volkswirtschaftlichen Definition ist eine Frau, die ein Kind großzieht, unproduktiv, sie leistet keine Arbeit; allenfalls durch die Waschmittel für die Windeln ihres Kindes verbraucht sie etwas vom produzierten Volksvermögen und trägt somit auch zur Vermehrung des Bruttosozialproduktes bei; alles aber, was sie seelisch und menschlich investiert hat, ist, so betrachtet, im Grunde für die Katz; es läßt sich nicht verrechnen. Die wichtigsten Dinge in unserer Gesellschaft kommen nach dieser Kosten-Nutzen-Kalkulation nicht vor! Mein Gesprächspartner aber war gerade durch die Arbeitslosigkeit dabei, zu merken, daß Menschen viel mehr sind als das, was sie tun. Die Persönlichkeit eines Menschen ist unglaublich viel kostbarer als alles, was bestimmte Arbeitgeber mit ihr im Sinn tragen. Am Fließband stehend, kann kein Mensch sich verwirklichen; unter Tage Kohlen herauszubrechen, die am Ende mit 130 000,– DM pro Jahr pro Person so hoch subventioniert werden müssen, daß man gar nicht wünschen kann, sie wären je aus der Erde gekommen, auch das kann auf die Dauer nicht als sinnvoll gelten. Mit 45 Jahren auf der Kiste zu sitzen, ist gewiß keine schöne Aussicht, wenn die Chance darin liegt, zu nichts weiterem gebraucht zu werden, als mit Biertrinken sich um den Rest des Bewußtseins zu bringen. Wenn es sich aber entdeckt, wer man als Mensch ist, unabgeleitet von all den Fremdbestimmungen und Außendefinitionen, welch eine Chance dann, in der »Kapitulation« überzulaufen zu dem, was man immer fürchtete und für feindselig hielt, um sich selbst zu gewinnen!

Oder noch eine dritte Geschichte. Sie handelt von einer Frau, die seit vielen Jahren wußte, daß ihr Mann sie betrügt, und zwar serienmäßig, bei jeder Gelegenheit, mit jeder Frau, die ihm in die Quere kommt. Sie wußte das und hatte oft geweint, aber sie durfte mit ihm darüber nicht reden. Als er's selber ihr schließlich sagte, war es für sie wie ein Zusammenbruch. Mehr als 20 Jahre Ehe waren dahingegangen, und sie hatte geglaubt, an ihm festhalten zu müssen. Drei Gründe bestimmten sie dabei. Der wichtigste: die katholische Moral. Eine Ehe darf nicht geschieden werden, wenn sie geschlossen wurde vor dem Pfarrer und zwei Zeugen. Mit solchen Doktrinen war sie groß geworden. Es war ihr unvorstellbar, daß eine Ehe scheitern könnte. Sie hatte so viel an Verzeihen, an Verstehen, an Hinterherlaufen, an Wiedergutmachen, an Werben, an allem, was sie als Frau tun konnte, investiert, um ihren Mann bei der Stange zu halten. Aber nun dies. Sie war offensichtlich nicht imstande, seine Liebe zu erringen. Sie war also nicht liebenswert genug. Das war sofort der zweite Punkt: »Ich bin aber auch verächtlich; ich bin vielleicht doch nicht schön genug für ihn; und überhaupt: ich bin nicht nur für ihn nicht richtig, ich bin im ganzen für niemanden richtig. Alles ist nur mein Fehler, es ist meine Schuld. Nicht ihm muß ich Vorwürfe machen, daß er ein Saukerl ist. Ich bin ein Mensch, der halt nicht mehr wert ist als ein Putzlappen. Etwas anderes habe ich halt nicht verdient.« Das aber war schon der dritte Grund, trotz allem bei diesem Manne zu bleiben: »Wenn es so steht«, sagte sie sich, »dann brauche ich ihn doch. Er verdient ja das Geld, er ist angesehen in der Gesellschaft, er ist eine hochgestellte Persönlichkeit. Allein, ohne ihn, geht es gar nicht.«

Einzig durch diesen Mann, durch den ihr Selbstbewußtsein zerstört wurde, glaubte diese Frau allen Ernstes jetzt noch an Wert zu behalten. Und dann galt noch, was für fast alle Frauen, in solcher Situation, als Argument plausibel ist: Die Kinder brauchen einen Vater! Alle Konflikte hatte diese Frau vor den Augen ihrer Kinder zu verbergen gesucht, aber sie hatte selber ihre Augen vor der Tatsache verschlossen, daß die Kinder längst gemerkt hatten, wie es zwischen den Eltern in Wahrheit stand. Um den Kindern ihr Paradies zu erhalten, akzeptierte sie auch die Gefahr, daß ihre eigenen Kinder sie für schwach halten konnten. Eine Frau, die immerzu weint, die offenbar andauernd in Nervenkrisen schwebt, während der Vater so fröhlich ist, wenn er nach Hause kommt, kann doch nur den Eindruck vermitteln, der Vater sei tüchtig und habe niemals Probleme, wohingegen sie eben als Frau ..., aber so sind die Frauen anscheinend nun mal! Ohne Psychiater geht's bei denen offenbar nicht, sie sind das schwache Geschlecht, ein bißchen rappelig, hin und wieder. Wen, in dieser Bilanz, sollten Kinder bewundern, wenn nicht den Mann, der immerhin wußte, wo's langgeht? Erst als es gar nicht mehr weiterging, begriff diese Frau, daß das Scheitern in allem, daß das Überlaufen zu bestimmten Ideen, die sie nie bisher hatte haben dürfen, ihre einzige Rettung war. Mit dem Leben davonzukommen, das hieß für sie jetzt, aus dieser Ehe zu entkommen und, bildlich gesprochen, ihr »Jerusalem« aufzugeben. Was ihr bevorstand, war eine Flucht aus allem ins Nichts. Sämtliche Freunde, sämtliche Berater, die Pastoren am Ort, alle diese mußte sie aufgeben. Und sie tat jetzt genau das, was sie nie hätte tun dürfen, was sie aber unbedingt tun mußte. Ein Mann wie Jeremia hätte ihr gesagt: »Es ist um Gottes willen, daß du so handelst, denn anders geht es jetzt schon gar nicht mehr. Alles andere wäre für dich jetzt nur noch eine einzige Lüge, ein Selbstverrat, es würde wirklich ins Nichts führen.«

Und noch eine vierte Geschichte: Ein katholischer Pastor, wie's vorkommt, hat sich in eine Frau verliebt, wagt es aber nicht, offen zu sagen, weder seiner Gemeinde noch seinen Eltern, noch seinen Freunden, und sogar beichten kann er seine »Sünde« nimmermehr. Jeder seiner Amtsbrüder müßte ihm sagen am Samstag, im Beichtstuhl: »Ich kann dir deine Sünde nicht vergeben, denn du müßtest sie bereuen, was du nicht tust. Du müßtest Besserung geloben, das heißt, du dürftest jene Frau als nächste Gelegenheit zu Todsünde nie wiedersehen, und dazu sehe ich dich nicht entschlossen. Tja, du bist im Sinne der römischen Kirche ein verlorener Mensch. Denn ich muß noch hinzufügen: Jede der Messen, die du morgens feierst, ist eine Todsünde, ein Gottesraub. In deiner Unbußfertigkeit vermehrst du nur all deine Schuld. Du mußt also selber wissen, was du tust.«

Könnte es nicht sein für einen solchen Pfarrer, daß das »Überlaufen zu den Feinden« für ihn nunmehr die einzige Rettung bedeutete? In der Tat, sein ganzer Lebensaufbau bricht jetzt zusammen. Die Hardliner in seiner Pfarrei, zwei ortsansässige Ordensschwestern, spionieren schon seit langem hinter ihm her, schauen sich um, wer da, um wieviel Uhr, ihn besuchen kommt und wie lange er, vermutlich doch *sie*, bei ihm bleibt. Das alles hat sich rumgesprochen. Was aber soll er jetzt tun? Soll er aus der Gemeinde weglaufen? Soll er's dem Bischof sagen? Dann hätte er die Aussicht, als eine Bagatellsache amtsmäßig abgeschoben zu werden. Ein Bischof ist am Liebesleben seiner Pastoren nicht interessiert, er interessiert sich einzig dafür, daß es in den Gemeinden keinen Skandal gibt. Eine Versetzung ist wohlfeil, aber wie damit leben, unter Strafe getrennt von der Geliebten auf immer? Dieser Pfarrer sagte sich, ähnlich wie Jeremia, am Schluß: »Wenn sie belogen werden wollen, müssen sie belogen werden. Irgendwann wird die Kirche sich ohnehin dafür entscheiden müssen, daß zwischen Liebe und Frömmigkeit, daß zwischen der Nähe zum Menschen und der Nähe zu Gott, kein Gegensatz bestehen kann. Die Kirche, in der wir heute leben, darf sich das freilich noch nicht eingestehen. Aber das kann nicht länger für mein Problem gelten. Ich muß versuchen, jetzt zu leben, und ich muß tun, was stimmt; meine existentielle Wahrhaftigkeit ist wichtiger als die formale Aussage-Ehrlichkeit.«

Sonderbare, verwirrende Auskünfte mögen das sein, eigenartige wohl auch, doch welch eine menschliche Verbindlichkeit kann in ihnen enthalten sein! Sogar das Erlebnis, im »Schlamm« zu versinken, kann darin enthalten sein. Wird nicht, was vormals als »heilig« erschien, jetzt beschmutzt mit Morast? Und ist nicht der jetzige Zustand ganz richtig als ein haltloses Abgleiten zu beschreiben? So viel steht fest: es ist überhaupt nur möglich, aus einer solchen Lage sich zu befreien, indem das gesamte Wertesystem noch einmal neu, maßgebend sogar nach dem Maßstab der »Feinde« von einst, sortiert wird. Franz Werfel, als er von dem letzten Gespräch zwischen Zidkija und Jeremia schrieb, ließ den Propheten zu dem König sagen: »Du eiferst in die Irre, Herr, mein König. Ja, es ist wahr, von dir wird das schwerste Opfer begehrt, das jemals ein König gebracht hat. Doch wolle nun, ich flehe dich an, mit meinen Augen sehen: gehst du nicht mit erhobenen Armen vor die Tore der Stadt, so wird gar bald in ihre Mauern Bresche gelegt, denn du bist allein, verloren und verraten. Das weißt du selbst in deinem Gemüt. Dir aber wird Ehre und Leben genommen ohne Lohn, denn auch ein besiegter König gilt als zertretene Sandschlange. Drei Jahre, drei Edelsteine aus seiner Herrschaft, hat Marduk an dich verloren, vielleicht ist deshalb noch Schlimmeres über dich verhängt als ein schneller Tod. Woher weißt du, daß sie deinen Söhnen die männliche Kraft rauben werden, wenn du dich unterwirfst? Ihnen ist Leben verheißen. Dies aber wäre nicht mehr das Leben. Fallen die Knaben jedoch als Gefangene in Babels Hand, dann werden sie nicht entmannt, sondern grausam entseelt. Beim Herrn der Welt, der dieses Leben uns schuf, beschwöre ich dich, erwäge, ob dir noch Wahl bleibt. Denn wenn du mit erhobenen Händen hinausgehst, wird nicht der Tempel zu Asche werden. Stadt und Volk werden bestehen, die Wunden heilen, und neu erblüht das Land. Dies aber wird einzig die heilige Tat meines Königs sein. Was bedeutet der Spott deiner Helden gegen das Lob des Äons, des Zeitalters. Saul, wird man singen, war der erste König, doch Schatten liegt auf ihm, denn sein Königtum war wider den Willen des Herrn errichtet. Zidkija ist der letzte König. Licht liegt auf ihm, denn er hat sein Königtum und seine Ehre dem Herrn zum Opfer gebracht.«

Nach diesen Worten warf sich Jeremia platt zur Erde und küßte huldigend die Füße seines Schülers. Zidkija entzog sich. »Eine Wahl, die mir bleibt, hast du vergessen«, mahnte er heiser, »der Tod vor den Toren, dieser gute, fröhliche Bruder, der schnell kommt in Trunkenheit, ich werde ihn finden und frei sein und nichts mehr wissen.« Doch Jeremia antwortet bitter: »Der Tod vor den Toren ist eitel Gewöhnlichkeit. Tausende deiner Hauptleute und Gemeinen sterben ihn als Meister. Er ist nicht Sache des Königs, dem höheres Opfer geziemt.«

Wir wissen: Zidkija wird Jeremia weder erhören noch auf ihn hören.

So wäre an diesem Abend zu lernen eine Art von Treulosigkeit, gemessen am Gemeinen und Überkommenen, eine Art größerer Treue gegenüber dem Auftrag des Göttlichen und gegenüber dem eigenen Wesen. Es stünde zu lernen ein Überlaufen, das ist wie eine

Fahnenflucht und ist doch wie eine Rettung von allem, was glaubte, unter der Fahne verteidigt zu werden. Es ist der Bruch, in gewissem Sinne, eines gegebenen Eids um den Preis einer stärkeren Verbundenheit.

Es gibt ein Gebet, das man Jeremia im Psalter Israels zugesprochen hat, den Psalm 69, vorzusingen von David nach der »Lilien«-Weise; es faßt alles zusammen, wovon in diesen Texten die Rede ging.

Text: Psalm 69
Von David.
Hilf mir, o Gott!
denn die Wasser
gehen mir bis an die Seele.
Ich bin versunken in tiefen Schlamm,
wo kein Grund ist;
ich bin in Wassertiefen geraten,
und die Flut schwillt über mich her.
Ich bin müde von meinem Rufen,
vertrocknet ist meine Kehle.
Meine Augen verzehren sich
im Harren auf meinen Gott.
Derer, die mich ohne Ursache hassen,
sind mehr als der Haare
auf meinem Haupte.
Zahlreich sind, die mich verderben,
die mich grundlos anfeinden;
was ich nicht geraubt habe,
soll ich erstatten.
O Gott, du weißt um meine Torheit,
und was ich verschuldet, ist dir nicht verborgen.
Laß nicht an mir zuschanden werden,
die auf dich hoffen,
Herr der Heerscharen!
Laß nicht an mir beschämt werden,
die dich suchen, o Gott Israels!
Denn um deinetwillen
trage ich Schande,
bedeckt Schmach mein Angesicht.

Fremd bin ich geworden meinen Brüdern,
ein Unbekannter
den Söhnen meiner Mutter.
Denn der Eifer für dein Haus
hat mich verzehrt,
und die Schmähungen derer,
die dich schmähen,
sind auf mich gefallen.
Ich peinigte durch Fasten meine Seele,
und es ward mir zur Schmach.
Ich nahm das Trauergewand
zum Kleide,
da ward ich ihnen zum Spottlied.
Es schwatzen von mir, die im Tore sitzen,
von mir singen die Zecher
beim Saitenspiel.
Ich aber bete zu dir, o Herr,
zur Zeit, da es dir wohlgefällt;
nach deiner großen Güte erhöre mich
mit deiner treuen Hilfe!
Errette mich aus dem Schlamm,
daß ich nicht versinke,
daß ich errettet werde
vor meinen Hassern!
Laß nicht aus Wasserschlünden
die Flut mich überströmen;
laß nicht die Tiefe
mich verschlingen,
noch den Brunnen über mir
sich schließen.
Erhöre mich, o Herr,
nach der Güte deiner Huld;
nach deiner großen Barmherzigkeit
wende dich zu mir!
Verbirg dein Antlitz nicht
vor deinem Knechte,
denn mir ist bange;
eilends erhöre mich!
Nahe dich meiner Seele, erlöse sie,

um meiner Feinde willen befreie mich!
Du weißt ja meine Schmach,
und meine Widersacher
kennst du alle.
Die Schmach bricht mir das Herz,
unheilbar ist meine Schande
und mein Schimpf;
ich harrte auf einen,
der mitleidig wäre,
aber da war keiner,
und auf Tröster,
doch ich fand sie nicht.
Und sie gaben mir Gift zur Speise
und Essig zu trinken für meinen Durst.
Der Tisch vor ihnen
möge zur Schlinge werden
und ihre Opfergelage zum Fallstrick.
Ihre Augen mögen dunkel werden,
daß sie nicht sehen,
und ihre Lenden
laß immerdar wanken.
Schütte aus über sie deinen Grimm,
und die Glut deines Zornes
erreiche sie.
Ihr Lagerplatz möge veröden,
und niemand wohne in ihren Zelten.
Denn sie verfolgen,
die du geschlagen hast,
und mehren den Schmerz
um deine Gefallenen.
Rechne ihnen Schuld auf Schuld zu,
und laß sie nicht kommen
zu deinem Heil.
Sie sollen getilgt werden
aus dem Buche der Lebenden,
sollen nicht aufgeschrieben werden
unter die Gerechten.
Ich aber bin elend
und voller Schmerzen;

deine Hilfe, o Gott,
wird mich erhöhen.
Ich will den Namen Gottes preisen
im Liede,
will ihn hoch ehren mit Lobgesang.
Das wird dem Herrn besser gefallen
als Rinder,
als Stiere mit Hörnern und Klauen.
Schaut her, ihr Gebeugten,
und freuet euch!
Die ihr Gott suchet,
euer Herz lebe auf!
Denn der Herr erhört die Armen,
und seine Gefangenen
verachtet er nicht.
Es lobe ihn Himmel und Erde,
das Meer und alles,
was darin sich regt.
Denn Gott wird Zion helfen
und die Städte Judas aufbauen,
daß man dort Wohnung nehme
und sie besitze.
Und das Geschlecht seiner Knechte
wird es ererben;
die seinen Namen lieben,
werden darin wohnen.

17. Januar 1998

DAS LETZTE WORT

Die Leidensgeschichte des Jeremia, die sein Schüler Baruch, Sohn Nerijas, aufgezeichnet hat, nähert sich dem Ende. Von da an, mit dem Untergang Jerusalems, mit dem Aufenthalt des Propheten in Mizpa und mit seinem letzten Auftreten in Ägypten, verlieren sich endgültig die Spuren einer Persönlichkeit, die einzig im Zusammenhang mit dem Zeugnis für ihren Gott der Erwähnung der Geschichte für würdig befunden ward. Von keinem Propheten in Israel wissen wir persönlich mehr und genauer Bescheid als von Jeremia; doch seine Persönlichkeit selbst wird einzig bestimmt durch den Inhalt dessen, was er zu sagen hatte und was er gesagt hat, als der Mann, der berufen wurde, *auszureißen und auszujäten, aufzubauen und einzupflanzen* (Jer 1,10). Wie es mit ihm zu Ende geht, werden wir heute hören.

Der abschließende Bericht über Jeremia, so wie ihn sein Schüler Baruch aufgezeichnet hat, ist ein Finale in zwei Teilen. Der erste Teil enthält als Gesamtschau eine Art Zusammenfassung dessen, was wir die menschliche Geschichte nennen, ein Kaleidoskop unheimlicher und ungeheuerlicher Fakten und Praktiken, die Menschen an Menschen verüben. Doch wann war das, was wir die menschliche Geschichte nennen, je anders? Nur: wie lebt man mit einer solchen »Normalität« und »Realität«? Das ist die Frage noch einmal und jetzt endgültig, die sich im zweiten Teil stellt. Lang ist der Bericht, den wir als Zusammenschau eines der wichtigsten Ereignisse in der Geschichte der Bibel hören.

Text: Kap. 39; 40; 41; 42; 43; 44
Als aber Jerusalem eingenommen war – im neunten Jahre Zedekias, des Königs von Juda, im zehnten Monat, war Nebukadnezzar, der König von Babel, mit seinem ganzen Heer wider Jerusalem herangezogen, es zu belagern; und im elften Jahre Zedekias, im vierten Monat, am neunten Tage des Monats, wurde Bresche in die Stadtmauer gelegt – da kamen alle Fürsten des Königs von Babel und ließen sich im mittleren Tore nieder: Nergal-Sarezer, der Oberste von Sin-Magir, der Oberhofmeister, und Nebusasban, der Oberste der Kämmerer, samt allen anderen Füsten des Königs von Babel. Als nun Zede-

kia, der König von Juda, und alle Kriegsleute sie sahen, flohen sie und machten bei Nacht einen Ausfall aus der Stadt in der Richtung nach dem Garten des Königs durch das Tor zwischen den beiden Mauern und nahmen ihren Weg nach der Jordansteppe. Das Heer der Chaldäer aber jagte ihnen nach und holte den Zedekia ein im Steppengebiet von Jericho. Sie griffen ihn und führten ihn hinauf zu Nebukadnezzar, dem König von Babel, nach Ribla im Lande Hamath; und der sprach ihm das Urteil. Der König von Babel ließ die Söhne Zedekias in Ribla vor dessen eignen Augen hinrichten; auch alle Vornehmen Judas ließ der König von Babel hinrichten. Den Zedekia aber ließ er blenden und in Ketten legen, um ihn dann nach Babel zu bringen. Und die Chaldäer verbrannten den Königspalast und die Häuser des Volks, und die Mauern Jerusalems rissen sie nieder. Den Rest des Volkes aber, der in der Stadt noch übriggeblieben war, und die Überläufer, die zu ihm übergegangen waren, und den Rest der Werkleute führte Nebusaradan, der Oberste der Leibwache, nach Babel in die Verbannung. Nur von den geringen Leuten, die nichts hatten, ließ Nebusaradan, der Oberste der Leibwache, etliche im Lande Juda zurück und gab ihnen Weinberge und Äcker.

Damals ließ Nebukadnezzar, der König von Babel, Nebusaradan, dem Obersten der Leibwache, betreffend Jeremia die Weisung zukommen: Nimm ihn und trage Sorge für ihn und tue ihm kein Leid, sondern verfahre mit ihm, wie er dir sagen wird. Da sandten Nebusaradan, der Oberste der Leibwache, Nebusasban, der Oberste der Kämmerer, Nergal-Sarezer, der Oberhofmeister, und alle Obersten des Königs von Babel hin und ließen Jeremia aus dem Wachthof holen und übergaben ihn Gedalja, dem Sohne Ahikams, des Sohnes Saphans, um ihn heraus und nach Hause zu führen. So wohnte er denn mitten unter dem Volke.

Als aber Jeremia noch im Wachthof gefangen saß, war an ihn das Wort des Herrn ergangen: Geh und sage zu dem Äthiopier Ebedmelech: So spricht der Herr der Heerscharen, der Gott Israels: Nun erfülle ich meine Worte an dieser Stadt zum Unheil und nicht zum Heil, daß es offen vor dir liegen wird an jenem Tage. Dich aber werde ich an jenem Tage erretten, spricht der Herr, daß du den Männern, vor denen du dich fürchtest, nicht in die Hände fallen sollst. Ja, ich werde dich entrinnen lassen, daß du nicht durch das Schwert umkommen sollst; du wirst dein Leben als Beute davontragen, weil du auf mich vertraut hast, spricht der Herr.

Das Wort, das vom Herrn an Jeremia erging, nachdem ihn Nebusaradan, der Oberste der Leibwache, von Rama aus entlassen
hatte. Dieser ließ ihn nämlich holen, während er, mit Ketten gebunden, unter allen Gefangenen von Jerusalem und Juda war, die nach
Babel in die Verbannung geführt werden sollten. Der Oberste der
Leibwache ließ also Jeremia holen und sprach zu ihm: Der Herr,
dein Gott, hat dieses Unheil über diesen Ort vorhergesagt. Und
nun hat der Herr getan, wie er gesagt; denn ihr habt wider den
Herrn gesündigt und nicht auf ihn gehört. Und nun, siehe, befreie
ich dich heute von den Ketten an deinen Händen. Gefällt es dir, mit
mir nach Babel zu kommen, so komm, und ich werde Sorge für dich
tragen. Gefällt es dir aber nicht, mit mir nach Babel zu kommen, so
laß es! Siehe, das ganze Land steht dir offen; geh, wohin es dich gut
und recht dünkt. Kehre zu Gedalja zurück, dem Sohne Ahikams,
des Sohnes Saphans, den der König von Babel zum Statthalter über
die Städte Judas gesetzt hat, und bleibe bei ihm mitten unter dem
Volke, oder gehe, wohin es dir gefällt. Und der Oberste der Leibwache gab ihm Wegzehrung und ein Geschenk und entließ ihn. So
kam Jeremia zu Gedalja, dem Sohne Ahikams, nach Mizpa und
blieb bei ihm mitten unter dem Volke, das im Lande noch übrig
war.

Als nun die Heeresobersten, die mit ihren Leuten im Felde waren,
vernahmen, daß der König von Babel den Gedalja, den Sohn Ahikams, zum Statthalter über das Land gesetzt und daß er ihm Männer, Frauen und Kinder unterstellt habe, nämlich die vom geringen
Volk im Lande, von denen, die nicht in die Verbannung nach Babel
geführt worden waren, kamen sie alle zu Gedalja nach Mizpa, nämlich Ismael, der Sohn Nethanjas, Johanan, der Sohn Kareahs,
Seraja, der Sohn Thanhumeths, die Söhne Ephais aus Netopha und
Jesanja, der Sohn des Maachathiters, samt ihren Leuten. Und Gedalja, der Sohn Ahikams, des Sohnes Saphans, schwur ihnen und
ihren Leuten: Fürchtet euch nicht davor, den Chaldäern zu dienen;
bleibt im Lande und seid dem König von Babel untertan, so wird es
euch wohl ergehen. Seht, ich selber bleibe in Mizpa, um euch zu
vertreten vor den Chaldäern, die zu uns kommen werden. Ihr aber,
erntet nur Wein und Obst und Öl und tut es in eure Gefäße und
wohnt in euren Städten, die ihr innehabt. Und auch alle Judäer, die
in Moab und unter den Ammonitern, in Edom und all den Ländern
sich aufhielten, hörten, daß der König von Babel einen Rest von

Juda habe bestehen lassen und daß er Gedalja, den Sohn Ahikams, des Sohnes Saphans, über sie zum Statthalter gesetzt habe. Da kehrten alle Judäer von allen den Orten, wohin sie versprengt worden waren, zurück und kamen ins Land Juda zu Gedalja nach Mizpa und ernteten Wein und Obst in großer Menge.

Aber Johanan, der Sohn Kareahs, und alle Heeresobersten, die im Felde waren, kamen zu Gedalja nach Mizpa und sprachen zu ihm: Weißt du eigentlich, daß Baalis, der König der Ammoniter, den Ismael, den Sohn Nethanjas, gesandt hat, dich zu ermorden? Doch Gedalja, der Sohn Ahikams, glaubte ihnen nicht. Da sprach Johanan, der Sohn Kareahs, heimlich zu Gedalja in Mizpa: Ich will hingehen und Ismael, den Sohn Nethanjas, erschlagen, ohne daß ein Mensch davon erfährt. Warum soll er dich ermorden, so daß dann ganz Juda, das sich um dich gesammelt hat, sich zerstreut und der Rest Judas zugrunde geht? Aber Gedalja, der Sohn Ahikams, sprach zu Johanan, dem Sohn Kareahs: Du darfst das nicht tun; denn was du von Ismael sagst, ist nicht wahr.

Aber im siebenten Monat kam Ismael, der Sohn Nethanjas, des Sohnes Elisamas, aus königlichem Geschlechte und einer der Großen des Königs, und mit ihm zehn Männer, zu Gedalja, dem Sohne Ahikams, nach Mizpa, und sie aßen daselbst miteinander. Da erhoben sich Ismael, der Sohn Nethanjas, und die zehn Männer, die bei ihm waren, und schlugen Gedalja, den Sohn Ahikams, des Sohnes Saphans, mit dem Schwerte und töteten ihn, den der König von Babel zum Statthalter über das Land gesetzt hatte. Auch alle Judäer, die bei Gedalja in Mizpa waren, und die Chaldäer, die sich daselbst befanden, die Kriegsleute, erschlug Ismael. Am Tage nach der Ermordung Gedaljas nun, als noch niemand etwas erfahren hatte, kamen Männer von Sichem, von Silo und Samaria, achtzig Mann mit geschorenem Bart und zerrissenen Kleidern und selbstgemachten Schnittwunden; die hatten Weihrauch und Opfergaben bei sich, um sie zum Hause des Herrn zu bringen. Da ging ihnen Ismael, der Sohn Nethanjas, von Mizpa aus entgegen, während sie weinend ihre Straße gezogen kamen. Als er nun mit ihnen zusammentraf, sprach er zu ihnen: Kommt herein zu Gedalja, dem Sohne Ahikams! Sowie sie aber in die Mitte der Stadt gekommen waren, ermordete sie Ismael, der Sohn Nethanjas, und warf sie in die Zisterne, er und die Leute, die bei ihm waren. Zehn Männer jedoch, die sich unter jenen befanden, hatten zu Ismael gesagt: Töte uns nicht, denn wir haben noch verborgene Vorräte im Felde, Weizen und Gerste, Öl und Honig. Da ließ er ab und tötete sie nicht mit ihren Brüdern. Die Zisterne aber, in die Ismael alle Leichname der erschlagenen Männer warf, war die große Zisterne, die der König Asa im Krieg gegen Baesa, den König von Israel, hatte machen lassen; die füllte Ismael, der Sohn Nethanjas, mit Erschlagenen. Dann führte Ismael den ganzen Rest des Volkes, der sich in Mizpa befand, gefangen hinweg; die Prinzessinnen und alles Volk, das in Mizpa übriggeblieben war, alle, über die Nebusaradan, der Oberste der Leibwache, den Gedalja, den Sohn Ahikams, gesetzt hatte, führte Ismael, der Sohn Nethanjas, gefangen hinweg und zog ab, um zu den Ammonitern hinüberzugehen.

Als aber Johanan, der Sohn Kareahs, und alle Heeresobersten, die bei ihm waren, hörten, was für Untaten Ismael, der Sohn Nethanjas, verübt hatte, da nahmen sie alle ihre Leute und zogen aus, um mit Ismael, dem Sohne Nethanjas, zu kämpfen, und sie trafen ihn am großen Wasser bei Gibeon. Sowie nun das ganze Volk, das bei Ismael war, Johanan, den Sohn Kareahs, und alle Heeresobersten bei ihm sah, da freuten sie sich, und alles Volk, das Ismael von Mizpa gefangen weggeführt hatte, wandte sich und kehrte um und ging zu Johanan, dem Sohn Kareahs. Ismael aber, der Sohn Nethanjas, entkam dem Johanan mit acht Mann und ging zu den Ammonitern.

Nun nahmen Johanan, der Sohn Kareahs, und alle Heeresobersten, die bei ihm waren, den ganzen Rest des Volkes, den Ismael, der Sohn Nethanjas, nach der Ermordung Gedaljas, des Sohnes Ahikams, von Mizpa gefangen weggeführt, Männer, Frauen, Kinder und Hofbeamte, die er von Gibeon zurückgebracht hatte, und sie zogen fort und blieben in Geruth-Chimham bei Bethlehem, um dann nach Ägypten weiterzuziehen und so den Chaldäern zu entgehen; denn sie fürchteten sich vor ihnen, weil Ismael, der Sohn Nethanjas, Gedalja, den Sohn Ahikams, den der König von Babel über das Land gesetzt, erschlagen hatte.

Es traten aber alle Heeresobersten und Johanan, der Sohn Kareahs, und Asarja, der Sohn Hosajas, und alles Volk, klein und groß, zum Propheten Jeremia und sprachen zu ihm: Laß doch unsere Bitte vor dich kommen! Bete für uns zum Herrn, deinem Gott, für diesen ganzen Rest; denn unser sind nur wenige übriggeblieben von vielen, wie du mit eigenen Augen siehst. Der Herr, dein Gott,

*möge uns wissen lassen, welchen Weg wir gehen und was wir tun
sollen. Da antwortete ihnen der Prophet Jeremia: Ich habe es
gehört. Ja, ich will zum Herrn, eurem Gott, beten, wie ihr gesagt
habt; und alles, was euch der Herr zur Antwort gibt, will ich euch
zu wissen tun und auch nichts vorenthalten. Sie aber sprachen zu
Jeremia: Der Herr sei ein wahrhafter und gewisser Zeuge wider
uns, wenn wir nicht ganz nach dem Worte handeln, mit dem der
Herr, dein Gott, dich zu uns senden wird. Es sei gut oder schlimm,
auf die Stimme des Herrn, unsres Gottes, zu dem wir dich senden,
wollen wir hören, damit es uns wohl ergehe, weil wir auf die
Stimme des Herrn, unseres Gottes, hören.*

*Nach zehn Tagen erging das Wort des Herrn an Jeremia. Da be-
rief er Johanan, den Sohn Kareahs, und alle Heeresobersten, die bei
ihm waren, sowie das ganze Volk, klein und groß, und sprach zu
ihnen: So spricht der Herr, der Gott Israels, zu dem ihr mich gesandt habt, um ihm euer Flehen vorzulegen: Wenn ihr ruhig wohnen bleibt in diesem Lande, will ich euch aufbauen und nicht wieder abbrechen, will euch pflanzen und nicht wieder ausreißen; denn
mich gereut des Unheils, das ich euch angetan habe. Habt keine
Furcht vor dem König von Babel, vor dem ihr euch so fürchtet, habt
keine Furcht vor ihm, spricht der Herr; denn ich bin mit euch, daß
ich euch rette und euch seiner Hand entreiße. Ich will euch Barmherzigkeit finden lassen, daß er sich euer erbarmt und euch in eurem Lande wohnen läßt. Wenn ihr aber sagt: »Wir bleiben nicht in
diesem Lande!« indem ihr nicht auf die Stimme des Herrn, eures
Gottes, hört, sondern sagt: »Nein, vielmehr ins Land Ägypten wollen wir ziehen, wo wir weder Krieg sehen noch Posaunenschall
hören noch Hunger leiden werden, und dort wollen wir uns nieder-
lassen!« darum höret nun das Wort des Herrn, die ihr von Juda
noch übrig seid: So spricht der Herr der Heerscharen, der Gott Israels: Wenn ihr denn durchaus nach Ägypten zu gehen gedenkt und
hinzieht, um dort in der Fremde zu wohnen, so wird das Schwert,
das ihr fürchtet, euch dort ereilen im Lande Ägypten, und der Hunger, vor dem euch bangt, wird euch nach Ägypten nachsetzen, und
dort werdet ihr sterben. Alle die Männer, die nach Ägypten zu gehen gedenken, um dort in der Fremde zu wohnen, werden durchs
Schwert, durch Hunger und Pest umkommen; keiner von ihnen
wird übrigbleiben, keiner wird dem Unheil entrinnen, das ich über
sie bringen werde. Denn so spricht der Herr der Heerscharen, der*

Gott Israels: Wie sich mein Zorn und Grimm über die Bewohner Jerusalems ergossen hat, so wird sich mein Grimm über euch ergießen, wenn ihr nach Ägypten geht; und euer Name wird zum Ausdruck der Verwünschung und des Entsetzens, der Verfluchung und der Beschimpfung dienen, und diesen Ort werdet ihr nie wieder sehen – so ist dies das Wort des Herrn über euch, die ihr von Juda noch übrig seid: Geht nicht nach Ägypten! Und nun wisset, daß ihr euch selbst unglücklich macht, da ihr mich zu dem Herrn, eurem Gotte, sendet und sprecht: »Bete für uns zum Herrn, unserm Gott! Und alles, was der Herr, unser Gott, zur Antwort gibt, das mache uns kund, und wir wollen es tun.« Nun habe ich es euch heute zu wissen getan; aber ihr habt nicht auf die Stimme des Herrn, eures Gottes, gehört, noch auf irgend etwas, womit er mich zu euch gesandt hat. So wißt jetzt wohl: Durchs Schwert, durch Hunger und Pest werdet ihr umkommen an dem Ort, wohin es euch zu gehen gefällt, um dort in der Fremde zu wohnen.

Als nun Jeremia dem ganzen Volke alle Worte des Herrn, ihres Gottes, mitgeteilt hatte, alle jene Worte, mit denen ihn der Herr, ihr Gott, zu ihnen gesandt, da sprachen Asarja, der Sohn Hosajas, und Johanan, der Sohn Kareahs, und die andern Männer zu Jeremia: Es ist nicht wahr, was du da sagst! Der Herr, unser Gott, hat dich nicht gesandt, zu sagen: »Geht nicht nach Ägypten, um dort in der Fremde zu wohnen!«, sondern Baruch, der Sohn Nerias, reizt dich gegen uns auf, um uns in die Hand der Chaldäer zu geben, daß sie uns töten oder nach Babel in die Verbannung führen. So hörten denn Johanan, der Sohn Kareahs, und alle Heeresobersten und das ganze Volk nicht auf den Befehl des Herrn, im Lande Juda zu bleiben, sondern Johanan, der Sohn Kareahs, und alle Heeresobersten nahmen den ganzen Rest von Juda, alle, die aus allen Völkern, unter die sie sich zerstreut hatten, heimgekehrt waren, um im Lande Juda zu wohnen: Männer, Frauen und Kinder, und die Prinzessinnen, kurz, alle Seelen, die Nebusaradan, der Oberste der Leibwache bei Gedalja, dem Sohne Ahikams, des Sohnes Saphans, gelassen hatte, auch den Propheten Jeremia und Baruch, den Sohn Nerias, und zogen nach dem Lande Ägypten; denn sie waren dem Befehl des Herrn nicht gehorsam. Und sie kamen bis Thachpanhes [d. i. Daphne].

Und es erging das Wort des Herrn in Thachpanhes an Jeremia also: Nimm große Steine zur Hand und grabe sie heimlich ein am

Eingang des Hauses des Pharao in Thachpanhes vor den Augen jüdischer Männer und sage zu ihnen: So spricht der Herr der Heerscharen, der Gott Israels: Siehe, ich sende hin und hole Nebukadnezzar, den König von Babel, meinen Knecht, und er wird seinen
Thron über diesen Steinen, die du vergraben hast, aufstellen und
seinen Prachtteppich darüber ausbreiten. Und wenn er kommt,
wird er das Land Ägypten schlagen: dem Tode verfällt, was dem
Tode gehört, der Gefangenschaft, was der Gefangenschaft, dem
Schwerte, was dem Schwerte gehört. Und er wird Feuer legen an die
Tempel der Götter Ägyptens, wird jene verbrennen, diese aber gefangen wegführen. Und er wird das Land Ägypten lausen, wie der
Hirte sein Gewand laust, und darnach wird er wohlbehalten von
dannen ziehen. Die Obelisken von Beht-Semes im Lande Ägypten
wird er zerbrechen, und die Tempel der Götter Ägyptens wird er
verbrennen.

Das Wort, das an Jeremia erging über alle Judäer, die im Lande
Ägypten wohnten, in Migdol, in Daphne, in Memphis und im
Lande Pathros: So spricht der Herr der Heerscharen, der Gott Israels: Ihr selbst habt all das Unheil gesehen, das ich über Jerusalem
und über alle Städte Judas habe kommen lassen: sie liegen heute in
Trümmern, und niemand wohnt darin wegen ihres bösen Treibens,
mit dem sie mich erzürnten, da sie hingingen, um fremden Göttern,
die sie nicht gekannt hatten, zu opfern und zu dienen. Wohl sandte
ich zu ihnen alle meine Knechte, die Propheten, früh und spät und
ließ durch sie sagen: »Verübt doch nicht solchen Greuel, den ich
hasse!« Aber sie gehorchten nicht und schenkten mir kein Gehör:
sie ließen nicht ab von ihrem bösen Wesen und opferten weiter
fremden Göttern. Darum ergoß sich mein Grimm und Zorn und
verbrannte die Städte Judas und die Gassen Jerusalems, daß sie zur
Trümmerstätte wurden, wie man es heute sieht. Und nun spricht
der Herr, der Gott der Heerscharen, der Gott Israels, also: Warum
tut ihr euch selbst solch ein großes Leid an? Wollt ihr denn Mann
und Weib, Kind und Säugling aus Juda ausrotten, so daß ihr keinen
Rest von euch übriglaßt, indem ihr mich zum Zorne reizt durch das
Tun eurer Hände, indem ihr im Lande Ägypten, wohin ihr gehen
wollt, um dort in der Fremde zu wohnen, fremden Göttern opfert,
auf daß ihr euch ausrottet und euer Name zum Fluch- und Schimpf-
wort werde bei allen Völkern der Erde? Habt ihr schon all das Böse
vergessen, das eure Väter und die Könige von Juda und ihre Für-

sten, ihr selbst und eure Frauen im Lande Juda und auf den Gassen
Jerusalems begangen? Und sie wurden bis auf den heutigen Tag
nicht zerknirscht, sie fürchteten sich nicht und wandelten nicht in
meinem Gesetze und in den Satzungen, die ich ihren Vätern gegeben habe. Darum spricht der Herr der Heerscharen, der Gott Israels, also: Siehe, ich wende mein Angesicht gegen euch zum Unheil:
ganz Juda will ich ausrotten; auch den Rest von Juda, der nach
Ägypten zu gehen gedenkt, um dort in der Fremde zu wohnen, will
ich hinwegnehmen, und sie sollen alle aufgerieben werden im
Lande Ägypten. Sie sollen fallen durch Schwert und Hunger und
aufgerieben werden, klein und groß; durch Schwert und Hunger
sollen sie sterben, und ihr Name soll zum Ausdruck der Verwünschung und des Entsetzens, der Verfluchung und der Beschimpfung
dienen. Die im Lande Ägypten wohnen, werde ich heimsuchen, wie
ich Jerusalem heimgesucht habe, mit Schwert und Hunger und Pest,
so daß von dem Reste Judas, der als Fremdling im Lande Ägypten
weilt, keiner entrinnt und übrigbleibt, um ins Land Juda zurückzukehren, wohin sie zurückzukehren verlangen; denn nur Flüchtlinge
werden zurückkehren.

Da antworteten dem Jeremia alle Männer, die wußten, daß ihre
Frauen fremden Göttern opferten, und alle Frauen, die dabei standen, ein großer Haufe, auch alles Volk, das im Lande Ägypten und
in Pathros wohnte; sie sprachen: Was du auch zu uns redest im Namen des Herrn, wir hören nicht auf dich, sondern alles, was wir gelobt haben, wollen wir tun: wir wollen der Himmelskönigin opfern
und ihr Trankspenden ausgießen, wie wir und unsere Väter, unsere
Könige und Fürsten in den Städten Judas und auf den Gassen Jerusalems getan haben. Da hatten wir Brot genug und waren glücklich
und wußten nichts von Unglück. Seitdem wir aber aufgehört haben, der Himmelskönigin zu opfern und Trankspenden auszu-
gießen, leiden wir Mangel an allem und kommen um durch Schwert
und Hunger. Und wenn wir der Himmelskönigin opfern und ihr
Trankspenden ausgießen, geschieht es etwa ohne den Willen unserer Männer, daß wir ihr Kuchen backen nach ihrer Gestalt und ihr
Trankspenden ausgießen?

Da sprach Jeremia zu dem ganzen Volke, zu den Männern und
Frauen und allem Volke, die ihm geantwortet hatten, also: Ja, ge-
rade an die Opfer, die ihr in den Städten Judas und auf den Gassen
Jerusalems dargebracht habt, ihr und eure Väter, eure Könige und

Fürsten samt dem Volk des Landes, daran hat der Herr gedacht, und es ist ihm zu Herzen gegangen! Und da der Herr euer böses Tun und die Greuel, die ihr verübt habt, nicht länger ertragen konnte, ist euer Land zur Wüste geworden, zum Entsetzen und zum Fluche, so daß niemand mehr darin wohnt, wie es denn heute der Fall ist. Weil ihr mit euren Opfern wider den Herrn gesündigt und nicht auf seine Stimme gehört habt und nicht in seinem Gesetze, in seinen Satzungen und Ordnungen gewandelt seid, darum ist euch dieses Unheil begegnet, wie es heute am Tage liegt.

Darauf sprach Jeremia zu allem Volk und zu allen Frauen: Höret das Wort des Herrn, ihr alle aus Juda, die ihr im Lande Ägypten seid! So spricht der Herr der Heerscharen, der Gott Israels: Ihr Frauen, ihr habt mit dem Munde gelobt und mit der Hand es erfüllt; ihr habt gesagt: »Wir wollen unsere Gelübde erfüllen, die wir gelobt haben: wir wollen der Himmelskönigin opfern und ihr Trankspenden ausgießen!« Ja, haltet eure Gelübde nur aufrecht und erfüllt sie! Darum höret das Wort des Herrn, ihr alle aus Juda, die ihr im Lande Ägypten wohnt! Wahrlich, ich habe bei meinem großen Namen geschworen, spricht der Herr, nimmermehr soll mein Name genannt werden durch den Mund irgendeines Mannes aus Juda im ganzen Lande Ägypten, so daß einer spräche: »So wahr Gott der Herr lebt!« Siehe, ich wache über ihnen zum Unheil und nicht zum Heil; alle Männer aus Juda, die im Lande Ägypten sind, werden aufgerieben durch Schwert und Hunger, bis sie gänzlich vertilgt sind. Etliche aber, die dem Schwerte entrinnen, werden aus dem Lande Ägypten in das Land Juda zurückkehren; doch ihrer werden nur wenige sein. Dann wird der ganze Rest Judas, der ins Land Ägypten gekommen ist, um dort in der Fremde zu wohnen, erkennen, wessen Wort sich bewährt, das meine oder das ihre. Dies aber, spricht der Herr, sei euch das Zeichen dafür, daß ich euch an diesem Orte heimsuchen werde, damit ihr erkennet, daß meine Worte an euch sich bewähren werden zum Unheil: also spricht der Herr: Siehe, ich gebe den Pharao Hophra, den König von Ägypten, in die Hand seiner Gegner und Todfeinde, wie ich Zedekia, den König von Juda, in die Hand Nebukadnezzars, des Königs von Babel, seines Gegners und Todfeindes, gegeben habe.

Das ist das letzte Wort aus dem Munde des Jeremia in der Bibel.

Geschichte wurde seit der griechischen Antike aufgezeichnet, damit Menschen aus ihr lernen könnten. Doch was will man lernen? Geschichte wiederholt sich niemals so, daß man aus dem Vergangenen die Gegenwart ableiten oder auch nur von fern verstehen könnte. Wenn aber die Geschichte selber sich erzählt *als Sinnbild* des Menschen in seinen Grausamkeiten und Grauslichkeiten, in seinen Hoffnungen und Visionen, dann ist's möglich, in den Brunnenschacht der Geschichte hineinzuschauen wie in einen Spiegel. Beides, Geschichte als vergangenes Geschehen und als Symbol zu betrachten, ist vonnöten, liest man diese letzten Texte aus dem Leben des Propheten Jeremia, wie sein Schüler Baruch sie im Martyrium seines Meisters aufgezeichnet hat. Wir müssen die Geschichte uns erzählen, wie sie war, und wir müssen sie zugleich begreifen als ein Geschehen in uns selbst.

Was geschah, ist uns durch Eintragungen aus dem Kap. 52 durch spätere Redaktorenhand, fast verwirrend, zusammengestellt worden. Im August des Jahres 586, nach anderthalbjähriger Belagerung, ist die Stadt Jerusalem sturmreif geworden. Ausgehungert und ausgezehrt, entkräftet und geschunden, wie die Bevölkerung ist, gelingt es den Truppen Nebukadnezzars, eine Bresche in die Stadtmauer zu treiben. Das ist das Ende, jeder weiß das. Der Rammbock hat den Stein besiegt, die Manneskraft des Militärs die Kunst der Architekten der Verteidigung. An der Südseite der Stadt, gerade im letzten Moment noch, gelingt es Zidkija, dem König, zu fliehen. Den Ruf des Propheten, rechtzeitig zu kapitulieren und der Stadt die Qual einer längeren Belagerung zu ersparen, den Krieg zu beenden durch Selbstauslieferung, hat er nicht aufgegriffen. Jetzt, wo es zu spät ist, läuft er um sein Leben. Natürlich weiß er, was ihm und seiner Generalität bevorsteht, wenn man ihn aufgreift. Ist es zu viel gesagt, wenn wir sein drohendes Schicksal mit dem Ende des sogenannten Dritten Reiches vergleichen, als alle NS-Größen wissen konnten und wissen mußten, wie die Sieger über sie urteilen würden? Die Babylonier erfahren beizeiten von der Flucht des Königs, schicken ihre Soldateska hinterdrein, und noch bevor der König den Jordan erreicht, auf der Höhe von Jericho, wird Zidkija aufgegriffen und in Gefangenschaft abgeführt. Man schleppt ihn nach Ribla, vor den König Nebukadnezzar selbst, und der hält Gericht auf furchtbare Weise.

Hat es einen Sinn, zu sagen, diese Barbarei sei ein *Jus talionis*: – ein König werde geblendet, weil er Einsicht zur rechten Zeit nicht besessen habe? Ihm werde das Augenlicht geraubt im letzten Augenblick, weil er seine Augen, als es an der Zeit war, vor der Wirklichkeit verschlossen hielt? Blendung als Strafe für Verblendung? Was gehört dazu, einen Menschen derart zu quälen, mit glühenden Eisenstäben ihm die Augen auszustoßen! Und warum muß man derartiger Schrecklichkeiten, nur weil sie in der Bibel stehen, immer wieder gedenken, außer daß die menschliche Geschichte sich doch in gewisser Weise wiederholt? In ihr triumphieren die Sieger. Und der Sieg der Triumphierenden scheint um so größer, als die Erniedrigung ihrer besiegten Gegener erniedrigend ist. Franz Werfel hat auf seine Weise versucht, die Szene zu beschreiben, wie der König nackt vorgeführt wird, wie die Tempelposaunen geblasen werden, wie die Kriegstrompeten erdröhnen und sie die Hilfeschreie sogar der kleinen Kinder übertönen müssen.

Man möchte glauben, die Zeit sei ein für allemal vorüber, da man die Hinrichtung von Menschen als ein Massenschauspiel inszenierte und die eingeladene Menge dabeistand, johlend, quiekend vor Vergnügen, kreischend zu Ehren des Siegers und sich weidete am Schauspiel der Folterung und Vernichtung ihrer Gegner. Doch der Sadismus der Masse hat sich erhalten, bis heute. Keineswegs nur in der Justizpraxis in China, im Irak oder im Iran. Auch die Vereinigten Staaten von Amerika, das vermeintliche Vorbildland der westlichen Kultur, sehen nicht davon ab, gerade so zu verfahren. George Bush zum Beispiel, der Sohn des Ex-Präsidenten der Vereinigten Staaten von Amerika, amtierender Gouverneur von Texas, kann immerhin auf die stolze Bilanz verweisen, allein im vergangenen Jahr 37 Menschen in die Gaskammer und auf den elektrischen Stuhl gebracht zu haben. Welch eine Ruhmestat! Er wird gerade vor der Frage stehen, ob er die nächste Woche dazu nützt, zum ersten Mal seit langem eine Frau gerichtlich ermorden zu lassen – »mit dem Tod zu bestrafen« wäre ein reiner Euphemismus! Die Gesellschaft siegt über ihre Opfer, und sie findet Vergnügen und Beifall beim Zuschauer. Schon streitet man sich um die Fernsehrechte einer landesweiten Übertragung der Hinrichtungsprozedur. Albert Camus, der, als einer der ganz wenigen, die Todesstrafe gehaßt hat, konnte mit bewußtem Zynismus und kalter Ironie schon in den 50er Jahren die Schergen fragen, warum sie denn in aller Heimlichkeit töten, morgens um fünf, wenn keiner es sieht, wo die Todesstrafe doch abschreckend wirken soll, statt das Volk von Paris zum

Richtplatz zu führen, wie in den Tagen der Revolution, als die Guillotine so flink und fleißig war, jedem zu zeigen, wo das Recht stand und wo das Unrecht, wo die Ordnung und wo die Unordnung, wo die Vernunft und wo der Wahnsinn. Ja, was ist denn da Wahnsinn und was Vernunft, wenn Menschen so sind und immer wieder so sein können?

König Zidkija wird mit anschauen müssen, wie seine eigenen Kinder enthauptet werden. Es ist das letzte, was er in seinem Leben zu sehen bekommen soll; die Hoffnung des Hauses Davids wird endgültig zerstört. Die Kinder Zidkijas sind die letzten Davididen in Judäa, und sie sterben durch die Hände des Königs von Babylon. Dieser babylonische Herrscher erweist sich als genauso schlimm, wie man ihn gefürchtet hat. Aber dann auch wieder nicht. Für Jeremia scheint er eine eigene Order erlassen zu haben: ihm soll kein Haar gekrümmt werden; für Jeremia soll der Chef der Leibwache sogar besondere Fürsorge tragen. Merkwürdig, Nebukadnezzar scheint begriffen zu haben, daß Jeremia ein Mensch ist, der selbst als Gefangener frei bleibt. Diesen Mann bestraft er gewissermaßen mit seiner Freiheit. Er, Jeremia, soll tun, was er will. Er wird ausreichenden Proviant bekommen für jeden Weg, den er einschlagen möchte; aber er soll sich ganz frei bewegen können. Geht er nach Babel, geht er nach Babel, bleibt er in Judäa, bleibt er in Judäa. Er kann tun, was er will.

Irgendwie scheint Jeremia den König beeindruckt zu haben. Dieser Mann folgt keinem Zwang. Das anerkennt der mächtigste Mann seiner Zeit. Er, Jeremia, wird niemals ein Sklave sein. Er hat sich nie gebeugt. Und Jeremia, seinerseits, legt ein Wort ein für seinen Retter, den Kuschiten Ebed-Melech. Der hat *auf Gott vertraut*, sagt er. Jeremia sagt nicht, wie wir, humanistisch gebildet, sagen würden: »er hat Mitleid gehabt«. Ebed-Melech war als Äthiopier ein Ausländer in Judäa, schon deshalb stand er dem ausgegrenzten Jeremia nahe; er jedenfalls war der einzige am ganzen Hof, der, als es darauf ankam, die Stricke in die Zisterne ließ, um den Propheten aus der Jauche am Grund zu retten! Er, Ebed-Melech, wird entkommen mit seinem Leben, weil er Leben gerettet hat. Auch das klingt wie ein altorientalisches *Jus talionis*: Gleiches für Gleiches.

Der weitere Bericht ist verworren. Es scheint, daß Jeremia freiwillig sich dem Zug der Deportierten angeschlossen hat, ohne seinen Extrastatus zu nutzen, ohne seine Ausnahmeregelung zu akzeptieren. Er, der Mann, der gegenüber der Menge stets draußen stand, er, der vollkommen einzelne, wird unerkannt, anonym, in dem Troß der Namenlosen gefunden, die wie sprechende Tiere, als Arbeitssklaven, ins Exil deportiert werden. Hunderte derer, die die Führungsclique in Jerusalem gebildet hatten, wird man über die Klinge springen lassen. Alle aber, die irgend etwas für die Sieger Nützliches gelernt haben, die Handwerker, die gebildeten Leute, die reichen Leute, wird man ausplündern oder bei der Hand nehmen, um ihre Kenntnis und Kunstfertigkeit für den Erhalt und die Verfeinerung des eigenen Staatswesens einzusetzen. Übrig läßt man in Judäa einzig die Habenichtse, die Fellachen, die Bauern, die niedrig genug sind, um ihren Rücken über der Erdkrume zu beugen; *die* sollen weiter Wein anbauen, Äcker bestellen, Olivenbäume abernten; sie sollen für sich selber genügend zu essen haben und alles darüber hinaus in das reiche Babylon liefern. Es ist, wie wenn der Sturmwind durchs Land geht und die Bäume zerbricht; das Gras entwurzelt er nie. Die ganz Niedrigen entkommen immer.

Soll man draus lernen, wie es im 5. Jahrhundert im antiken China der Weise Laotse formuliert hat: »Weich und gering, das überlebt's«? Ist *das* die Lebenskunst, die wir hier lernen sollten?

Wir hören, daß derselbe Jeremia, dem man den Vorwurf machte, er sei ein Landesverräter, er hasse sein Volk, er habe keinen Gemeinsinn, daß grade dieser Mann jetzt, wo es drauf ankommt, sich nicht trennen lassen will von den Opfern. – Vermutlich, nebenbei gesagt, war dies das Moment, das einen Mann wie Franz Werfel an der Gestalt dieses Propheten faszinierte, denn auch er selber wollte sich vom Judentum seiner Herkunft nicht trennen lassen um des Leids seiner Volksgenossen wegen, nicht im Moment der Not, nicht in der Stunde der Entscheidung. – Man greift Jeremia auf, und dann wird berichtet, was eigentlich bei der Freilassung im Wachthof im Inneren Jerusalems schon hätte erzählt werden müssen: *Jetzt* geht Jeremia hinüber nach Mizpa zu Gedalja, dem Sohn Schafans, des Staatsschreibers. Diese Gruppe hatte die ganze Zeit ein offenes Ohr für die Warnungen des Propheten. Diese Gruppe in Judäa stand dem Propheten gedanklich nahe: Gottvertrauen und Realpolitik, keine Furcht vor dem »Ungeheuer« Nebukadnezzar aus Vertrauen zu Gott! Gedanken sind dies, wie wir sie von Jesaja schon kennen: Ihr werdet zum Opfer eurer eigenen Angst, aber wenn ihr Glauben habt, habt ihr das Bleiben (Jes 7,9). Ganz ähnlich Jeremia, ganz ähnlich diese Gruppe um Schafan. Sie setzt Gedalja als eine Art Treuhänder ein.

Vielleicht gibt es in der ganzen Geschichte Judas kaum einen Menschen, der es besser gewollt und gemeint hat, als dieser Gedalja in Mizpa. Soll man einen Mann einen »Herrscher« nennen, der Macht und Geld gar nicht will, sondern dem einzig liegt am Wohl der geschundenen Übriggebliebenen im Lande? Gedalja will keinen Thron und hat keinen Thron. Er denkt nicht daran, irgendein Palais im niedergebrannten Jerusalem zu beziehen. Er hält sich in Mizpa auf, um Beziehung zu halten zu den Babyloniern. Aber er ist nicht einfach ihr Vasall, er vertritt nicht die Interessen Babylons gegen sein Volk. Er möchte vielmehr, daß das Volk in Frieden mit Babylon wieder aufatmen kann. Er ist's, der der Landbevölkerung, die übriggeblieben ist, nun sagt: »Tut nichts weiter als das, was ihr könnt. Holt das Getreide von den Äckern, schneidet die Reben, pflückt die Oliven und preßt das Öl.« Und, glücklicherweise, in jenem Jahr wird es eine reiche Ernte. Gut hat man gesammelt, alles scheint seinen Weg zu gehn. Wir hören nicht, daß Jeremia Gedalja bei seinen Entschlüssen beraten hätte, wohl, weil's kaum nötig war. Dieser Mann handelte genau so, wie der Prophet es über 30 Jahre lang sich gewünscht hätte. Ein kleiner Friede, das Überleben – welch ein Geschenk jetzt! Doch was passiert?

Es lebt ein kleiner Stamm jenseits des Jordans, das Volk der Ammoniter – die jordanische Hauptstadt Amman trägt danach ihren Namen. Immer sind sie den Juden verhaßt gewesen, zumindest nach dem Zeugnis der biblischen Geschichtsschreibung. In Ammon regiert König Baalis. Außerhalb dieser Bibelstelle hätten wir kaum Grund, den Mann geschichtlich zu erwähnen. Doch nun kommt seine Stunde. Endlich hat er das verhaßte Juda da, wo er eigentlich immer schon gerne gehabt hätte; doch selbst dieser Zustand ist ihm nicht genug. Was kann er noch machen, um die Geschundenen weiter zu schinden, um sie endgültig und restlos fertigzumachen? Das ist die Frage.

Er bedient sich eines gewissen Jischmael, der nach der Abstammungsliste, die uns vorgetragen wird, aus einem Seitenzweig des Hauses David stammt. Dieser Mann trägt im Kopfe, daß er, königlichen Geblüts, das Zeug hat, König zu werden. Natürlich ist das eine ganz phantastische Idee, fast so absurd, wie Otto von Habsburg in unseren Tagen ab und an daran denkt, die Habsburger

könnten in Österreich wiedererstehen. Die Babylonier herrschen
und tun's auf eine Art und Weise, daß es in Judäa ein selbständiges
Königtum in alle Zukunft nicht mehr geben wird. Aber gerade weil
die Idee einer erneuerten Monarchie so verrückt ist, liegt Baalis, der
Ammoniterkönig, dem hebräischen Prinzen im Ohr. Er, Jischmael,
hat natürlich verdient, König zu werden, wo er doch durch seine
Abstammung König ist. Es wäre ein Verrat an Adel und Nation,
diese kühne Hoffnung aufzugeben! Waren nicht die Ammoniter
und die Judäer immer schon Verbündete? Standen sie sich zumindest in der letzten Zeit nicht ungleich viel näher als den feindlichen
Babyloniern? War es nicht immer schon ihr Bestreben, eine Koalition zu bilden gegen die Babylonier? Das einzige, was in dieser
Schicksalsstunde wirklich not tut, besteht darin, jegliche Koopera-
tion und Koalition mit den babylonischen Gegnern zu unterbinden.
Dieser Quisling, dieser Gedalja, muß natürlich verschwinden. Er
organisiert mit seiner Notstandsregierung den gesamten Ablauf in
Mizpa in Richtung eines bloßen Appeasement, er ist die Schmiermasse zwischen Babyloniern und Judäern. Schaltet man ihn aus,
dann wird das Volk erkennen, wo seine wahre nationale Größe und
Würde liegt, und wird schon wie von selbst ihn, Jischmael, verehren
als den wahren König.

Wie es in diesem phantastischen Plan dann freilich weitergehen
soll, wird weder Baalis gewußt haben noch Jischmael, oder sollte
man genauer sagen: das wird nur allzu gut gewußt haben der Ammoniterkönig Baalis! Entweder werden die Babylonier noch einmal
ihre Hand ausstrecken und den Heuschreck zerquetschen, der da
aufspringen will, oder aber es wird Tumult und Chaos im Volke
ausbrechen, man wird überhaupt nicht mehr wissen, woran man
ist, Bürgerkrieg und Selbstzerfleischung werden die Folgen sein.
Beides ist förderlich für Baalis. Ein Mann wird ermordet, ein Volk
durcheinandergebracht ..., so macht man Politik. Man destabilisiert; man tut eigentlich gar nichts; man benützt seine Intelligenz
dazu, die Verücktheiten anderer zu bestärken, um sie in ihren Untergang zu locken. Aber dabei gibt man sich freundlich und fein,
man benützt heilige Begriffe, um das Ruchlose zu betreiben. Und ist
diese Vorgehensweise so weit entfernt von dem, was wir kennen?

Man benützt die Moral politisch zur Propaganda oder zum
Schindluder; menschliche Vernunft wird zum Possen in den Händen der Mächtigen; sie lügen, wo sie nur können. Und wenn's nur

die Art von Lügen wäre, von der dieser Tage die Klatschpresse voll ist: Hat nun der Präsident von Amerika? Oder hat er doch nicht? Monica Lewinsky jedenfalls hat mit ihrer Liebe wohl kein Verbrechen begangen. Es gibt eine andere Dimension politischer Lüge. Wenn George Bush senior einen Krieg wie 1990 anzettelt, der Hunderttausende von Arabern das Leben kosten wird und soll, wird er sich einer infamen Lüge bedienen: Er arrangiert vor der Weltöffentlichkeit Fotos, die zeigen, wie irakische Soldaten frühgeborene Säuglinge aus den Brutkästen holen und auf den Boden werfen; die Bilder sind fingiert, der Präsident weiß das, aber er hausiert damit, um eine Koalition von 50 Staaten gegen den Irak, gegen die Sadisten und Menschenschinder in Bagdad, zusammenzubringen. Ja, er wird Monate früher seine eigene Botschafterin dazu bestellen, den irakischen Diktator Saddam Hussein in die Falle zu locken, indem sie ihm sagt, die Kuwait-Frage stelle in den Augen der Vereinigten Staaten von Amerika eine innerarabische Angelegenheit dar, und wenn das Regime in Baghdad danach handelt, hat man endlich einen Grund, richtig zuzuschlagen und all die Waffen zu vernichten, die man acht Jahre lang selber in den Irak geliefert hat, um den Krieg gegen die islamische Revolution in Persien zu betreiben; – allein dieser Krieg kostete 500 000 Menschen das Leben. Doch all das ist normale Politik.

Und man beachte den Unterschied.

Wenn jemand mordet aus Haß oder aus Machtgier, ist das politisch vernünftig, denn es bestätigt die bestehende Herrschaft, es weitet sie aus, es stabilisiert sie, und das ist heroisch. Wenn hingegen ein Präsident eine Praktikantin liebt, so ist dies das Ehrenrührige, das Skandalöse, das man bestrafen und hetzen muß. Die Moral! Die öffentliche Moral! Und wozu dient die ganze öffentliche Hysterie? Die Republikaner wehren sich gegen einen Präsidenten, der in Arkansas tatsächlich mal dafür plädiert hat, die Todesstrafe abzuschaffen, der sogar der mächtigen *National Rifle Association*, die dafür sorgt, daß unter jedem amerikanischen Kopfkissen ein Revolver liegt, das Handwerk legen wollte und der sogar Rüstungseinsparungen gegenüber dem allmächtigen Pentagon durchsetzen möchte. Um das zu verhindern, taugt die Moral. Sie ist nichts weiter als ein Machtmittel. Sie funktioniert innerhalb des offenbaren Zynismus.

Und nicht viel anders die Geschichte von Baalis und Jischmael.

Das Erschütternde dabei ist, daß Gedalja nicht glaubt, jemand aus seinem eigenen Volke werde so handeln. Gedalja ist genau der Mensch, den Jeremia sich seit eh und je wünschte. Dieser Mann setzt Vertrauen gegen die Angst – das macht er wahr! Gedalja vertraut sogar den Babyloniern – sie sind besser als ihr Ruf! Mit ihnen kann man leben! Sie sind durchaus nicht die Unmenschen, als die man sie propagandistisch dargestellt hat. Redet man mit ihnen pragmatisch und vernünftig, so gewähren sie sogar den Wiederaufbau des Landes, genehmigen sie die Wiedererrichtung der verbrannten Stätten. Sie möchten ihren neuen Untertanen ein bescheidenes Wohl schon konzedieren – es liegt auch in ihrem eigenen Interesse, ihre Besatzungsarmee verringern zu können. Auch gegenüber dem eigenen Volk ist die Umgangsart des Gedalja von Vertrauen bestimmt. Ein Mordattentat ist Jischmael nicht zuzutrauen, sagt er zu dem Haudegen Johanan. Der aber erklärt sogleich, es gebe nur die Alternative, wer wen rechtzeitig umbringe, die Frage sei nur, wer wem zuvorkomme. Natürlich darf niemand den Tathergang erfahren. Der Mann ist gestorben, ja, weiß man, woran? – an Herzinfarkt, würde man im Vatikan wie zum Tode Johannes Paul I. sagen. In jedem Falle betrauern und bedauern wir zutiefst das Ableben eines der letzten aus dem Hause David. Oder falls Gedalja dran glauben muß, wird die Rede sein von der großen Hoffnung, die er in diesen Zeiten der Not verkörperte, nur daß sich jetzt endlich alles zum Besseren, Größeren wenden wird. Alles ist nur eine Frage der richtigen Manipulation.

So ist Politik üblicherweise. Nur Gedalja will diese Art von Politik nicht. Schon deshalb ragt er hoch heraus aus aller Geschichte. Doch eben deshalb wird er nur ein paar Tage lang leben, dieser wunderbare Mann, Gedalja, der einzige »König«, den Jeremia geliebt hat. Er wird ermordet.

Dann überschlagen sich die Ereignisse. Johanan steht auf, um Rache zu nehmen an Jischmael. Der wird gestellt an den Furten des Jordan. Die Leute, die er mit sich geführt hat, laufen wieder über zu Johanan, und jetzt wissen sie endgültig nicht mehr, wo sie hin sollen. Das Spiel des Baalis geht absolut auf. In Mizpa können sie nicht mehr bleiben. Sie haben den Mann ermordet, den der König von Babel selbst in Mizpa eingesetzt hat; und ein übriges kommt noch hinzu: 80 Pilger minus zehn wurden ermordet!

Warum Jischmael das getan hat, steht in den Sternen. Diese Leute kamen eigentlich zum Herbstfest in das verbrannte Jerusalem. Selbst der zur Ruine gewordene Tempel galt ihnen als Heiligtum, aber wohlgemerkt, sie kamen aus Samaria, sie kamen aus dem Norden. Das zeigt, daß damals noch die Samaritaner, die Bevölkerung des ehemaligen Nordreichs, festhielten am Zentralheiligtum Davids in Jerusalem! Warum werden diese Leute ermordet, bärtige Männer, Trauernde mit Gaben? Die zehn Leute, die da sagten, sie besäßen noch spärliche Nahrungsmittel, soll man geschont haben nur deswegen? Das kann nicht der wahre Grund sein. Daß sie sich Jischmael fügten, wird ihnen das Leben gerettet haben; aber warum der Mord an all den anderen? Warum das Auffüllen einer lebenswichtigen Zisterne mit Leichen? Denken muß man, vielleicht habe der Grund eben darin gelegen, daß sie nach Jerusalem gingen. Sie hielten fest an der Idee einer Reichseinheit, die es wieder geben sollte. Auch das gehörte ja zur Prophetie des Jeremia: der Norden und der Süden, Samaria und Judäa, würden eins sein. Nicht durch eine machtpolitische davidische oder salomonische Klammer würde diese Einheit sich wieder herstellen, sondern in der gemeinsamen Überzeugung der Religion, verbunden gemeinsam durch den Jahwekult würden sie eins sein. Genau so verhalten sich diese Leute, und eben das scheint ihr Todesurteil gewesen zu sein! Später, ein paar Jahrzehnte danach, beim Wiederaufbau des Tempels, wird es in Judäa Kräfte geben, die genauso denken wie Jischmael. Sie wollen ein neues davidisches Königtum, aber nur für Juden in Judäa, nicht für die da im Norden. Die Samariter bieten um 520 allen Ernstes Geld an, um bei der Wiederaufrichtung des Tempels sich zu beteiligen. Doch nein, wird der Prophet *Haggai* sagen, sie gehören nicht zu uns!

Das ist das Ende offenbar der Vision des Jeremia. Mit Jischmael beginnt es. Man will nur noch sich selbst, und man bekommt gar nichts mehr. Der Rest ist die Umkehr des Exodus: die Flucht nach Ägypten. Sie scheint immer noch besser als die drohende Deportation nach Babylon. Man siedelt sich an in der Grenzstadt Tachpanhes, verbreitet sich über das Land unter dem Pharao Hofra. Und man zwingt Jeremia, diesen Zug der Verzweifelten nach Ägypten zu begleiten; doch seine letzten Worte, wie wir sie hörten, werden lauten: Der König von Babylon kommt auch nach Ägypten! Auch Ägypten wird keinen Schutz gewähren. Eine unglaubliche Zeichenhandlung: Vor dem Palast des ägyptischen Pharao schichtet Jeremia

schon mal die Steine auf, über denen er errichten soll einen Balda-
chin für den siegreichen König von Babel. Höhnischer, desillusio-
nierender kann ein Prophet nicht agieren. Aber so spitzt dieser
Mann es noch einmal zu.

Und noch einmal formuliert er sein Entweder – Oder: Entweder
sie dienen Jahwe *oder* der Himmelskönigin!

Man kann förmlich spüren, wie alles jetzt umschlägt, wie die Gefühle der Menschen, von denen da berichtet wird, sich gegen Jeremia förmlich stellen *müssen*. Mit was für Leuten hat er es denn eigentlich zu tun? In seinen Augen sind sie Verräter und Gottlose,
Menschen, die von dem Kult des wahren Gottes abgefallen sind
und die sich selber richten, weil sie ungehorsam sind, weil sie niemals hören werden, Menschen, die verflucht sind und die von Pest,
Schwert und Hunger gefressen werden. So sagt es Jeremia.

Aber glaubt er es wirklich, der Prophet?

Sieht er nicht, womit er es wirklich zu tun hat? Ganz genau sieht
er's, *muß* er es sehen. Er redet zu Menschen inmitten eines, wie er
selbst wörtlich sagt, lebenslänglichen Selbstbetrugs. Doch Jeremia
ist kein Psychologe; er fragt sich nicht, wie jeder psychologisch Denkende fragen wird, der diesen Text liest: Was ist denn der Grund,
daß ein Mensch sich belügt sein Lebtag lang, daß es ihn in immer
tiefere Krisen und schließlich Katastrophen treiben muß, und man
kann zu ihm reden, was immer man will? Die Leute, zu ihrer Rechtfertigung, erklären Jeremia: »Wir hatten es doch gut, als wir der
Himmelskönigin folgten. Die Himmelskönigin hat uns doch Brot
gegeben und Sicherheit geschenkt und das Land beschützt; als wir
ihr dienten, der Himmelskönigin, hatten wir es gut. Und erst als wir
der Himmelskönigin nicht mehr dienten, begann alles das, wovon
du immerzu fluchend redest!«

Die Art der Geschichtsdeutung dieser Leute ist genau konträr zu
der Interpretation der Wirklichkeit, die Jeremia ihnen vorlegt; und
offenbar ist es immer wieder derselbe Gegensatz, um den es geht.
Was die Menschen in Jerusalem wollen, ist das, was Menschen zu
allen Zeiten wollen. Im Kult der Himmelskönigin drückt sich im
Grunde der Wunsch eines kleinen Kindes aus, endlich behütet zu
sein, endlich Ruhe zu haben und von Kriegsgeschrei nichts mehr zu
hören; man will nur einfach leben dürfen! Und für dieses Ziel ist
man bereit, jedes Opfer zu bringen. Doch dann kommt so ein Jeremia daher und peitscht ewig nach vorn, will immer neue Entschei-

dungen, will, daß alles sich ändert. Und er hat Grund dazu. Denn diese Sehnsucht nach rückwärts, dieser ewige Infantilismus kann nur in den Abgrund führen. Aber was der Prophet nicht sieht, jedenfalls niemals verständnisvoll ausspricht, ist die offensichtliche Tatsache, daß dieser Kult der Himmelskönigin gebunden ist an eine solche Angst, daß er so verschüchtert ist vor der Schrecklichkeit des Wirklichen, daß jede Belehrung oder jede Ermahnung dagegen fruchtlos ist.

Ich selber entsinne mich, vor Jahren sehr erschrocken gewesen zu sein, als ich einmal der Gesprächsführung eines Psychiaters beiwohnte, der vor der Frage stand, was er nun einer Frau sagen sollte, die an schweren Alkoholismusproblemen litt. Sie saß da, eine Schankwirtin, aufgedunsen, zum dritten Mal in der Psychiatrie; und wie um sich nun trotz aller dunklen Erwartungen den Studenten als ihr Meister vorzustellen, hob der Psychiater an zu reden, wie es eines Jeremia würdig gewesen wäre: Wenn sie so weitermache, wenn sie ihren Beruf nicht sofort aufgebe, dann verspreche er ihr, in zwei, drei Jahren werde sie tot sein; es gebe keine Alternative, sie müsse es tun, sie müsse es jetzt tun; wenn sie nicht jetzt die Gastwirtschaft schließe, werde es zu spät sein; der Alkoholismus werde sie einholen und sie zugrunde richten; Alkohol auch nur zu sehen, bedeute für sie den Untergang.

Etwa eine Viertelstunde lang predigte der Arzt in dieser Art auf die Frau ein. Als sie fort war, erklärte er uns, seiner Vermutung nach werde die Frau genauso weitermachen wie bisher, sie werde wieder zurückgehen in die Wirtschaft, sie werde sich weiter betrinken, ihre Kinder würden weinen, und bald werde man sie beerdigen; anders könne er sich die Zukunft dieser Frau gar nicht mehr vorstellen.

Ich fragte mich, wie es möglich sei, daß Menschen wie diese Frau so viel Richtiges wissen und sich danach doch nicht richten können. Ein Grund dafür lag in diesem Falle darin, daß diese Frau sehr an ihrer Mutter hing, die sie in Wahrheit als Mutter nie erlebt hatte; um so mehr hatte sie selber versucht, ihren Kindern und aller Welt wie eine Mutter zu sein – ein Konzept, daß sie genauso überfordern mußte wie bereits ihre eigene Mutter; und nun betrank sie sich, wie wenn sie die Augen ihrer Mutter, gleich Sternen, auf dem Boden des Glases hätte wiedererkennen wollen.

Dabei stellt das Problem des Alkoholismus natürlich nur *eine* Art dar, wie erwachsene Menschen zu Kindern werden können aus

Angst vor dem Leben, aus Angst vor den anderen, diesen ewigen
»Königen«, diesen siegreichen Nebukadnezzars und Nabusaradans
und wie sie alle sonst heißen: – man muß ihre Namen nur hören, sie
klingen wie ein Gewitter des Schreckens in den Ohren. Und die
Angst, die sie verbreiten, nötigt immer wieder zur Flucht in die
Arme der Mutter, der Madonna, der Himmelskönigin.

Jeremia hat sein ganzes Leben lang gegen die Angst seiner Zeitgenossen und einer ganzen Welt keine andere Sprache gefunden als
die der meisten Propheten: er hat gewarnt vor den Konsequenzen,
die die Angst zeitigen muß, wenn sie zum Teufelskreis wird. Dann
ist sie der Untergang in sich selbst. Man wird immer weiter fliehen,
und da, wohin man geht, wird das, wovor man sich fürchtet, nur
um so sicherer auftauchen. Es wird immer hinter einem herkom-
men. Es gibt auf diese Weise keine Rettung. Würde man lernen, heimisch zu werden auf heimatlicher Erde, bei sich selber, mit anderen
Worten, würde man gegen die Angst ein Stück Selbstvertrauen bzw.
Gottvertrauen setzen – es wäre die ganze Rettung! Das im Grunde
ist es, was Jeremia mit seiner religiösen Botschaft immer von neuem
vermitteln möchte. Gott im eigenen Herzen zu tragen, seine Worte
zu spüren im eigenen Inneren, das würde bedeuten, daß niemand
mehr von außen sich wie ein Kind kommandieren lassen müßte. Jeder wüßte dann aus sich selber, woran er wäre. Gott und Mensch
wären Verbündete; niemand mehr hätte die Macht, einen anderen
einzuschüchtern; ein jeder besäße die Chance, bei sich selbst anzu-
kommen.

Eines anderen Gesprächs entsinne ich mich, geführt mit einer
Frau, die an entscheidender Stelle das Wort »eingeholt« benützte.
Eigentlich spricht so nur ein Verfolgter, wenn sein Feind ihn stellt.
Diese Frau aber meinte etwas ganz anderes. Ihr Leben lang hatte sie
Angst gehabt vor ihrer Mutter. Ihre Mutter war über 80 Jahre alt
geworden, und all die Zeit über hatte sie ihre Pflege übernommen;
ihr ganzes Leben hatte sie dafür geopfert. Selber ging sie bereits auf
die 60 zu, als endlich ihre Mutter aus ihrem Leben zu scheiden
schien, doch das schien nur so. Zwischen Leben und Tod vegetierte
diese Frau selbst. Ihre Mutter war ihr Halt; ihre Mutter war ihre
Stütze; ihre Mutter war ihre Qual, und dazwischen zerrieb sich ihr
ganzes Dasein. Ohne die Mutter – Angst, um die Mutter – Angst,
vor der Mutter – Angst, und das Leben – vollkommen fremd! Jeder
Bissen eine Schuld, jeder eigene Wille ein Vorwurf, ein persönlicher

Wunsch prinzipiell unerlaubt. Das erste Gebot – die Mutter, das letzte Gebot – die Mutter. Einen Mann kennenzulernen war unter diesen Umständen vollkommen unmöglich gewesen. Es war, wie wenn die Mutter am Sinai selber gesprochen hätte: »Ich bin der Herr, dein Gott! Du sollst keine fremden Götter neben mir haben.« Ihren Vater hatte diese Frau nie kennengelernt, er war aus dem Krieg nicht zurückgekehrt. Irgendwann mitten im Gespräch brach sie zusammen bei der Schilderung allein schon dessen, was sie für ihre Mutter tat, bei der Schilderung ihrer Art, Krieg zu führen um ein Leben, das ihr niemals gehört hatte. Als sie sich vor Augen stellte, wie sie lebte, sagte sie plötzlich: »Ich kann nicht mehr. Ich will nicht mehr!« Es war das erste Mal, daß sie das Wort *Wollen* gebrauchte, wenn auch nur erst negativ. Und dann sagte sie dieses Wort: »eingeholt«. »Wie meinen Sie?« fragte ich. – »Nun, ich meine, daß wir beide jetzt am gleichen Ort sind.« Sie wollte in etwa sagen: »Das, worüber wir sprechen, empfinde ich jetzt nicht mehr als Bedrohung. So empfand ich bisher immer. Immer wenn wir redeten, kam es mir vor, wie wenn ich etwas lernen sollte, das ich überhaupt nicht lernen konnte. Frei werden, mich selber entscheiden, glücklich werden – das alles war doch ganz unmöglich, das alles war doch bedrohlich für mich. Aber jetzt, zum ersten Mal, in diesem Moment, erscheint es mir wie ein Angebot. Wir befinden uns auf derselben Höhe. Sie haben mich in meiner Flucht eingeholt.«

Da wurde aus einem Verfolger ein Beistand, freilich erst an dieser Stelle, an der es anders gar nicht mehr ging.

Etwas ähnliches ist es im Grunde, was Jeremia sein Leben lang erlebt haben muß. Inmitten der Angst wird ein Mensch nur immer weiter fliehen, und es wird ihm die eigene Flucht so plausibel vorkommen, daß er überhaupt keine andere Möglichkeit sieht. Da kann gesprochen werden, was will – er wird es nicht hören, es sei denn, man nähme den anderen und beruhigte ihn in den Gründen seiner Angst von innen. Aber das ist nur sehr selten, fast gar nicht die Sprache der Bibel. Sie arbeitet die Angst in dem Sinne nicht psychologisch durch. Sie fordert die Angst heraus, sie stellt dagegen eine fordernde Alternative, und dann tut sie so, wie wenn die Menschen wirklich entscheiden könnten, ob sie Angst hätten oder nicht. Genau das aber können sie nicht. In der Angst kann man nicht wählen, ob man Angst hat oder nicht. Von daher sollten wir zu Jeremia selber sagen: »Trete du doch vor dein Volk, vor jeden einzelnen, und zeige ihm, daß die Suche nach seiner ›Mutter‹ nicht vergebens ist, ja, daß sie eigentlich sogar identisch ist mit dem Flehen um den Beistand deines Gottes. Warum dieses Entweder – Oder? Wie willst du Angst beruhigen, außer du gehst ihre Gründe durch?«

Freilich, überall macht man den Menschen Angst vor anderen Menschen, und immer wieder kann man darauf verweisen, was Menschen Menschen anzutun imstande sind. Nehmen wir nur noch einmal die Geschichte von Gedalja. Kaum vertraut einer dem anderen – da stößt man ihm schon das Messer von rückwärts zwischen die Rippen. Vertrauen lohnt sich nicht, das kann man lernen aus dieser Episode. Vielleicht aber lernt man mit dieser Lektion nur mal wieder das Falsche. Viel wichtiger, als jede bedrohliche Möglichkeit abzuwehren, ist es, die Bosheit selber zu überwinden, die aus Angst entsteht. Wäre es möglich, die Idee des Jeremia ginge auf? Nebukadnezzar ist ein furchbarer Eroberer; aber jemand, der ihm nicht widersteht, wird bald merken, daß er leben kann und ein Mensch bleibt auch unter Nebukadnezzar. Zugrunde ginge lediglich der Nationalstolz der Davididen und der angeblich göttlichen Verheißungen an den Hof von Jerusalem. Den Menschen selber würde es so viel nicht ausmachen, wenn sie, ihre Identität bewahrend, einbezogen würden in die babylonische Kultur. Man mag sie in einer anderen Sprache verwalten, doch was macht das, wenn sie nur wissen, wer sie selber sind? Die ganze Kunst besteht darin, mit Angst zu leben. Man überwindet sie nicht durch die Schärfe der Waffen, sondern man besiegt sie einzig durch Klarheit des Geistes.

Gewiß, man kann Vertrauen nicht organisieren und abrufbereit herbeibefehlen, aber man kann Angstverbreitung abbauen durch vertrauenbildende Maßnahmen, und genau das müßte man heute erwarten zwischen den Staaten politisch und zwischen den Menschen psychologisch. Wenn ein jeder in seiner Angst nach einem mütterlichen Hintergrund sucht, wäre es dann nicht möglich, er fände diesen Grund ein Stück weit in sich selbst, indem er dem anderen einen gewissen Vertrauensvorschuß schenkt? Er würde sagen: »Wir haben beide Angst, aber warum? Was wollen wir denn wirklich einander antun? Nichts, genau betrachtet. Also hören wir damit auf!«

Albert Camus meinte einmal, Angst hätten wir alle vor dem Tod, und so könnten wir alle, jeder für sich, den Tod instrumentalisieren im Kampf eines jeden gegen jeden. Wir können uns aber auch gerade angesichts des Todes solidarisieren und uns zu Verbündeten im Kampf gegen den einzigen Feind erklären, den wir wirklich haben. Nur so würden wir Menschen, nur so überwänden wir Furcht.

Das ist es, was Jeremia wollte: Menschen würden heimisch in den Händen ihres Gottes und lernten Vertrauen anstelle von Angst! Vielleicht wäre es ja möglich, sie lernten eine solche Angstfreiheit sogar noch *vor* der drohenden Katastrophe! Es müßte ja nicht immer so zugehen wie in einer griechischen Tragödie – nur aus dem Untergang erwüchse Läuterung, Katharsis, und weise würden wir stets erst, wenn es zu spät wäre, im Rückblick, nur um, nach vorne gewandt, alle alten Fehler immer von neuem zu begehen. Könnte es sein, wir lernten, mit Jeremia, eine Wahl zu treffen? Wir hätten die Möglichkeit, uns tragen zu lassen, so daß das Leben wäre wie eine Woge, die uns aufnähme und uns hinüberbrächte? Oder aber wir peitschten uns hoch in Angst, in Kriegstechnik, in Größenwahn, wir müßten immer etwas anderes sein, um das zu werden, was wir sicher nicht sind; wir richteten uns zugrunde, indem wir uns im Feld der Angst immer noch ein Stückchen höher aufzurichten suchten als unser vermeintlicher Gegner? Dazwischen, zwischen dem Emporstreben aus dem Nichts oder der Identität in dem, was wir sind, entscheidet sich Gesundheit und Neurose, Glück und Unglück, Gelingen oder Mißlingen unseres Lebens. Stille und Frieden auf der einen Seite und Unruhe und Kampf ein Leben lang auf der anderen Seite, dazwischen gilt die Entscheidung.

Die letzten Worte des Jeremia, die so furchtbar klingen: »Pest, Krieg und Hunger«, lassen alle *symbolisch* sich lesen. Entweder wir lernen, unsere Sehnsucht im Unendlichen festzumachen und Frieden in uns selber zu finden, oder wir bleiben die ewig Gejagten unserer Todesangst und sind wie am eigenen Leibe Verfaulende. Die Alternative liegt auf der Hand. Doch daß wir sie ergreifen, ist in sich selbst bereits wie ein reines Geschenk der Gnade.

24. Januar 1998

Alle Bibelzitate aus:
Die Heilige Schrift des Alten und Neuen Testaments, 1931/1955
© Genossenschaft Verlag der Zürcher Bibel

Copyright © Pendo Verlag AG
Zürich 2000
Gesetzt aus der Sabon
Satz: Satz für Satz. Barbara Reischmann, Leutkirch
Druck und Bindung: Pustet, Regensburg
Printed in Germany
ISBN 3-85842-373-4